甲冑面

もののふの仮装

飯田一雄著

まえがき

故久山峻先生に「あなたはなんで面頬に興味があるのですか」と問われたのは、二十五年ほど前のことである。

久山先生が座る自室のまわりにはいつも面頬がいくつかは置いてあったり、壁面に飾ってあったりしていて、それがときとして新しいものにいれ替ることがあった。好きな人のところへ好きなものが自然と集ってくるらしく、先生のもとには兜、胴丸、あるいは刀装や鐔などが引き寄せられてくるようであった。

そのころ面頬は、甲冑の一部品としての付属的な存在観が強かったから、一般にはあまり重視されることがなく、ようやく壁飾りや棚飾りのようにして注目されるようになってきていた。それでも信家作の兜鉢や阿古陀型兜と比べては、どちらかというと手軽くみられる傾向があって、信家の兜が入手できれば面頬は手離してもよい対象とされており、たとえいまにしてみれば優れた面頬であっても、さほど執着の品とはされないことがままあった。

先生はけっして面頬を手軽くみているようなことはなかったし、優れた作品を愛蔵されていたが、それ以上に秀でた作品が手中に収まったときは〝面頬に興味がある人〟に愛蔵品を分けられるのが常であった。「なんで面頬に興味があるのか」いまだに自分にも納得のいく返事がみつからないし、先生への答えも「なんとなく好きだから」ぐらいしか言えなかったように覚えている。それでも執拗なところがあってのことだろう、面頬への興味の昇華に協賛して下さるほどになって、いろいろと御指導を賜わった。

温顔の先生を偲び、先生の霊に謹んで深甚の感謝を捧げたい。

刀剣の鐔は刀装具のなかですでに独立した作品として認知されている。決して刀装の付属品としてのみ、みなす人はほとんどいない。それにひきかえ甲冑には〝揃具足〟という言葉がいまも活きているように、各部の小具足を個々には評価しにくいといった風潮があって、いまだに面頬に限らず袖や小手にしてもそれ自体ではかならずしも高い評価をなされずにきているところがある。

欧米では早くから面頬に着目して、愛好家の間で高い評価がなされてきている。日本美術に関連をもつ美術館では面頬を展示するところが多い。江戸時代きっての名工明珍宗察《むねあきら》の作品が明治年間に日本から数多く渡っていて、同作の総面がいま日本で所在がわかるのはごく稀なほど少ないのに比べ、欧米で確認される数量は日本でのそれをはるかに凌ぐものがある。欧米での日本の甲冑に対する一つの認識は、揃具足でも、一枚の袖であっても、たとえ優れた作品であるならば、価値観の点では同等であって、一枚の袖や一個の面頬を付属具としてみる既成概念は全くもちあわしていないし、また必要ないもののようである。

これまで面頬と呼んできたものを、この書では甲冑面と呼称したのは、能面や伎楽面の呼び名と対照してのことである。甲冑面は武具としてのほか、「面」としての一面をもちあわしていることは見逃しがたい。これまでに能面、伎楽面など「面」の世界に甲冑面がとりあげられた例をみないのは、甲冑面の用法や技法が他の「面」と全く別種の趣をもつからであろうが、また一方では単に「面」の世界とは縁がうすかったからなのかも知れない。それだけ一般には全くといっていいほど知られずにきているのが甲冑面なのである。

日本の仮面は舞踊、演劇、宗教的な儀式に用いられるという一定の目的をもつのにひきかえ、甲冑面はこれまでに知られる仮面とは作られた目的が異なり、素材や技法の点で異色な点がある。戦時のための防具として作られた甲冑面は鉄を素材として精練し、打出し技法で面相を表出する。その優れた技法がこの書でどこまで伝えることができたかは読者の判断を仰ぐよりないが、甲冑面に対する関心を深めてもらうきっかけを供することができたのではないかと思っている。その上に甲冑面を通して、日本の甲冑のよさを少しでも高める機会となるならば、まことに嬉しいことである。これまでに知られる仮面と並ぶ新しい仮面の一つとして、あえて甲冑面と名づけたのもこうした気持からにほかならない。

いつまでにまとめなければならない、といった書ではなかったので、日ごろから気づいた資料をとりとめなく置いたままにしていたところ、それらを早々に原稿にまとめることができたのは、浅野誠一先生のお声がかりによるお陰である。その稿を『甲冑武具研究』誌（昭和五十九年四月・九月号）に掲載してのち、さらに稿を新たにしたのが本書である。

末永雅雄博士、鈴木敬三博士から貴重なご助言を、資料面から笹間良彦、芳賀実成両先生にご指導を賜わった。写真撮影にあたっては、日本甲冑武具研究保存会大阪支部長・太田四郎氏のご好意で、支部会員の皆さまが愛蔵品を同会例会の席上に揃えて下さったのは四年ほど前の正月であり、高津嘉之氏、吉井哲夫氏、白綾基之氏のご高配があったことを忘れられない。

高津古文化会館、京都嵐山美術館の所蔵品のほか、京都国立博物館の稲田和彦氏、東京国立博物館の小笠原信夫氏、奈良県立美術館の宮崎隆旨氏のご支援で各館の所蔵品の撮影、また展示品の写真の提供を頂くことができた。

海外からはサンフランシスコ・アジア美術館の覚道良子氏から同館の所蔵品を、フランス・パリのR・ビュラボア氏、B・L・ダルフィン氏、イギリス・ロンドンのL・J・アンダーソン氏からは本書のために撮影された写真の提供を得た。ニューヨーク・メトロポリタン美術館の小川盛弘氏には同館の総面の撮影のための格別のご配慮を頂き、これらを本書に収載することで、海外に散在する甲冑面の名作を紹介することができた。

本書に収めた写真の多くは要史康氏の撮影によるものであり、図版33は菊池正氏によるのであるが、右のような次第で諸種の写真が交じり、なかには筆者が手持ちのカメラで撮影したものもあって、かならずしも同調のものばかりではないことをご了承賜わりたい。

右の貴名のほか、藤本巌学兄、金田景女史からご助力を頂き、いろいろとご高配を頂いた諸先輩、知友が多い。また英文の用語訳はパリのビュラボア氏の力ぞえによったところが多く、英訳は柴田都志子氏の労をわずらわした。謹んで深厚なる感謝を捧げるものである。

甲冑面の優れた技法やその魅力を広く世に伝えるには、これからかずかずの機会と時を要するであろう。本書では、これまでに所在の知られる範囲で、できる限りの優れた甲冑面を選び収載したのであるが、まだまだ名品が国の内外に数多く蔵され、あるいは眠ったままにあるに違いない。欧米人が明治ごろから甲冑面に着眼して自国に持ち帰った数は相当量にのぼり、本書に収めた数はそれらの中の一部にしかすぎない。

国内と海外にいまだ知られずにある甲冑面を訪ねるのは、はてしない旅に立つようなおもいである。甲冑面の魅力を訪ねる旅は、いまここに始まったばかりである。

平成三年水無月

於阿佐谷大鳥前辺

飯　田　一　雄誌

甲冑面　もののふの仮装　目次

箱　表・蓬萊成近作総面
箱　裏・鬼面前立付・鉄黒漆塗六十二間筋兜
見返表・職人盡絵屏風部分（喜多院蔵）
見返裏・谷一軒作甲冑面形鐔

研究篇目次

図版篇目次

86 天狗面 鉄錆地鑢彫《やすりぼり》 伝岩井作 J・サポルタ氏蔵……104
87 天狗面 煉革地朱漆塗 浅野誠一氏蔵……105
88 胡徳楽面《ことくらくめん》 鉄地朱漆塗 吉井哲夫氏蔵……106
89 胡徳楽面 鉄地黒漆塗 京都嵐山美術館・新藤源吾氏蔵……107
90 越中面《えっちゅうめん》 鉄錆地鑢彫……108
91 越中面 鉄錆地鑢彫 A・P・アルマン氏蔵……108
92 越中面 鉄錆地鑢彫……109
93 鑢《やすり》目の面《めん》 鉄錆地銑鋤《せんすき》鑢彫 明珍作 A・P・アルマン氏蔵……110
94 鑢目の面 鉄錆地筋違鑢彫 A・P・アルマン氏蔵……110
95 鑢目の面 鉄錆地筋違《すじかい》鑢据文 銘 金沢住人 雲海光尚作 R・ビュラボア氏蔵……111
96 鑢目の面 鉄錆地筋違鑢彫 銘 雲海光尚《うんかいみつなお》作 R・ビュラボア氏蔵……111
97 鑢目の面 鉄錆地筋違鑢彫 銘 雲海光尚作 個人蔵……112
98 鑢目の面 鉄錆地筋違鑢据文 銘 雲海寿尚《うんかいとしなお》作 個人蔵……112
99 鑢目の面 鉄錆地筋違鑢 銘 雲海寿尚作……113
100 鑢目の面 鉄錆地筋違鑢 銘 寿量光正《じゅりょうみつまさ》 R・ビュラボア氏蔵……114
101 鑢目の面 鉄錆地筋違鑢据文 銘 加洲住宗寿作 吉井哲夫氏蔵……114
102 鑢目の面 鉄錆地鑢彫 銘 中振孚近《なかふりさねちか》作……115
103 鑢目の面 鉄錆地筋違鑢据文 銘 南都之住根尾正信《まさのぶ》 藤田 始氏蔵……116
104 鑢目の面 鉄錆地筋違鑢据文 J・サポルタ氏蔵……117
105 鑢目の面 鉄錆地筋違鑢据文 銘 明珍紀宗周《むねかね》 J・サポルタ氏蔵……118
106 鑢目の面 鉄錆地筋違鑢据文 サンフランシスコ・アジア美術館蔵……118
107 毘沙門面《びしゃもんめん》 煉革地黒漆塗 飯田めぐみ氏蔵……119
108 張懸面《はりかけめん》 肉色漆塗 銘 明珍信家《のぶいえ》作 河野通春《みちはる》写之……120
109 張懸面 朱漆塗 太田四郎氏蔵……121
110 植毛《しょくもう》の面《めん》 鉄地黒漆塗 A・P・アルマン氏蔵……122

【総面《そうめん》】

111 総面《そうめん》 鉄錆地 東京国立博物館蔵……125
112 総面 鉄錆地 高輪美術館蔵……126
113 総面 鉄錆地 西光寺蔵……127
114 隆武《りゅうぶ》総面《そうめん》 鉄地黒漆塗 飯田智一氏蔵……128
115 隆武総面 鉄錆地据文 高津古文化会館蔵……129
116 隆武総面 鉄錆地据文 J・サポルタ氏蔵……130
117 隆武総面 鉄錆地据文 サンフランシスコ・アジア美術館蔵……131
118 烈勢総面《れっせいそうめん》 鉄錆地 銘 明珎信家《みょうちんのぶいえ》作 メトロポリタン美術館蔵……132
119 烈勢総面 鉄錆地 伝明珍作 藤原清子氏蔵……133
120 烈勢総面 鉄錆地 伝明珍作 吉井哲夫氏蔵……134
121 烈勢総面 鉄錆地 銘 和州住正信《まさのぶ》作 東京国立博物館蔵……135
122 烈勢総面 鉄錆地 銘 南都住春田《はるた》正信《まさのぶ》 本庄八幡宮蔵……136
123 烈勢総面 鉄地黒漆塗 伝春田作 京都嵐山美術館・新藤源吾氏蔵……137
124 烈勢総面 鉄錆地 銘 明珎式部紀宗介《むねすけ》 元禄二二年辛未暦二月吉日 飯田めぐみ氏蔵……138
125 烈勢総面 鉄錆地 銘 明珎式部紀宗察《むねあきら》造之 飯田智一氏蔵……139
126 烈勢総面 鉄錆地 銘 正徳五乙未年二月吉日 明珍式紀宗察造之於武江 メトロポリタン美術館蔵……140
127 烈勢総面 鉄錆地一枚打出 銘 於武江明珍宗察 A・P・アルマン氏蔵……141
128 烈勢総面 鉄錆地一枚打出・垂《すが》同作 銘 明珎式部紀宗察於武江造之 享保七壬寅年二月吉祥日 A・P・アルマン氏蔵……142
129 烈勢総面 鉄錆地 銘 明珍紀宗賢《むねかた》 R・ウエスタン氏蔵……143

130 烈勢総面 鉄錆地 銘 明珍紀宗賢 メトロポリタン美術館蔵……144
131 烈勢総面 鉄錆地 銘 宝永七庚寅暦八月吉旦 於武江明珎宗長《むねなが》廿八才作之 J・サポルタ氏蔵……145
132 烈勢総面 鉄錆地 明珍作 A・P・アルマン氏蔵……146
133 烈勢総面 鉄地黒漆塗 明珍作 中村達夫氏蔵……147
134 烈勢総面 鉄錆地 明珍作 吉井哲夫氏蔵……148
135 烈勢総面 鉄錆地 明珍作 B・ドウファン氏蔵……149
136 烈勢総面 鉄錆地 銘 加州住久幸《ひさゆき》 吉井哲夫氏蔵……150
137 烈勢総面 鉄錆地 太田四郎氏蔵……151
138 烈勢総面 鉄錆地 銘 和州正信《まさのぶ》作 A・P・アルマン氏蔵……152
139 烈勢総面 鉄錆地 伝明珍作 中村達夫氏蔵……153
140 烈勢総面 鉄錆地 銘 岩井千蔵源邦英《くにひで》作 天明四甲辰 小林安左衛門氏蔵……154
141 烈勢総面 鉄地朱漆塗 京都嵐山美術館・新藤源吾氏蔵……155
142 烈勢総面 鉄地黒漆塗 太田四郎氏蔵……156
143 烈勢総面 鉄錆地 銘 明珍義保《よしやす》 伊波富彦氏蔵……157
144 烈勢総面 鉄錆地 明珍作 小林安左衛門氏蔵……158
145 翁《おきな》 総面《そうめん》 鉄錆地 A・P・アルマン氏蔵……159
146 翁総面 鉄地肉色漆塗 吉井哲夫氏蔵……160
147 翁総面 鉄地黒漆塗 高津古文化会館蔵……161
148 翁総面 鉄錆地 京都嵐山美術館・新藤源吾氏蔵……162
149 白髪《はくはつ》総面《そうめん》 煉革地錆塗 飯田智一氏蔵……163
150 天狗《てんぐ》総面《そうめん》 鉄錆地 中村達夫氏蔵……164
151 天狗総面 鉄地朱漆塗 吉井哲夫氏蔵……165
152 天狗総面 煉革地濃茶漆塗 伊波富彦氏蔵……166
153 太平楽《たいへいらく》総面《そうめん》 鉄錆地 銘 雲海光尚《うんかいみつなお》造 隅谷正峯氏蔵……167
154 顰《しかみ》 総面《そうめん》 鉄錆地 正徳三癸巳歳二月吉辰 銘 明珍紀宗察《むねあきら》行年三十一暦作之 於武州神田 メトロポリタン美術館蔵……168
155 顰総面 鉄錆地 中村達夫氏蔵……169
156 持國天《じこくてん》総面《そうめん》 鉄錆地一枚打出 日本唯一甲冑良工 銘 明珎式部紀宗察 於武州江戸造之 延享二乙丑年二月吉辰日 メトロポリタン美術館蔵……170
157 笑《えみ》総面《そうめん》 鉄錆地一枚打出 伊波富彦氏蔵……171
158 姥頬《うばほほ》総面《そうめん》 鉄錆地 中村達夫氏蔵……172
159 龍 神《りゅうじん》総面《そうめん》 鉄錆地一枚打出 白綾基之氏蔵……173

凡　例

一、本書は半首《はつぶり》、頬当《ほおあて》、面頬《めんぽ》、総面《そうめん》などの面具を甲冑面と総括し、江戸時代を中心として室町時代の作品を、なお年代が遡ると鑑じられるものを加えて、カラー図版八カット、単色図版一六〇点からなり、挿図は二四五点を収録した。

一、単色図版の配列は半首・目の下面・総面の順に三種別とし、各形象によってまとめ、必ずしも時代順にはなっていない。

一、作銘があるものは可能な限り掲出することにつとめた。銘が判読し難いもの、写真撮影が不可能なもの、写真が不鮮明なためやむをえず割愛したもののほか、銘が正真と認められないものは掲出していない。ただし銘に疑義があっても、あえて参考銘として掲げたものがある。

一、無銘の作中、流派の作風が顕著にあらわされていて、確証がもてると鑑じられるものは流名を付け、確証に近い裏付けがあると鑑じられるものには「伝」を冠して流名を付したものがある。

一、所蔵者は、撮影時から移動しているものがあり、つとめて現所蔵者名を記載したが、不判明なものは旧所蔵者のまま記名したものがある。

一、人の面形に合わさる甲冑面だけに、法量は必ずしも一定のものではないが、総じては大差がなく、構造によって小振りか大型か、といった範疇のものであり、個々に法量を加えていない。標準的な寸法はおよそ次のとおりである。

目の下面は内径の最長幅が

上下　一五・一センチ（四寸九分八厘）

左右（耳の両端）　一七・〇センチ（五寸六分一厘）

奥行き（鼻先から両耳先端の左右を結ぶ直線）　一五・五センチ（五寸一分）

総面は内径の最長幅が

上下　二二・二センチ（七寸三分三厘）

左右（耳の両端）　一七・四センチ（五寸七分四厘）

奥行き（鼻先から両耳先端の左右を結ぶ直線）　一五・四センチ（五寸〇八厘）

重量は江戸時代の標準的な明珍派の作で、目の下面が五五〇グラム（垂共）、総面が七〇〇グラム（垂共）である。鉄板の厚さや垂《すが》板の重さが加算されると、目の下面も七〇〇グラムを越す重量のものもある。

原色図版

1．烈勢面　煉革地肉色漆塗　伝岩井古作

大振りでたっぷりとした造りで、顔に当てるとよくなじむ古面である。厚手で頑強な煉革地に表裏とも朱漆塗、縁《ふち》を捻《しねり》返して締りがよく、頬と口元に一条ずつの皺をみせ、耳に六星を小透しする。

鼻の板は懸けはずし手法で頬の板に仕付け、唇をとり、上歯八、下歯十を真鍮で植歯する。段皺がある丸い鼻に大きくふくらんだ鼻孔、頬と口元の一条の丸くあけた汗流し孔などの手法は総じて、後の岩井派の作意の原型をなす古作である。

耳と鰓の造作がほとんど他作に類例をみない。すなわち耳の後側にあたる首筋部分まで包み被う深い造込みと、耳を面の本体に造りつけにした点である。古雅あふれた名作である。室町時代の中期を降らないと推考される。

1. Ressei-men
Flesh-color lacquered leather
Attributed to Iwai Kosaku

Made of thick and solid leather, flesh-color lacquered on both sides, this old mask of broad shape fits comfortably to a face. The edging is firm with *shineri-kayeshi*. A streak of wrinkle is traced on the cheeks and about the mouth. The earpieces are pierced with a pattern of *mutsuboshi*. The nose piece is detachable from the cheek plate. The brass teeth, eight upper and ten lower, are set in the mouth. The features such as the round nose with rows of wrinkles and large nostrils, a streak of wrinkle on the cheeks and about the mouth, and a circular hole of *asenagashi* under the chin well illustrate the prototype of the later works of the Iwai school. Unusually, the ears are built-in on the main plate, the side of which covers as far as the nape of the beck behind the ears. A masterpiece full of classical grace, presumably of not later than the mid-Muromachi period.

1　烈勢面　　煉革地肉色漆塗　伝岩井古作
Ressei-men

2．蓬莱総面《ほうらいそうめん》　鉄錆地　伝蓬莱成近作　　飯田智一氏蔵

おおらかでゆったりとした風貌のなかに、隆武面に特有の雅趣があふれんばかりである。頬が隆起し、大臣鼻を仕付け、目を大きく見開き、総じて造作が大きい。目の周囲に捻《しねり》返しをつけ、輪郭をきわだたせることで目に鋭さを加えた手ぎわはこころにくいところ。打眉《うちまゆ》と見《み》上皺《あげしわ》を打出した額部分は、米嚙《こめかみ》辺で蝶番《ちょうつがい》に栓留め、前額部と鼻との接点は二重にしたまま留金を打たず、そのために額部が米嚙の蝶番を起点にして上下動をするよう工夫をこらしている。頬に松と竹を、顎に梅を共金で据文して三友の三所《みところ》金具で飾ったところが独特で、この派の蓬莱の名のゆえんでもある。この据金物は、蓬莱派が古くから用いたもともとの技法である。耳を仕付け仕様にして簡素である。鼻の上髭と下髭に小丸の髭孔をみせ、元は白髪の髭をたくわえていたであろう老将の面をおもわせる。佐竹家に伝来し、蓬莱成近の作と伝えてきている。成近は『校正古今鍛冶銘早見出』の系譜によると「八郎ト号上州ニ住、天文比」とある。室町時代の製作で甲冑面の代表的な一作である。

2．Horai so-men
Russet iron
Attributed to Horai Narichika
Tomokazu Iida collection

A generous and relaxed look overflowing with a sense of quiet boldness, which is characteristic of the *ryubu-men*. The features are overall broadly shaped :
raised cheeks, big nose and wide-open eyes. *Shineri-kayeshi* around the eyes accentuating thier outline is effective in adding sharpness to the eyes. The brow piece embossed with the eyebrows and winkles is joined at the temple to the cheek piece by hinges with removable pins. The joining parts of the forehead and the nose overlap and are not riveted, enabling the brow piece to move vertically with the hinge at the temple as a pivot. The cheeks and the chin are decorated with *mitokoro-kanagu* of *sanyū*, and with *suyemon* of the same metal representing pattierns respectively of pine and bamboo leaves, and plum blossom. This method, which had long been used, is characteristic of the Horai school. the ears simply formed and riveted on. Beneath the nose are a series of small holes for setting a moustache, evoking a face of an old general with a white moustache. Transmitted from the Satake family, this work is attributed to Horai Narichika, who was "Hachiro Togosu Jōshu nijū, Tenbun hi," according to the genealogy of the book, *Kosei Kokon Kaji Mei Hayamidashi*. A typical *Katchu-men* of the Muromachi period.

2　蓬萊総面　　鉄錆地　伝蓬萊成近作
Horai so-men

3．迦楼羅《かるら》総面　鉄地朱漆塗　銘市口玄番作　　京都嵐山美術館・新藤源吾氏蔵

朱色満面、涎《よだれ》掛《かけ》状に開いた三段の垂《すが》も朱色鮮やかである。くりくりとしたどんぐり眼と、居座るようなどっしりとした鼻が個性的である。緊張感のなかにどこか親しみ深さがあるのは作者の造形の巧みさによるであろう。繭形の目に眼球を丸く造るのは市口《いちぐち》派の共通した造作で、見開いた丸い目は気力の旺盛さを、目尻の上っているのは意志の強さを表意するもののようである。

前額部を被い、頭部に骨牌《かるた》金《がね》鎖《くさり》繋《つなぎ》に頭《かしら》裹《つつみ》の布地を張り後頭部まですっぽりと覆う。後頭部まで被うのは伎楽面の持ち前であることから、この手法によったものとみられる。伎楽面の素材は桐や樟などの木材で軽量なのにひきかえ、鉄を主材とする総面では後頭部までも共鉄で繋《つな》げるのはふさわしくない。そこで薄い鉄板を繋いで減量し、受張《うけばり》を付けた工夫が甲冑面の独創といえる。

轡《くつわ》師から分流し甲冑師の一流を形成した市口派があって、甲冑面を好んで製作している。現存する作で無銘ながら市口派の作と鑑せられるものがあるが、有銘の作は極めて少なく、市口玄番なる工人の作品は他に類例をみない。貴重な作であり、市口派の代表的な甲冑面である。江戸時代前期の製作と鑑せられる。面裏、垂《すが》裏ともに朱漆塗である。

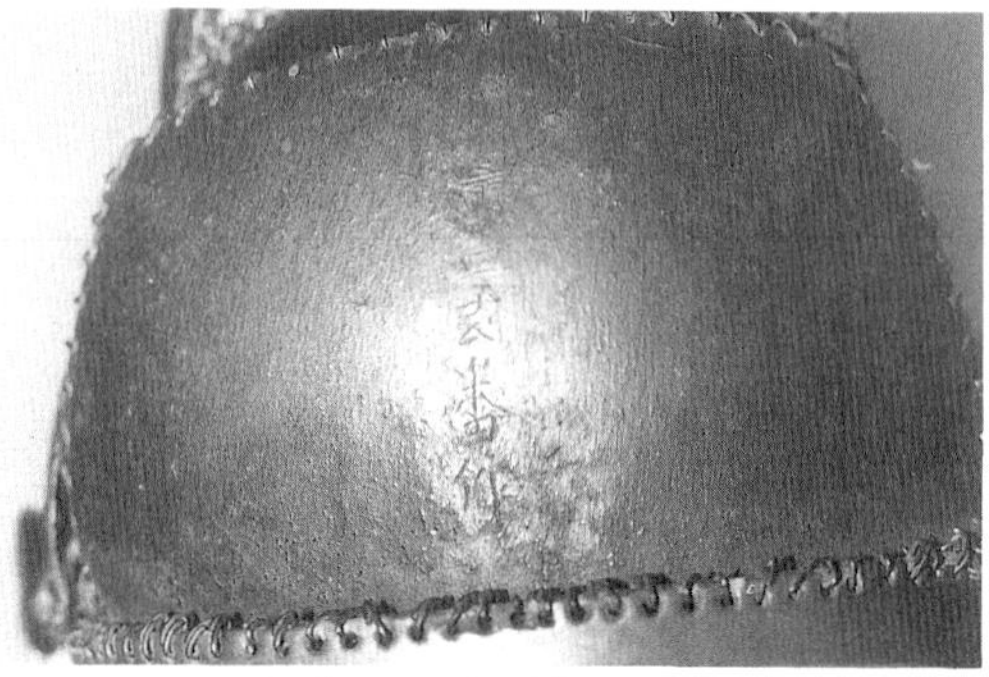
頂頭部にある銘〝市口玄番作〟

3．Karura so-men
Red lacquered iron
Signed Ichiguchi Genba
Arashiyama Museum of Kyoto
Gengo Shindo collection

The entire surface is red-lacquered including three plates of *suga*, which extend in the style of *yodare-kake*. The big round eyes and the broad and solid nose are unique, adding an intimate touch to the strained look. The round eyeball in the cocoon-shaped eye is characteristic of the works of Ichiguchi school ; the wide-open eyes seem to express vividness, and the upward slanting eyes strong will. The mask covers through the back of the head with the top of *Karuta-gane-kusari-tsunagi* coverd with a cloth of *kashira-tsutsumi*. This method is apparently based on the sytle of the *gigaku-men* which always covers through the back of the head ; whereas the material used for the *gigaku-men* is light wood like paulownia and camphor, the *so-men* is made of iron, and in order to reduce the weight of the material, the method of linking by thin iron platers coverd with a cloth was invented for the *katchu-men*. the Ichiguchi school of armorers formed from a branch of a school of bit makes liked particularly to make *katchu-men*. While these are unsigned works attributed today to the Ichiguchi school, those signed are rare. Being the only existing work by Ichiguchi Genba, and a typical *katchu-men* of the school, this is a precious piece, presumably of the early Edo period. the inside of both the mask and the *suga* is red lacquered.

3　迦楼羅総面　　鉄地朱漆塗　伝市口玄番作
Karura so-men

4．迦楼羅《かるら》総面　鉄錆地

伎楽面に範をとった瑞鳥迦楼羅の面は、精悍な表情とす速《ばや》い走るような動作をともなう戦場で求められる武人の趣向にかなったものだった。迦楼羅の嘴《くちばし》を鼻に造り、先端を鋭く尖らせた造作は敵を威嚇するにふさわしい。この大きな長い鼻は鼻孔を廣くとり易く、呼吸と発声に便宜であり、口を兼ねた鼻孔の役割は大きい。

額面部と鼻を頬板に蝶番で矧《は》ぎ合わせた三面から構成する。額が廣く、打眉《うちまゆ》を二重に太く打出しており、打出しは両顎にもみせて鰓《えら》を張り出し、智的で意志の強固なさまを表意している。緒便《おだよ》り金を付け、顎に緒便り、汗流しの管《くだ》を据え、顎下には耳にみるのと同じ梅鉢文を小透しする。鉄の鍛えが極めて優れ、黒紫の羊かん色を最上とする鉄鐔に通じて、素鉄錆地の味わいを存分に発揮した出色の面である。

蝙蝠《こうもり》付け二段垂《すが》、鉄本小札で上段を三間にして黒漆塗、菱縫《ひしぬい》を緋色威二段組み、金茶・萌黄・紫の毛引色々威で飾った華麗さである。裏面は朱漆塗とする。室町時代末期から桃山時代へかけての作であろう。

4．Karura so-men
Russet iron

The *Karura so-men*, which was modeled after the *gigaku-men*, was fit for warriors on the battlefield fighting with fearless determination and prompt actions ; the sharply pointed nose after the beak of a *Karura* (a mythical bird)was suitable to threaten enemies. The nostrils of a long and big nose can be made large serving at the same time as a mouth, which is convenient for respiration and vocalization. This mask is made of three pieces, the brow and the nose being joined to the cheek-piece by hinges. The brow is large and embossed with bold double eyebrows. The chin is also embossed and well drawn out, expressing intelligence and strong will. At either side of the chin are set pegs of *odayori* and a tube of *asenagashi*. The underside of the chin is pierced with a pattern of *umebachi-mon*, the same as that on the earpieces. This mask is of a superb workmanship, finely forged, exhibiting a remarkable aspect of russet iron like a best iron *tsuba* of black-purple color. The *suga* is of two plates attached in the style of *komori-tsuke*, and made up with small black lacquered iron scales, with *hishi-nui* of two plates of light red silk, and decorated with golden brown, light green and purple silk lacing. The inside is red lacquered. A work presumably made sometime between the end of Muromachi and the early Momoyama period.

4　迦楼羅総面　　鉄錆地

Karura so-men

5．天狗面　鉄地朱漆塗

顔面を朱色に、鼻先だけ黒漆にした面相がいかにも天狗らしい。頬から顎にかけて白髭をたくわえたところは老天狗をおもわせ、鼻孔をふくらませ、口元を引きしめていかにも怪物らしいが、どことなく穏やかな温顔をただよわせる。造形が確かであり、朱漆の技法が入念精緻である。皺は裏から打出しただけではなく、漆で盛りあげて形どった技法が高度である。白髭は白熊《はぐま》の毛でほとんど脱落がなく、よほど良好に保存されてきたことによる。裏も表と同質の朱漆塗である。

垂《すが》は鉄切付小札五段で、黒漆塗に紺糸毛引威であり、耳糸・畦目《うねめ》は啄木打《たくぼくうち》、菱縫《ひしぬい》は緋糸で配色が明るい。

義通作の筋兜を冠した具足に添っていた面で、天狗面の典型をみせたこの種の代表作である。黒田家の伝来である。江戸時代前期の作。

5．Tengu-men
Red lacquered iron

Except for the black lacquered tip of the nose, the entire surface is red lacquered, representing the face of an old *tengu.* Fitted with a white beard, there is something gentle about this monster with round nostrils and a compressed mouth. It is finely featured, and elaborateky red lacquered ; the wrinkles are not shaped by embossing but by layers of lacquer. The almost fully preserved hair of the white beard is of a white bear. The inside of the mask is red lacquerd as well. The *suga* is of five black lacquered iron plates of imitation acales and laced with dark blue silk lacing. The *mimiito* and *uneme* are of *takuboku-uchi, hishinui* is of light red silk. Once worn with a set of *gusoku* and a *suji-kabuto* made by Yoshimichi, and tranmitted from the Kuroda family, this is a typical *tenru-men* of the early Edo period.

5　天狗面　　鉄地朱漆塗

Tengu-men

6．天狗総面　鉄地黄漆塗

額・鼻・頬と顎の三面からなる。

やや赤味をもった黄色を漆塗し、東南アジア系の人肌色をみせる。ところどころ黄漆が剝落して鉄の下地が露出してかえって古調の景となる。両眼が大きく見開き、年代の古さをみせている。

こめかみと顎に桜、頬に桔梗の文を据えて春の桜、秋の桔梗を表わした風雅の趣を添えている。加賀頬の古作であろう。切耳の簡素な造作が年代の遡ることを示している。汗流しの管をうがつ。裏は朱漆塗。室町時代の作である。

6．Tengu so-men
Yellow lacquered iron

Made of three pieces: brow, nose, and cheek and chin, the surface is reddish-yellow lacquered. But the iron base is exposed in spots where the lacquer has flaked off, and this, together with the wide-open eyes, accentuates the antique aspect of the mask. The temple and the chin bear *suyemon* of an elegant pattern of cherry blossom and the cheeks that of Japanese bellflower. Probably an old piece of *kaga-ho ;* the simple shape of *kiri-mimi* shows its antique character. A hole of *asenagashi* is pierced beneath the chin. The inside of the mask is red lacquered. A work of the Muromachi period.

6　天狗総面　　鉄地黄漆塗
Tengu-sōmen

7．鳶面《とびめん》　鉄錆地

鳶面は稀少である。あまり作られることがなかったもので、ままみかけるのは鳶鼻をした天狗面である。白髪をたくわえた鳶鼻の天狗面を鳶面にみなすことがあるが、鳶に髭があっては不自然である。

鋭く尖った鳶鼻を仕付け、頬と顎の部分を一枚板で打出す。顎の鰓が張って、頬の肉を落し、顎を引いて、鼻が突出した風情は精悍そのものである。垂《すが》は二段煉革板《ねりがわいた》を蝙蝠付にし茶糸で毛引威、畦目《うなめ》、菱縫《ひしぬい》は金茶の配色。上板三ヵ所に朧銀金具で丸に鷹の羽違い紋を据える。安部家の注文で製作した入念品。裏朱漆塗。江戸時代の作である。

7．Tobi-men
Russet iron

Tobi-men were rarely made. Those occasionally found today are in reality *Tengu-men* with a beaked nose of a *tobi*（ a kite ）； such *tengu-men* fitted with gray hair are sometimes considerd *tobi-men*, but a *tobi* with a moustache is unnatural. The nose of this mask is sharply pointed. The cheeks and the chin are made by embossing a single plate, and with the chin drawn out, the cheeks firmly shaped, and the nose thrust out, the face is full of vigor. The reddish-collerd iron is finely forged. The *suga* is of two leather plates attached in the style of *kōmori-tsuke*, laced with brown silk lacing, *uname* and *hishi-nui* with goleden brown silk. Its upper plate bears at three spots *mon* representing crossed falcon feathers in a circle. The inside is red lacquerd. An elaborate work made for the Abe family in the Edo period.

7 鳶面 鉄錆地
Tobi-men

8．獅子口《ししぐち》総面　鉄地黒漆塗渡金

大振りで深ぶかとした迫真力のある面である。眉と鼻・顎の髭に銀彩で毛描を施し、植歯を渡金金具に上下の牙を交じえ、眼球全体に渡金金具を嵌入する。眼球に金具を嵌する手法は能面の表現技によるもので、金属による光沢で陰影感を強調する効果を生じる。

能面では眼に金具を嵌する超人的な面と、金具を嵌さない人間的な面とに区分している。神や鬼や魔性などの超人的なものの表現に金具を嵌するのであるが、超人間性の深度によっても嵌入の度合いを違えている。

獅子口は能面の代表的な面の一つで、百橋に用いる専用面である。獅子は文殊菩薩の霊獣で力や勢いの象徴として尊められ、一般には百獣の王として馴染み深い。ここでの獅子は猛獣としてではなく、すでに霊獣として化身した存在を示めす面となっている。超人的な面の眼は大方は繭形である。眉を高く打出しているため眼窩が凹み、能面に仮装して用いたとき〝クモラス〟という下向きに動かす所作によって、眼光が怪異感を発する。この面を上方からのぞいてみると同様の効果をみせる。

裏を朱塗としているため判然としないが、耳を仕付けるほかは一枚打出しに造っているらしい。造型と表現感覚が見事で、陰惨な感じはなく、かえって人の眼を引きつけてはなさない魅力をもつ。鼻孔が大きく、汗流しの孔はそれ以上に特大である。室町時代の製作。甲冑面の中での異色作である。

8．Shishiguchi so-men
Black lacquered iron, gold gilt

A bold and vigorous mask. Eyebrows, a moustache and a beard are indicated by thin strokes of silver lacquer. The gold gilt metal teeth including upper and lower fangs are set in the mouth, so as the gole gilt metal eyeballs in the eyes. Setting metal eyeballs, which emphasizes the shades with the sheen of metal, is based on the method of *noh-men*・*A noh-men* with metal eyeballs set in the eyes represents a superhuman being such as deities, demons and deviles, and the way to set those eyeballs varies according to the extent of the supperhuman nature of each of those figures. The *shishiguchi so-men* is one of the typical *noh-men*, used exclusively for the play *Hyakkyo*. The lion, spiritual beast of the *Monju Bosatsu*, one of the Buddhist deities, is worshipped as a symbol of power and strength, while known as the king of beast. The mask represents a lion transformed into a spiritual beast. Most of the masks representing superhuman beings have cocoon-shaped eyes. Eyebrows raised high by embossing make the orbits look hollow. When worn and tilted downward, the metal eyeballs of such a *noh-men* produces an eerie effect. This mask has the same effect when looked at from above. The red lacquered inside does not reveal, but probably this is made of a single piece embossed, with the earpieces being riveted on. The nostrils are large, and the hole of *asenagashi* is also considerably large. Far from ghostly, this finely forged mask attracts attention with its ramarkable sense of expression. A unique *katchu-men* of the Muromachi period.

8　獅子口総面　　鉄地黒漆塗渡金
Shishiguchi so-men

甲冑面の名どころ

総　面
SŌ - MEN

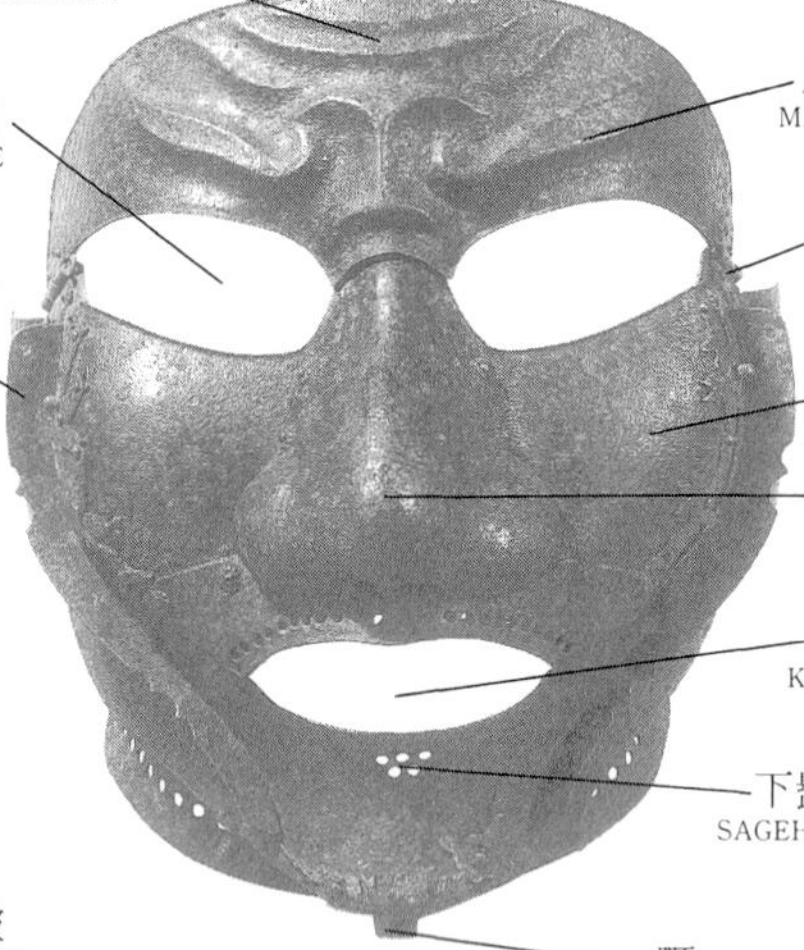

目の下面
MENOSHITA-MEN

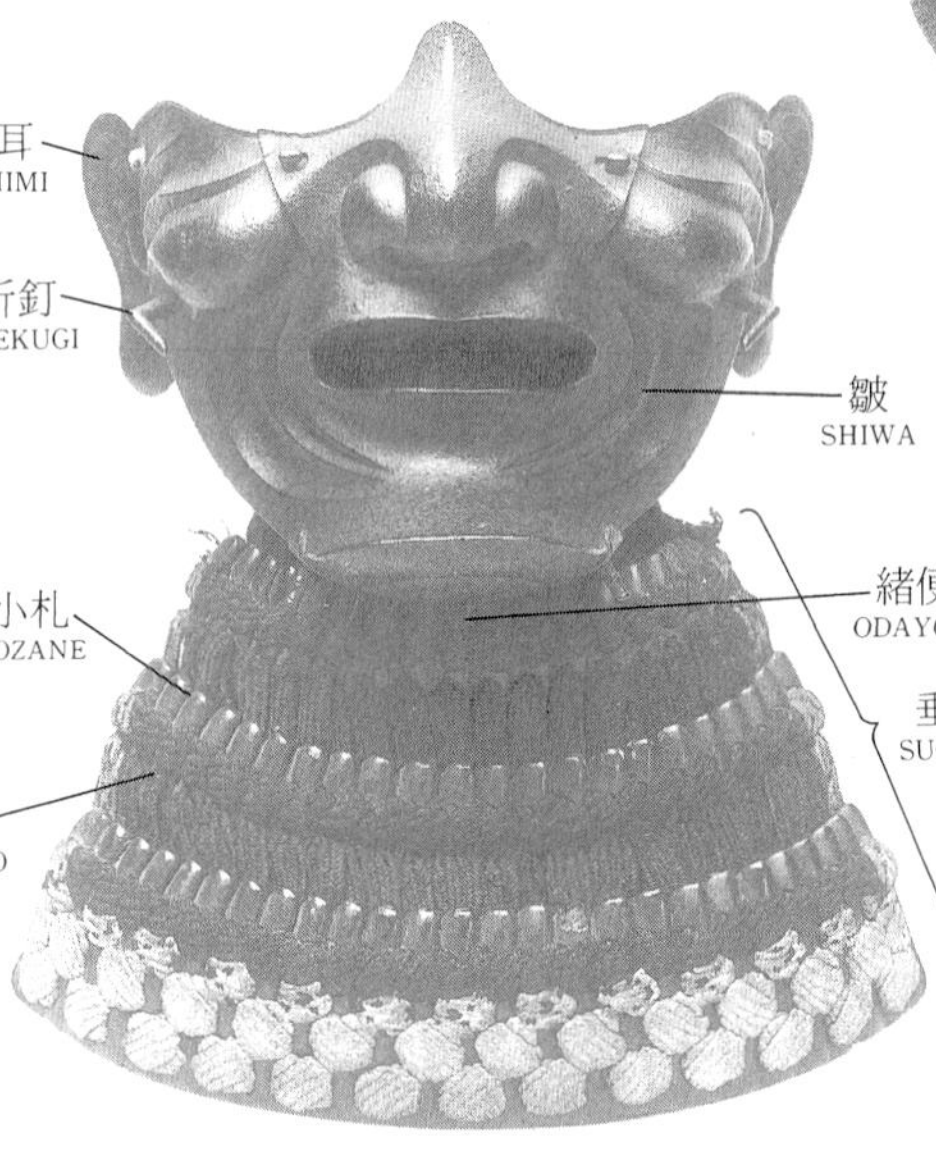

半頬
HANBŌ

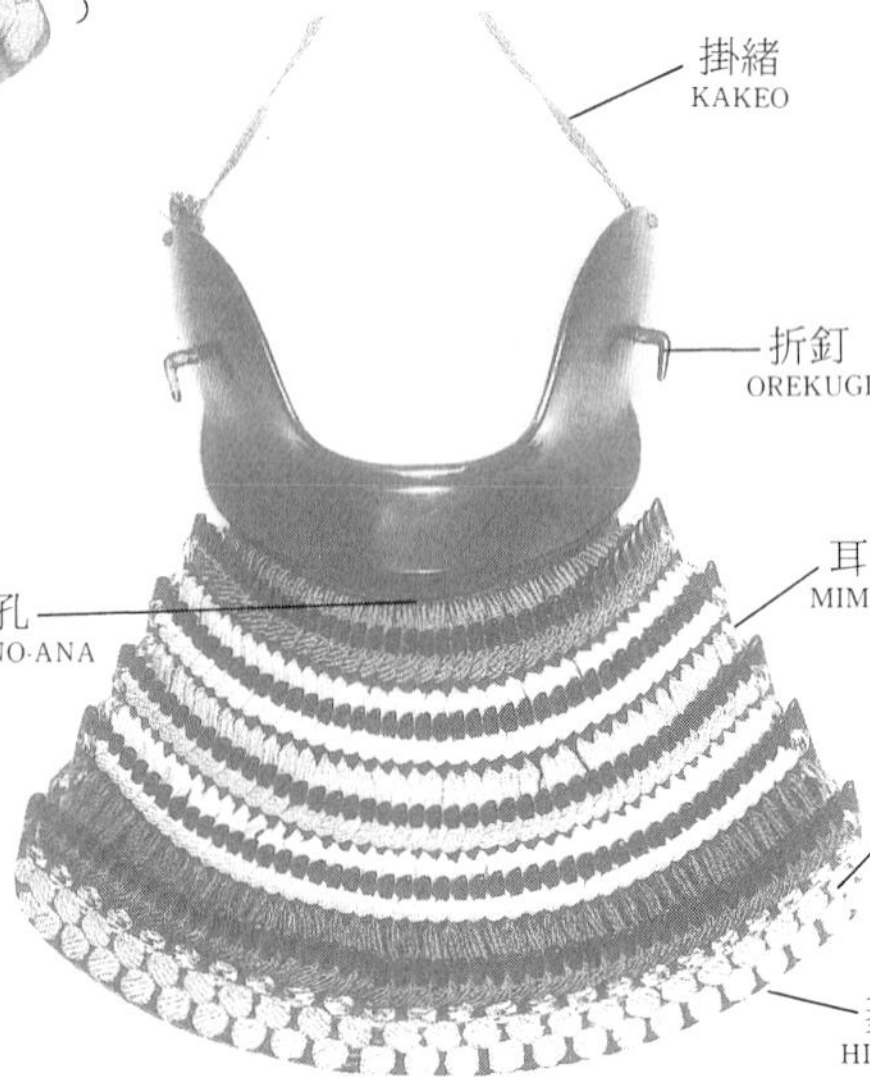

半首
HAPPURI

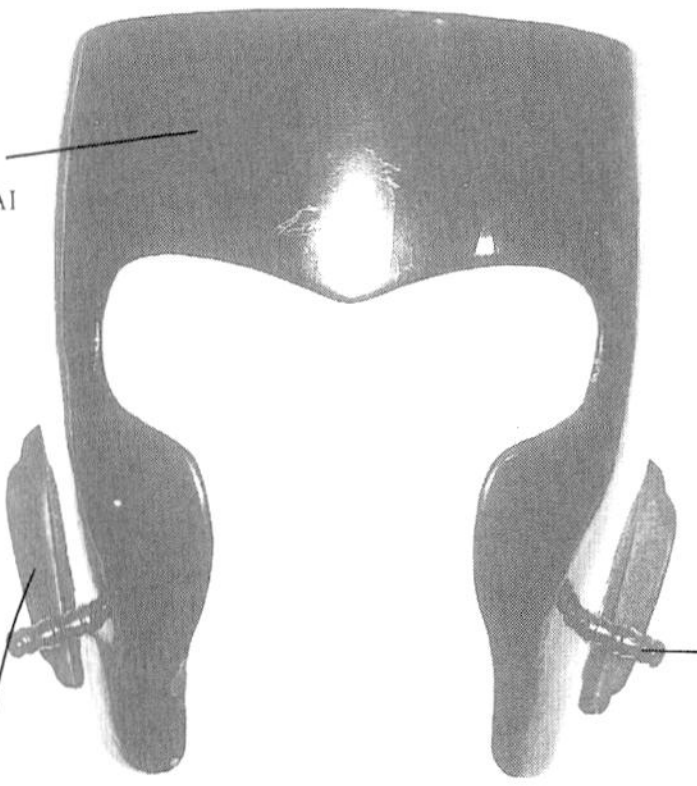

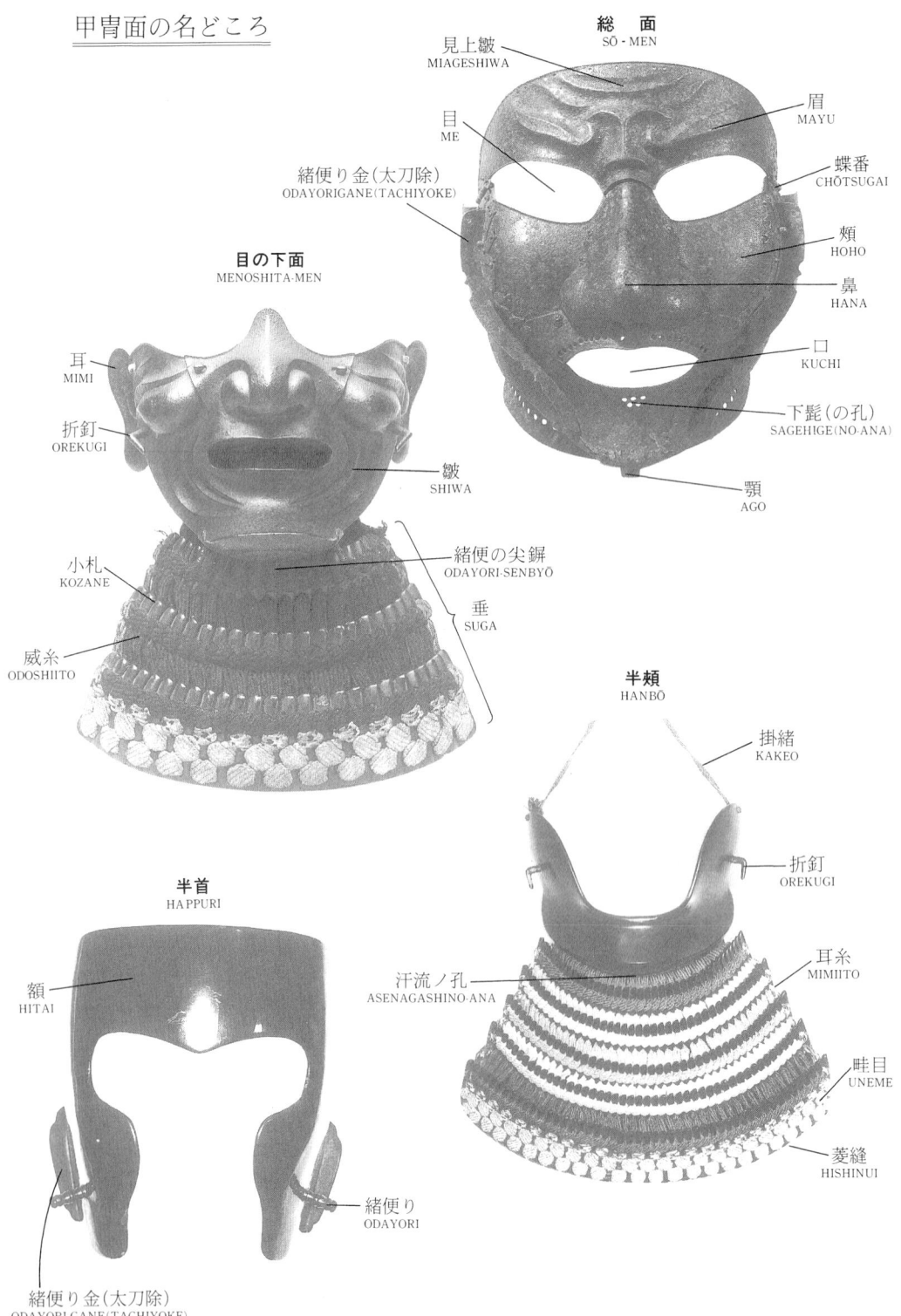

単色図版

半首・半頰

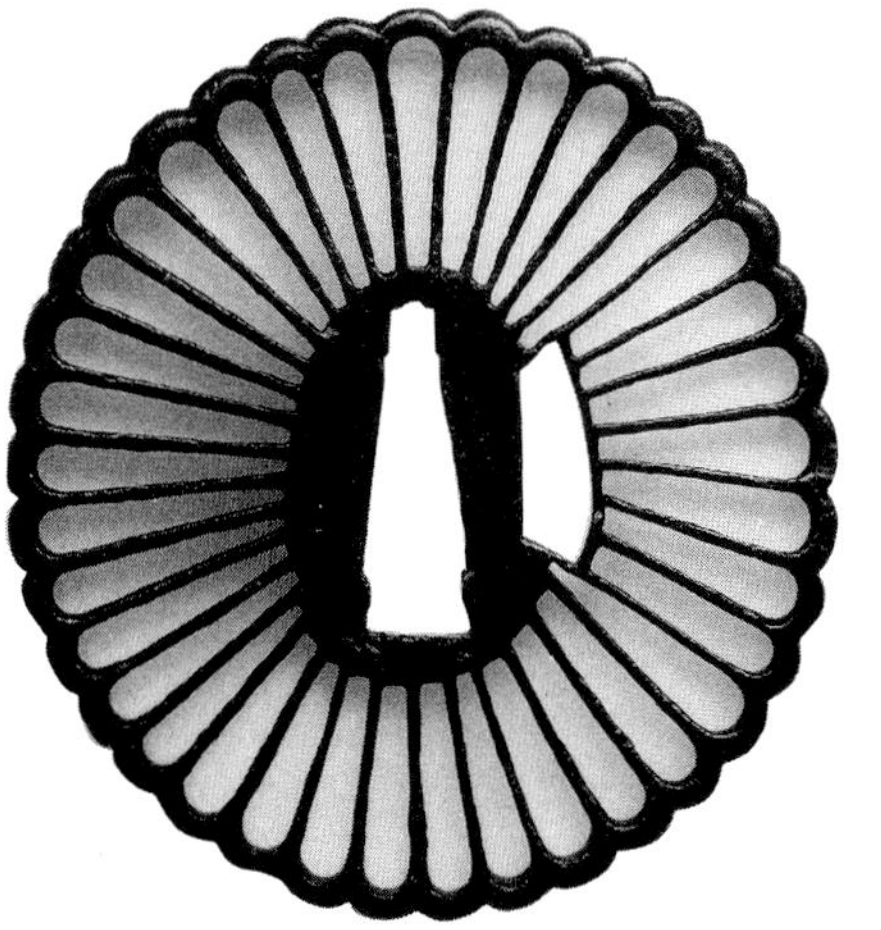

三十七間筋兜形鐔　甲冑師作（室町時代）
Made by Kattchusi

はっぷり・はんぼう
Happuli･Hanbō

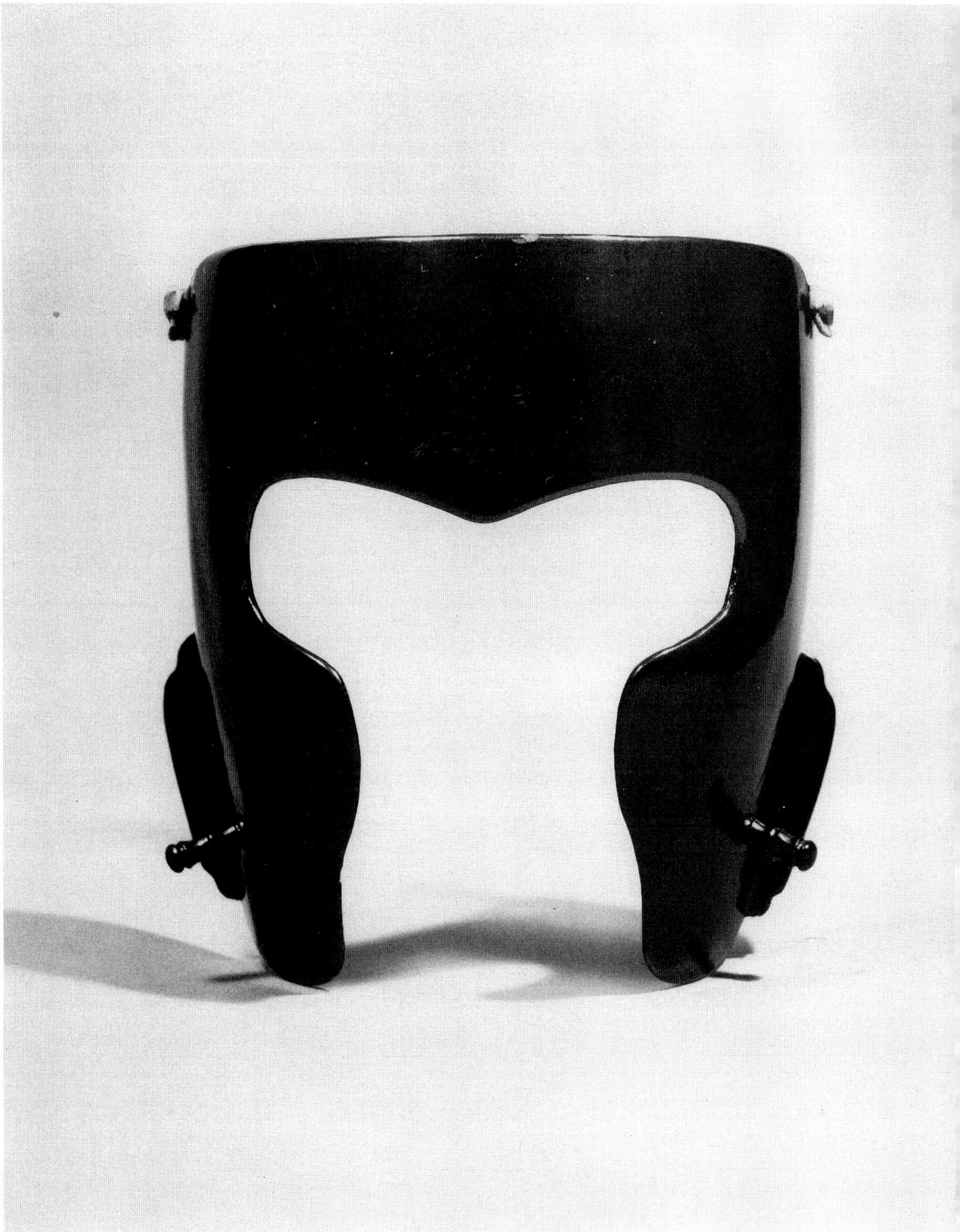

1 半　　首　　鉄地黒漆塗
Happuri

2 半　頬　鉄錆地
Hanbō

3 半　頬　鉄地金箔押
Hanbō

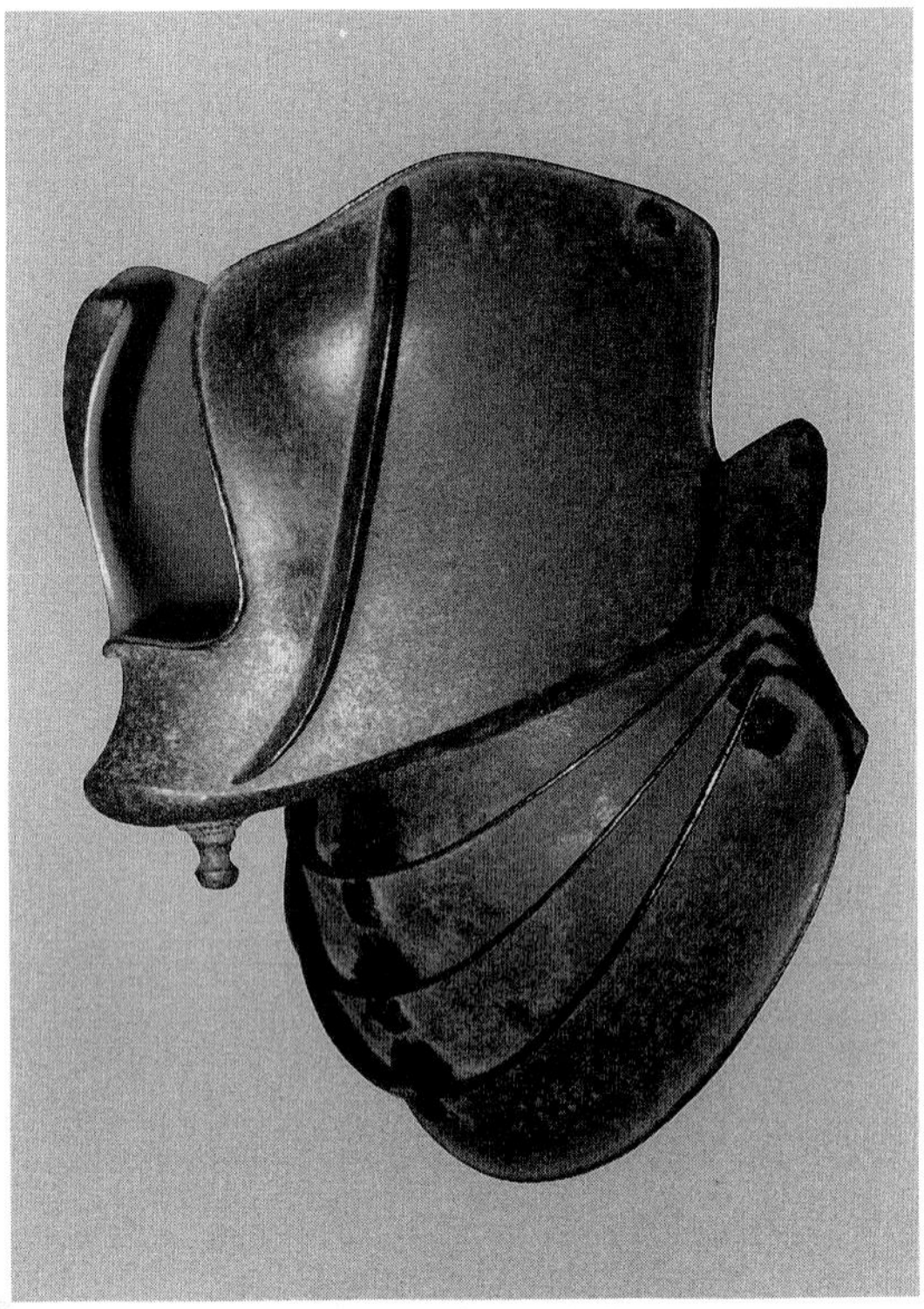

4 半　頬　鉄錆地
Hanbō

5 半　頬　鉄錆地
Hanbō

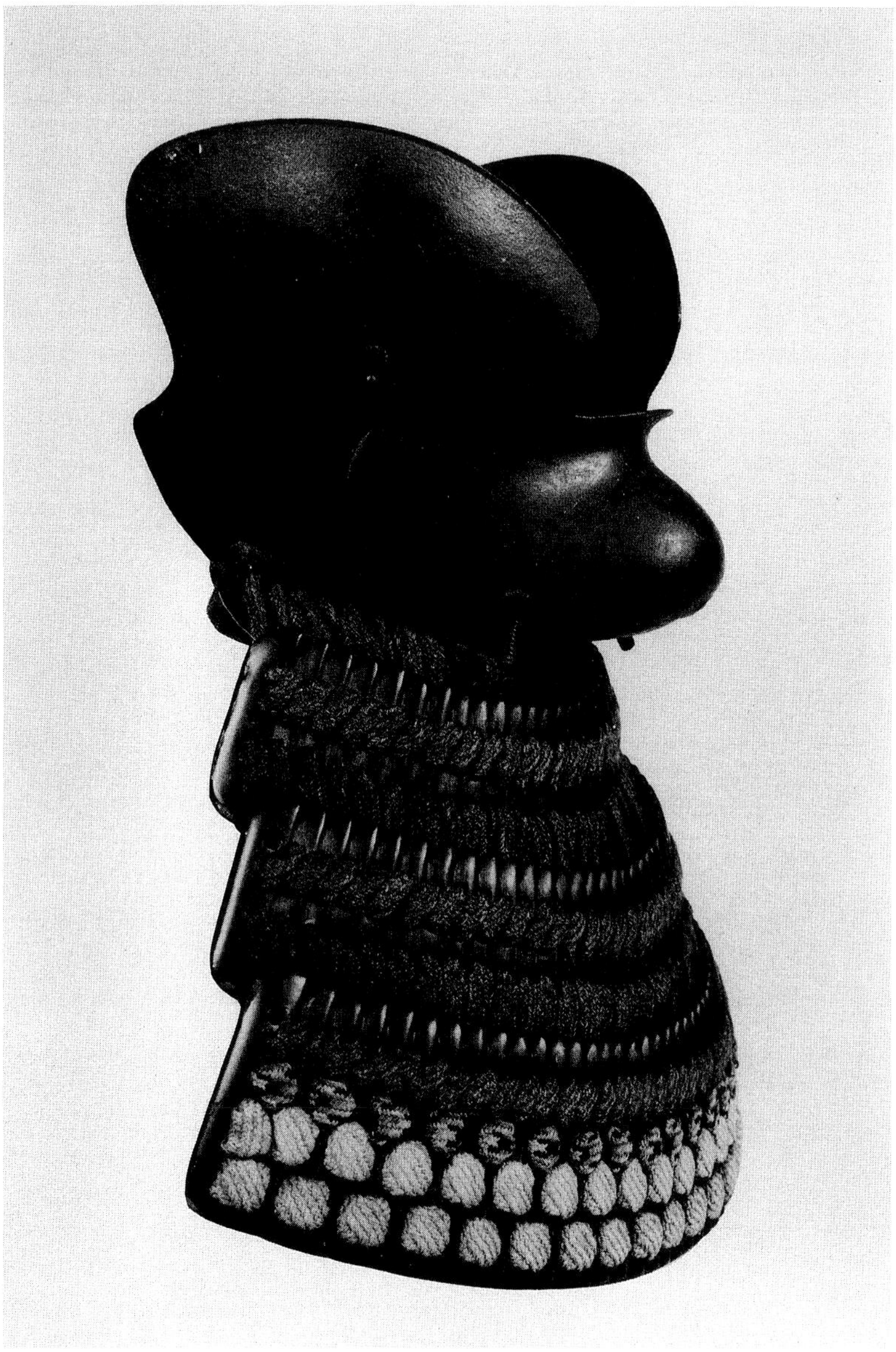

6 猿　頬　鉄錆地
Saru-bō

7 狐　頬　鉄錆地
Kitune-bō

8 狸　頬　鉄錆地
Tanuki-bō

9 燕　　頬　　鉄地黒漆塗
Tsubakuro-bō

10 燕　頬（加賀頬）　鉄錆地据文
Tsubakuro-bō

目の下面

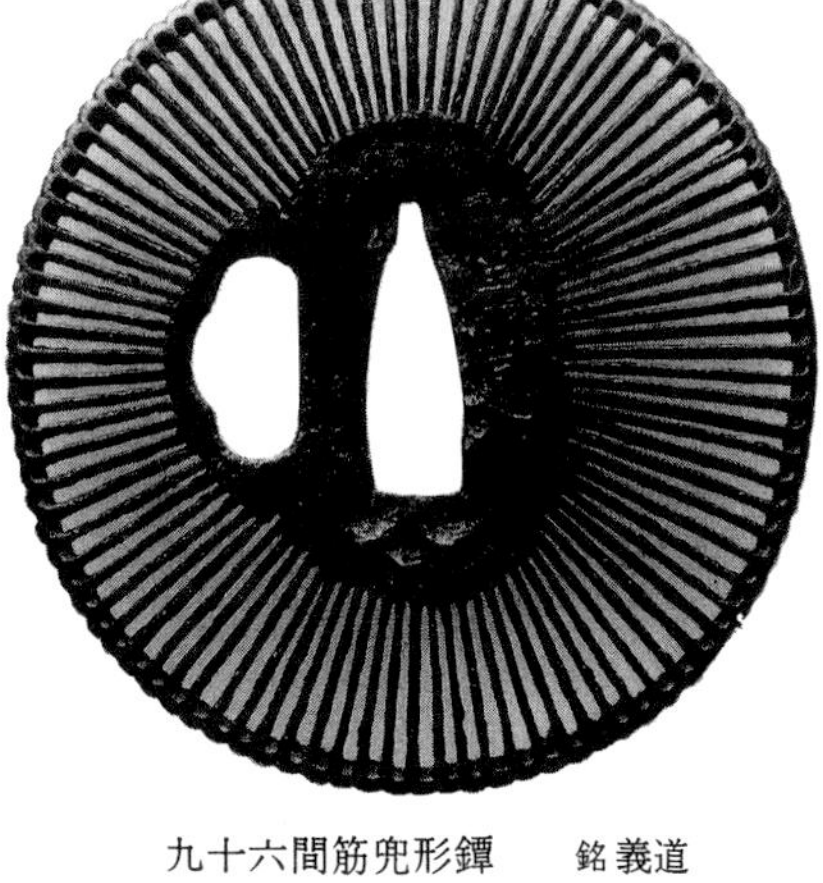

九十六間筋兜形鐔　銘 義道
Singed: Yoshimichi

めのしためん
Menoshita-men

11　御家頬（岩井作）　鉄錆地
Oie-bō

12　御家頬（岩井作）　鉄地黒漆塗
Oie-bō

13　烈勢面　　鉄錆地
Ressei-men

14　烈勢面　　鉄錆地
Ressei-men

15　烈勢面　　鉄錆地
Ressei-men

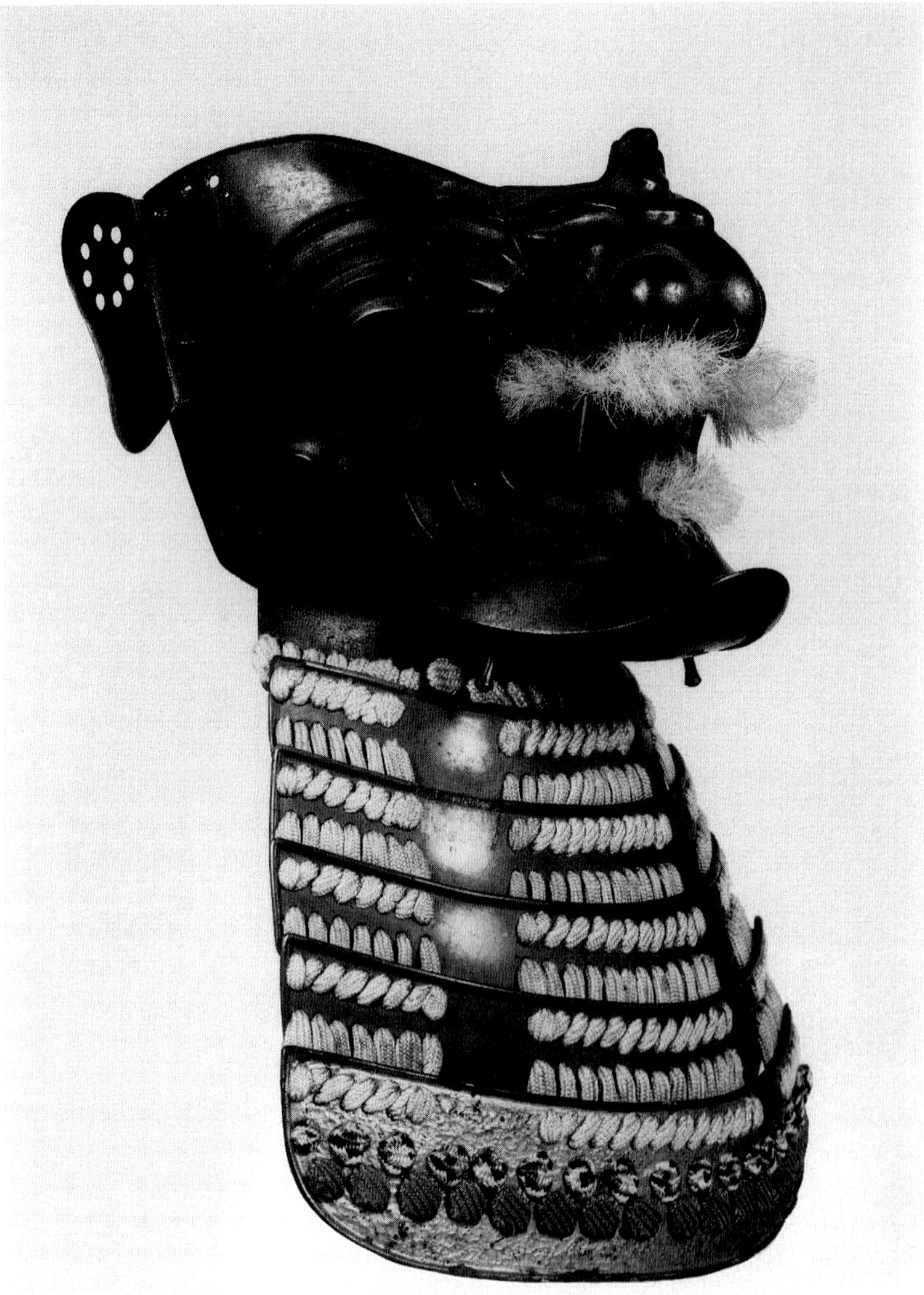

16　烈勢面　　鉄錆地
Ressei-men

17　烈勢面　　鉄錆地
Ressei-men

18　烈勢面　　鉄錆地
Ressei-men

19　烈勢面　　鉄錆地
Ressei-men

20　烈勢面　　鉄錆地
Ressei-men

21　烈勢面　　鉄錆地
Ressei-men

22　烈勢面　　鉄錆地
Ressei-men

23　烈勢面　　鉄地黒漆塗
Ressei-men

24　烈勢面　　鉄地朱漆塗
Ressei-men

25　烈勢面　　鉄地錆塗
Ressei-men

26 烈勢面　　鉄錆地
Ressei-men

27　烈勢面　　鉄錆地　曲輪付
Ressei-men

28　烈勢面　　鉄錆地
Ressei-men

29　烈勢面　　鉄錆地
Ressei-men

30　烈勢面　　鉄地黒漆塗　曲輪付
Ressei-men

31　烈勢面　　鉄錆地　曲輪付
Ressei-men

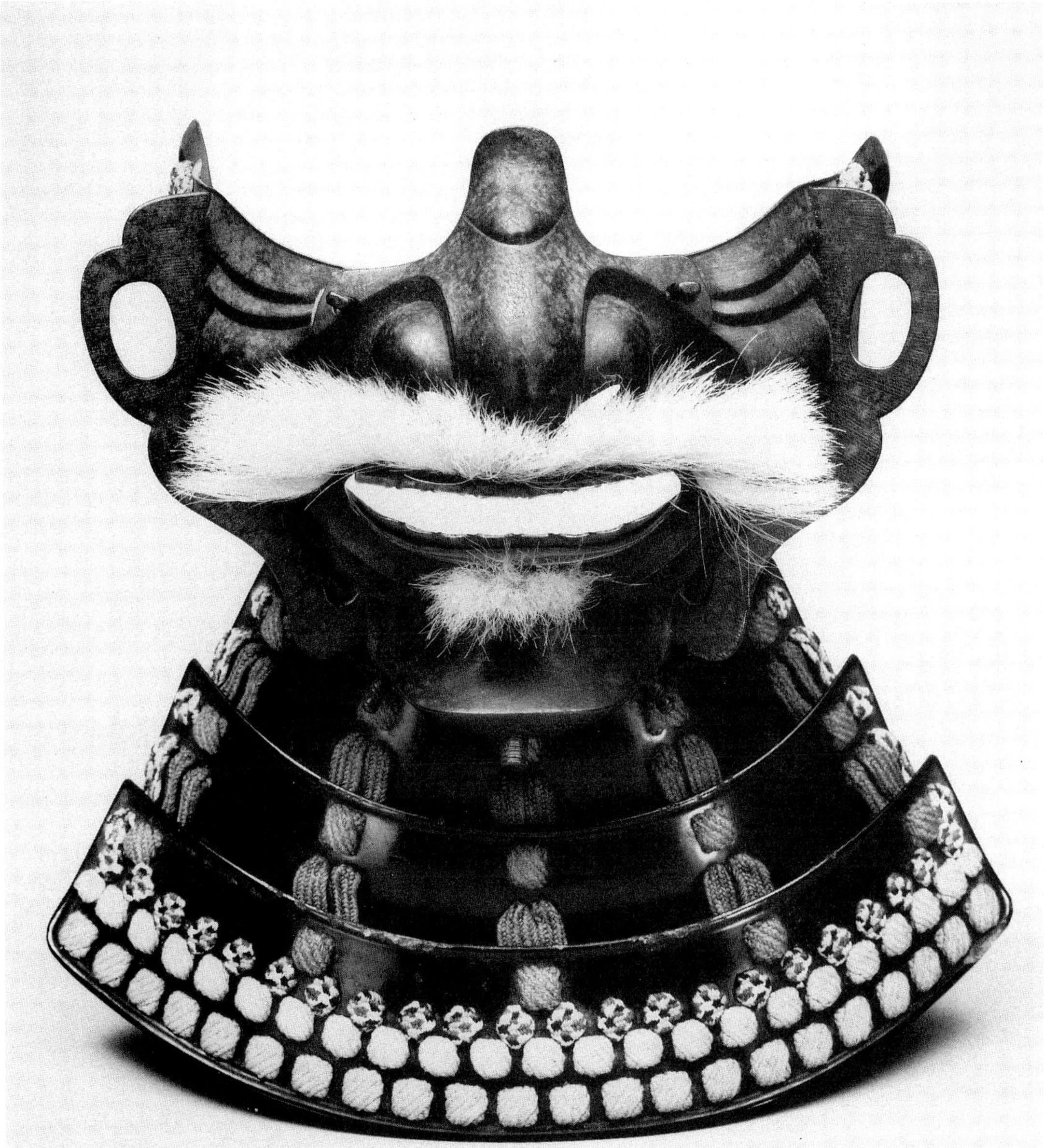

32　烈勢面　　鉄錆地
Ressei-men

33　烈勢面　　鉄錆地
Ressei-men

33 同 右側面

34　烈勢面　　鉄錆地
Ressei-men

35　隆武面　　鉄錆地据文
Ryūbu-men

36　隆武面　　鉄錆地
Ryūbu-men

37　隆武面　　鉄錆地一枚打出
Ryūbu-men

38　隆武面　　鉄錆地一枚打出
Ryūbu-men

39　隆武面　　鉄錆地一枚打出
Ryūbu-men

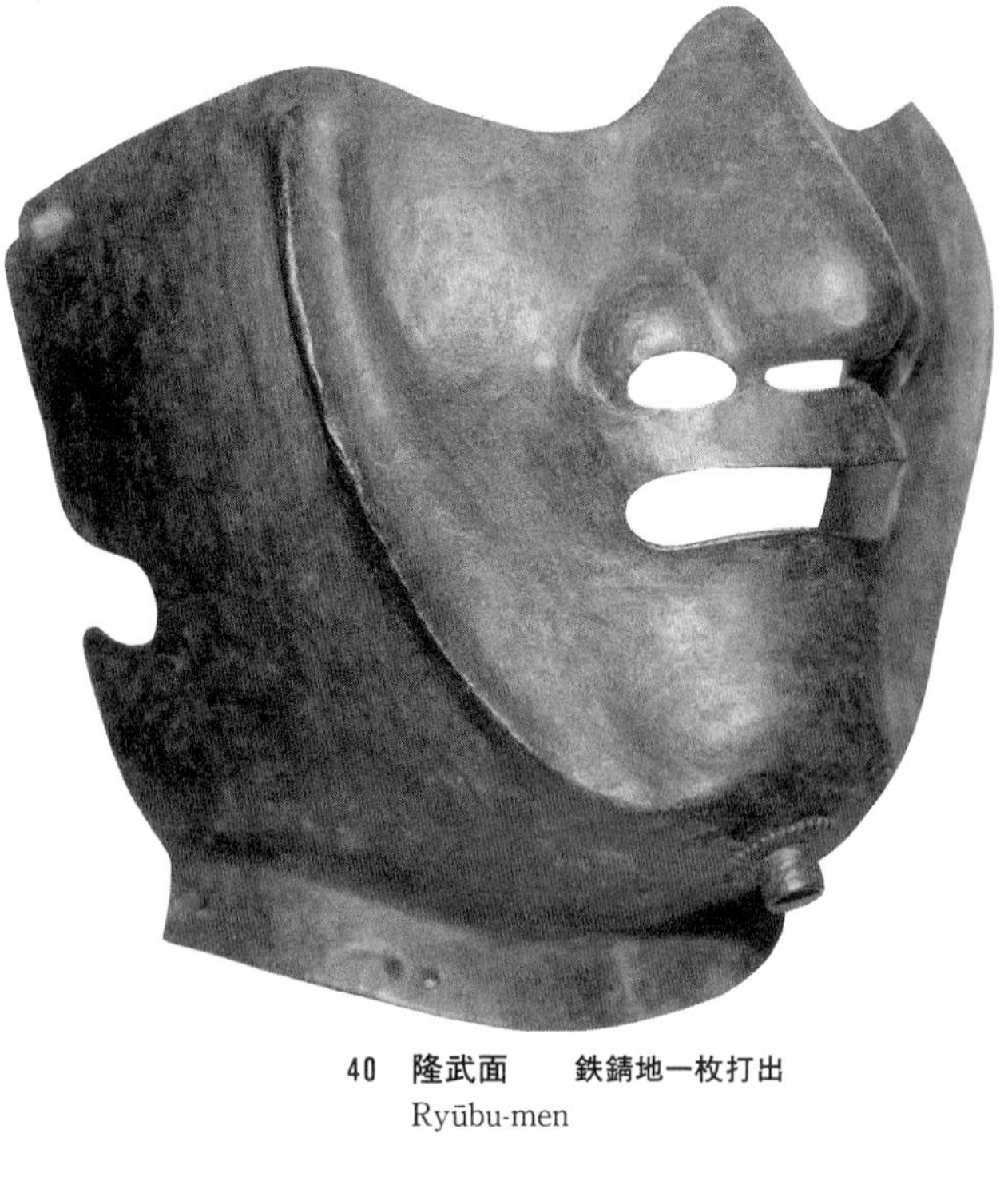

40　隆武面　　鉄錆地一枚打出
Ryūbu-men

41　隆武面　　鉄地金箔押
Ryūbu-men

42　隆武面　　鉄錆地
Ryūbu-men

43　隆武面　　鉄錆地
Ryūbu-men

44　隆武面　　鉄錆地
Ryūbu-men

45　隆武面　　鉄錆地
Ryūbu-men

46　隆武面　　鉄錆地
Ryūbu-men

47　隆武面　　鉄錆地
Ryūbu-men

48　隆武面　　鉄錆地
Ryūbu-men

49　隆武面　　鉄錆地
Ryūbu-men

50　隆武面　　鉄錆地
Ryūbu-men

51　隆武面　　鉄錆地
Ryūbu-men

52　隆武面　　鉄錆地
Ryūbu-men

53　隆武面　　鉄地朱漆塗
Ryūbu-men

54 隆武面 鉄地朱漆塗
Ryūbu-men

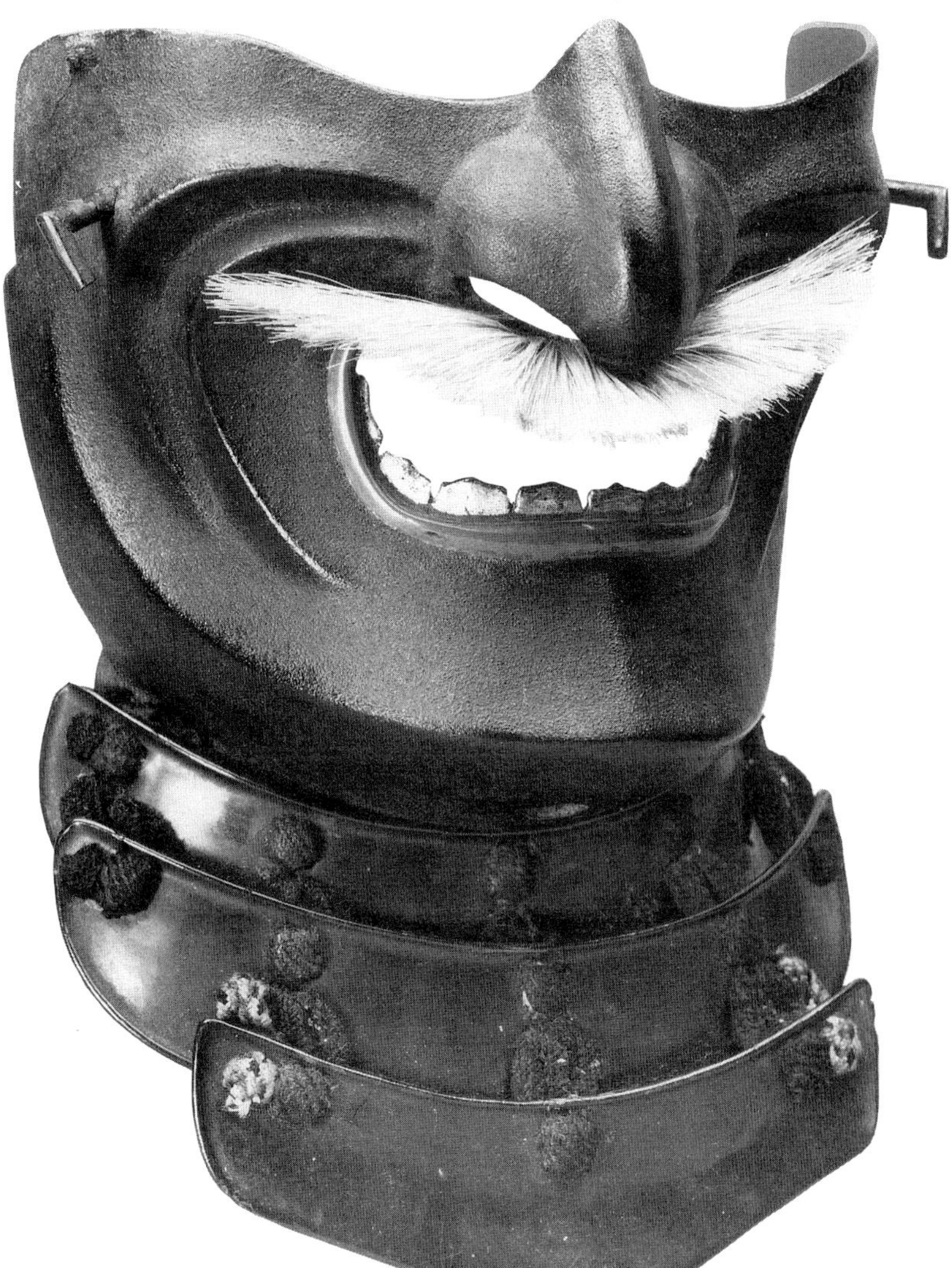

55 笑　　面　　煉革地錆塗一枚打出
Emi-men

56 笑　面　鉄錆地
Emi-men

57　大黒面　　張懸黒漆塗
Daikoku-men

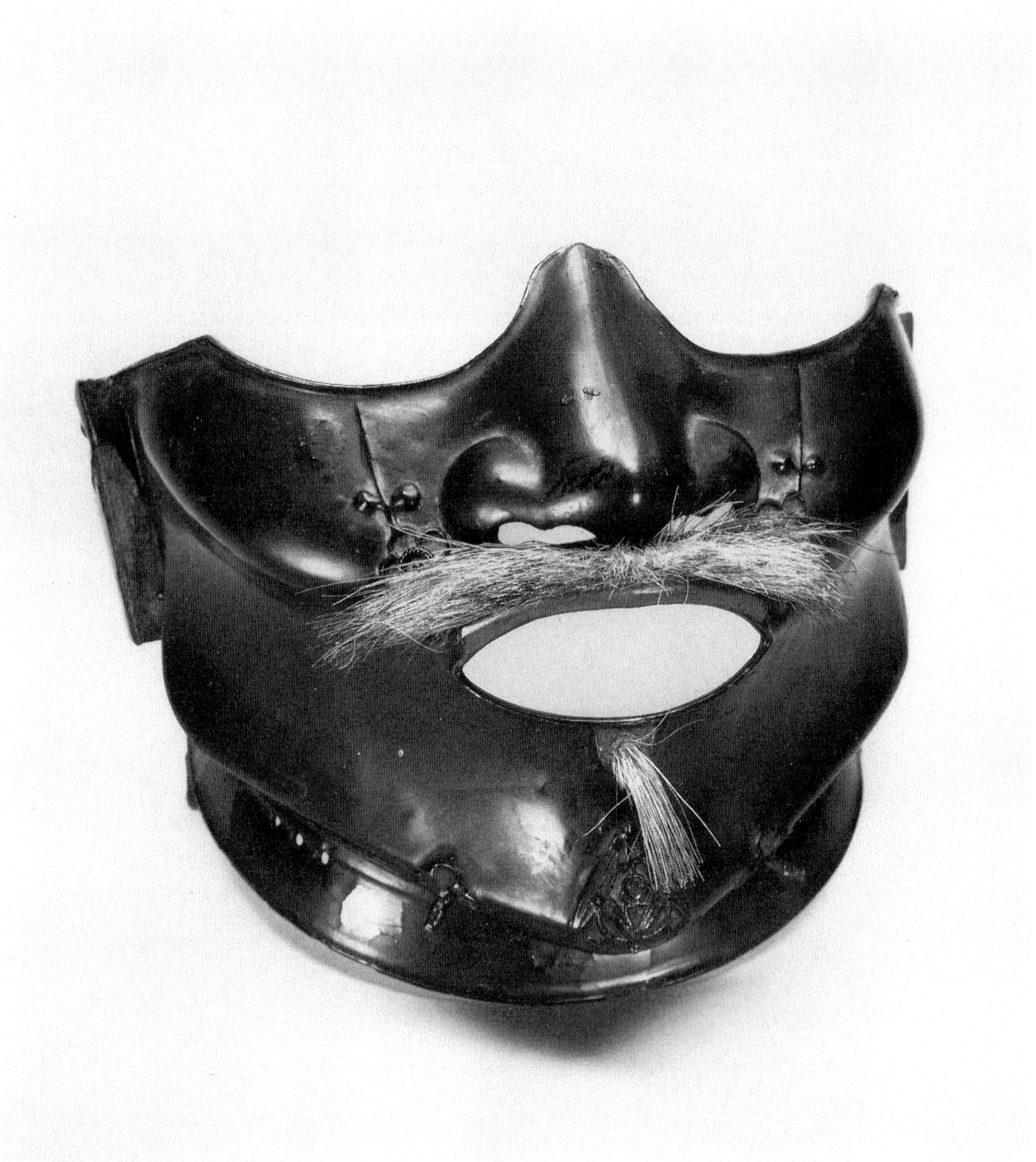

58　蓬莱面　　鉄地黒漆塗据文
Hōrai-men

59　翁　　面　　鉄錆地一枚打出
Okina-men

60 翁　面　鉄錆地
Okina-men

61 翁　面　鉄地錆塗
Okina-men

62 翁　面　鉄地黒漆塗
Okina-men

63 翁　面　鉄地黒漆塗
Okina-men

64 翁　面　鉄地黒漆塗
Okina-men

65 翁　面　煉革地黒漆塗
Okina-men

66 翁　　面　煉革地肉色漆塗一枚打出
Okina-men

67 翁　面　鉄錆地
Okina-men

68　白髪面　　鉄錆地
Hakuhatsu-men

69 皺　面　鉄錆地
Shiwa-men

70　美女面　　鉄錆地
Bijo-men

71　美女面　　鉄錆地
Bijo-men

72　迦楼羅面　　鉄錆地据文
Karura-men

73　迦楼羅面　　鉄錆地据文
Karura-men

74　迦楼羅面　　鉄錆地
Karura-men

75　迦楼羅面　　鉄錆地
Karura-men

76　迦楼羅面　　鉄錆地
Karura-men

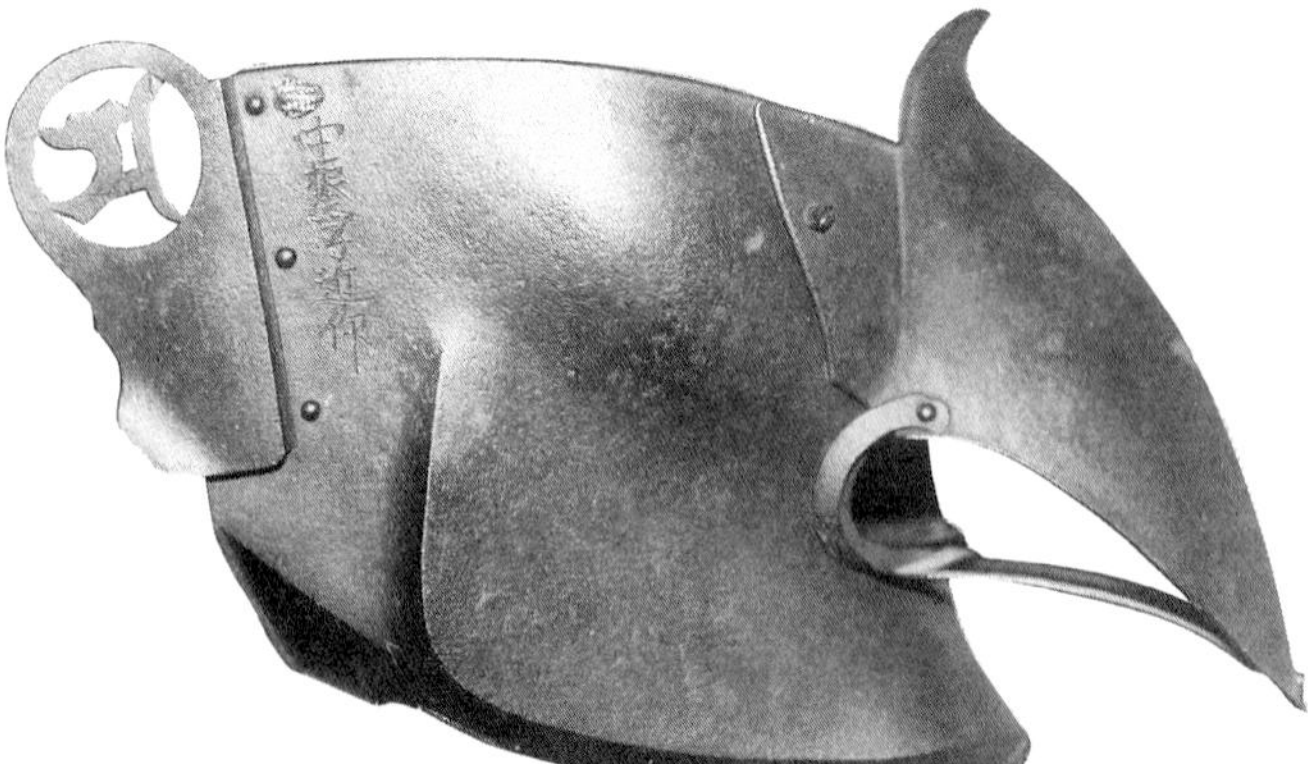

77　迦楼羅面　　鉄地朱漆塗
Karura-men

78　迦楼羅面　　鉄地朱漆塗
Karura-men

79　天狗面　　鉄地錆塗
Tengu-men

80　天狗面　　鉄地黒漆塗
Tengu-men

81　天狗面　　鉄錆地
Tengu-men

82　天狗面　　鉄地黒漆塗
Tengu-men

83　天狗面　　鉄地朱漆塗
Tengu-men

84　天狗面　　鉄錆地一枚打出
Tengu-men

85　天狗面　　鉄錆地一枚打出
Tengu-men

85 同 正面

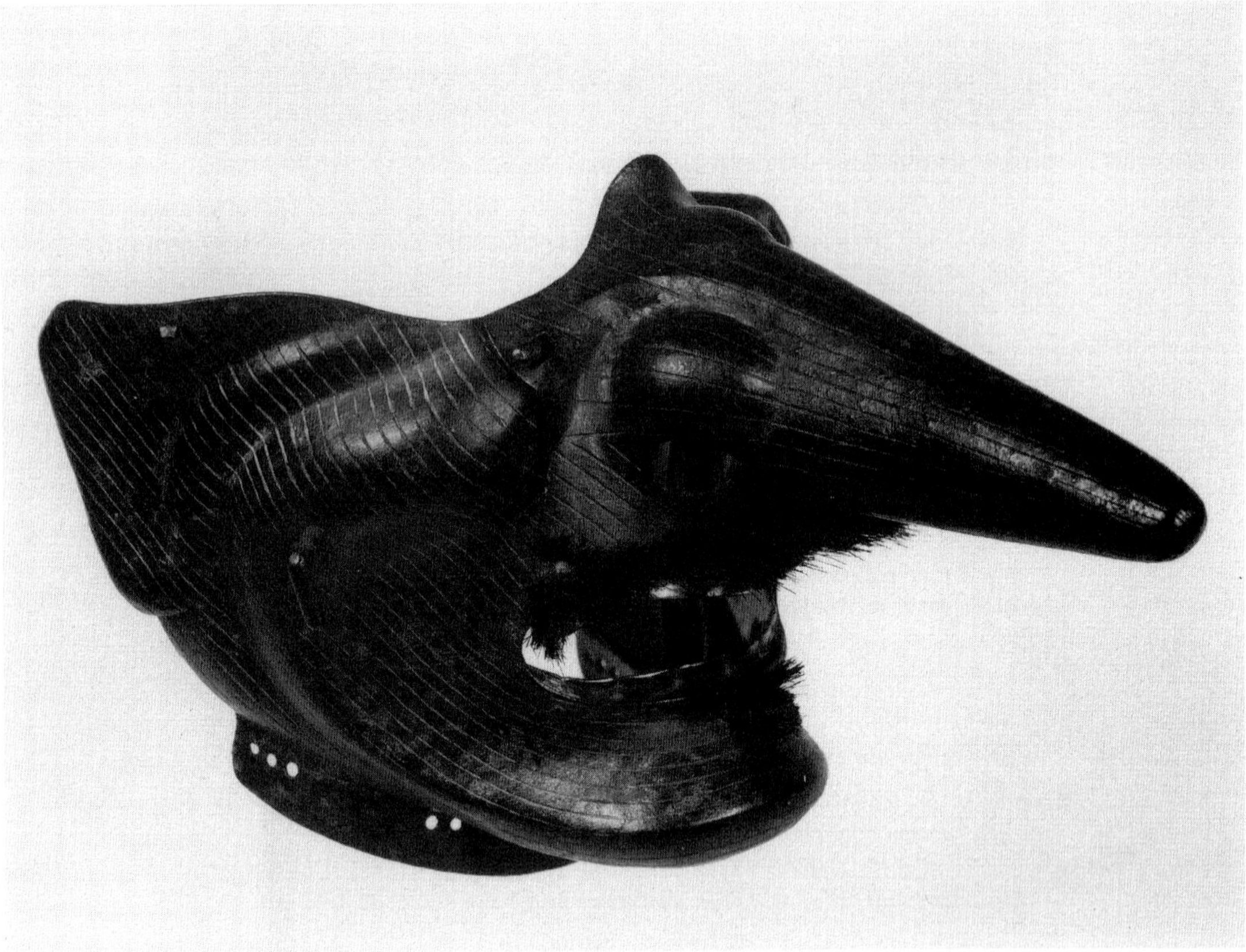

86　天狗面　　鉄錆地鐫彫
Tengu-men

87　天狗面　　煉革地朱漆塗
Tengu-men

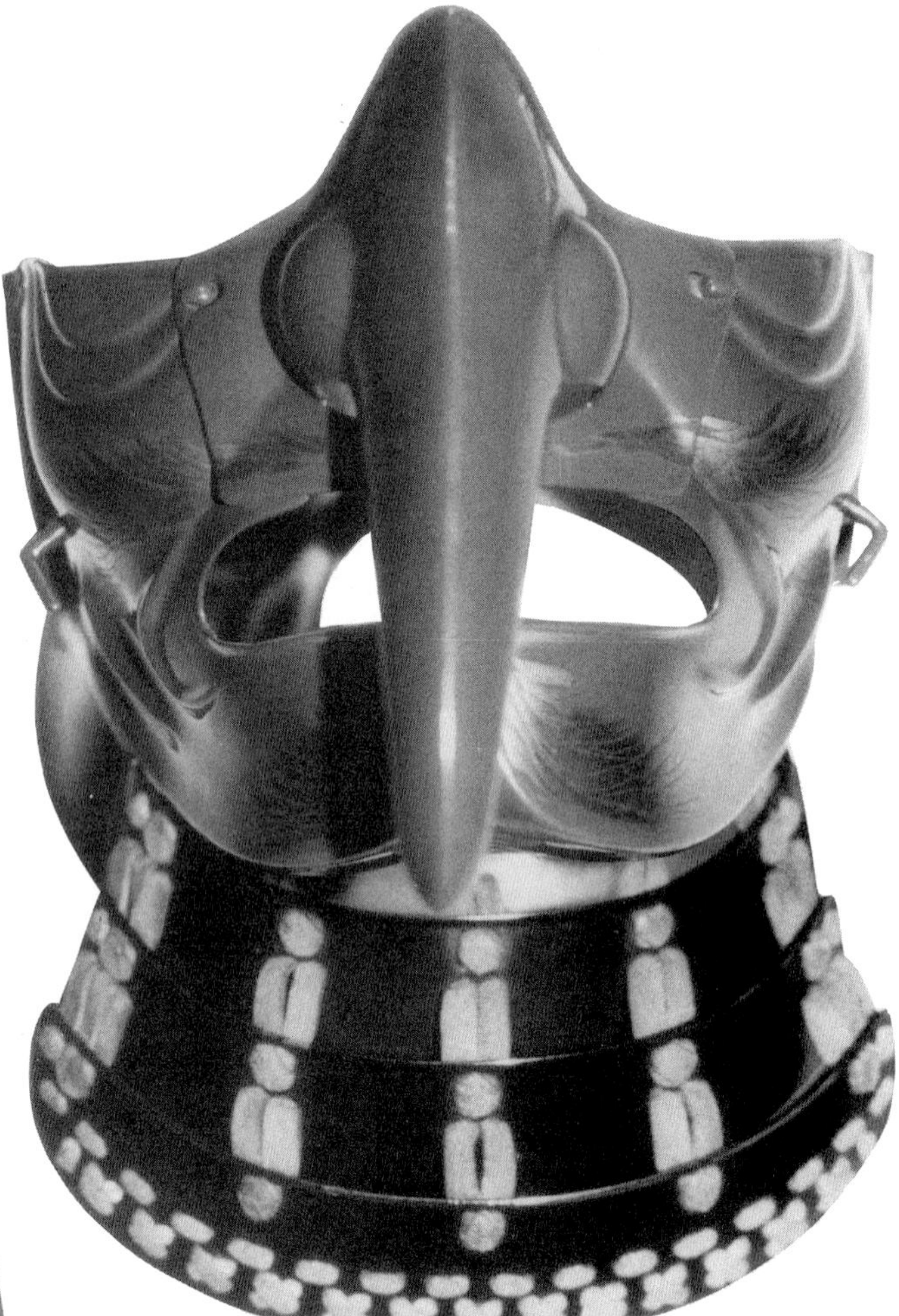

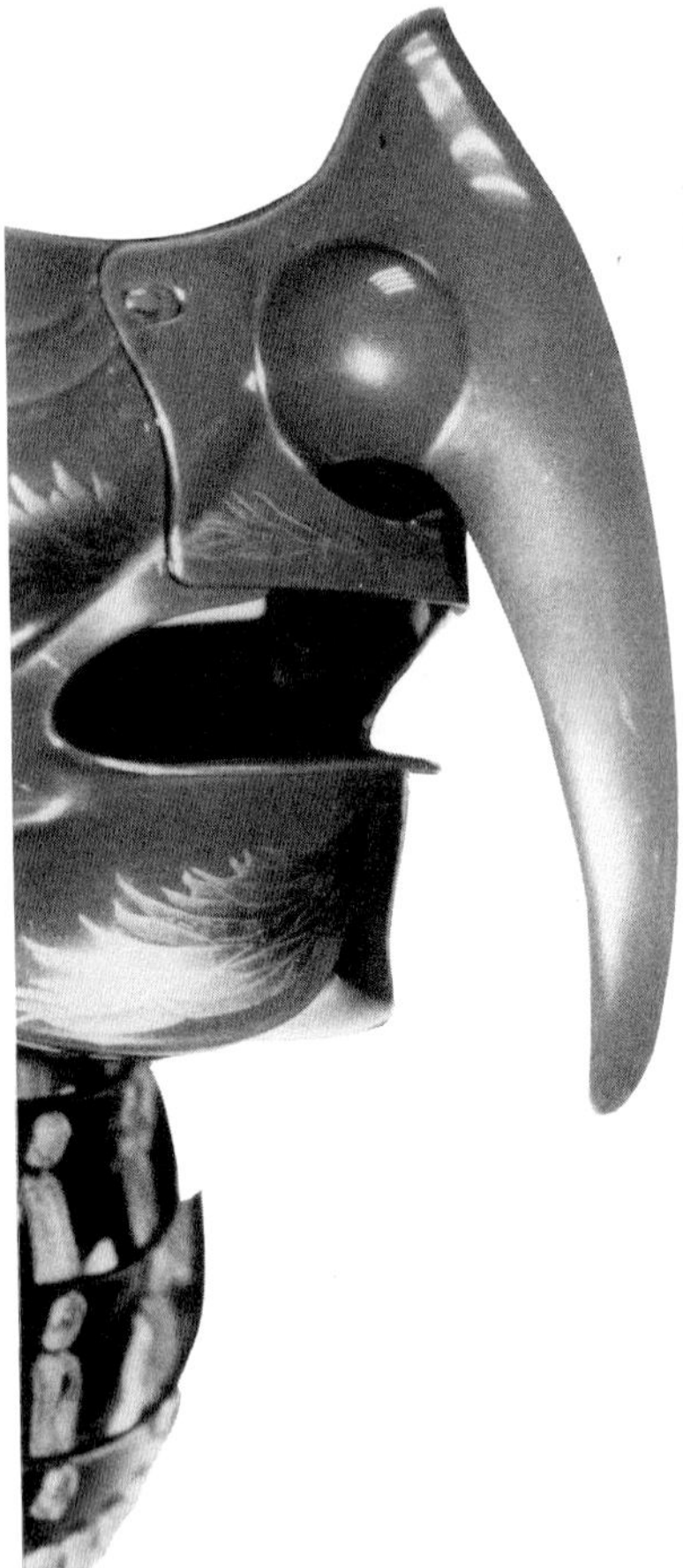

88　胡徳楽面　　鉄地朱漆塗
Kotokuraku-men

89　胡徳楽面　　鉄地黒漆塗
Kotokuraku-men

90　越中面　　鉄錆地鑢彫
Etcyū-men

91　越中面　　鉄錆地鑢彫
Etchū-men

92　越中面　　鉄錆地鑢彫
Etchū-men

93　鑢目の面　　鉄錆地銑鋤鑢彫
Yasuri-me-men

94　鑢目の面　　鉄錆地筋違鑢彫
Yasurime-men

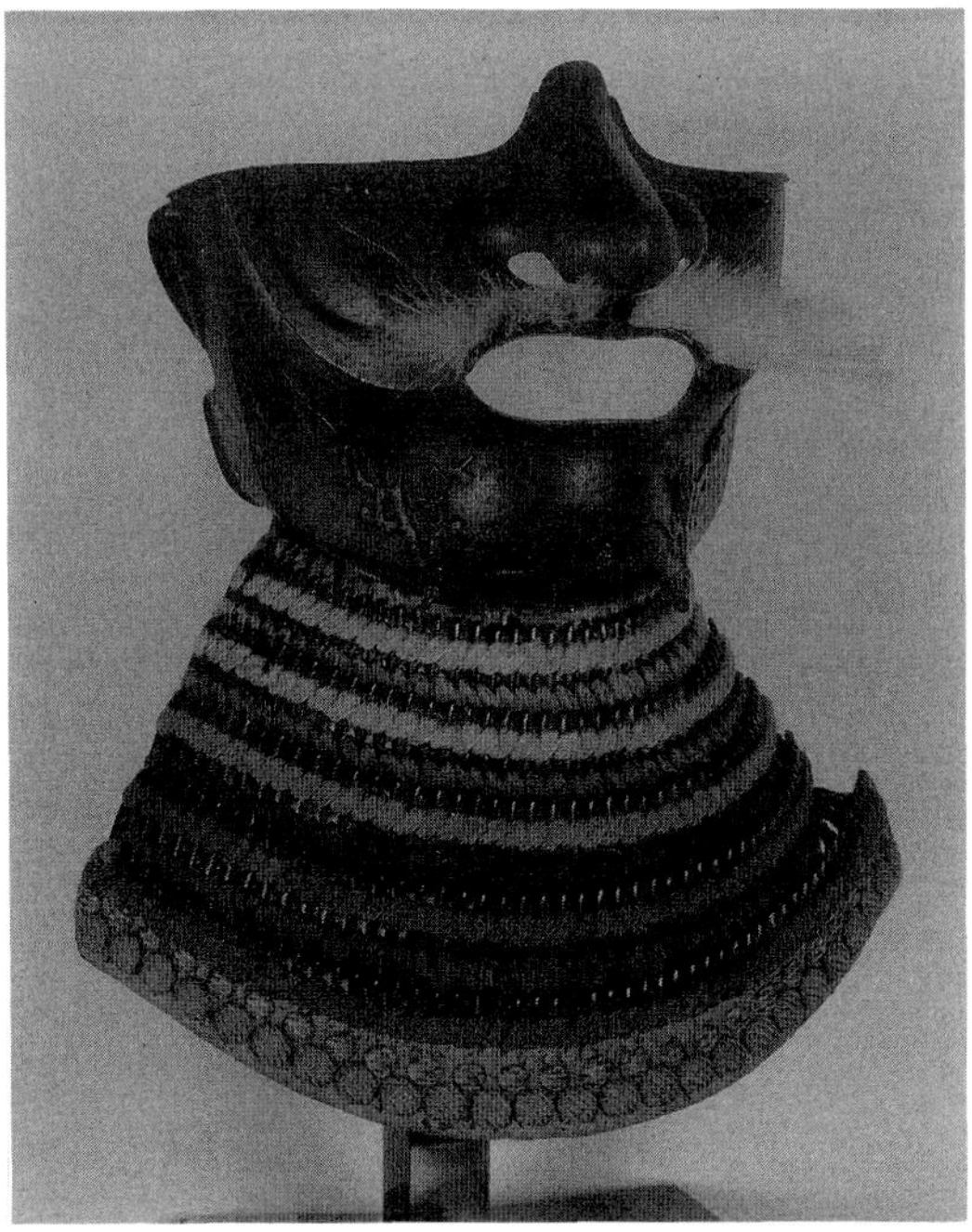

95　鑢目の面　　鉄錆地筋違鑢据文
Yasurime-men

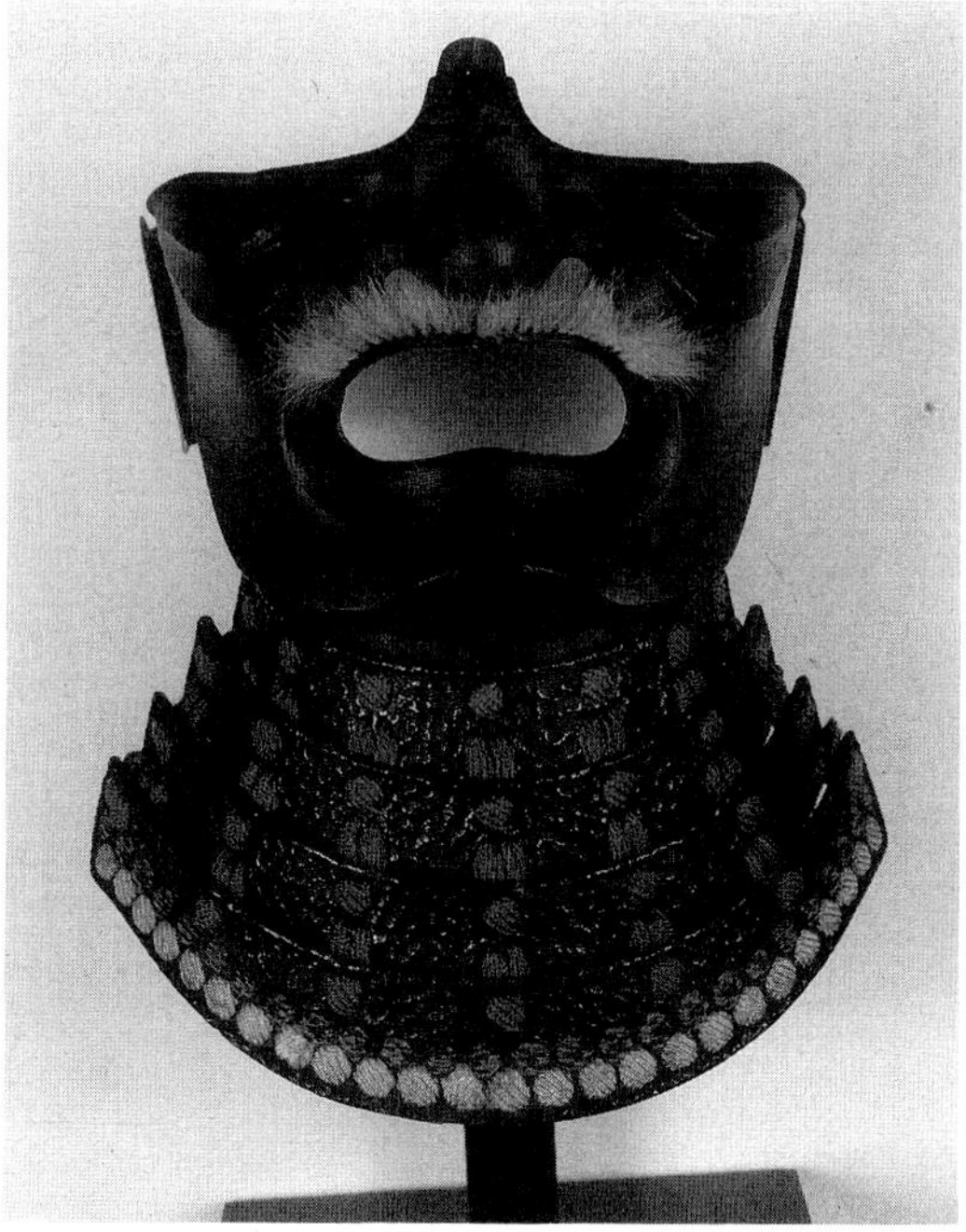

96　鑢目の面　　鉄錆地筋違鑢彫
Yasurime-men

97　鑢目の面　　鉄錆地筋違鑢彫
Yasurime-men

98　鑢目の面　　鉄錆地筋違鑢据文
Yasurime-men

99　鑢目の面　　鉄錆地筋違鑢
Yasurime-men

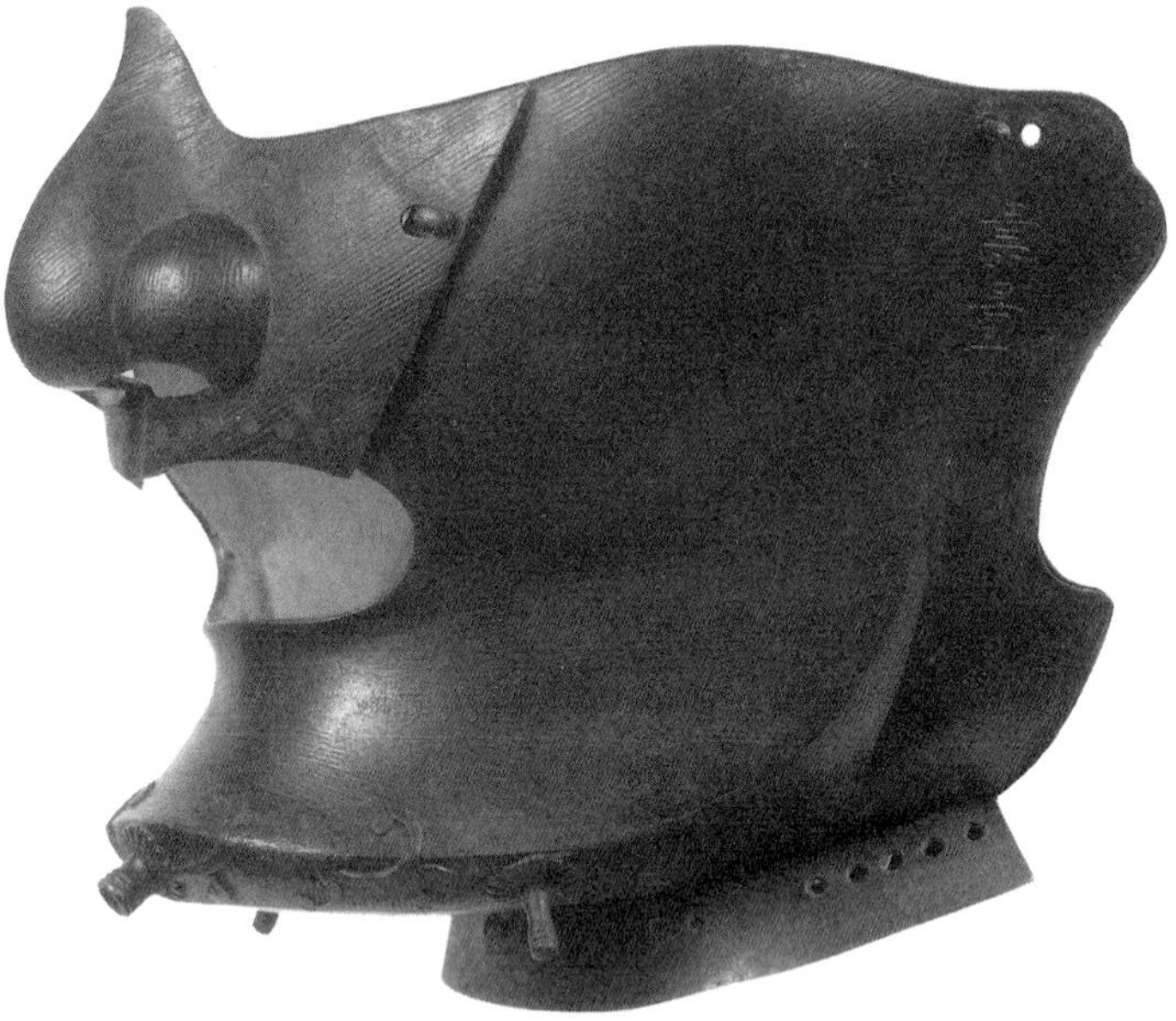

100　鑢目の面　　鉄錆地筋違鑢
Yasurime-men

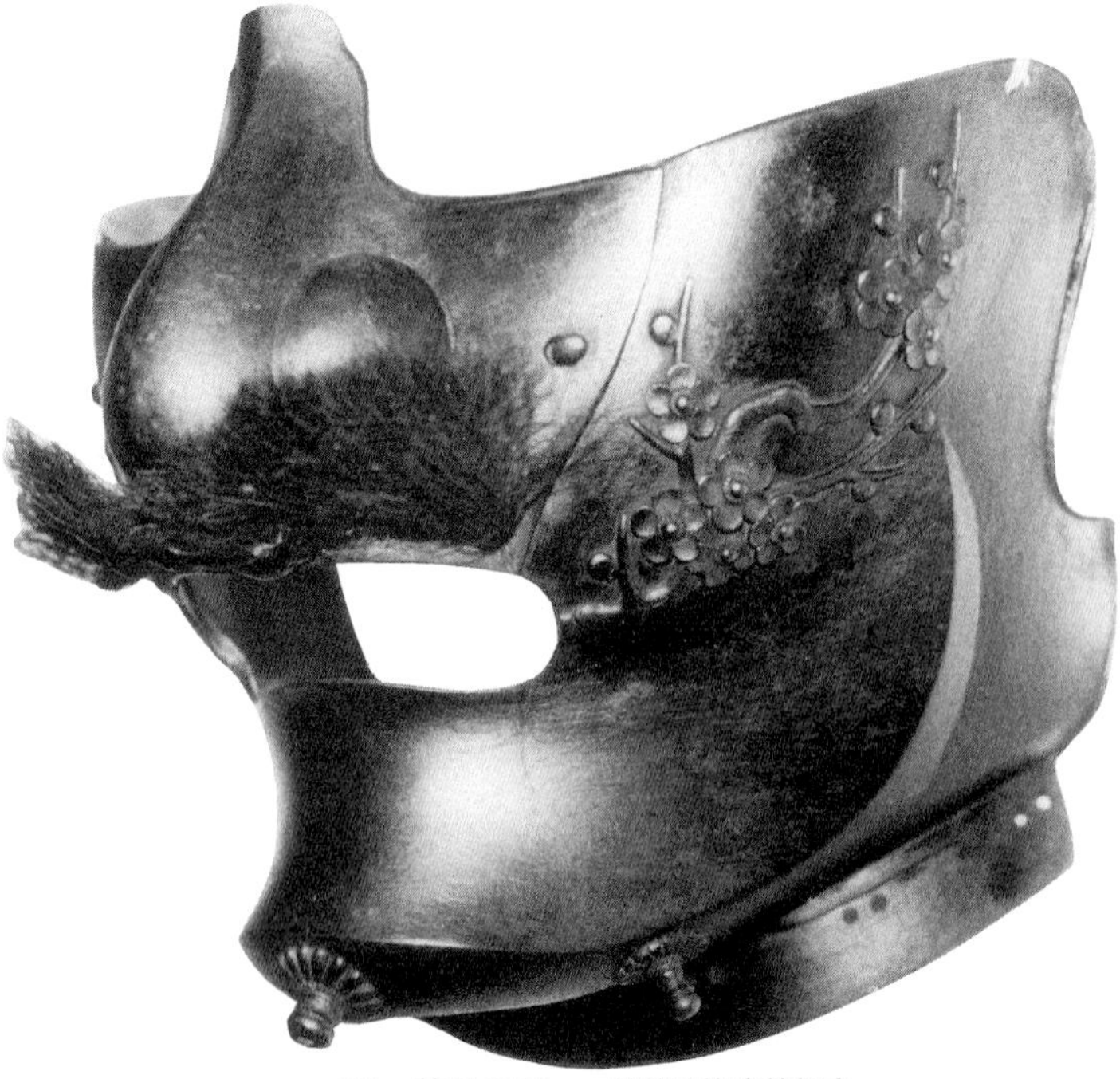

101　鑢目の面　　鉄錆地筋違鑢据文
Yasurime-men

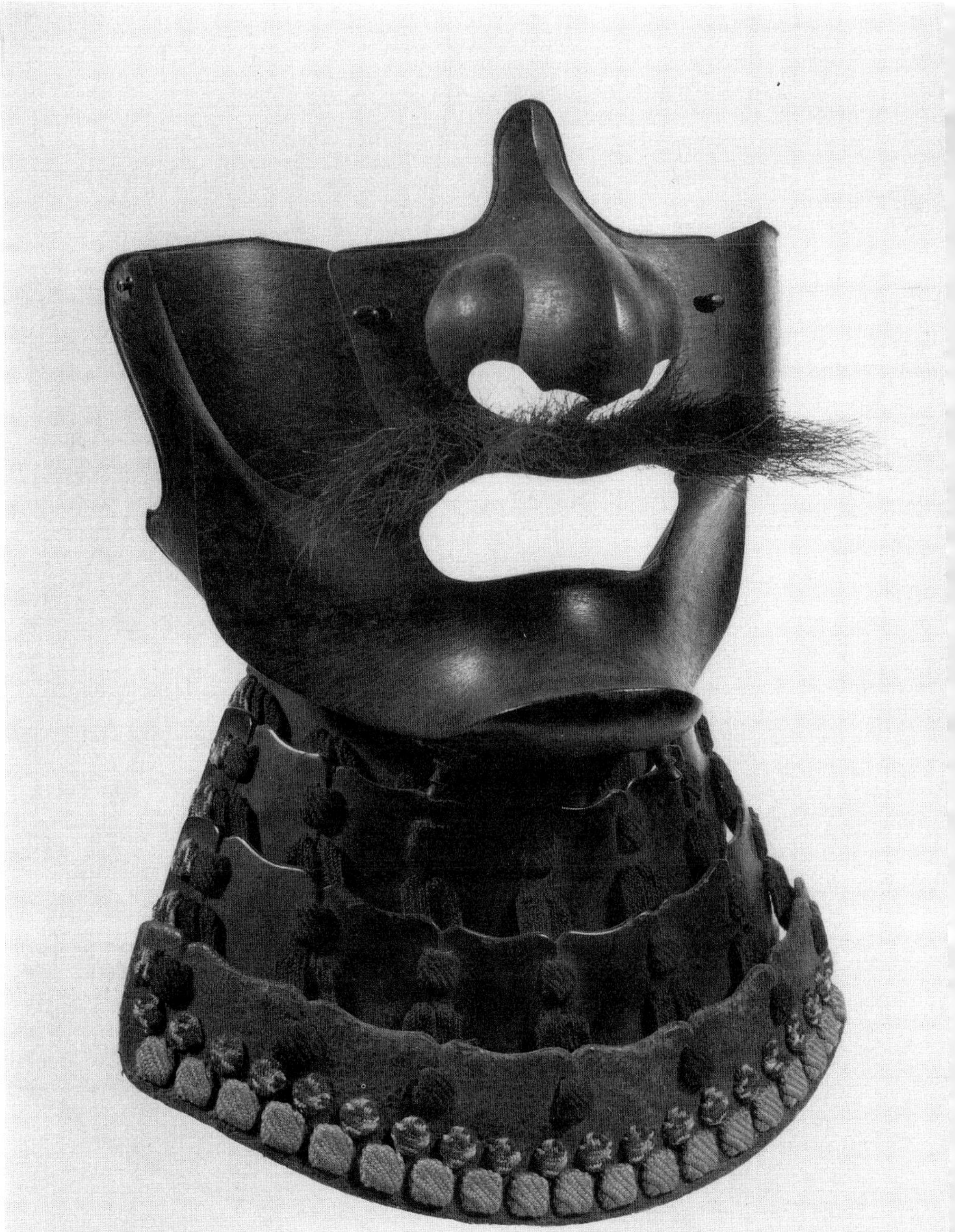

102　鑢目の面　　鉄錆地鑢彫
Yasurime-men

103　鑢目の面　　鉄錆地筋違鑢据文
Yasurime-men

104　鑢目の面　　鉄錆地筋違鑢据文
Yasurime-men

105　鑢目の面　　鉄錆地筋違鑢据文
Yasurime-men

106　鑢目の面　　鉄錆地筋違鑢据文
Yasurime-men

107　毘沙門面　　練革地黒漆塗
Bishamon-men

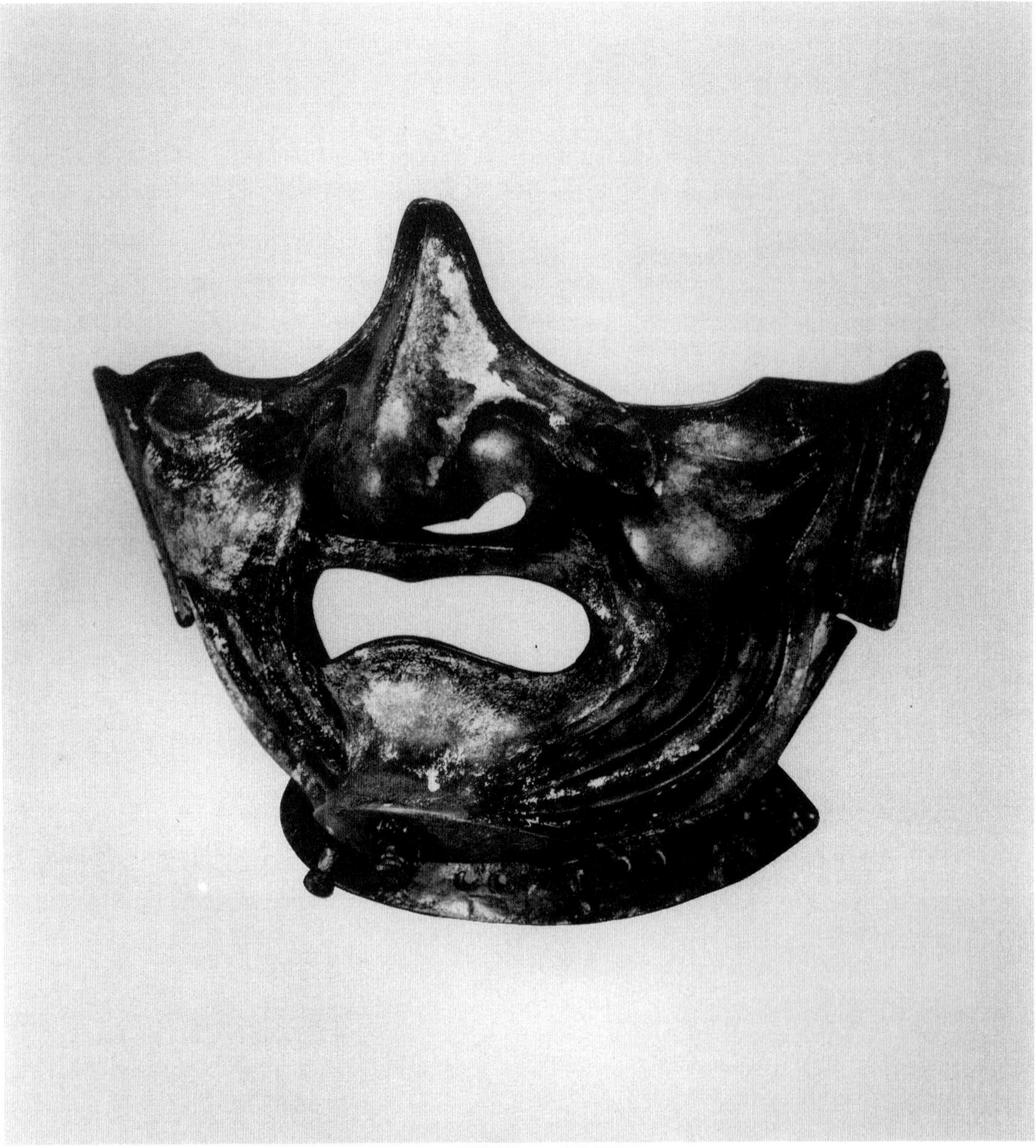

108　張懸面　　肉色漆塗
Harikake-men

109　張懸面　　朱漆塗
Harikake-men

110　植毛の面　　鉄地黒漆塗
Shokumō-men

総面

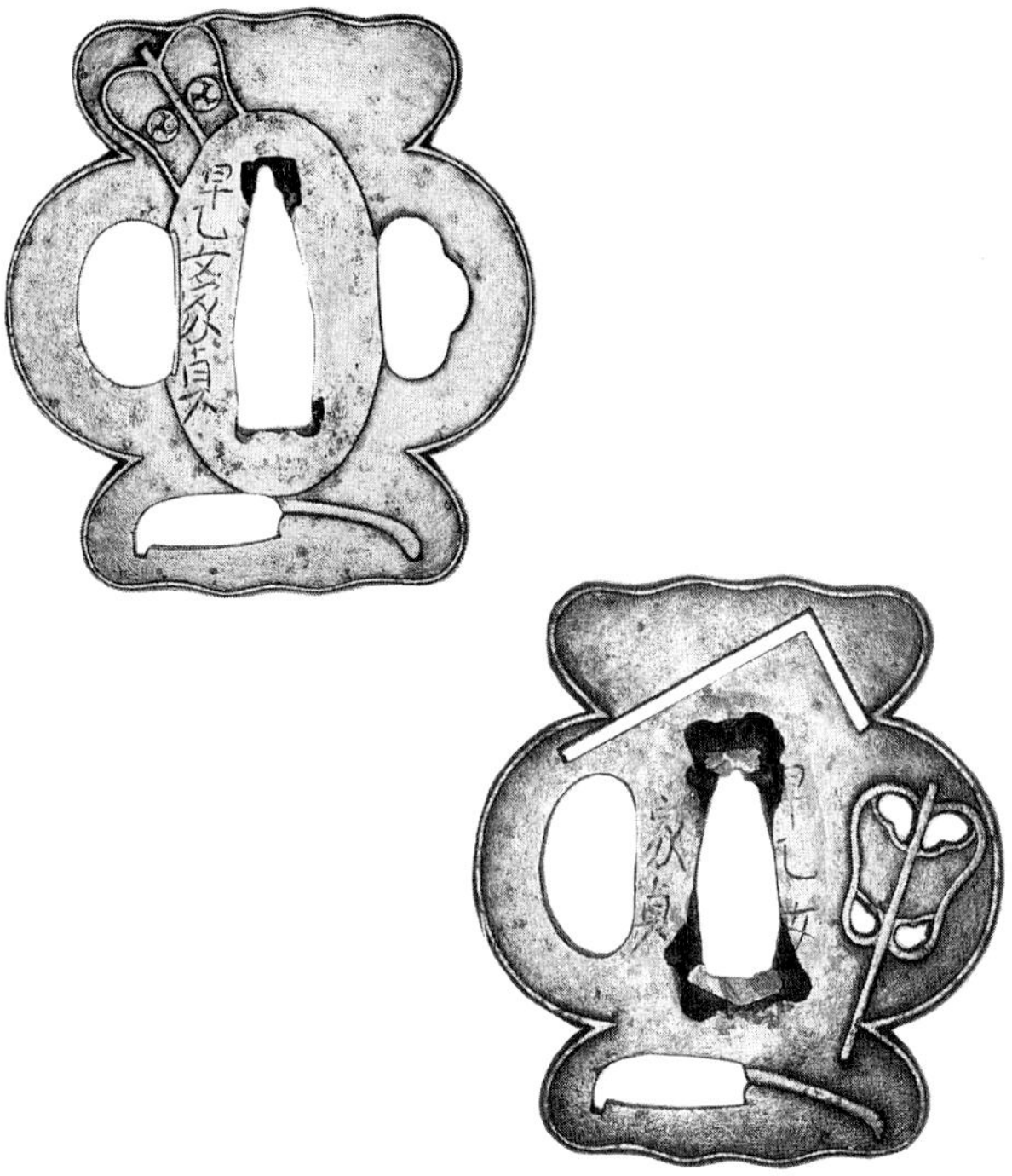

道具の図鐔　　銘 早乙女家貞
Singed: Saotome Iesada

そうめん
Sō-men

(裏面)

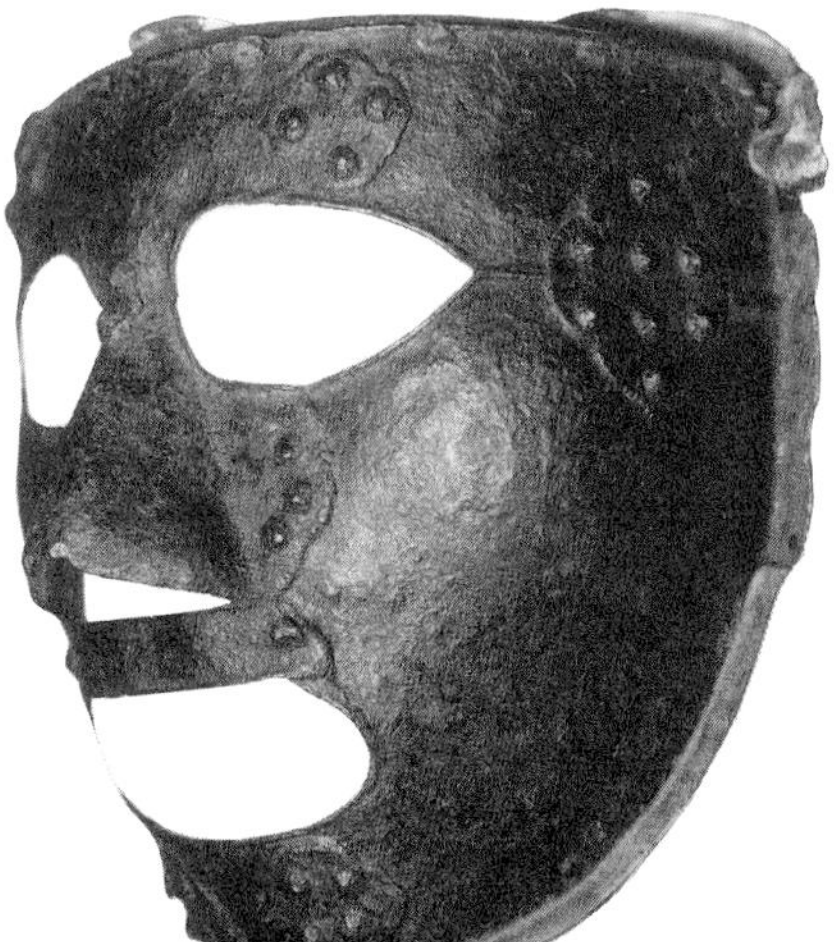

111　総　　面　　鉄錆地
Sō-men

112 総　面　鉄錆地
Sō-men

113 総　面　鉄錆地
Sō-men

114　隆武総面　　鉄地黒漆塗
Ryubu-sōmen

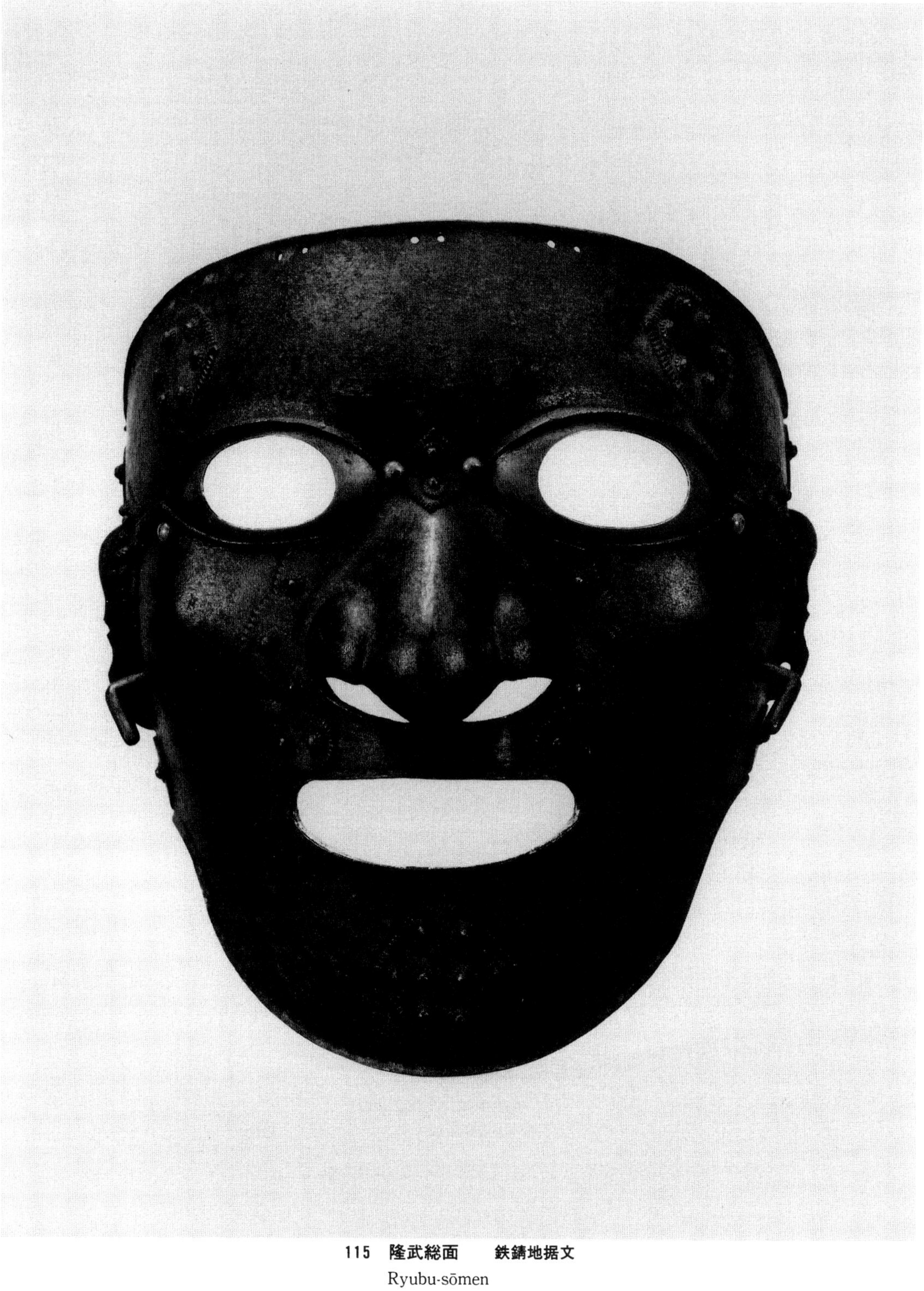

115　隆武総面　　鉄錆地据文

Ryubu-sōmen

116　隆武総面　　鉄錆地据文
Ryubu-sōmen

117　隆武総面　　鉄錆地据文
Ryubu-sōmen

118　烈勢総面　　鉄錆地
Ressei-sōmen

119　烈勢総面　　鉄錆地
Ressei-sōmen

120　烈勢総面　　鉄錆地
Ressei-sōmen

121　烈勢総面　　鉄錆地
Ressei-sōmen

122 烈勢総面　鉄錆地
Ressei-sōmen

123　烈勢総面　　鉄地黒漆塗
Ressei-sōmen

124 烈勢総面　鉄錆地
Ressei-sōmen

125　烈勢総面　　鉄錆地
Ressei-sōmen

126 烈勢総面 鉄錆地
Ressei-sōmen

127　烈勢総面　　鉄錆地一枚打出
Ressei-sōmen

128　烈勢総面　　鉄錆地一枚打出・垂同作
Ressei-sōmen

129 烈勢総面　鉄錆地
Ressei-sōmen

130　烈勢総面　　鉄錆地
Ressei-sōmen

131　烈勢総面　　鉄錆地
Ressei-sōmen

132 烈勢総面　　鉄錆地
Ressei-sōmen

133　烈勢総面　　鉄地黒漆塗
Ressei-sōmen

134　烈勢総面　　鉄錆地
Ressei-sōmen

135　烈勢総面　　鉄錆地
Ressei-sōmen

136　烈勢総面　　鉄錆地
Ressei-sōmen

137　烈勢総面　　鉄錆地
Ressei-sōmen

138 烈勢総面　鉄錆地
Ressei-sōmen

139　烈勢総面　　鉄錆地
Ressei-sōmen

140 烈勢総面　鉄錆地
Ressei-sōmen

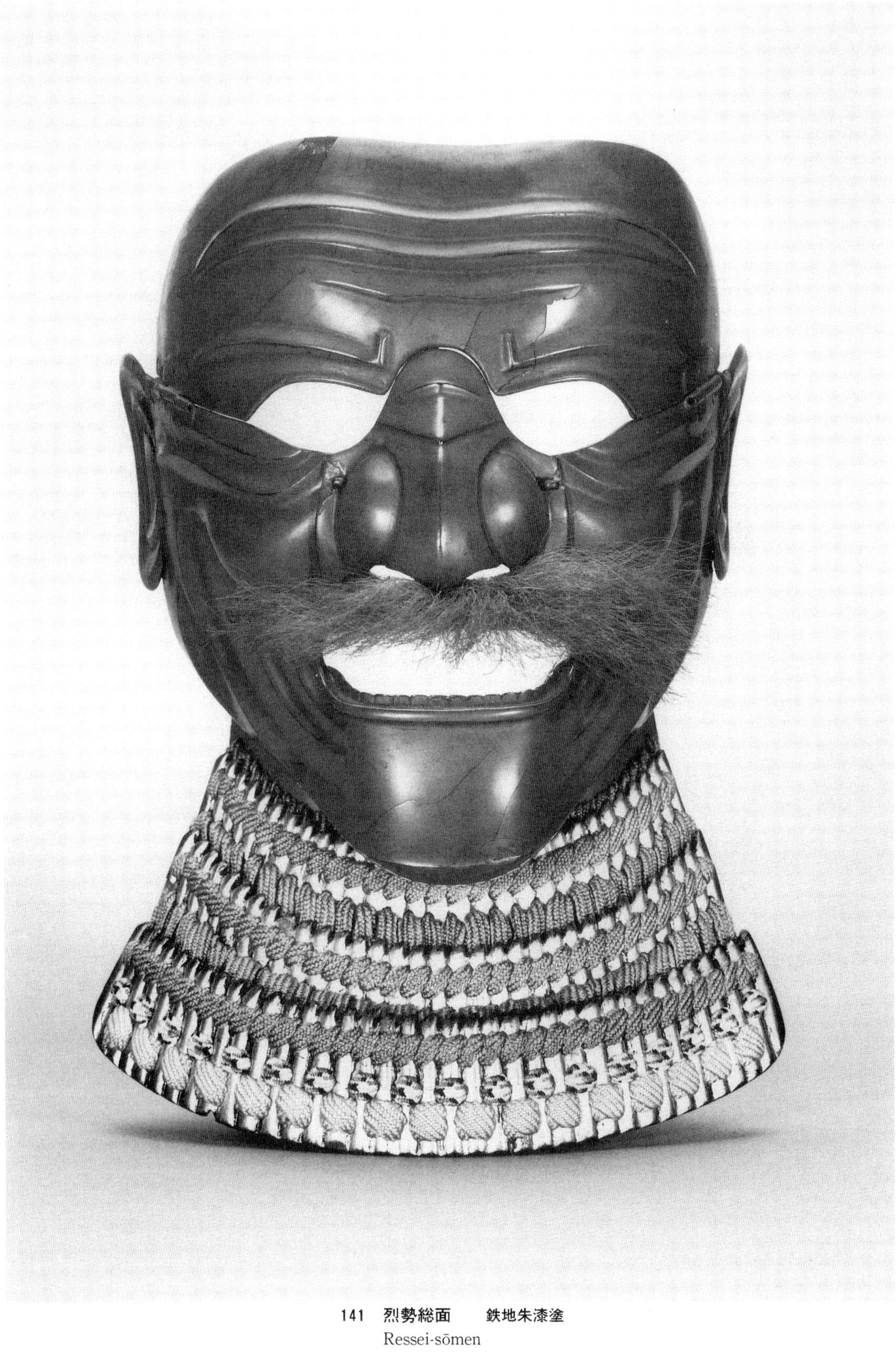

141　烈勢総面　　鉄地朱漆塗
Ressei-sōmen

142　烈勢総面　　鉄地黒漆塗
Ressei-sōmen

143　烈勢総面　　鉄錆地
Ressei-sōmen

144　烈勢総面　　鉄錆地
Ressei-sōmen

145 翁総面　　鉄錆地
Okina-sōmen

146　翁総面　　鉄地肉色漆塗
Okina-sōmen

147　翁総面　　鉄地黒漆塗

Okina-sōmen

148　翁総面　　鉄錆地
Okina-sōmen

149　白髪総面　　煉革地錆塗
Hakuhatsu-sōmen

150　天狗総面　　鉄錆地
Tengu-sōmen

151　天狗総面　　鉄地朱漆塗
Tengu-sōmen

152　天狗総面　　煉革地濃茶漆塗
Tengu-sōmen

153 太平楽総面　鉄錆地
Taiheiraku-sōmen

154　顰総面　　鉄錆地
Shikami-sōmen

155　顰総面　　鉄錆地
Shikami-sōmen

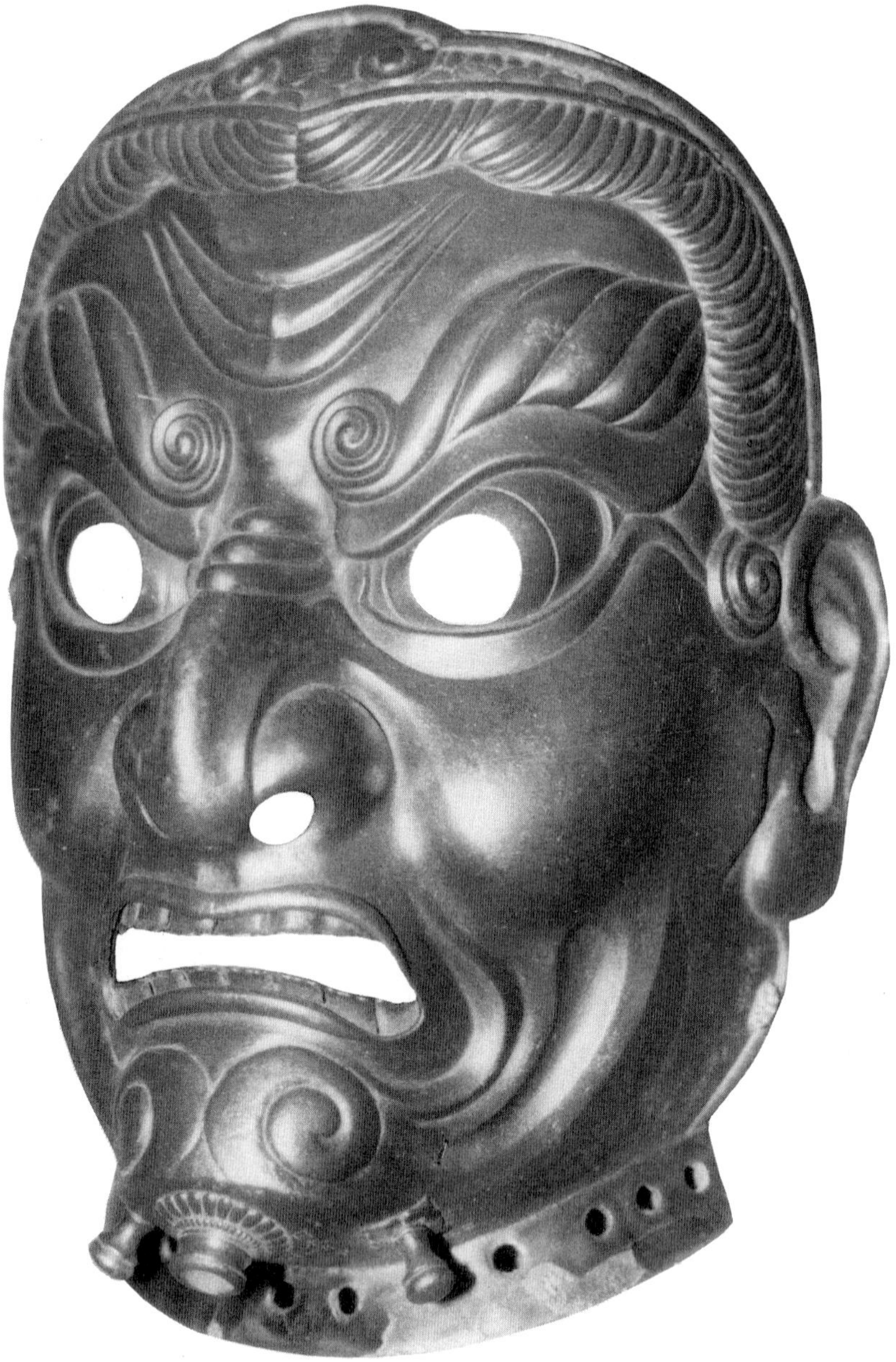

156　持國天総面　　鉄錆地一枚打出
Jikokuten-sōmen

157　笑総面　　鉄錆地一枚打出し
Emi-sōmen

158　姥頬総面　　鉄錆地
Ubahoho-sōmen

159 龍神総面　鉄錆地一枚打出
Ryujin-sōmen

研究篇

沢潟の図鐔　　銘　馬面序政（花押）
Singed: Bamen Nobumasa (Kaō)

第一章　日本の仮面と甲冑面

富士越の龍図鐔　　銘　明珍宗周
Singed: Myōchin Munekane

(1) 仮面の歴史と甲冑面

日本の仮面の歴史は古く、仮面が日本にはじめて大陸から伝えられたのは六世紀とも七世紀のはじめともいわれ、その後、日本独特の仮面として発達をとげた。

世界の数多い仮面の中で日本の仮面は種類が豊富で、遺品の数が多く、製作技術の優秀さにおいて世界の仮面史に冠絶するといわれている。

日本の仮面の中で最も古い伎楽面は七・八世紀の遺品が現存しており、これらは仮面劇に使われたものである。伎楽面に少しおくれて伝わってきたのが舞楽面で、舞楽は舞踊を主としたもので、多くに仮面を用いている。舞楽が盛行した時期は、日本の木彫技術が発達期に入った九世紀から十一世紀にかけてであり、舞楽面が薄手で軽快な仮面に作られているだけでなく、木彫として優れた彫法を示していることと基を一つにしている。

伎楽の仮面が大振りで重いのは、後頭部まで被うからであるが、舞楽面は軽快に動作をする舞踊に相応しく、形を比較的に小さく重量を軽減して、伎楽面ほど深くは被らず、顔の前面を覆う仮面に仕立てている。

宗教的儀式に用いられたのが行道面であり、演劇用の仮面が能面である。能面が完成されたのは十四世紀のころといわれ、演劇に使われた面としては世界に最も秀でたものと高く評価されている。能と表裏一体ともいえる密接なかかわりをもつ狂言は、能楽と対照的に喜劇的な要素をもち、瓢逸な滑稽味や風刺性を表現し、狂言面としての特性をもつものである。

能・狂言の基になっているのは猿楽と田楽である。猿楽は八世紀のはじめ唐から輸入された散楽から発達したもので、大衆の娯楽として盛行し、十二世紀には祭礼や酒宴の席で催されるようになった。

このように日本の仮面は長い歴史と伝統をもち、宮廷、寺社、あるいは一部の特権階級の人たちの間に重用された伎楽、舞楽、行道に対して、一般大衆の身近な娯楽として結びついて盛行したのが田楽、猿楽、そして能狂言などである。特殊な面に神楽面があり、日本の各地に伝播し庶民の日常生活に根ざして広く用いられたものに、「地方の面」がある。

伎楽面、舞楽面、能面などは芸能や儀式といった一定の目的をもって、人間が顔面につけて用いたものであるが、このような様式的な仮面群とは別種の地方仮面（**資料1**）、あるいは土俗面（**資料2**）と呼ばれる仮面群がある。使用する目的は多様で、顔につけて用いる芸能的なものから、神輿や神社の拝殿にかかげるなど顔面につけずに用いる信仰的なものまであり、悪魔払い、雨乞いなどの重要な道具立てとして、また仮面そのものがご神体として祭られることもある。このように地方仮面としては一定の形式を備えず、面として個々に名称をもたない仮面が日本の全域に多数伝えられている。

日本の仮面は舞踊、演劇、宗教的な儀式、あるいは信仰にもとづく行事などに、広く用いられてきたことが分かる。仮面の歴史と仮面の存在はすでに類型的にみて一つの範疇をもつもののようである。ところが一般には知悉されずにある全く別のジャンルの仮面が「甲冑面」である。

「甲冑面」は鉄を主な素材とし、打出し技法を用い、顔面を防護するためにある。使用の目的が戦闘のための防具であることから、その目的にそった仮面としての造型と表情は個性的であり、日本の仮面の他に類するものをみない。部分的には能面、伎楽面などからの影響を色濃く享受したものもあるが、多くは「甲冑面」としての特異な作意と感性を具備して豊かな表現能力を存分に発揮している。

「甲冑面」はもともと甲冑を構成する一部品として作られ、人の面上を被い、外敵の攻撃を防ぎ、かつかわす機能を備えたものである。仮面そのものは防護の用にあるが、機能性はむしろ能動的でさえある。

対する相手に威嚇や恐怖感を与え、あるいは畏敬の念をもたらすことによって、自らをときには自軍の戦況をも有利に導こうとする特性をもち、この点から面そのものが攻撃意図をもったものといえる。戦時にある人は人智を越えた神・霊力を頼む心事が作用する。武人が信仰や祈願を尊ぶのは、単なる習慣に根ざすものでないことは勿論で、出陣にさいしては勝運の招来を祈念するといった形に現わされる。

(2) 甲冑面の特性

日本の仮面に限らないが、世界の仮面に共通する特性は、表情の超人間性を具現していることである。人間の表情が扮装には自ら限度があり、超人的な表現、空想的な霊力の表出には別の形に力を借りなければならず、ここに仮面の必然性が求められてくる。表現が細分化されるとともに洗練され、造型感覚が研ぎすまされると、仮面は面を被うだけでなく、仮装性をもつようになる（**資料3**）。

「甲冑面」に〝烈《いきお》いがあって怒りの相を持った〟「烈勢面《れっせいめん》」が多いのは、戦場に最も相応しい面だからであり、戦場に臨んだ人はすでに烈勢面の人に仮装し、そのものになりきっているのである。怒りの形相が血行をよくして烈《いきお》いをもたらすことに、烈勢面へ仮装することの意図がある。人は仮面に仮装する瞬間に仮面の人になりきるのである。天狗面を装着すれば天狗に、鳶面に仮装すれば空を飛ぶ鳶に化して、現実を越えた霊力を発揮することができる、と信じられるのである。笑面や翁面の表情からは烈勢の意図するものとはうらはらにうけとれよう。迫りくる温顔に、戦場での相手はさぞかし闘志をそがれたに違いない。

「甲冑面」は製作の意図が他の仮面と本質的に異なることから、造型の表出に特殊なものがある。その反面、能面、伎楽面あるいは舞楽面などに範をとって「甲冑面」を仕つらえたものをみることがある。翁面、迦楼羅《かるら》面などはその好例である。また中世ヨーロッパの面からの影響があったことも見逃せないし、逆に甲冑師がヨーロッパの戦闘用の兜面を作り、輸出していた時期があったことも興味深い一面である。

(3) 欧米人の甲冑と甲冑面への関心と理解

（**図1**）の南蛮兜はイタリア・ミラノ・スフォルツ城内美術館（**The museum of art located in the Precinct of Sforgesco Castle**）の蔵品である。同館の関係者の間で、この南蛮兜が日本製か西欧製かで意見が分かれていたが、実査した結果、製作工法からみて明らかに日本製であると識別された。顔面を被うこの鉄面は日本の「総面」を想起させ、用法は「総面」と類似する。「総面」は兜と別個のものであるが、鉄面は兜について一体となった点に使用上の相違が

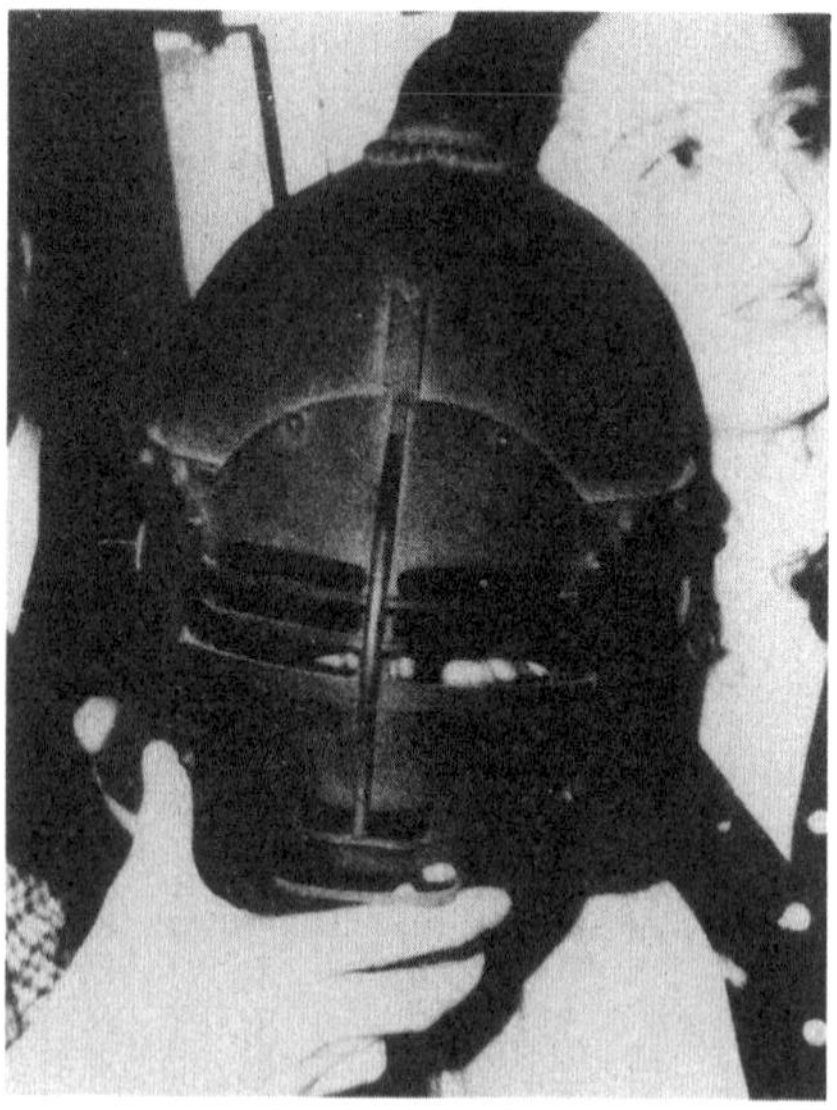

図1　日本製の南蛮兜に付く面
（イタリア・ミラノ・スフォルツ城内美術館蔵）

ある。日本の甲冑師によって作られたことは疑いない。

わが国の兜・面をふくむ武具類が海外に輸出された時期は特定しにくいが、日本刀に関しては応永八年（一四〇一）以降、天文十六年（一五四七）までに、十五万余振りが明国に輸出されている（**資料14**）。対明貿易の輸出品の主流は硫黄と銅であって、これに次ぐほどに日本刀に力が注がれていたことは右の数量によっても知ることができる。甲冑類は日本刀と比べて、あまり数は多くなく、屏風、扇子、紙硯などとともに輸出品目に加えられている。

甲冑武具類が西欧に流出したのは、戦国末期から、徳川家光の代に鎖国が行われた寛永十六年（一六三九）までのおよそ百年間、この期間の流出数はあまり多くはなかった。幕末から明治年代にかけてはおびただしい数にのぼり、第二次大戦後、欧米へ渡った数もまた多量である。

いま、西欧の美術館をめぐると、甲冑武具類を展示したところがかなりあり、日本の甲冑があるところには、かならずといっていいほど甲冑面が陳列されている。西欧人の甲冑面への関心の深さを示すものである。イタリアに例をとると、ベニスの東洋美術館（Museum of Oriental）は収蔵品の総数三万点のうち、日本の刀剣・甲冑類・蒔絵物・印籠などが主流で、日本刀と甲冑類を常設展示（**図2—①**）して七百点をかぞえる。フィレンツェのスティベルト美術館（Museo Stibbert）は西欧で有数の美術館といわれ、武器武具の収蔵で名高く、日本の甲冑類と日本刀は三千五百点の収蔵数がある。日本甲冑の宝庫の一つで、常時数百点の甲冑類が展示されており、とくに変り兜と甲冑面に優れたものが多い。（**資料18・図2—②③**）

甲冑類とともに甲冑面を併列して展示するのは、欧米の、武具類に関連する美術館に共通した傾向である。このことは欧米人が甲冑面を一つの独立した美術品として高く評価していることの証である。日本の美術館で甲冑面を常設展示したところがすこぶる少ないのと対照的である。〝日本刀の鐔〟は日本刀の外装を構成する一部品として、もともと付属具の一つとみなされてきたが、いまはすでに刀装から独立して〝日本の鐔〟として認知されている。刀装に対する鐔とのかかわりに類して、甲冑に対する面を再評価してもよいであろう。「甲冑面」を一つの独立した〝仮面芸術〟としてとらえてみる見方があってもよいのではあるまいか。

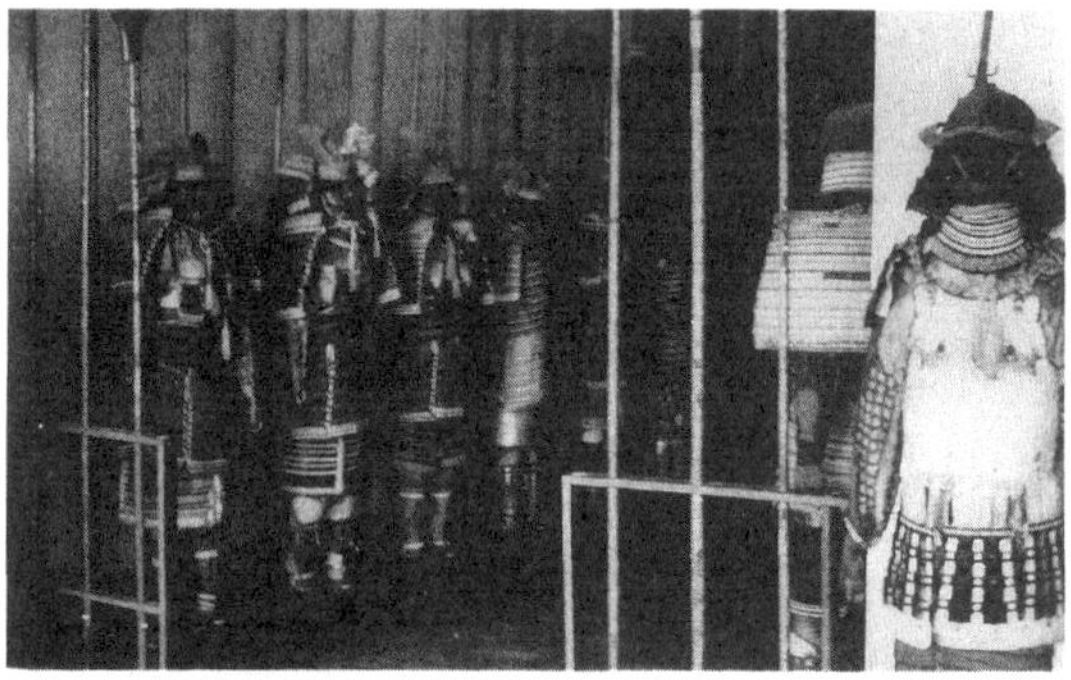

図2—①　隊列をなして陳列されている甲冑類
（ミラノ・東洋美術館）

図2—②　兜・甲冑がぎっしりと並ぶ
（フィレンツェ・スティベルト美術館）

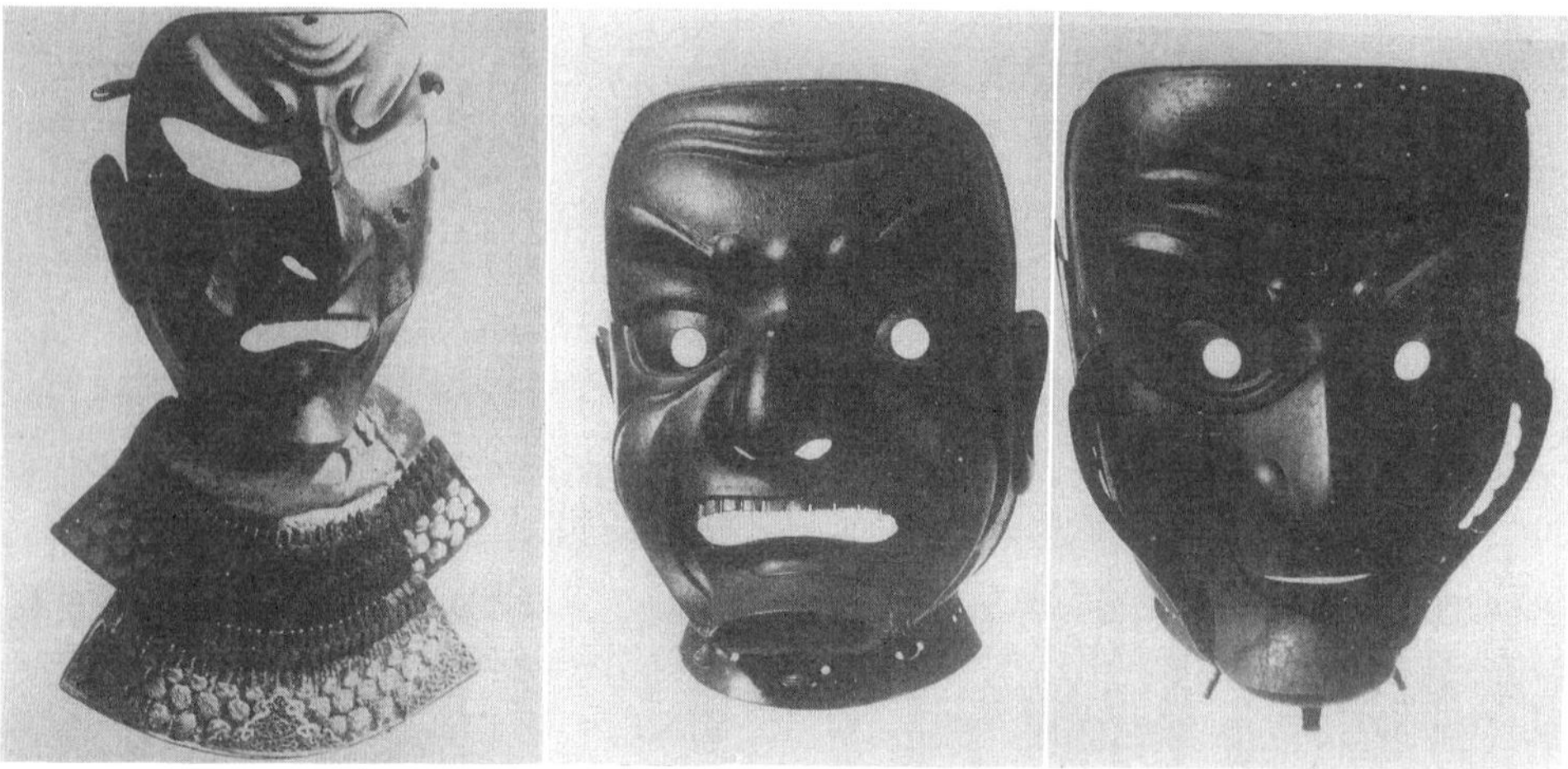

図２—③　甲冑面の蔵品が多い（フィレンツェ・スティベルト美術館蔵・同館カタログ２所載）

図２—④　（ロンドン塔）

図２—⑤　ロンドン塔に陳列されている甲冑類
（1991年１月　飯田俊久氏撮影）

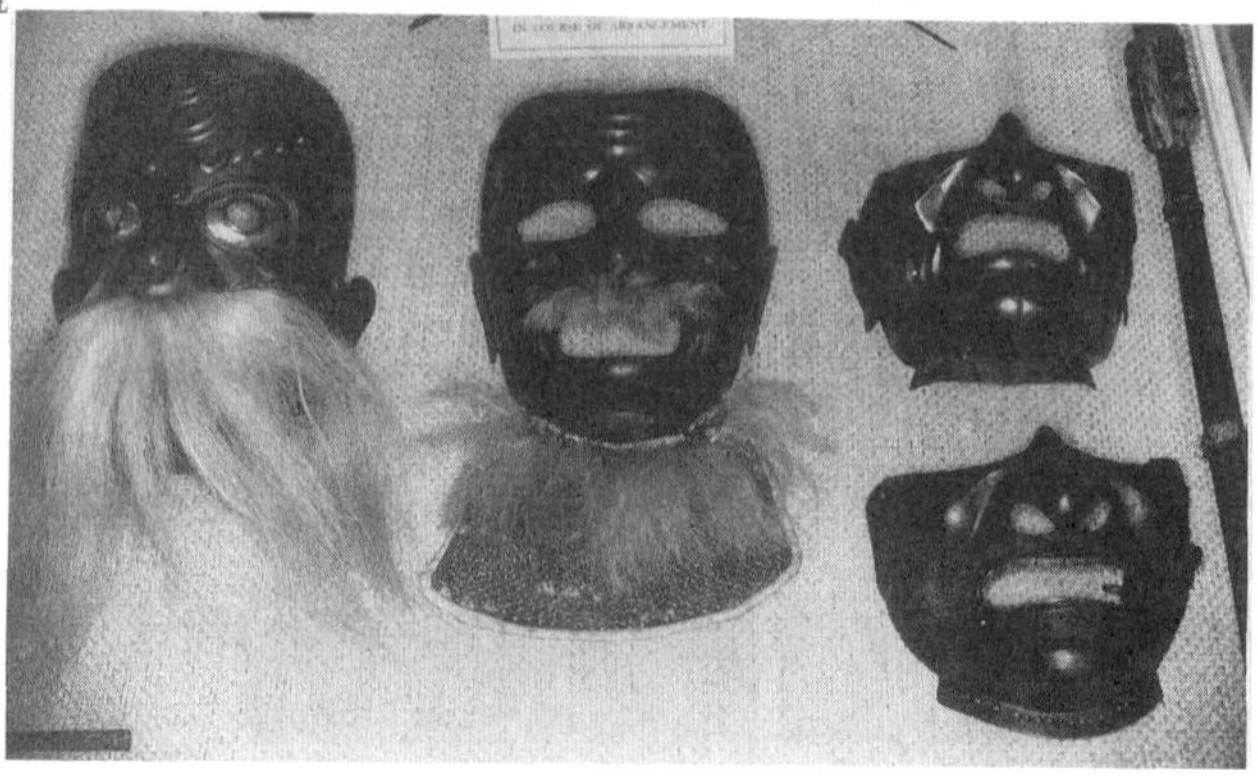

図２—⑥　常設展示されていた甲冑面（ベスナル・グリーン博物館）

図２—⑦　東芝ギャラリーに展示中の甲冑類
（1987年11月撮影）
（ビクトリア・アンド・
アルバート博物館）

図2―⑧　総面（同）

図2―⑨　目の下面（同）

［西欧の甲冑面への着目］

戦後、西欧で最も早く、日本甲冑に着目し、高度な鑑識をもった先人はイギリスの故ロビンソン氏（Mr. H. R. Robinson）である。氏は西洋甲冑の権威であるが、日本甲冑に関する著書をもち（**資料15**）、『甲冑製作辨』（**資料31**）、『本朝軍器考』（**資料35**）の甲冑に関する記述部分の英訳本を注解し出版するなど、日本甲冑の啓蒙に尽力した。氏がロンドン塔に在職中の一九七五年、ロンドン塔を訪ねたおり陳列してあった甲冑面（**図2―④**）である。ロンドンのベスナル・グリーン博物館（Bethnal Green Museum）に飾ってあった甲冑面（**図2―⑥**）は、現在ビクトリア・アンド・アルバート博物館（Victoria and Albert Museum）へ他の収蔵品とともに移管している。ビクトリア・アンド・アルバート博物館には一九八六年十二月に東芝ギャラリーが新たに開設し、日本美術のかずかずが展示され、刀装・刀剣などとともに甲冑・兜・甲冑面が（**図2―⑦・⑧・⑨**）重要な一角を占めている。兜には欠かさず甲冑面がついて展示されているのが注目される。

西欧で日本美術に関心をもつ人たちのなかで、ことに甲冑武具類のコレクターには、剣道や弓道などの日本の武道を経験した人が多い。

フランス・パリに新しい世代の日本甲冑の愛好グループが生まれたのは一九六〇年台に入ってからである。ロバート・ボロウエー氏、バーナード・レ・ドウフィン氏をはじめとする幾人かのそれは小さなコレクターのグループであったが、一九七七年には活動の成果を一冊の『フランス個人蔵・日本甲冑武具展』の写真集にまとめて出版している（**資料19**）。

甲冑類は鎧三、兜十二、甲冑面十の計二十五点を収載していて、あまり多い数ではないが、どれもコレクションの質の高さを示している。他に刀剣・刀装・鐔小道具類を掲げていて、鐔七十八点の内にはみるべき優れたものが多い。同書は巻頭に、

「個人秘蔵品の中から、もっとも優れた作品を選んで公開し、フランスに於ける日本の甲冑武具コレクションの復活を明らかにするものである。」

と記し、これまでの活動の一つのあかしとして、秘蔵コレクションの公開を意図した、としている。

同書は「欧米における日本の武具収集の歴史」について論じ、文末で、

「この催しが、新しい使命を呼び起し、今世紀の初めに、フランスが持っていた日本の芸術品の収集における卓越した地位を取り戻すことを願うものである。」

と結んでいて、日本甲冑の美に魅せられた男たちの、意気が伝えられてくるようである。

甲冑面をふくむ日本甲冑に造詣が深いことで知られるのが、イギリスのジョン・アンダーソン氏である。彼は先に触れた故ロビンソン氏の高弟で、日本甲冑に開眼した一人である。氏の著書『日本の甲冑』（**資料20**）は、自身のコレクションを主に六十点ほどの甲冑類を収め、詳細な解説を加えている。特筆できるのは十五～二十世紀の明珍と早乙女の作風を比較して相違点を指摘し、従来の研究では早乙女を明珍の系列とみなしているが、早乙女は義通のスタイルをもっていると結論していることである（**資料20・22**）。この説が出されたのは、日本では長谷川武氏が長年の研究の結果、〝義通は早乙女流の始祖である〟と明解し提唱した昭和四十五年（**資料23～25**）より二年早い一九六八年（昭和四十三年）のことで、相互に交流がないままに、洋の東西で期せずして一致した結論が出されたことで注目された。アンダーソン氏が甲冑面について特段の興趣をもつことは、甲冑面のコレクションが三十点ほどあって（注）、兜を主とする日本武具の中で重要な位置を示めているだけでなく、「面頬」と題する論文（**資料26**）で、甲冑面の機能や優秀性などを説き、細部に及んで分析を加えていることで理解できよう。

「優れた面頬の条件は、装着者にぴたりと合い、不愉快さを感じさせないものでなければならない。（〝侍〟の本によれば）彼の面には、彼の顔の特長を正確にうつしだした面頬をつけているから、戦闘中であっても彼であるということが一目瞭然であった、という文章により、甲冑師の技術の巧みさと、ひいては日本文化の特質できる評価の一つに通じるものである。」

と記している。

(注) アンダーソン氏のコレクションは、一九八八年に日本に移り、甲冑十九、兜五三、陣笠十などとともに甲冑面二十八その他十三の総数一二三点が八王子市郊外の美術館に分散することなく収蔵されている。

(4) 目の下面と総面

伎楽面や舞楽面などの歴史は永い年数をもつのに比べて、甲冑面の歴史は現存する遺作からはさほど長くない。甲冑面のなかで最も古式で、簡素な形をもつ半首《はつぶり》は源平時代に盛んに使われていたことが、絵巻物などに描かれたものから推測できる。しかしこれまでに源平時代の遺品が残されていることを知らず、もしみつかることがあったとしても、それらにはほとんど表情らしいものをうかがうことはできない。遺品としては極めて貴重な資料であるはずだが、仮面として仮装性の要素はほとんどない。

甲冑面のなかで、最も豊かな表情の要素をそなえるのが総面《そうめん》である。一般には鼻のあるのをいい、鼻のない総面は南北朝時代を遡る以前から使われていたらしいが、この種の年代の古い総面の遺品が伝えられていることを聞かない。鼻のある総面《そうめん》は発声がさえぎられ、左右の視野が妨げられる気づかいがあるなどで、あまり多用されることがなかった。実戦のない江戸時代には武威を誇る飾り用として復活し、製作されたが、それでも目《め》の下面《したのめん》（目の下頬《ほほ》）よりはよほど数が少ない。

甲冑面を数量の上で大勢を占めるのが目の下面（目の下頬）である。その名の通り目から上を欠き、目から下部だけで構成する、いわば半面なのであるが、この造型が甲冑面として独得の面型をもつのである。兜を冠し鎧を装着する武人にとって、目の下面はすこぶる格好で的確な用具であった。顎だけにあてる半頬では顔面に間隙が多くできすぎるし、総面では重みがかかって動作を鈍らせるなど、長年の戦闘の経験を繰り返すなかから到達した理想の面型が目の下面だったのである。甲冑面は舞踊や宗教的な儀式のための仮面とは性格を異にし、戦闘を背景とする防具として作られたことから、特異で独特な発展の経緯をもつ。最も活動に相応しく、鉄を主材としながら重量を軽減するという必然性を凝結した点で、目の下面は世界の面に比類がなく、その造型と卓越した技法は他の仮面の優れた技法と遜色がない。鉄を素材に皮革を用い、漆、組糸、植毛を施し、彫金を加えるなど各技を総合した点で多彩である。

甲冑面に垂《すが》が付き喉《のど》を防護することを兼備するようになったのは南北朝期ごろからとみられている。以降は甲冑面に垂の付くのが通例化しており、実用と装飾を兼ねて甲冑面に美観をそえていることも見逃せない。この垂の用法と類し甲冑面とは別種の発生と発達をとげてきたものに喉輪《のどわ》（**図３**）がある。甲冑の小具足の一つとして欠かせない防具で、甲冑面と関連が強く、両者は近親の間柄である。喉輪は甲冑面の垂の部分にあたり、涎懸《よだれかけ》とも呼ばれ、喉の防護に専用されてきた。この喉輪が甲冑面の垂の部分に付くという、いわば両者の合体をみるようになったのが南北朝期ころとみられている。

甲冑面はこれまでに、日本の仮面のなかにふくまれることがなく、むしろ一般から注目される機会をえられないままにきているが、甲冑面にはこれまでに知られる仮面にはない未知の魅力が秘められているし、その心を触れる人に新鮮な印象を与えずにはおかないであろう。

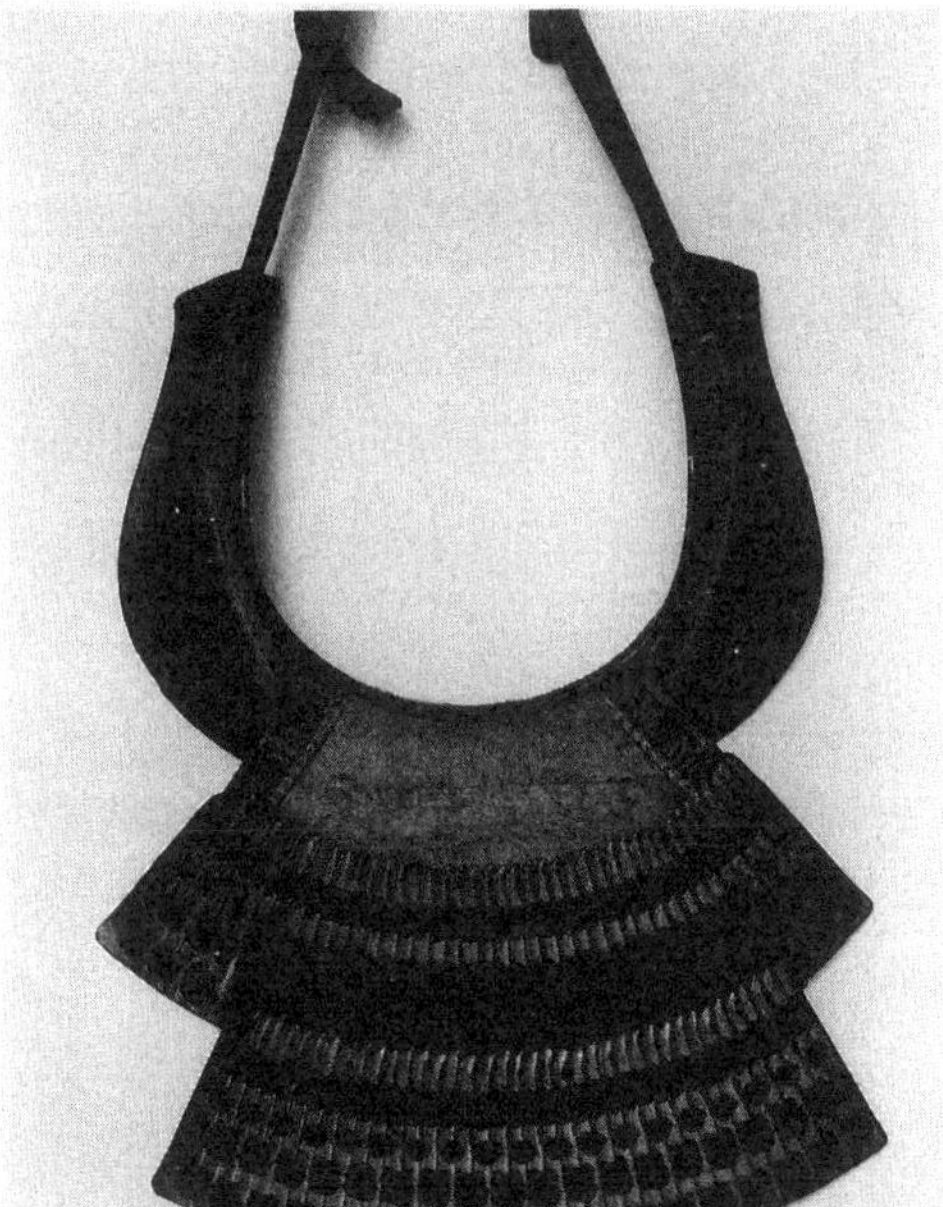

図３　鉄金箔押本小札の喉輪（桃山時代）

第二章　面具の沿革

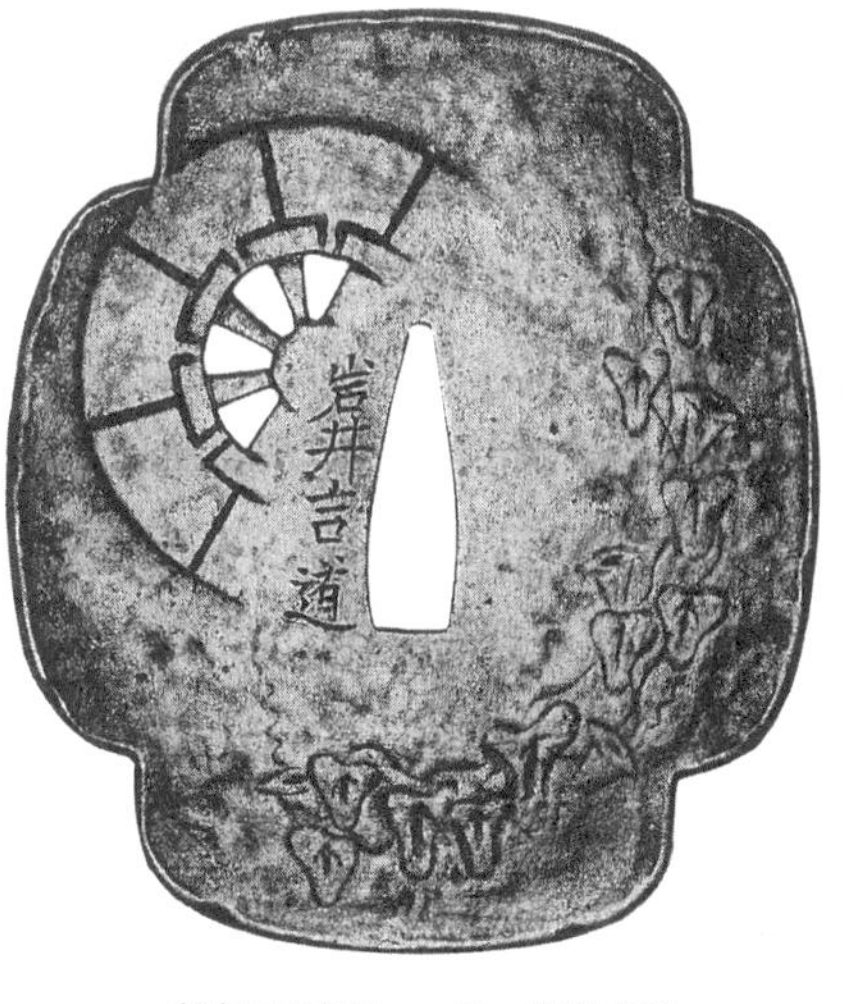

朝顔の図鐔　　銘　岩井吉道
Signed: Iwai Yoshimichi

(1) 面具の発生

甲冑の小具足を構成する面具が「甲冑面」である。顔の表面、両頬、前頭部から額にかけての部分を防護するための用具で、垂を備えるものなど、付属具によって咽喉部を保護するために面具が考え出されたのはいつのころからであったろうか。古画に描かれた面具装着の様態からみて、平安時代後期に使われていた形式（**図4**）はおよそ類推することができる。

日本の甲冑は短甲・挂甲・綿甲の三種の要素が統合して一つの形式を見るに至ったのが平安時代に入ってからといわれ（**資料27**）、それを大鎧、また式正鎧と名づけている。末永雅雄博士は、甲冑の機能と諸型式はすでに上代に完備していると説かれ、

「上代甲冑の完成と言うそのことが、直接当時の文化状態を示すものであり、殊に工芸的な技術の著しい進歩が窺われる。これは五世紀を中心とした古代日本の全般的な文化の高まりを示すものである。」

図4　半首を装着した武者姿
（『平治物語絵詞』）

と述べている。古墳時代にはすでに金属製の甲冑が作られており、わが国固有の形式をもち、南方民族圏のものとされている〝短甲《たんこう》〟式と、大陸に源流をもち、北方遊牧民族圏のものとされる〝挂甲《けいこう》〟式の二類に大別できる。短甲、挂甲ともに古墳からの発掘例は多く、挂甲を装着した武人埴輪の土偶は関東地方からかなりの数が出土する。挂甲には眉庇付冑《まびさしつきかぶと》が、短甲には衝角付冑《しょうかくつきかぶと》が従属するが、古墳時代末期からはこれらを合成した形式が現われる。関東地方に出土する挂甲には、衝角付冑がついた武装埴輪がある。その一例である武人埴輪（**図5—①②③**）をみると、錣《しころ》の両先端に両頬を覆う板状のものが付き、これ

図5—①　衝角付冑を冠した挂甲着装武人の埴輪　古墳時代
（東京国立博物館蔵）

図5—②　吹返し状の板が付く衝角付兜

図5―③　同側面

を末永博士は〝頬覆《ほほおお》い〟と命名する。この〝頬覆い〟は鉄製小札か、布革か、あるいは小札を布革地に威しつけたか、といった手法が考えられているが、まだ確定されていない。（図6）にみる挂甲に付く冑は〝頬覆〟がないが、鞠が左右からせり出し、あるいは垂れ下がるように両頬を覆う形状である。この両様の形式は冑そのものが両頬を保護する面具の機能を兼備していて、面具を必要としなかったとみられる。

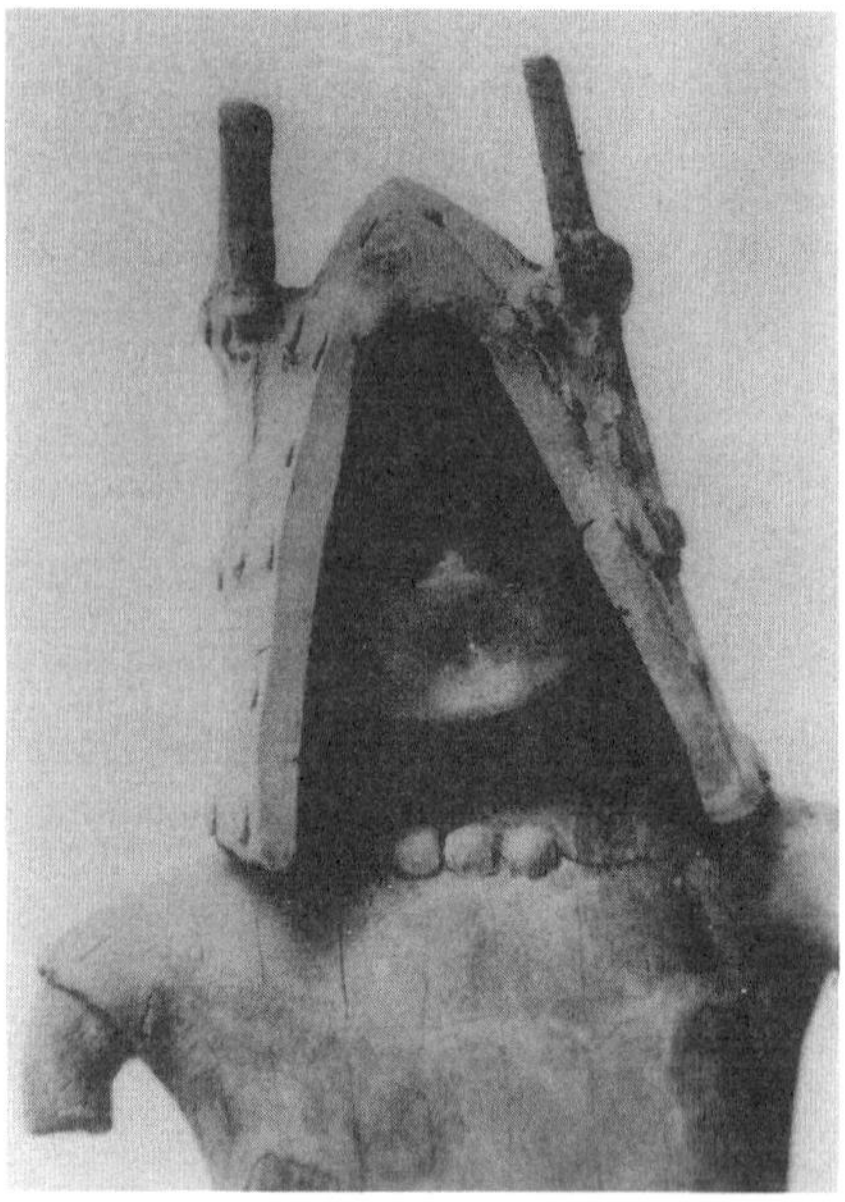

図6　鞠がせり出し両頬を覆う形の挂甲
（末永雅雄著『日本上代の甲冑』）

眉庇付冑《まびさしつきかぶと》（図7）は額部の正面に水平に突き出た眉庇がつき、頂上に受鉢を置き、三段の板錣《いたしころ》が帯状に巻いて下方に垂れ下っている。正面の装備は衝角付冑の場合より間隙をみることから、別に面具を装着することがあってもよく、この種の冑に面具が使用された可能性をみる。土製の仮面は縄文・弥生時代のものが日本の各地で発掘されているが、これらは疫病退治などの祈とうに、あるいは死者を葬るさい顔に覆うなどに用いられたらしい。人が面を使っていたことは古墳時代を遡る以前からのことで、中国ではすでに五千年前の紅山文化遺跡から祭器などとともに陶製の女神の頭部像が発見されている。紅山文化遺跡は中国地方の遼寧省西部地区に位置する原始文化とされ、一九八六年七月に中国で発掘成果が発表されて反響を呼んだ。

古墳時代の日本甲冑の装備に面具が用いられなかったと考えられていたのは、これまでの発掘品に甲冑の面具とみられるものがみつかっていなかったからである。

図7　金銅装眉庇付冑　古墳時代
（長野・飯田市教育委員会）

一九八五年（昭和六十年）十一月に大阪で甲冑の研究会が催されたおり出品された鉄製頰当（**図8**）は、現存する初の面具で、発掘された古墳形式と伴出遺物から五世紀のものと確定される。この頰当が前出の眉庇付冑に装具するとは速断できないが、年代的な共通性と冑の形式上の可能性から、挂甲の眉庇付冑に面具が装備したであろうと想定し、将来ともに的確な資料の検出をまって結論を導かねばならない。

甲冑の面具がすでに古墳時代に用いられていたことで、その発生が平安時代をはるかに遡ることが確かめられた。日本の甲冑が西欧の甲冑と構造の上で大きな違いを示すのは、屈伸の自在さと、動作の軽快さという機能性が重視されとり入れられている点である。それだけに主要部分をのぞいては間隙が生じやすいという弊がともない、これを補強するための部品が考え出され、甲冑の小具足による装具の複雑さが加わっていく。

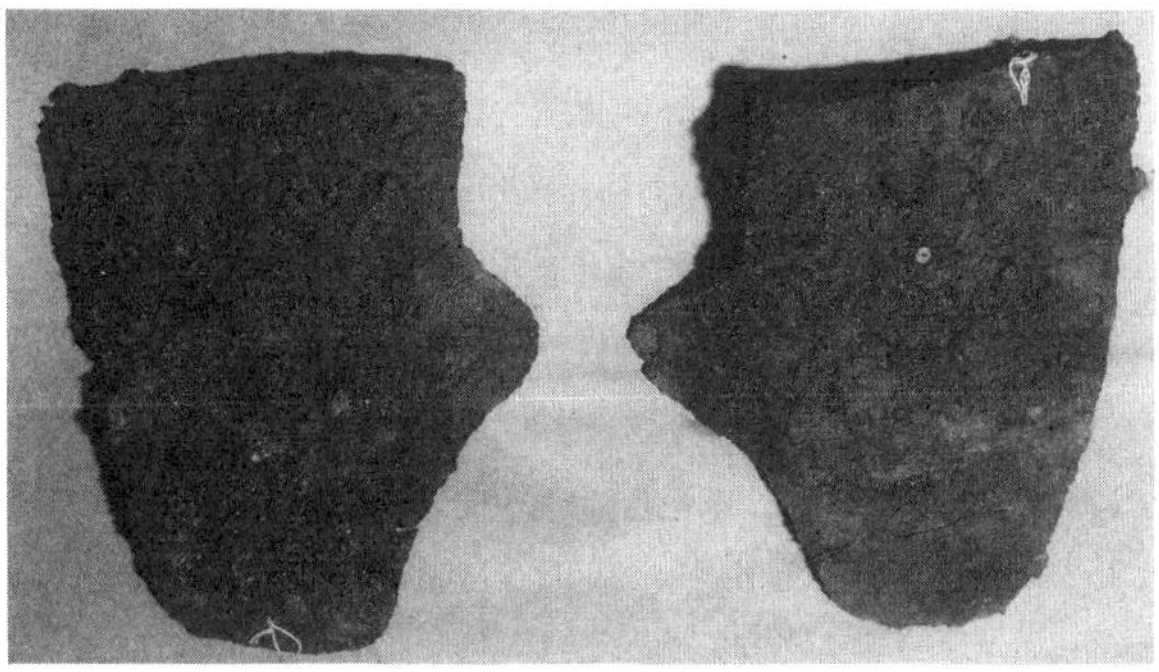

図8　半頰（5世紀・藤井寺古墳出土）
（末永雅雄博士資料）

面具の発生を知るには、伝世する遺物からはあまりにも手がかりが乏しい。眉庇付冑や衝角付冑の機能性からみて、面具との関連を想定するにとどまるのであるが、吹返しの機能の欠を補う形で次第に面具の形式を整えていったのではなかろうか。衝角付冑にみる〝頰覆い〟（**図5―①②③**）や、両頰を大ぎょうに覆う冑（**図6**）では両側面の視野が狭められるし、機能的に制約されることから、〝頰覆い〟の板状の前端が次第に後方に反りをもち、両側の視野を妨げない様態と端整さが求められ、のちの吹返しへと連なっていく。このことは同時に顔面の両側面が露出して間隙がより広がることを意味する。眉庇付冑（**図7**）の板錣《いたしころ》はのちの兜の鞍と形式上は通じるもので、両端の前方に反りをもたせれば吹返し状になりやすい。

目のとどきにくい両側面は敵の攻撃にさらされやすく、両頰の間隙を補強するには面具が必要とされ、面具は両頰を防護することから〝**半首**《はつぶり》〟が作られたのが平安時代に入ってからのちのことであったろう。

(2) 面具の沿革

半首は「**半頭**」あるいは「**半額**」の字を用い、『保元物語』（白河殿攻落条）に「半頭にからりと中りて兜のしころに射附たり」とあり、『太平記』（山門攻条）に「半額ノ面ニ朱ヲサシテ」とあるなど、前頭部と額を保護することも兼ねて、平安時代後期から南北朝時代ごろまで盛行している。

「**額当**《ひたいあて》」は額に付する当て金で、半首とは別種のものである。主に室町時代に用いられていたとみられる。もともと半首から派生し、半首の前額部分が独立して残ったもので、あまり行なわれなかったらしい。兜の眉庇《まびさし》と用法の上から重視して重きをおかれなかったからで、内眉庇の打眉（**図9**）や見上皺（**図**

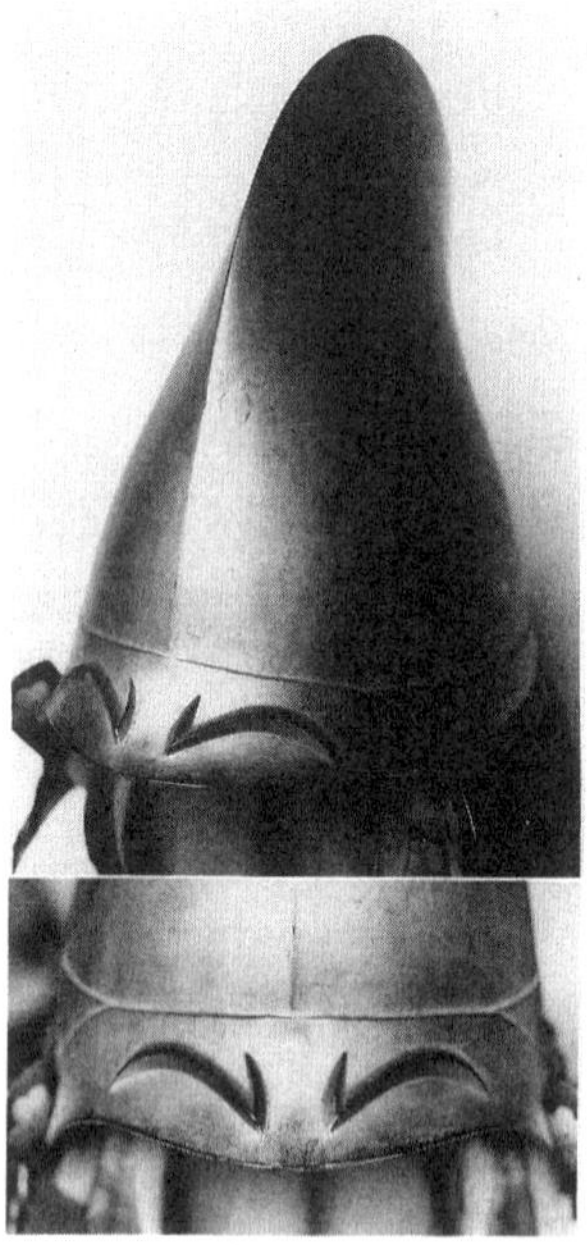

図9　打眉
（鉄地金箔押烏帽子形兜）

図10　見上皺
（肉色塗入道頭形兜・二枚胴具足）

10）に形がいをとどめるにすぎない。兜の眉庇に吸収されていった経緯が考えられるが、「額当の」遺品が極めて少なく、資料類にも乏しく、今後の研究に俟つものがある。

　半首についで作られたのが**「頬当《ほほあて》」**と**「半頬《はんほ》」**である。頬当は『甲製録』**（資料28）**に「鼻モナク両ノ頬ヨリ頤迄ヲ覆ヘルモノ也」と記し、半頬は「**半頬当**」ともいい、のちの「**猿頬《さるぼう》**」などの類である。『秋夜長物語絵巻』**（資料29）**に半頬をつけた武者が描かれており、この半頬には垂がついているのが注目される。面具に垂がつくようになったのが南北朝時代ごろからであったとみる一つの手がかりになる。

『太平記』（将軍御進発大渡山崎等合戦条）に「目の下の頬当」の名がでてくる。これは〝鼻のない頬当〞で、いまにいう「目の下の頬当」とは相違した、半頬であろう。

　このようにみてくると、面具は両頬を防ぐことから発生し、あわせて前額部を、次いで顎を防護することを考え、のち鼻を守ることへと進展していることが分かる。顔の正面を防護することが最も遅れて出てくることで一見不審に思われるが、正面の守りは前方への視野を妨げるという側面をもつことを思いあわせれば、目の下頬の考案が最も遅れてでてきていることの理もうなずけるであろう。それと同時に面具としての理想体が目の下頬であって、顔面を防ぐ戦闘の防具として最も適した形式のものにたどりついたともいえる。長い年数をかけ、戦闘を繰り返した経験から考え出された目の下頬は、世界の仮面史にほとんど類例のない日本独自の面型をもつものであり、日本の仮面の中にも他に類形をみない。

「総面」は昭和の造語

〝鼻のついた総面〞は〝鼻のある目の下頬〞より古く、室町時代前期を降らないとみられる遺品が現存している。**「総面」**は江戸時代にはない呼称であって、昭和にはいってからの造語である。『日本甲冑の新研究』**（資料30）**が初見で、いまその称は一般に流布していて適評である。総面を指して江戸時代は「面頬」と呼び、「半首」に名ぞらえ、また「鉄面具」ともいうなど統一した用語をもたない。総面のはじめは、半首と半頬を合体した形状のもので、『甲冑製作辨』**（資料31）**が「上下の頬を一つに合せて楽の面の如くにして夫を半首と云」と記したものにあたる。

　〝鼻のない総面〞は〝鼻のある総面〞が作られる以前に考案されていたに違いない。『後三年合戦絵巻』に描かれている武衡軍の亀次がつけている面具は「半首」とされているが、これは〝鼻のない総面〞とみることができ、のちに詳述したい。

室町時代前期を降らないと鑑じられる総面の遺品は稀に現存するが、あまり用いられることがなく、室町時代を通じて、ほとんど盛行しなかったようである。総面は短期間で衰退し、その命脈はわずかに保たれたにすぎず、現存する総面の多くは、江戸時代に製作されたもので、それでも目の下面や半頬と比べては稀少な数量である。

鎌倉時代末期からのちの戦闘が一騎打の戦法方式から次第に集団戦へと移行するにつれ、甲冑は堅固で重い大鎧から軽い胴丸や腹巻が多用されていくようになる。面具も顔全面を覆う総面より軽便な頬当が求められるようになったのは、戦闘の変化につれての時代の流れであったといえる。実用面からみても、目の下頬が鼻をとりはずすことができるのに対し、総面はかぶったままで飲食に都合が悪いし、発声がさえぎられる気づかいが多い。なによりも活動するのに不便で視野が妨げられることなど、効用の不利さがあってあまり用いられなくなったであろうことは推察に難くない。

鼻をつけるという工法を、半頬か、あるいは〝鼻のない総面〟に加えることによって、ここに〝鼻のある目の下頬〟が作られ、同時に目の下頬には垂をふす定法が確立していくのである。その時期は室町時代にはいってからであったろう。『応永記』、『応仁私記』などに記されている「頬当」の用語は、「鼻のない頬当」をいい、「半頬」の類であるが、これらの中に「鼻のある目ノ下頬」がふくまれていた可能性は十分にある。

合戦絵にみる甲冑面

『川中島合戦図屏風』(**資料33・図11**)には人肌色の目の下頬をつけた雑兵が描かれている。武田軍の騎馬兵の鎗に脇腹を突かれてのけぞり、正面を向いた顔によみとれる。『長篠合戦図屏風』(**資料33**)には目の下頬と総面がところどころに描かれている。成瀬家本(**図12―①②**)は馬上の徳川家康の右側面に兜持所役がいて、家康の兜と「総面」とをかかげており、また信長の兜持所役は唐人笠兜に「目の下頬」を手にしている。ところが写本のうち徳川黎明会蔵本(**図12―③④**)は、家康の面具が「目の下頬」になり、信長のが「総面」を描いていて成瀬家本と異なっている。徳川家本をのぞいた大阪城天守閣蔵本などの写本は成瀬家本に忠実にならっている。また徳川家本は、本多平八郎が「目の下頬」を付けている(**図13**)ことは、成瀬家本にみられないところで、伝写のさい書きたした一点である。徳川家本の成立が写本の中では最も遅れて江戸時代後期であることにもかかわりをもつであろう。それはさておき、戦国時代から桃山時代にかけて、目の下頬が盛んに用いられ、総面も使われていたことを資料面から知る一つの手がかりとなる。現に室町時代の面具として、目の下頬につぎ、総面の作をわずかながら経眼することができる。

図11 〝目の下頬〟を付けた図
(川中島合戦図屏風)(西村博物館蔵)

半首と半頬は消失してしまったことによろうが、ほとんどみかけることがない。半首はすでに衰退してその機能が認められなくなっていて、ほとんど製作されることがなかったし、半頬はかなり使われたらしいが、遺品から例証するには数が乏しい。

江戸時代は戦乱を経験しない武人の間に、目の下頬が全盛を極めるようになる。打出し技法に工夫が加えられ、面の表情にもさまざまな種類が表出されている。それまで、あまりおこなわれなかった総面が復活して、打出し技術を誇つてみるべきものが生じ、戦闘のための用具としてよりは、装飾的な要素をふまえた作品がしばしば作られている。数量では目の下頬が圧倒的に多く、半頬の類がこれにつぎ、総面は稀少である。半首は古式を模して復原がはかられたが、これもあまり類例が多いものではなく、現存作をみることは少ない。

図12—① 徳川家康（左）**と総面**
（成瀬家本）

図12—② 織田信長の目の下頬（左）

図12—③ 徳川家康の目の下頬
（徳川黎明会蔵本）

図12—④ 織田信長の総面
（徳川黎明会蔵本）

図13 目の下頬を付けた本多平八郎の図
（徳川黎明会蔵本）

図14 半首が描かれている例（平治物語絵詞）

『平治物語絵巻』（**図14**）や『前九年合戦絵巻』に数多く描かれている半首の遺品で伝世する例はいまのところ皆無に等しく、南北朝時代から以降の合戦絵に出てくる半頬の類も残されているのをみる機会はほとんどない。新井白石は『本朝軍器考』（**資料35**）で

「半首、頬当、目ノ下ノ頬当、半頬ナドイフ物、フルキ物トモニ見エシ所少ナカラズ。コレラノモノ近キ代ニ及テ、古ノ物見エズナリ」

と認めている。また榊原香山は、その書で（**資料31**）「古代の頬は鉄薄なる物故か世に稀なれば予は見ず」と記し、のち寛政六年（一七九四）に太日氏が所持していた頬をみたら、古代の物に疑いないので明珍宗政に鑑定させたところ、稀代の珍器であるといった、と書き残している。ここでいう〝古代の頬〟がどのような形状のものであったか知りようがないが、この記述によって江戸時代中期からのちの頃には、すでに古式の面具類をみるのが極めて稀であったことが分かる。

(3) 後三年合戦絵巻の「半首」は「鼻のない総面」

合戦絵巻の類で最も古いのが『前九年合戦絵巻』と『平治物語絵巻』である。絵巻の成立年代は後者がやや古く建長年間といわれ、前者は鎌倉中期の写本が二種類現存し、原本は平安末期とされている。

この二つの絵巻には半首が数多く描かれていて、平安時代末期にはすでに面具が用いられ、半首が多用されていたであろうことが推測されるのである。

『後三年合戦絵巻』は貞和三年（一三四七）に製作されているが、前二者の絵巻にみられた半首が全くみられず、面具をつけた一例のみしか描かれていない。関保之助氏が『国華』誌（**資料38**）で、この絵巻の武装について記述した文中に、武具・装束・馬具などを検討して本質的なものは南北朝時代の特色をもつものであることを考証している。つまり合戦物語の年代は平安時代末期であるが、武具・武装などは、描かれた南北朝時代前期の時代色を具現したものであるとしているわけで、このことは『前九年合戦絵巻』についても、伝写した年代を勘案して検討を加える必要があることを示唆している。

『後三年合戦絵巻』（中巻）に亀次と鬼武の決闘の場面がある。武衛軍の亀次は萌黄地白の小桜威が美しく映え、黒漆の薙刀をかまえ右顔側面を向けて面具を装着している。

ここに出てくる面具は半首とされているが、古式の〝鼻のない総面〟とみることができよう。（**図15―①**）の描かれている『後三年合戦絵巻』は、天保十五年の伝写本であるが、面具の図が本歌に忠実に表わされていることで参考になる。（**図15―②**）は面具が顎を被い、右顔面から右額にとどいている。（**図15―①**）はこれに加えて左頬まで被っており、更に上方までつづいていることを思わせる。眉庇の下に黒漆のあとがみられることからみて、この面具は〝鼻のない総面〟であろうとみられる。しかも絵巻物語の年代のものではなく、実は本歌が描かれた南北朝時代前期の面形ではなかったか。これはあくまでも絵巻物に描かれた武装の上から推察できるものであり、画家が武家装束ないし故実にかならずしも正確な知識をもっていたとはいえないところがある点からみて、ここでは「鼻のない総面」であろうとみなす一つの可能性を提示しておくことにとどめる。もしこの見方が正しかったと仮定すると「鼻のない総面」とは、次の（**図16**）ようなものであったろう。

「鼻のない総面」は「目の上の頬当」と「目ノ下の頬当」とを一体とした、つまり半首と半頬を合体させた形式にみえる。しかし実際は半首から進展して考案されたものとみている。

なお咽喉部を守護するという感覚は、もともと面具から生じたものではなく、

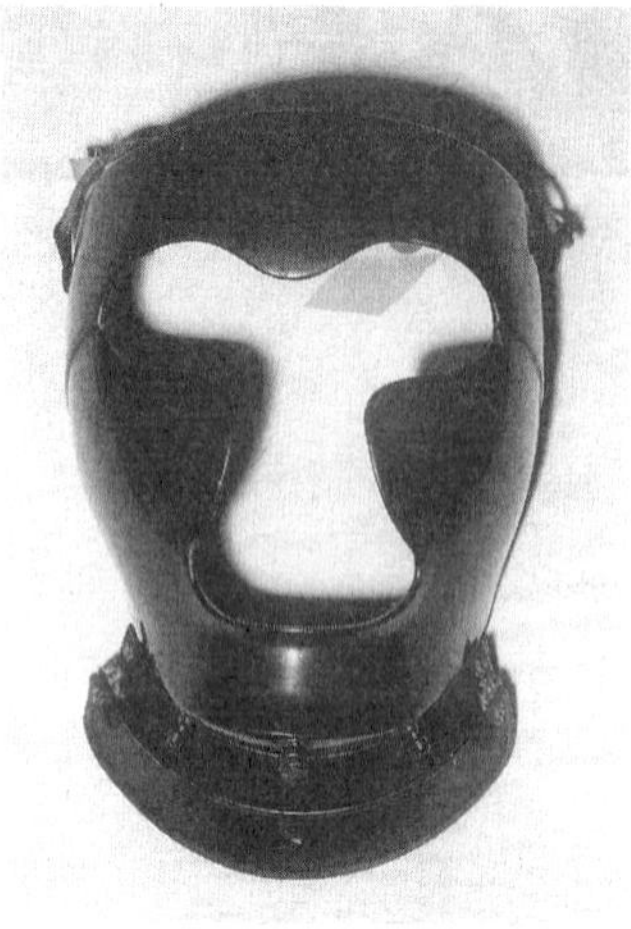

図16　鼻のない総面（江戸時代）

図15―①　斎藤鞆緒氏蔵本の図

図15―②　『甲冑製作辨』所載図

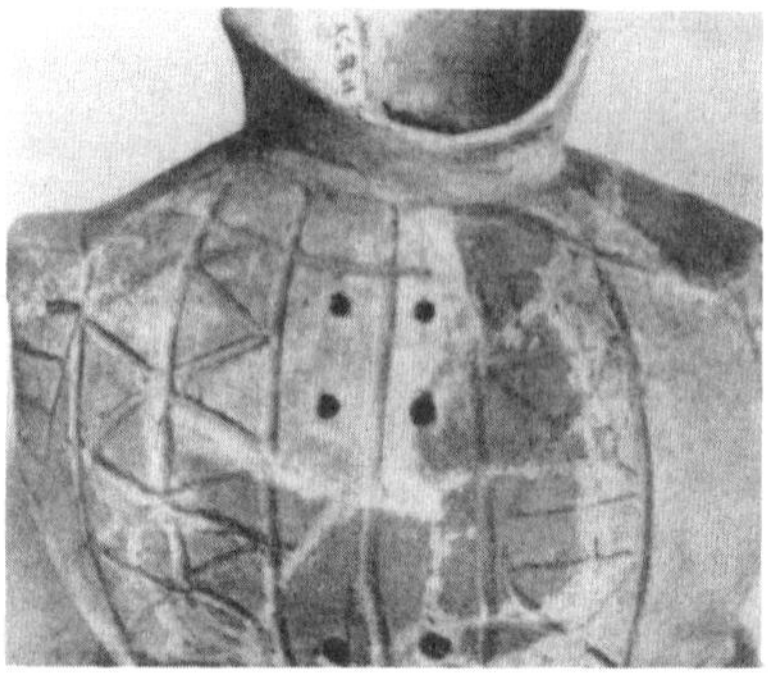

図17　頸鎧の襟がある埴輪（東京国立博物館蔵）

図18　金箔押　曲輪付きの喉輪（室町時代）

涎懸《よだれかけ》（のちの喉輪）が本来のものである。涎懸の垂の部分を半頰につけるという工案がなされて、はじめて半頰や、のちの目の下頰の形式が整ったものだ。

涎懸は喉を守る甲冑の曲輪形式の部分が、のちに別個の独立した防具の一部を形成したもので、その発生はすでに古墳時代にはじまる。胴丸形式の挂甲の頸のまわりに曲輪形式の防護具がつけられていて、これを襟と称し、頸鎧《あかねよろい》の上部についたものである。〝頸鎧の襟〟（図17）は頸を護るための輪状の装具で、のちの曲輪の前身である。曲輪のついた涎懸（図18）がどのようにして作られるようになっていったかは判然としないが、涎懸と同じ機能をもった防具の部分を古墳時代の頸鎧にみることは、この際留意してよい。

第三章　甲冑面の種類と名称

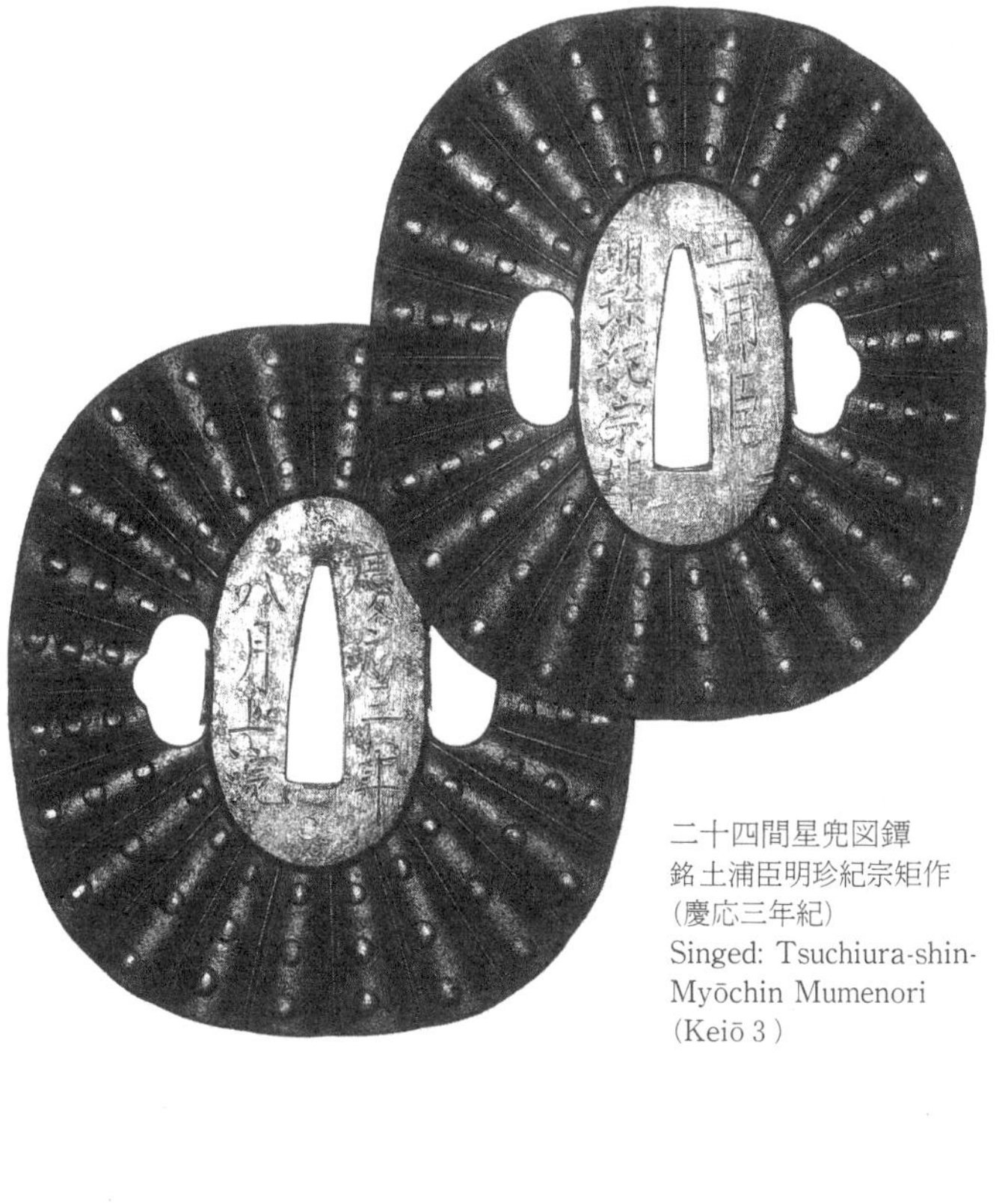

二十四間星兜図鐔
銘土浦臣明珍紀宗矩作
(慶応三年紀)
Singed: Tsuchiura-shin-Myōchin Mumenori
(Keiō 3)

面具は形状と用法から、①半首《はつぶり》、②額当《ひたいあて》、③半頬《はんぼう》、④目《め》の下頬《したほほ》、⑤総面《そうめん》の五種に分類することができる。

「頬当《ほほあて》」は半頬と目の下頬を指し、「面頬《めんぽう》」は半頬、目の下頬、総面を個々に呼称するほか、三者の面を総称する場合に用い、なお半首を加える考え方もある。

（甲冑面の種類）

- 面具
  - (一) **半頭**
    - ① **半首**
    - ② 額当
  - (二) 面頬
    - ① **半頬**
      - (A) 半頬
      - (B) 猿頬
      - (C) 燕頬
      - (D) 加賀頬
    - ② **目の下頬**
    - ③ 総面

（(A)～(D)および②目の下頬＝**頬当**）

「半首」、「頬当」、「目の下の頬当」、「半頬」の名は古くから使われている。「半首」は『平治物語』をはじめ、『太平記』にしばしば出てくるし、「頬当」は最も多く使われており、『太平記』が多用し、『応永記』『応仁私記』『曾我物語』など諸書に用いられている。

「半頬」は『太平記』の〝山門攻条〟に、「目の下の頬当」は同じく〝将軍御進発大渡山崎等合戦条〟などに散見でき、〝畑六郎左衛門条〟には「熊野打ノ頬当」の名が出てくるが、はたしてどのような形状の面をいったものかはっきりとしない。『賀越闘諍記』に「半頬当シテ胴丸ノ具足ヲキテ」とある「半頬当」は、「半頬」のこととみてよいだろう。

「半頬」はいまの猿頬の一種であり、「頬当」は、いまの「目の下頬」の鼻をとった形状に近く、目のすぐ下まで金具の上部がせり出した古式の形状のものだったと考えられる。

「半首」、「頬当」、「目の下の頬当」、「半頬」の遺品で室町時代より遡ると鑑じられるものをみないため、わずかに絵巻物の類で、形状や用態をうかがい知るしかない。

江戸時代の諸書に記されている名称について、次に参照してみよう。

(一) **『本朝軍器考』**（新井白石）**（資料34）**

「今云フ半首トイフ物ハ、異朝ニテイヒシ鉄面具。我国ノムカシ頬当トイヒシ物ニテアリ、今頬当トイフ物ハ、古ノ目ノ下頬当ニテ。古ノ半頬ヲバ今ハ猿頬ナドイフ事ニヤ……」

「半首」は異朝でいう「鉄面具《かなめんぐ》」であるとして、同書の『集古図説』（巻之下）に「小笠原佐渡入道法雲蔵鉄面具」の図**（図19）**を掲げている。これをみると「鉄面具」とは、現在でいう「総面」のことであり、新井白石は「総面」のことを「半首」と称していたことがわかる。そしてこの「半首」は、古は「頬当」といっていたものだといっている。また古の「目ノ下頬当」は、白石の当時は「頬当」といい、「半頬」のことを「猿頬」などという、としている。

図19　小笠原佐渡入道法雲蔵鉄面具
（『本朝軍器考集古図説』）

新井白石の半首＝総面説に疑いをもって記述したのが伊勢貞丈で、その著書で説くところを次にみてみよう。

(二)『**軍用記**』（伊勢貞丈）（**資料36**）

「めんぼうは額よりおとがひ迄かくるなり、これ本式なり。頰当は目の下よりかくるなり、これは略儀なり」

として、後補に図を掲げ「面頰」として現在の総面を示し、「半頰」は〝目ノ下頰当とも云〟と但して、現在の〝鼻のない目の下頰〟（**図20—②**）を図示している。

但し、この〝鼻のない目の下頰〟の図は同じ著者の書である『貞丈雑記』（**資料37**）では〝鼻のある目の下頰〟（**図20—③**）に描いている。その注に、

「上ニ半頰ヲカフレバ面頰ト同シヤウニナル也、此半頰ノ鼻ヲ取ハナシニナルヤウニシタルモアリ、鼻ヲトレハ猿頰ニナル也」

とあることから、貞丈が言う「半頰」とは〝鼻のある目の下頰〟が正しく、『軍用記』が掲げる〝鼻のない目の下頰〟の（**図20—②**）は妥当性を欠くとみねばならない。また「猿頰」は、

「此頰当ヲシテ上ニ半首ヲカフレバ、其顔ノ躰サルノ面ニ似タルナリ」

と注している。

(三)『**貞丈雑記**』（伊勢貞丈）（**資料37**）

「鉄面《かな》に品々あり。面頰は顔一面に当る也。目の下の頰当は目の下より当る。猿頰は鼻の所あくなり」

「半首は頭の半分額をおおう道具也、目の下の頰当をして半首をかぶれば面頰同前になる也」

「猿頰」については前出の『軍用記』の記述より詳しく図（**図20—④**）に注して、

図20—①　面頰（『貞丈雑記』）

図20—②　半頰（目ノ下頰当）（『軍用記』）

図20—③　半頰（目ノ下頰当）（同）

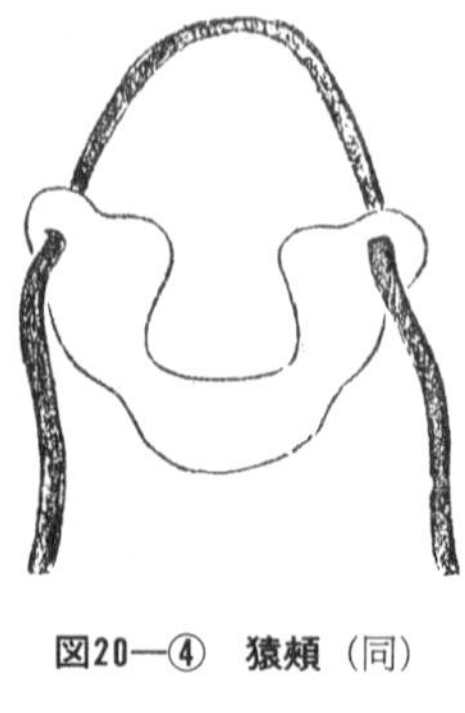

図20—④　猿頰（同）

「此猿頰ヲ当テ半首ヲカフレバ、其顔躰、猿ノ面ノ赤キ所ノコトク也、半首ト頰当ハ猿ノ面デノ毛ノ所ノ如シ」

といっているのは面白い。

伊勢貞丈は現在の総面を「面頰」と呼称しているのが注目される。また面具を総じて「鉄面」といっているのは他書にみない用語であるが、後代の諸書は「鉄面」という用語はほとんど使っていない。

(四)『**甲冑製作辨**』（榊原香山）（**資料31**）

「上代は目の上の頰当、目の下の頰当と二つを用いしと見ゆるなり、目の上へ被るを半首と云……其の後は（㊟太平記時より）上下の頰を一つに合わせて楽の面の如くになして夫を半首と云」

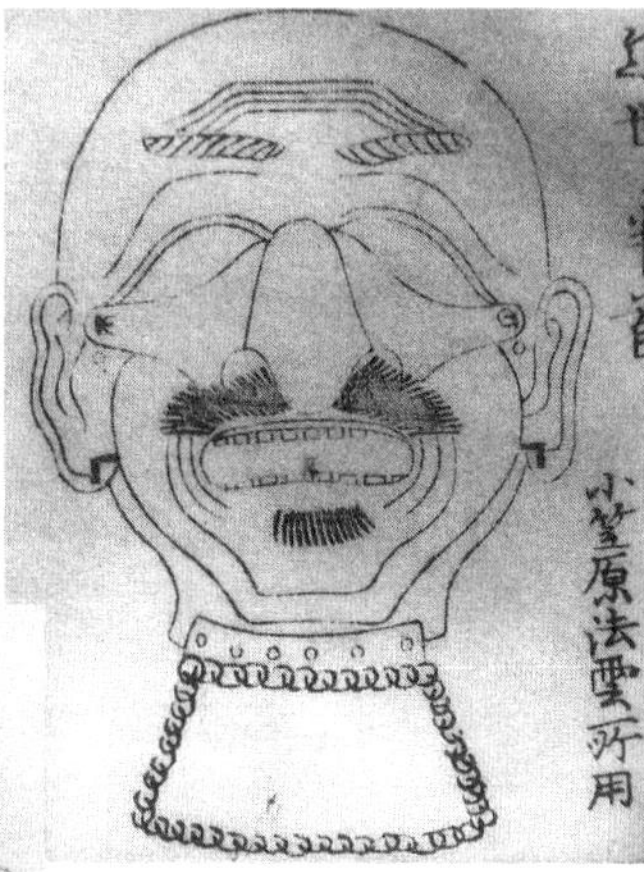

図21—③ 『武器袖鏡』

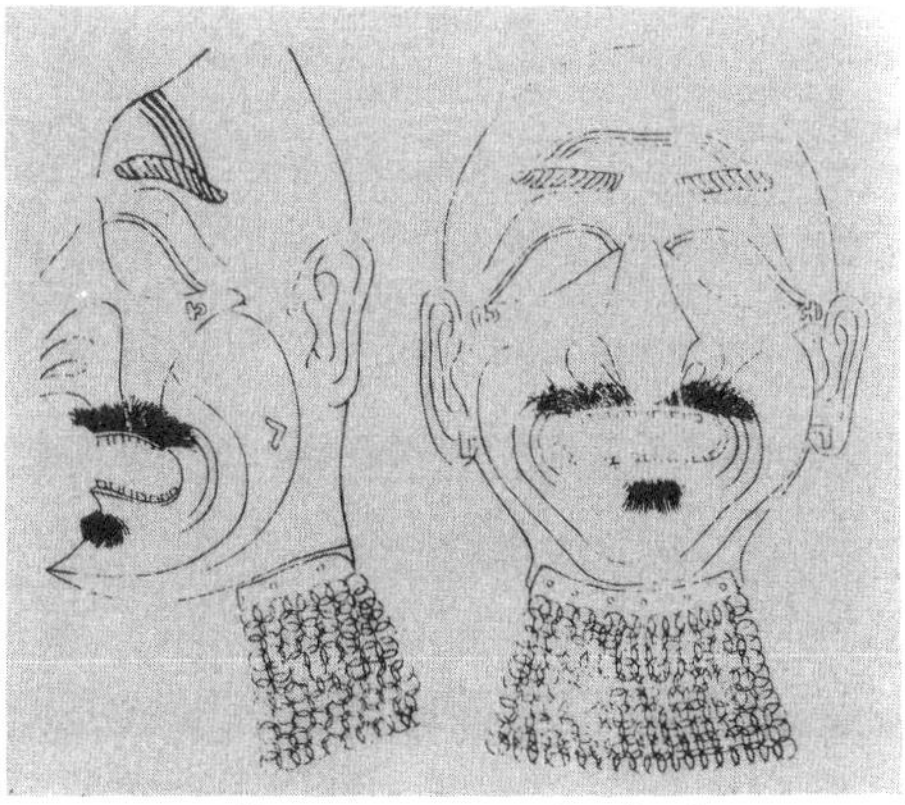

図21—② 同　図21—① 『甲冑制作辨』

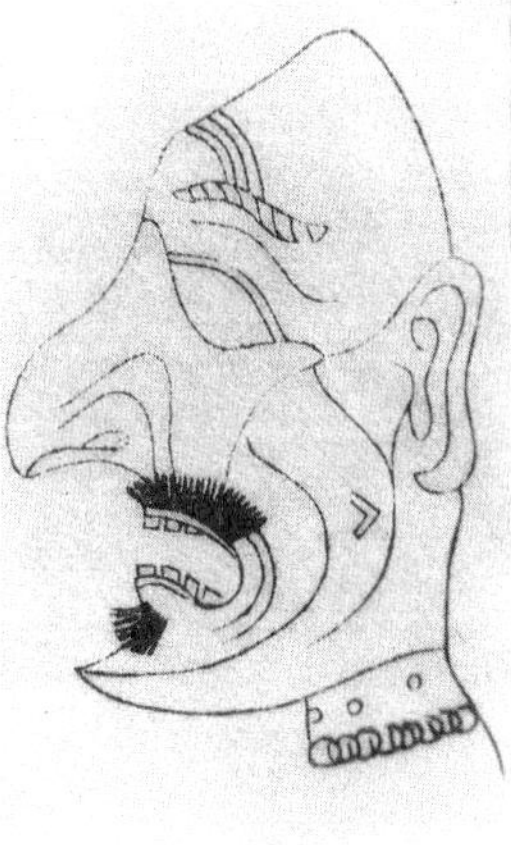

図21—④ 同

「面頬と云は今専ら用いる鼻の有るを云也。半頬と云は鼻の無き也」「目の上の頬当」の名は榊原香山の独特の呼称で、古は「半首」といっていたものを呼び替えている。当時「面頬」というのは〃鼻のあるを云〃としているので、現在の「目の下頬」を指している。「上下の頬を一つに合わせて楽の面の如くになして」とは、現在の「総面」のことで、当時その名を「半首」といっていて、図（**図21—①②**）では「鉄面」を示している。これは半首＝総面の考え方で、新井白石説を継承したものである。また栗原信充はその著（**資料43・図21—③④**）で、「総面」を図示して「半首」といっているのも同様の見解である。

㈤ **『甲製録』**（明珍家伝書）（**資料28**）

「半首ト云シ物ハ頭上ヨリ頤迄ニカカル物也。面頬ト云シハ額ヨリ頤ニ至テ猿楽ノ用ル仮面ノ如シ。目ノ下ノ頬当ト云ハ目ノ下ヨリ頤ニ至テ鼻アルモノ也。頬当ト計ハ鼻モナク両ノ頬ヨリ頤迄ヲ覆ヘルモノ也」

この書は面頬＝総面の説を採る。半首は「頭上から顎までにかかる」もので、現在の半首の概念に合致しており、頬当とは「両頬より顎までを覆う」もので、これは鼻のない半頬を指したものである。目の下の頬当とは「鼻アルモノ也」としていて、現在いう目の下頬の形と一致する。このように、「半首」、「目ノ下の頬当」、「頬当」（猿頬）を明確に規定している。また、

「目ノ下ノ頬当ヲ今ハ面頬ト云ハ形ノ近キ故ニ謬レル也」

と記していることは、江戸中期のころ「目の下の頬当」を「面頬」と呼称する風潮があったことを物語るものである。

右の記述を整理して要点をまとめると次のようである。

1　半首、頬当、目の下の頬当、半頬は古くからの名称である。

2　面頬、猿頬は比較的に新しい名称である。

3　現在の総面を、面頬と半首との両様に呼称する考え方があり、総面を鉄面

具、また鉄面にも名ぞらえたものがある。

4　面頬＝総面説をとる書は、半首を正しく「頭上より頤迄にかかる物也」と定規して、半首を総面と区別している。

5　現在の鼻のある目の下頬を、目の下頬当また面頬と呼び、鼻のないのを頬当また半頬といって区別している。

6　半頬と猿頬を大方は同義に扱うことで一致し、「鼻の所あくなり」と明解している。

このようにみてくると、江戸時代の後半は面具についての名称を各人がまちまちに解釈をしているところが多いのに気づく。当時すでに古作の遺品がほとんどみあたらず、記録された資料の類も残されることが少なかったことによるようである。それだけ面具への関心が一般的には稀薄であったことの証左にほかならない。

「総面」の呼称については、現在すでに慣例化していて異論がない。江戸時代は

●半首《はつぶり》＝総面説をとるのは

　新井白石、榊原香山、栗原信充

●面頬《めんぼ》＝総面説をとるのは

　伊勢貞丈　明珍家（『甲製録』説）

右の二説に分かれていたが、大勢は半首＝総面説に傾いていたようである。「総面」を「半首」と唱えた初見は新井白石（**資料35**）で、江戸時代を通じて、のち大正年間まで半首＝総面説が流布した。伊勢貞丈は『本朝軍器考標疑』（**資料34**）の著書を草した文中で、白石の半首の所見をかなりきびしく批評しているが、ことの初説を覆すには至っていない。いま総面を納めた箱の表書きで、江戸時代に書かれたものをみると、たいがいは「半首」となっている。いかに半首＝総面説が広まっていたかが分かる。

いまにして勘案すれば、半首はあくまでも半首としての古制を伝えるもので、総面ではなく、どちらかというと総面を面頬といった方がよさそうに思われる。しかし、白石が没した享保十年（一七二四）のころ、専門家であった白石でさえ古制の半首や頬当をみる機会がほとんどなく、その著書には「面頬」の名がでてこないことからみても、たとえ「面頬」の名称があったにしても、一般にはほとんど知られたものではなかったに違いない。総面なるものを名づけるに「半首」としか言いようがなかったのである。

面頬＝総面説、つまり総面だけを指して面頬と呼称する考え方が現在では通用しないことは衆知である。また総面のことを半首と呼ばないことも同断である。江戸時代後半に総面の呼び名がなかっただけでなく、面頬の名そのものが判然としていなかったし、半首の遺品が残されていなかったことなどから、諸説が出て異なる解釈をしていたことになる。『甲冑製作辨』（**資料31**）のみが、

「面頬と云は今専ら用ゆる鼻の有を云也」

と解しているのは注目してよい。「面頬」の名は江戸時代後半になって次第に常用されていくのであるが、その名の同義語がすでに室町時代末期に使われていることは興味深い。

永岡利一氏の調査（**資料39**）によると、元亀元年（一五七〇）の北条氏印判状（『道祖土家文書』）に「面膀」の名がみえており、また同氏からの通信によると、同種の文書中（**資料40**）に「面肪」の字があると確認されている。両者は同義で面頬の名の前身であり、「面肪」は「面膀」の略字であったとみられる。戦国時代に武州の武者団の間に、こうした用語が用いられているのであるが、はたして全国的に使われたものかどうかは、他に知る資料がみあたらない。しかし「面頬」の名の前身が「面膀」であったとみることに無理がなく、略して「面肪」の字が使われていたことを証する資料といえる。はたして「面膀」がどのような形状の面具であったかは確証がないが、およそ半頬の類で、いまの加賀頬（俗に猿頬）の一種ではなかったろうか。

「面頬」の名の解釈は、江戸時代と現在ではかなり相違していることが明らか

となった。現在は、「面頰」を半首と額当をのぞいた面具の総称として、その名をあてることは妥当であり、いますでに斯界に定着している。

猿頰の古語は半頰であって、『甲冑製作辨』（**資料31**）は猿頰のほか越中頰、小田頰、燕尾形などの名を掲げ、これらを総じて半頰と呼称しているのは適格である。

半首と額当を、面頰とは別に分類する。半首は両頰と同時に前頭部を守る防具であって、もともとは半頭の名で呼ばれており、額当とは用法上から類似性をもつ。したがって半首と額当を総称して「半首」の名をあてることとする。なお『集古十種』（**資料41**）が額当の図を指して「半首図」と記載していることは、江戸時代に半首と額当とを同義に扱う考え方があったことを示したものといえる。

花桐の図鐔　銘　土佐國住
明珍紀宗利
Singed: Tosano-kuni jū Myōchin Kino Munetoshi

第四章　甲冑面

二十八間星兜図鐔　　甲冑師作（室町時代）
Made by Kattchushi

(1) 半　頭（はつぶり・はっぷり）

①半首（はっぷり）

半首は〝はっぷり〟と呼びならわしている。半は〝は〟で、頭は〝つむり〟であり、〝はつむり〟が〝はつふり〟に転じ、更に〝はっぷり〟となったものである。

「首」は体の頸《くび》より上の部分をいい、〝かしら〟であり〝つむり〟（頭）であって、〝首を振る〟とは頭《かしら》を前後左右に振ることにほかならない。

『保元物語』（白河殿攻落条）に「半頭」の名があり、『太平記』の時代には「半首」の字を用い〝はつふり〟と読んでいる。「半首」の字をもっぱら使うようになったのは南北朝時代ごろからであったろう。「半頭」は「半首」の古語で同訓同義である。『太平記』に「半額ノ面ニ朱ヲサシテ」とあって、「半額の面」の名が使われている。「半首」の別名に用いたものと推される。

「半首」は面具の中で最も古く、平安時代後期から南北朝時代ころまで盛行し、のち半頬、目の下頬がこれに替わるにつれて次第に廃れていき、江戸時代には複製がおこなわれたことはすでに記述した。『前九年合戦絵巻』、『平治物語絵巻』などに描かれている面具は、ことごとくが半首で武将から士卒まで上下差なく装着しており、広くおこなわれていたことが分かる。射戦には顔面両側の防護にかなり効果があったとみえ、『保元物語』に、為朝がつけていた半頭に敵の矢がからりとあたって兜の鞆に射つけたとか、半頭の間を射けずり兜の手さきにささった、などの記述がみえる。

鉄製が多く、革製もあったと推され、表を黒漆塗にしたもの、また画革包みにしたものがある。内縁を捻返ししたのとないのとがあり、覆輪《ふくりん》をかけたのがある。緒便り金《おだよりがね》をふしたもの、耳にあたる部分に花模様を透彫したもの、あるいは紋様を据紋したものなど、さまざまな工法が加えられている。

『武器袖鏡』（**資料43**）に所載する半首（**図22**）は「山城国葛野郡平岡内田氏蔵」とあり、表を黒塗、裏を朱塗、内縁に銀覆輪をめぐらしたもの、両耳上部

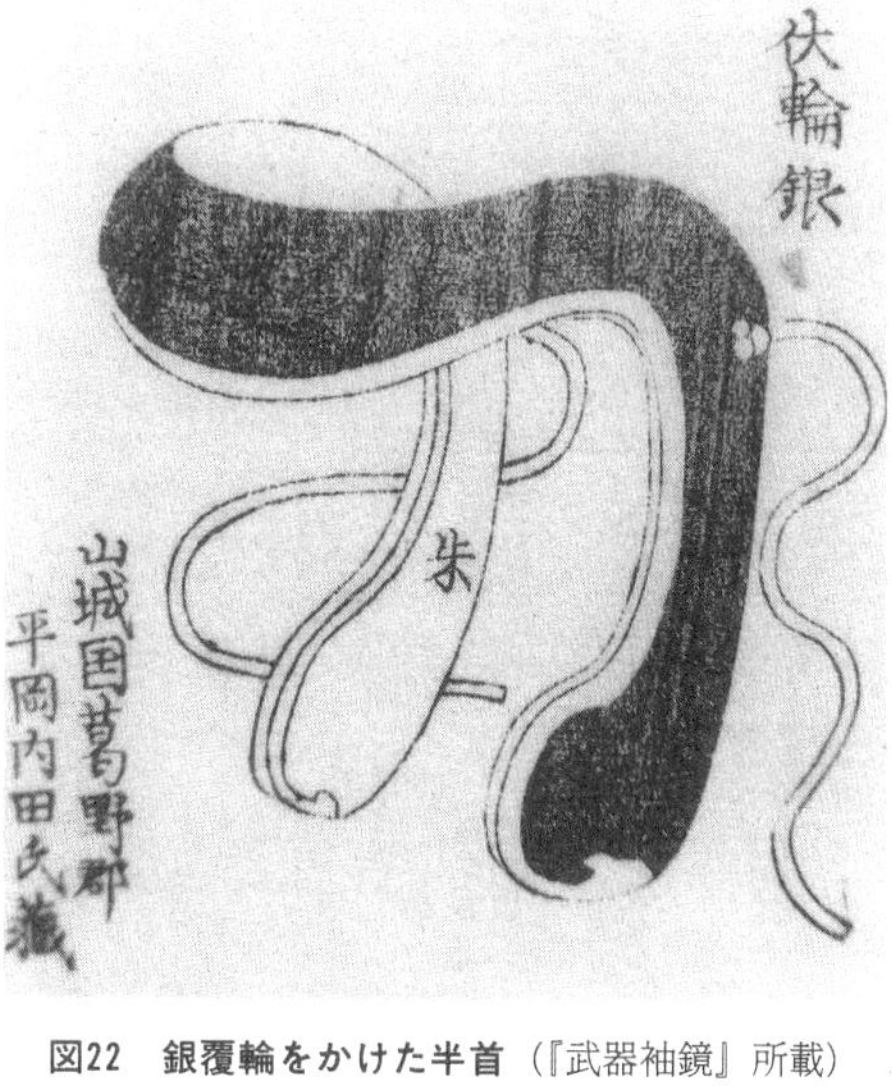

図22　銀覆輪をかけた半首（『武器袖鏡』所載）

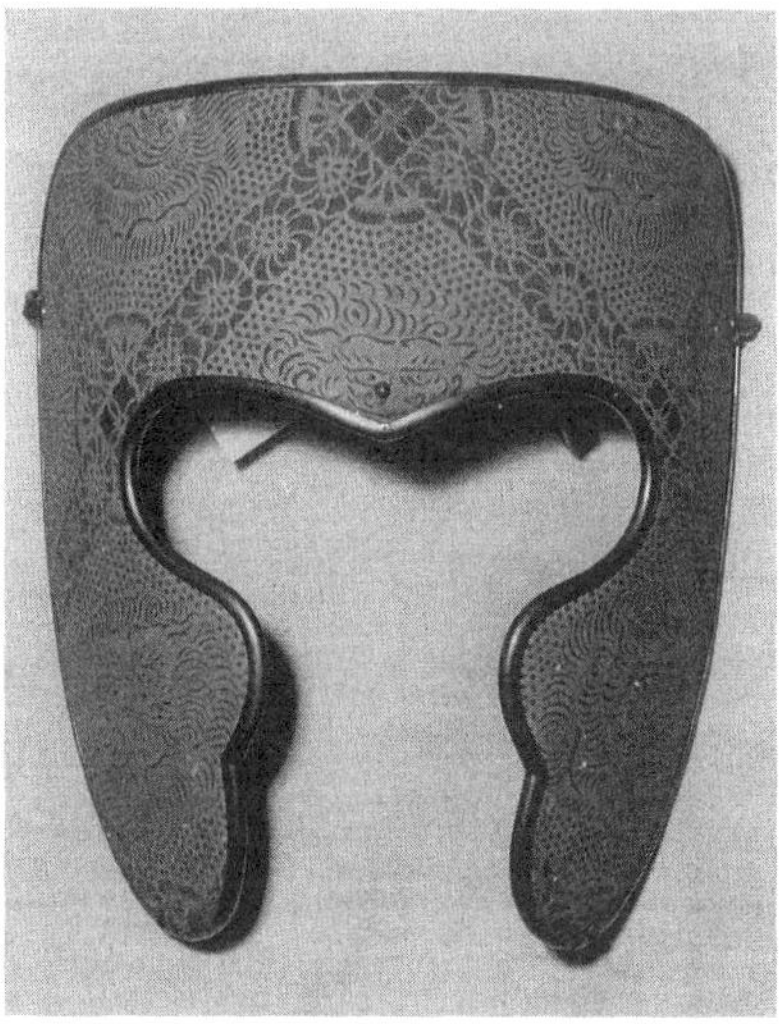
図23　画革包みの半首（復原作）

の辺に小孔をあけ、平緒を通し、その長さは「紅一尺二寸」と注している。

画革包《えがわつつみ》の半首は『平治物語絵巻』や『伴大納言絵詞』などにかなり描かれており、後世に類推して復元した作（**図23**）で、内縁・外縁ともに周囲をめぐらして銀覆輪をかけている。

見上皺《みあげしわ》が三本みられる半首は珍しく（**図24**）、これは一見毛彫にみえるが、恐らくは毛彫より鋭い鋤下彫で表わしたものらしい。緒便金《おだより》がつく。

緒便金と緒便りがともにつけられた半首（**図25**）もある。表が黒漆塗、裏が白檀塗になった作。裏の塗りは他に金箔押にしたものがある。

②額当（ひたいあて）

「額当」は「額鉄《ひたいがね》」とも「鉢金《はちがね》」ともいい、額を保護する用具として額にふす当て金である。もともと半首から派生し、両頬の防禦が半頬に移行し、ついで目の下頬に進展したのとは別に、半首の前頭部分が残されて額当となった。鉄の一枚板を横に延ばし、下部を眉形に残し、左右を額にあわせて後方に反らせた形状で、打眉をつけている。鉄地打出しで、唐銅製（**資料30**）が他に一面あり、これは大和国吉野山勝手神社の甲冑残欠の中で発見されている。

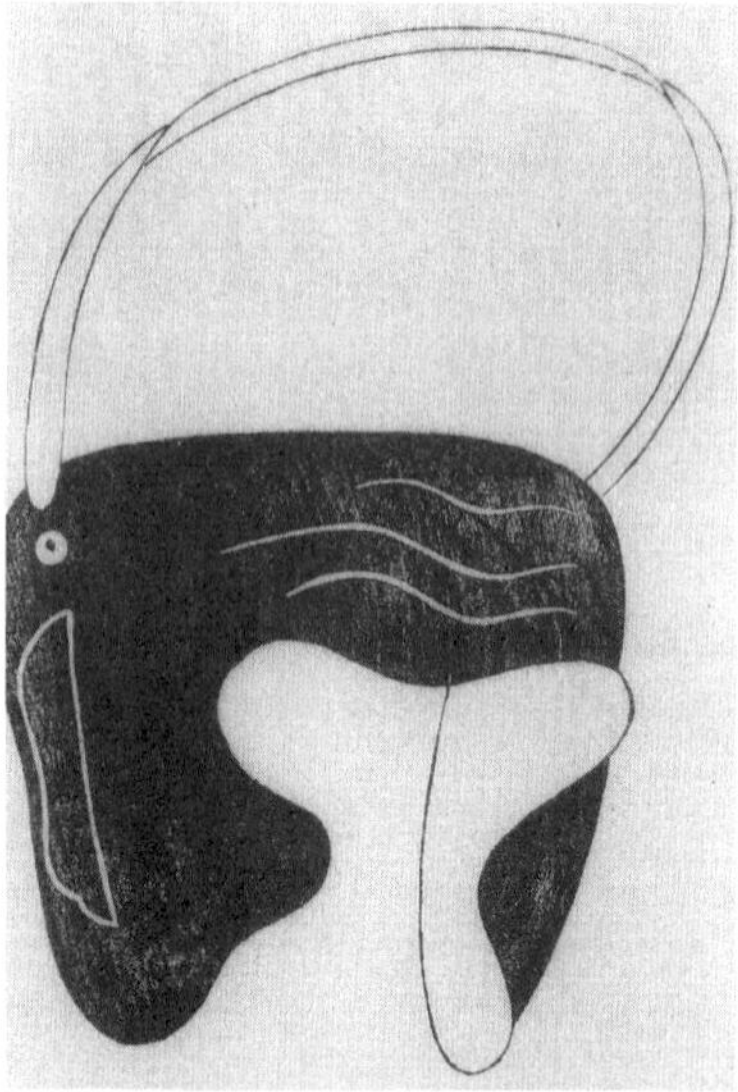

図24　見上皺と緒便り金がある半首
（『本朝軍器考集古図説』）

「額当」（**図26—①②**）は室町時代を通じて用いられたようであるが、あまりおこなわれることがなく、半頬と目の下頬の流行にかくれて忘れさられていった。『応仁私記』に、

額当・脇当・頬当・小泉甲

とあるほか、ほとんど記録される資料類をみない。室町時代末ごろには衰退していったものとみられ、打眉《うちまゆ》（**図9**）や見上皺《みあげしわ》（**図10**）にその面影をとどめるにすぎなくなっていく。兜の眉庇《まびさし》の発達が額当を必要としなくなったのであろう。

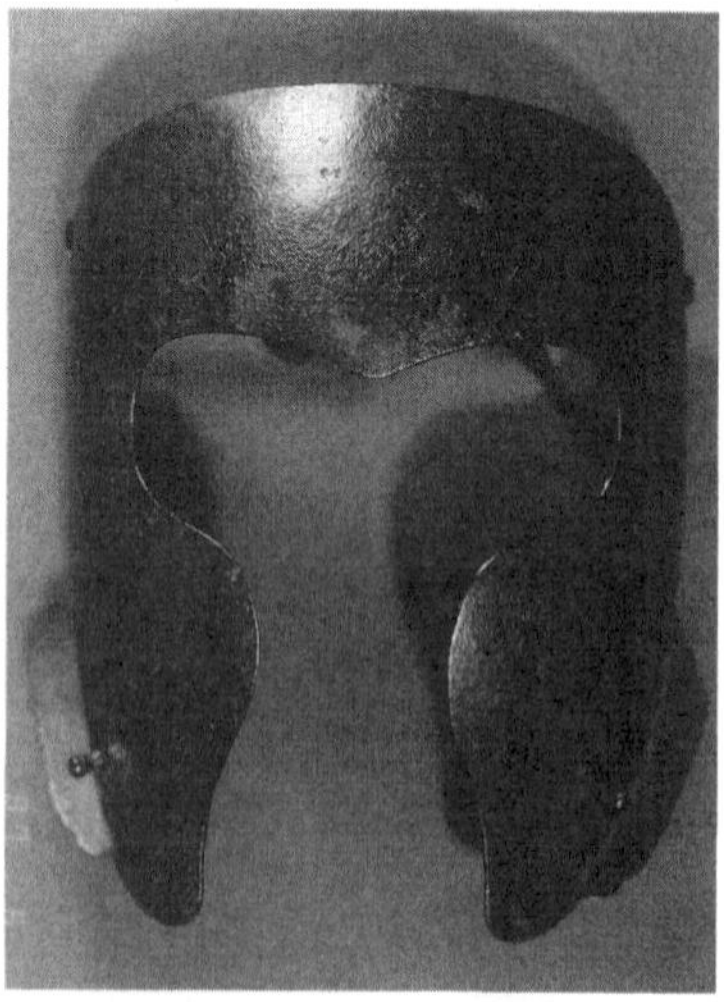

図25　鉄錆地の半首（太田四郎氏蔵）

江戸時代に考案された「畳額当《たたみひたいあて》」（**図27—①②**）は軽武装に重宝し、前頭部まで広がっていた三枚ほどの鉄片を額部分で一枚にたためる用法であり、更に両頬と耳を被う具を兼ねた「畳額当」があり、それに曲輪《くるわ》をつけたものもみる。これらは額当の変則改良されたものといった感がある。

額当のなかで簡略な形式の（**図28—①②**）があり、鉢巻に縫いつけて額に紐で結びつけて用いる。いわば鉢金《はちがね》といった方がよく、（**図28—①**）は鉄錆地で横幅二十七センチ、縦幅七センチがある。（**図28—②**）は鎖繋ぎの精巧な仕立ての作である。

額当《ひたいあて》を半首にふくめる考え方があったことは、『集古十種』（**資料41**）に額当を掲げて（**図26―①②**）「或家蔵半首図」と題していることで例証される。

　額当の用法は裏側に家地をつけて鉢巻状に仕つらえ、両端から一条の掛緒を廻らして後頭部で結び、一方は中央上方から頭部を渡して頂上辺で二手に分け、後頭部の左右へ結んだものと考えられる。

　この額当は『讃岐集古兵器図證』（初編）（**資料70**）にも所載し「揚徴所蔵半首図」（**図26―③**）と題していて、文化九年（一八一二）のころ高松藩中の揚氏が所蔵していたことが分かる。もとは伊予の大三島大社に伝わっていたものらしい。

　『集古十種』は寛政十二（一八〇〇）に編纂されていて、この年は『讃岐集古兵器図證』より十二年遡って古い。「或家蔵」と所蔵者を伏しているが、おそ

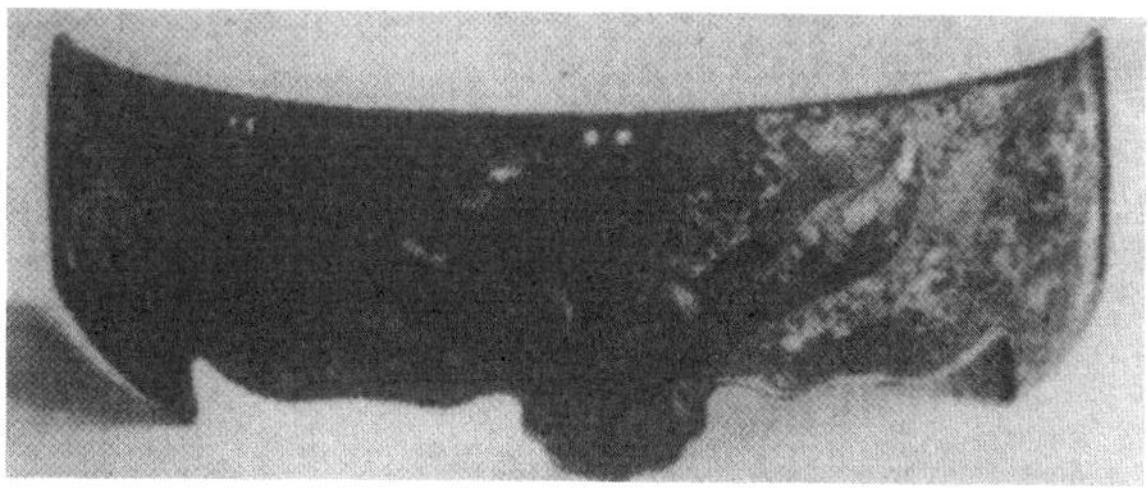

図26―①　額　当

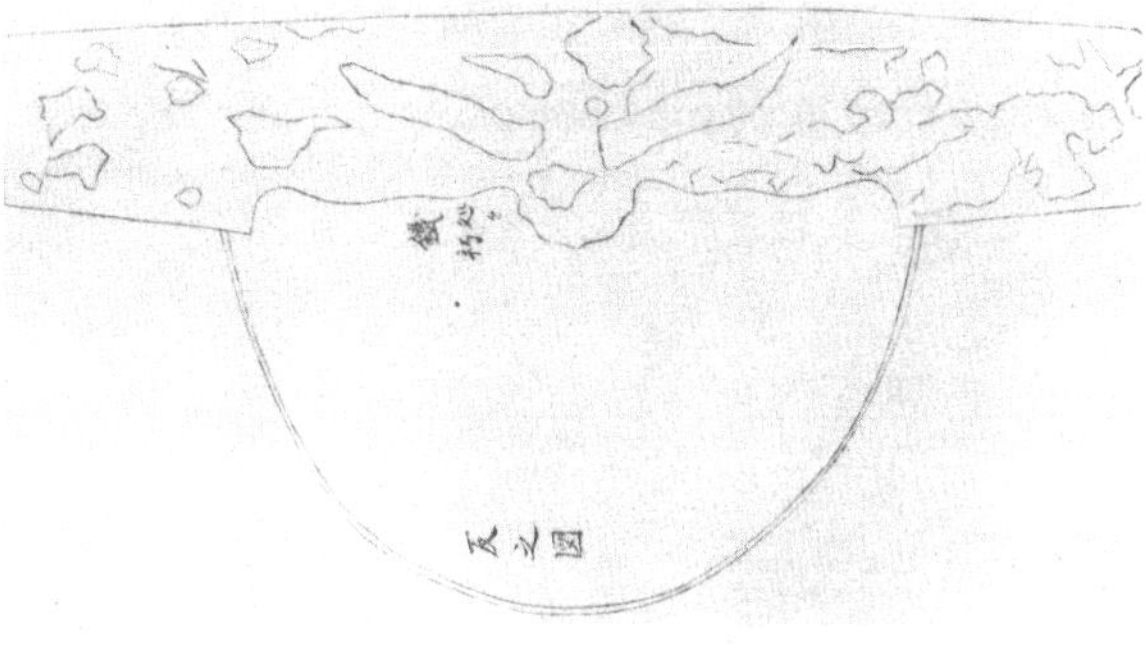

図26―②『集古十種』所載の額当図

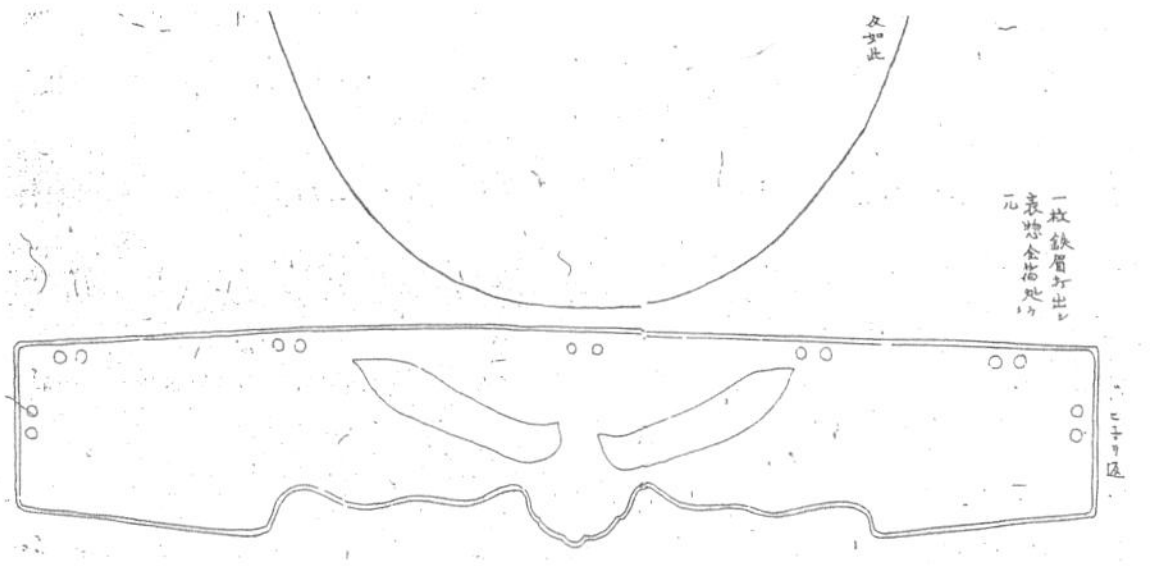

図26―③『讃岐集古兵器図證』（初編）**所載図**

図27―①　畳額当　江戸時代後期（南正守氏蔵）

図27―②　曲輪付きの畳額当　江戸時代後期
（高津古文化会館蔵）

らくは「揚徴所蔵」であったと考えられる。『讃岐集古兵器図證』は額当図の注記に「一枚鉄眉打出シ表惣金箔処々残ル」とあって、もともとは鉄地に金箔をおいた、華やいだ出来であったことがしのばれる。

図29―①の額当は鉄錆地に見上皺と打眉を打出している。裏面の中央上部に「春田」と銘があり、室町時代末期を降らない作である。『讃岐集古兵器図證』（初編）（**資料70**）に「揚徴所蔵半首図」として所載され（**図29―②**）、「真中竪二寸九分、両端同三寸二分余、真中裏ニ銘有リ」と注記した寸法と銘が現品と合致する。この写本が出来た文化九年（一八一二）の当時は角本状の金具がついておらず、見上皺の上部に横並びに二個の孔があけられたあとがある。金具は後補であるが、もともとこのようなものがあって欠落していたため、復元してつけ足したものかも知れない。『諸家武器図説』（**資料71**）にも同作の図が掲げられており、他に一点同類の作図が描かれ、やはり「春田」の銘がある。文化・文政のころはこの種の額当が複数残されていたとみられる。当時の所蔵者であった揚徴は友沢彰氏の調べによると、高松藩中の五十石取の郷士で、平氏、名を元徴といい、天保六年（一八三五）七十一歳で没。（**図26―①**）の額当をはじめ大鎧、兜など多くの名品を蔵していた。

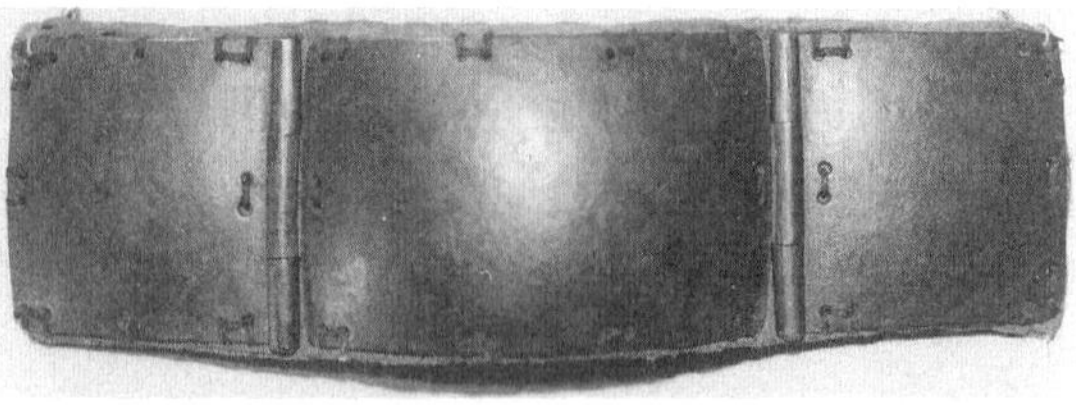

図28―①　額当（鉄錆地）**江戸時代**（京都嵐山美術館蔵）

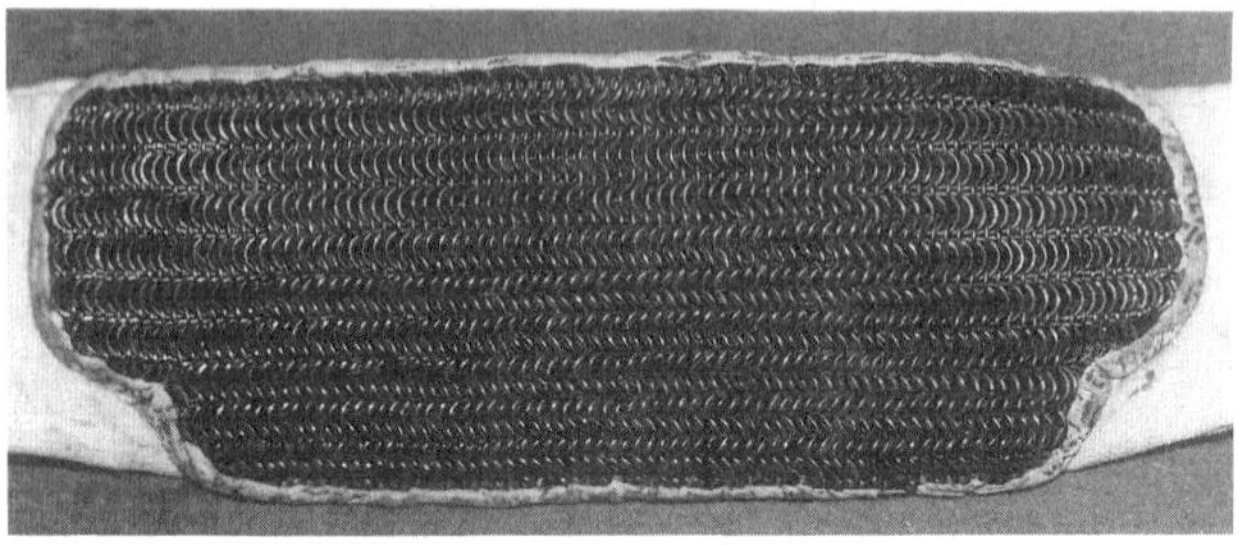

図28―②　額当（鎖繋ぎ）**江戸時代**（高津古文化会館蔵）

図29―①　額当（銘）**春田**（斎藤直孝氏蔵）

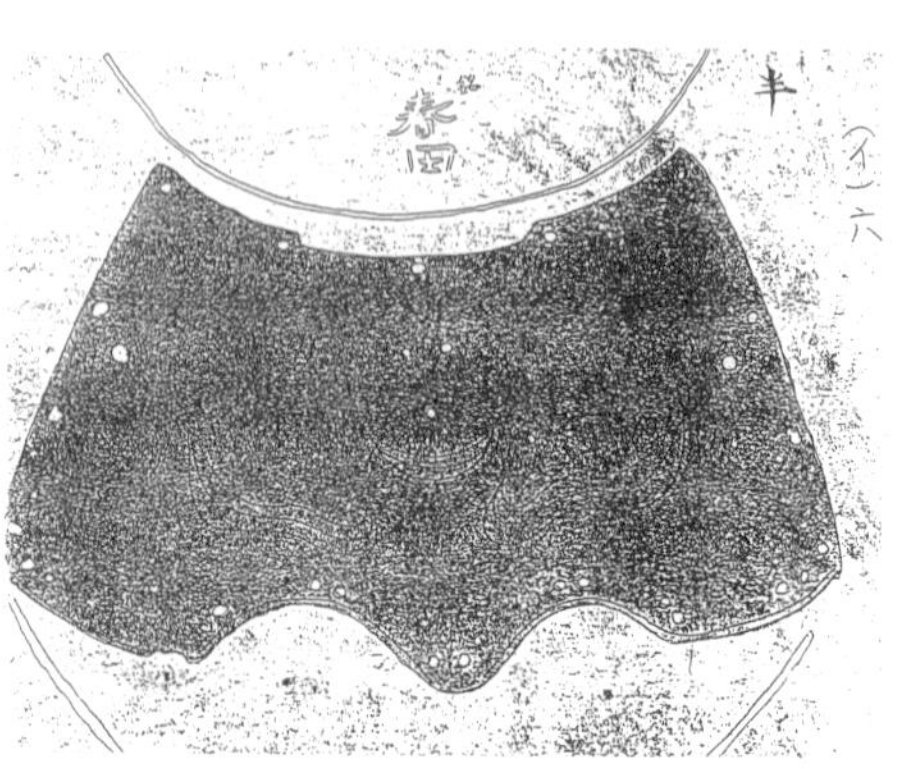

図29―②　額当の図（『讃岐集古兵器図證』）

(2) 面頬（めんぼう）

①半頬（はんぼ・はんぼう）

(A) 半頬

「半頬《はんぼ》」は鼻がなく両頬と顎を被う防具である。『甲冑製作辨』（**資料31**）は

「半頰と云は鼻のなき也」といい、『本朝軍器考』(**資料35**)は「古ノ半頰ヲ今ハ猿頰ナドイウ事」と記し、『貞丈雑記』(**資料37**)は半頰と猿頰を区別して半頰のことを「目の下頰当とも云」と注して図示(**図20—③**参照)している。「半頰《はんぼ》」は「半頰当《はんほほあて》」と同義で、『太平記』(山門攻条)に「半頰」の名が、『賀越闘諍記』(富田弥六退治条)に「半頰当」の名がみられる例のように、古くからの名である。絵巻物では『秋夜長物語絵巻』(**図30**)や『二人武者絵』に描かれていて、半頰に垂《すが》が付けられたものの初見である。

伝世する遺作に春日神社蔵品で楠木正成所用と伝承する半頰(**図31**)が知られている。萌黄糸威に二段と三段の小札板を二枚下がりに重ね蝙蝠付けにした様式である。

春日神社蔵品に類型が近い半頰が(**図32—①**)である。両頰の奥行きが深く、耳の部分に切込みがある、いわゆる切り耳となり、下げ付けの縦幅が広いのが見どころである。緒便り金に緒便りをふすのは後世の様式にもあって変わらないが、鼻の根元に太く短い菊座を置いた双鋲を打つのが異例である。

この双鋲は鼻を懸けはずすための留金とばかりは即断できず、飾り金具としてのものか、意味あいが明らかではない。春日神社の半頰は、同神社でもその所在がいま未確認であるが、二つながら共通した様式は、現在の目の下頰を正面からみて鼻をとりはずした形状にある。この古式の様態はのちの猿頰や燕頰の形式とかなり異なることが理解できよう。したがって遺作は極めて少ないが、半頰という分類の中に古式の一形態の半頰を、猿頰などと別種として独立させて呼称することとした。(**図32—①**)に類似した姿形でやや年代の降る古式の半頰が(**図32—②**)で鉄地漆塗である。(**図32—③**)の半頰は、稀に江戸時代の作があり、古式の形を復元したものである。

猿頰などをふくめた、いわゆる鼻のない半頰が創出された事由を『甲冑製作辨』が次のように記載している。

鼻を掛けはずしにして、戦う時は鼻をかけ、休む時ははずする様に製したけ

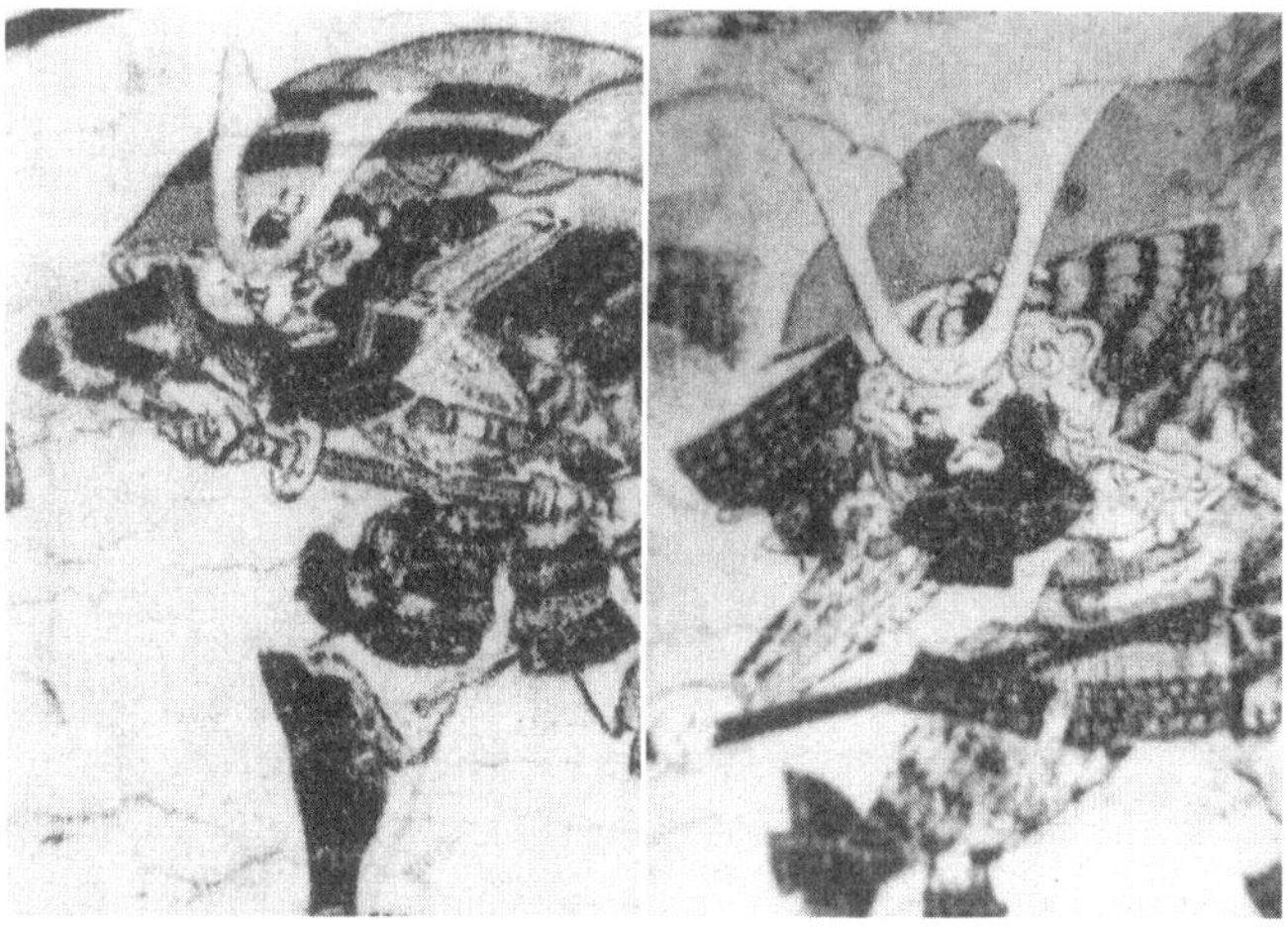

図30　垂が付いた半頰の図(『秋夜長物語絵巻』)

れども、事煩わしき故、鼻をとりて半頰と云物出来せしなり。

ここでいう半頰とは、古式の半頰をのぞいた猿頰の類であって、これらは目の下頰を常用するなかから考え出されたものである。古式の半頰は半首から派生し、上部が額当として残り、下部が半頰となり、同時にそれまで喉輪《のどわ》につけられていた垂が半頰に合体して半頰としての形態を確立した。垂をつけた半頰には鼻はないわけで、のち目の下頰に鼻が付く形式が生じるもととなった。

(B) **猿《さる》　頰《ぼう》**

『貞丈雑記』は「猿頰は鼻のあくなり」とし、「軍用記」(**資料36**)に猿頰の図

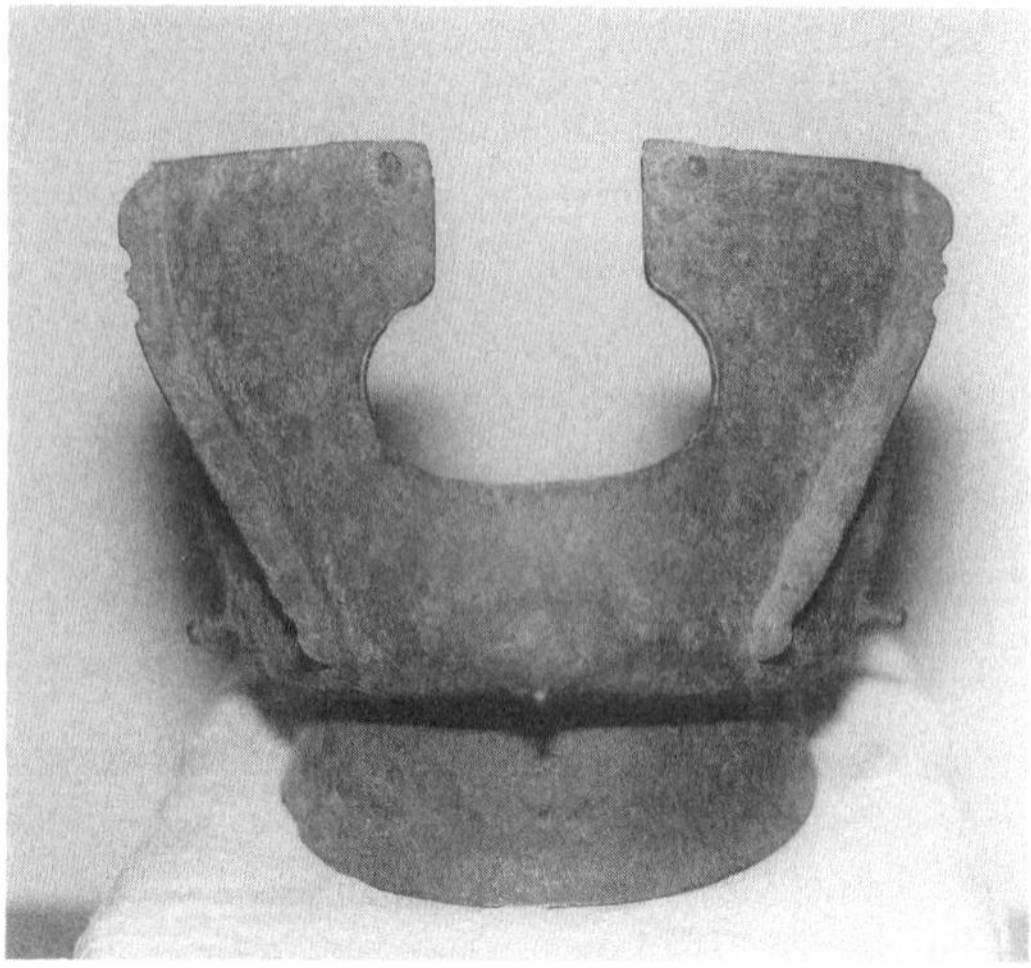

図32―①　古式の半頬（山口広夫氏蔵）

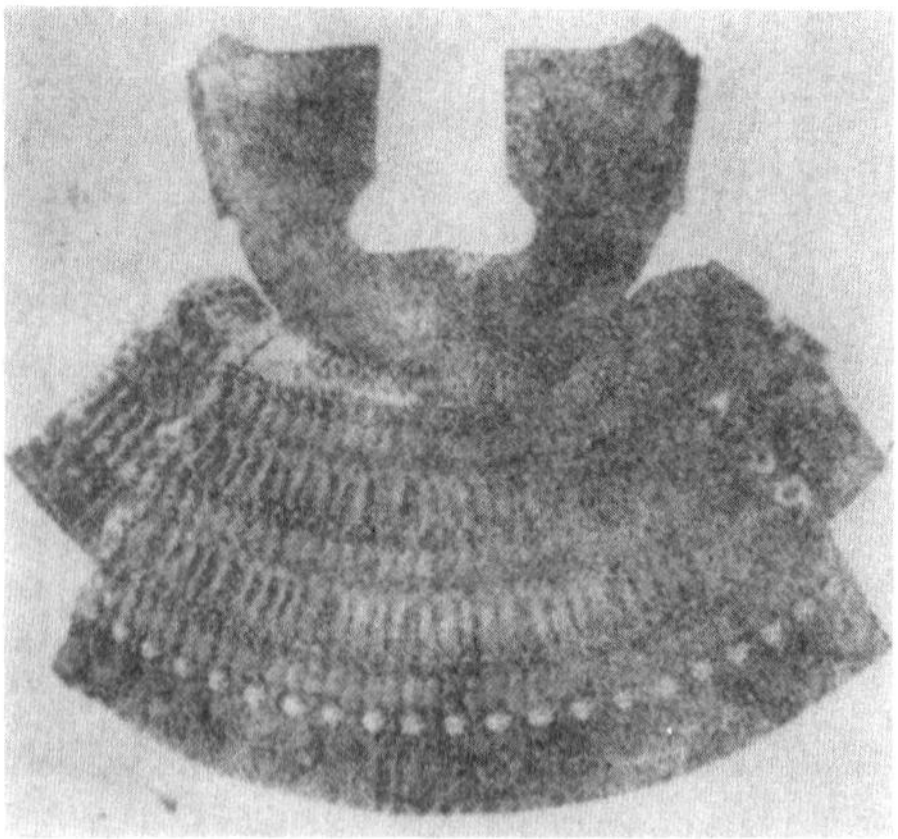

図31　春日神社所蔵の半頬
（伝楠木正成所用）（『日本甲冑の新研究』）

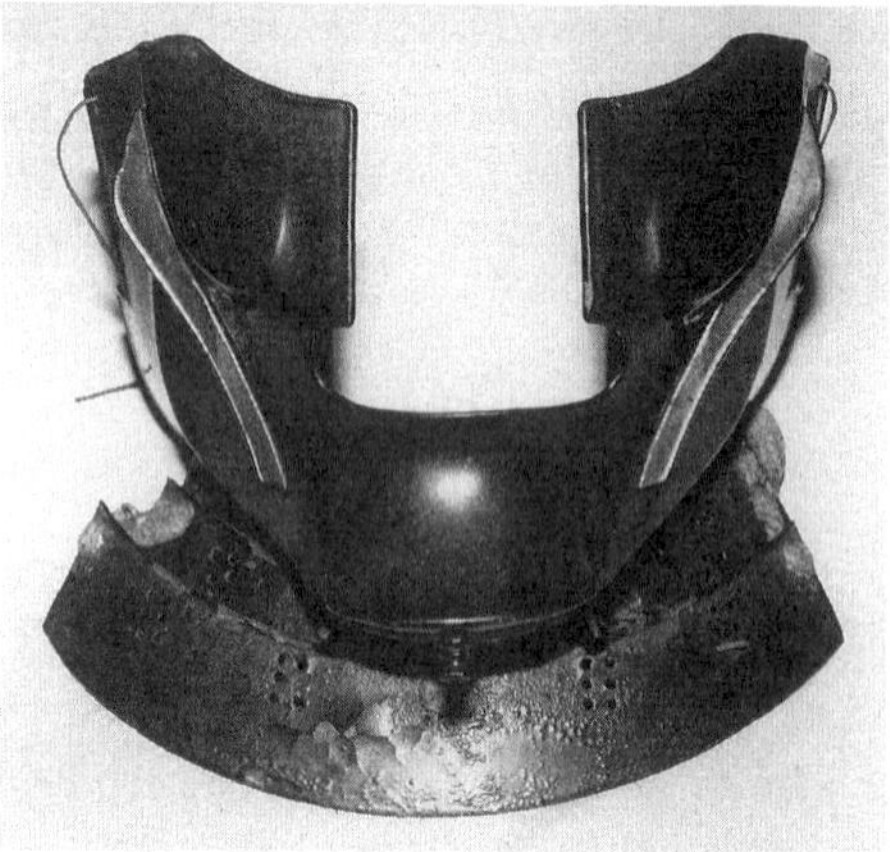

図32―②　古式の半頬（中村達夫氏蔵）

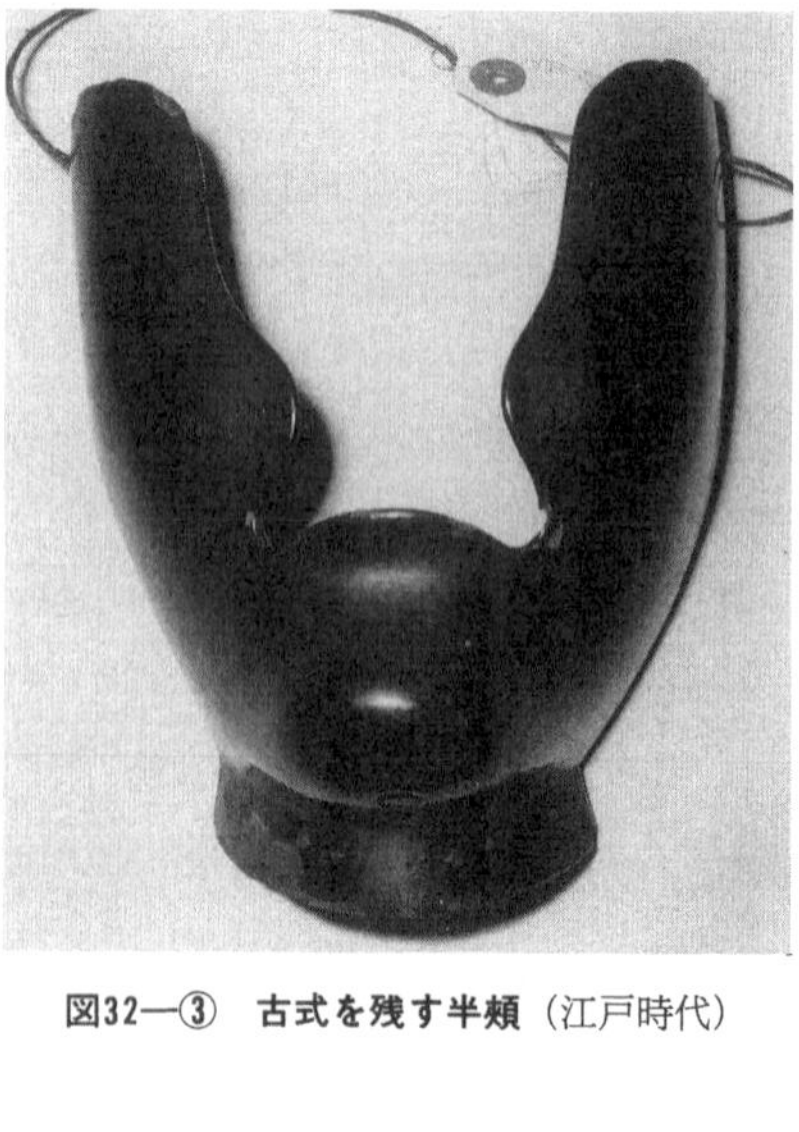

図32―③　古式を残す半頬（江戸時代）

（**図20―④**）を掲げて注し「此頬当ヲシテ上ニ半首ヲカフレバ其顔ノ躰サルノ面ニ似ナリ」と記している。半首を合わせなくても、猿頬をつけると猿の顔に似てみえるところからの名である。狂言の猿面に由来したものかも知れない。

『甲冑製作辨』に、

燕尾形などと云いてあごへ計りかけるように造りたる物なり。越中頬・猿頬・小田頬等皆半頬の類、形勢をもうけたる物也。

とあって、江戸時代に猿頬の類がかなり作られていたことは、現存する作によっても徴される。戦国時代から桃山時代にかけて、猿頬の類は目の下頬とともに盛行している。

明智光春の所用と伝える南蛮二枚胴具足に猿頬（**図33**）が用いられているのが、代表例の一つである。

『甲製録』に次のように記載されて猿頬の名が出てくる。

姥頬、越中頬、燕形ナドノ鼻ナキ物ハ皆猿頬ノ一種也。

猿頬《さるぼう》のない面の総称と考える記述であり、

形ニ色々アレドモ面頬ト猿頬トノ二ツニ過ギズ。

とも述べ、面頬は総面と目の下頬を指した名とみている。しかしこれらの考え方は、江戸時代中ごろにあった一つの見方にしかすぎず、現在では猿頬は燕《つばく》頬《ろぼう》や加賀頬などと形状が異なるところから、固有の一種の面として扱うのが妥当である。

猿頬も仔細にみると形状や手法にかなりの幅があって、鉄錆地、黒塗や朱塗があり、家紋を据えたもの、折釘、太刀除の有無など各種がある。それらのいくつかを次に掲げる（図34―①～⑤）。

半頬の中で顔面を被う容積の大きい順から列すると半頬《はんぼ》、猿頬《さるぼう》、燕頬《つばくろぼう》、加賀頬である。なお小田頬の名があるが、その形態が明らかでない。ただし、小田頬は花文を多く据紋したものを指すので、加賀頬と猿頬を折衷したようなものではなかった。

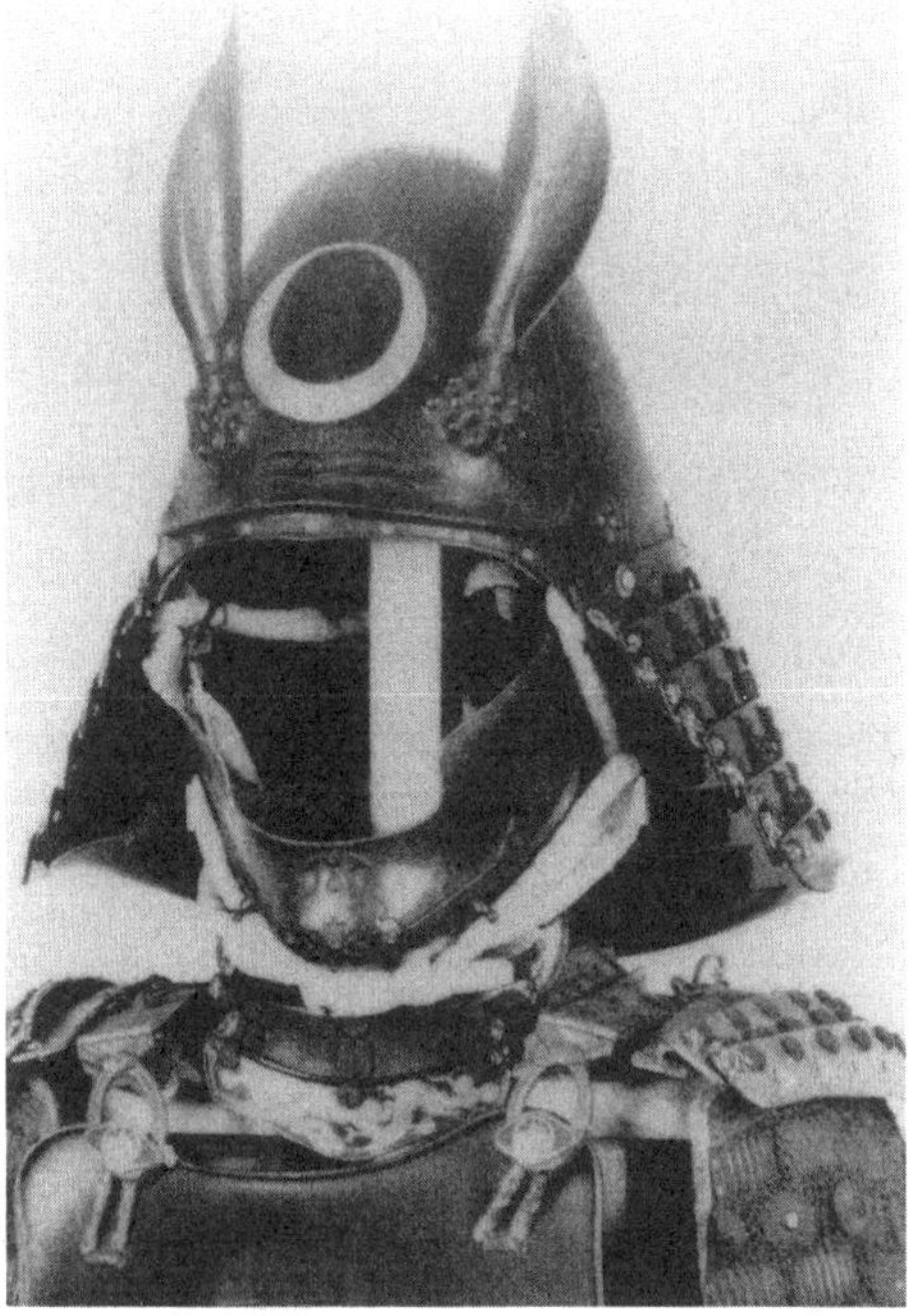

図33　明智光春所用と伝える南蛮胴に付く猿頬
（室町時代～桃山時代）

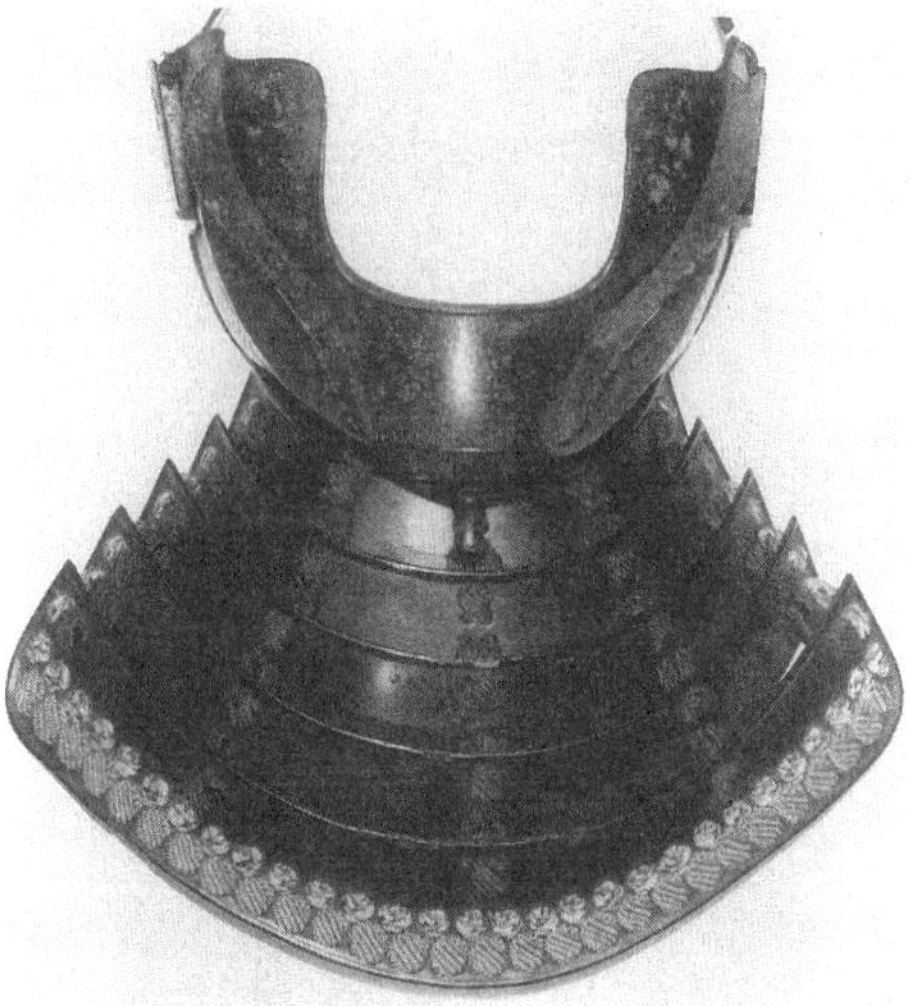

図34―①　緒便り金を付けた猿頬

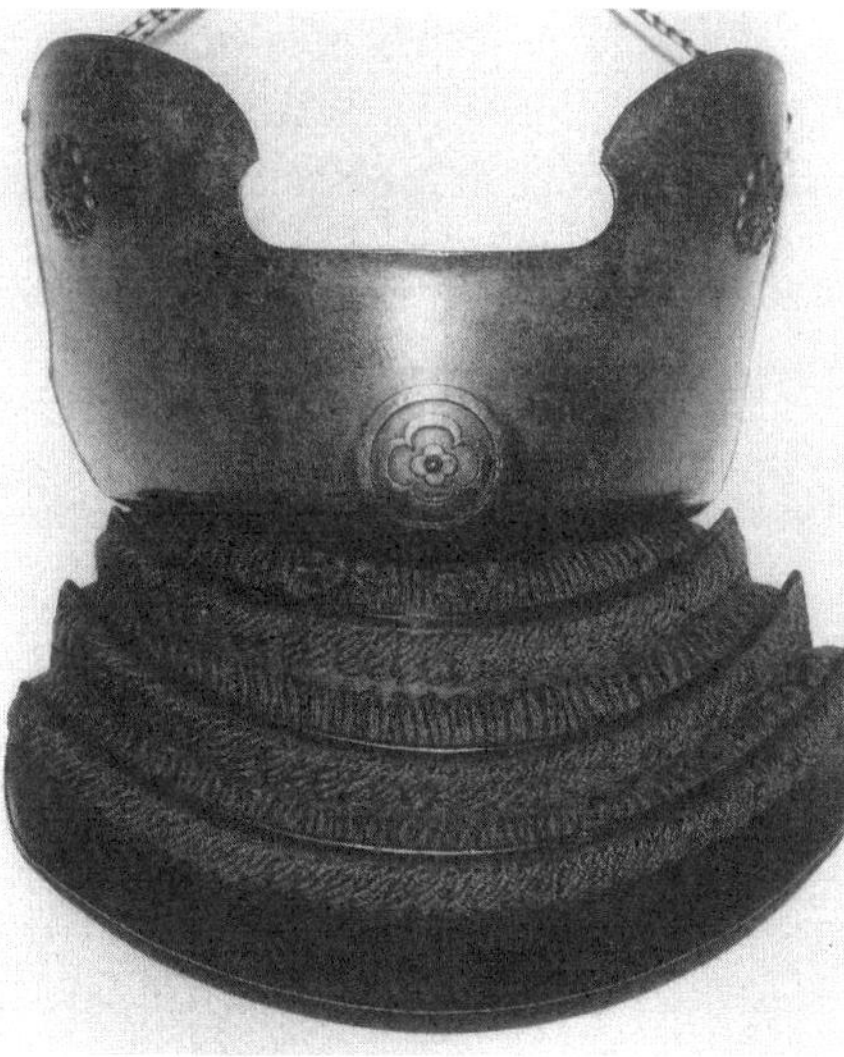

図34―②　家紋を据えた猿頬

⒞ 燕頰《つばくろぼう》

燕頰は猿頰について顔面を被う容積の大きいもので、燕の尾が二つに割れてみえる形状の頰当をいう。猿頰とともに戦国時代に盛んに行なわれ、江戸時代を通じて最も数多く製作されている。

『甲冑製作弁』（**資料31**）は、

頰を掛けざれば兜の緒のしまりあしくと云ふ燕尾形などと、全く其の為ならん。

と記し、燕頰は兜の緒が掛けにくいことを伝えている。しかし、それは「燕形の頰」（**図35**）を指したものであろう。折釘と顎の緒便りがついた燕頰にはその懸念はなく、燕頰と「燕形の頰」とは別種である。『甲製録』は「燕形の頰」を図に示して、

頤バカリニ当ルモットモ小サキ物也、燕口ト云ハ面頰ノ口ノ形ヲ云也、口小サクツホミタルヲ云也、燕頰トハ別種ナリ。

と注釈している。

燕頰の代表的な例が、永禄二年（一五五九）に徳川家康が、大高城兵糧入のときに着用したと伝える金溜塗具足（**図36**）につく三段垂つきの燕頰である。鉄地金留塗、汗流孔一、顎の下左右に緒便を一個ずつ、横板札黒糸素懸威である。

燕頰は口型をとるのと、口型をとらずに、そのまま燕尾形となる二種の型に大別できる。家康所用の金留塗頰（**図36**）は口型をとらない例であり、（**図37—①**）は口型をとった燕頰で朱塗である。（**図37—②**）は雲海光尚《みつなお》作の燕頰。（**図37—③**）は家紋を据えた春田吉久在銘の燕頰で、鎖垂《くさりすが》をふす。（**図37—④**）は鑢目に家紋を飾りとした燕頰である。

図34—③　歯形風の刻みがある猿頰

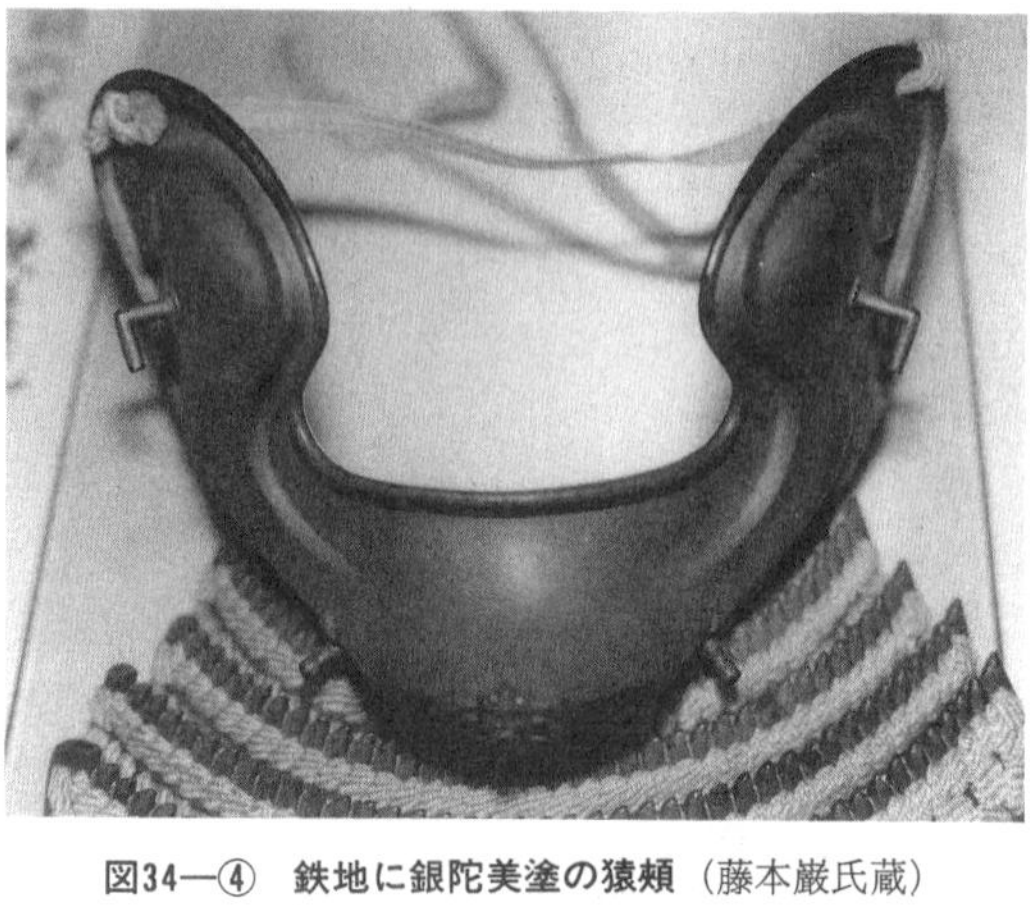

図34—④　鉄地に銀陀美塗の猿頰（藤本巌氏蔵）

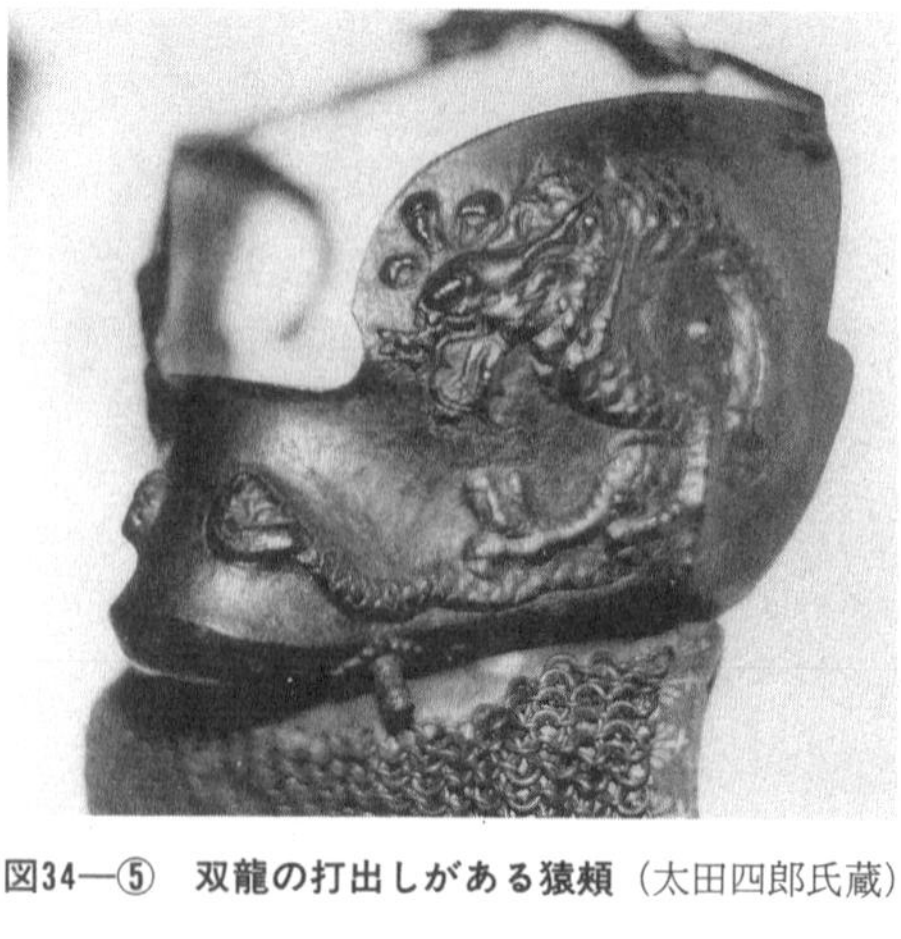

図34—⑤　双龍の打出しがある猿頰（太田四郎氏蔵）

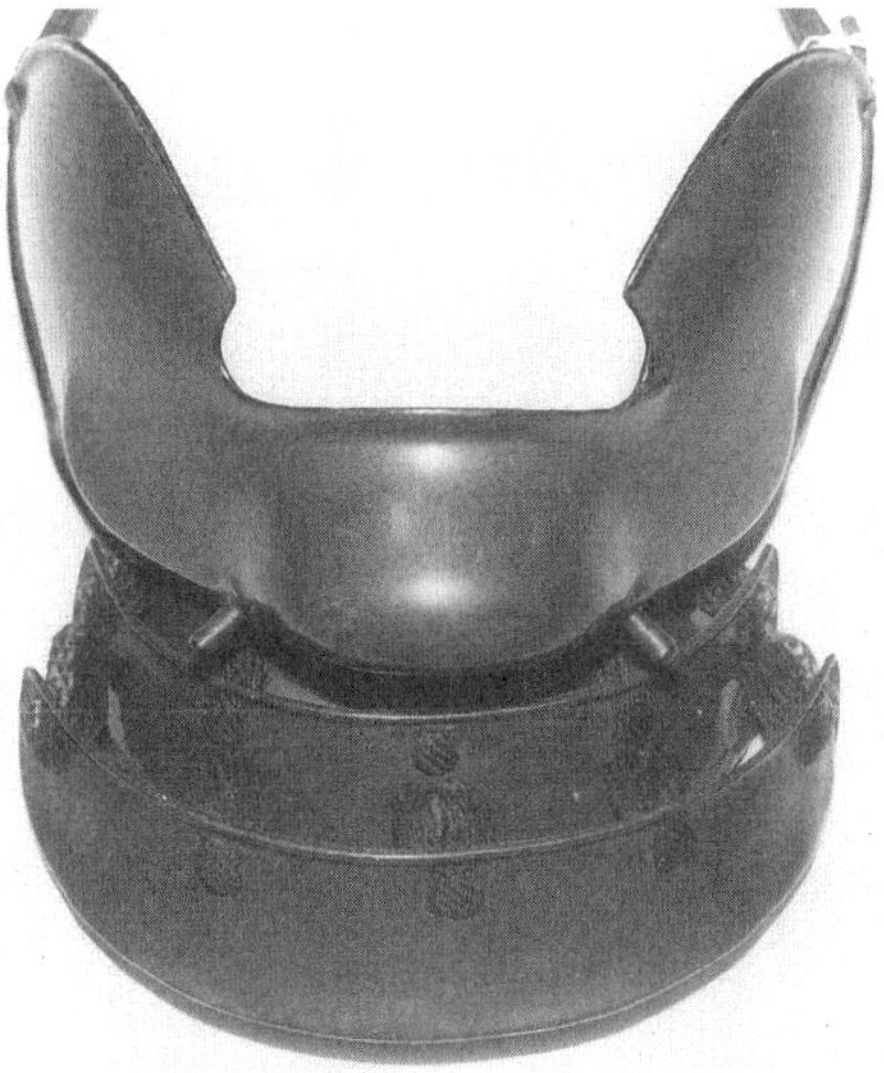

図37—①　顎に緒便りを付けた朱漆塗の燕頬

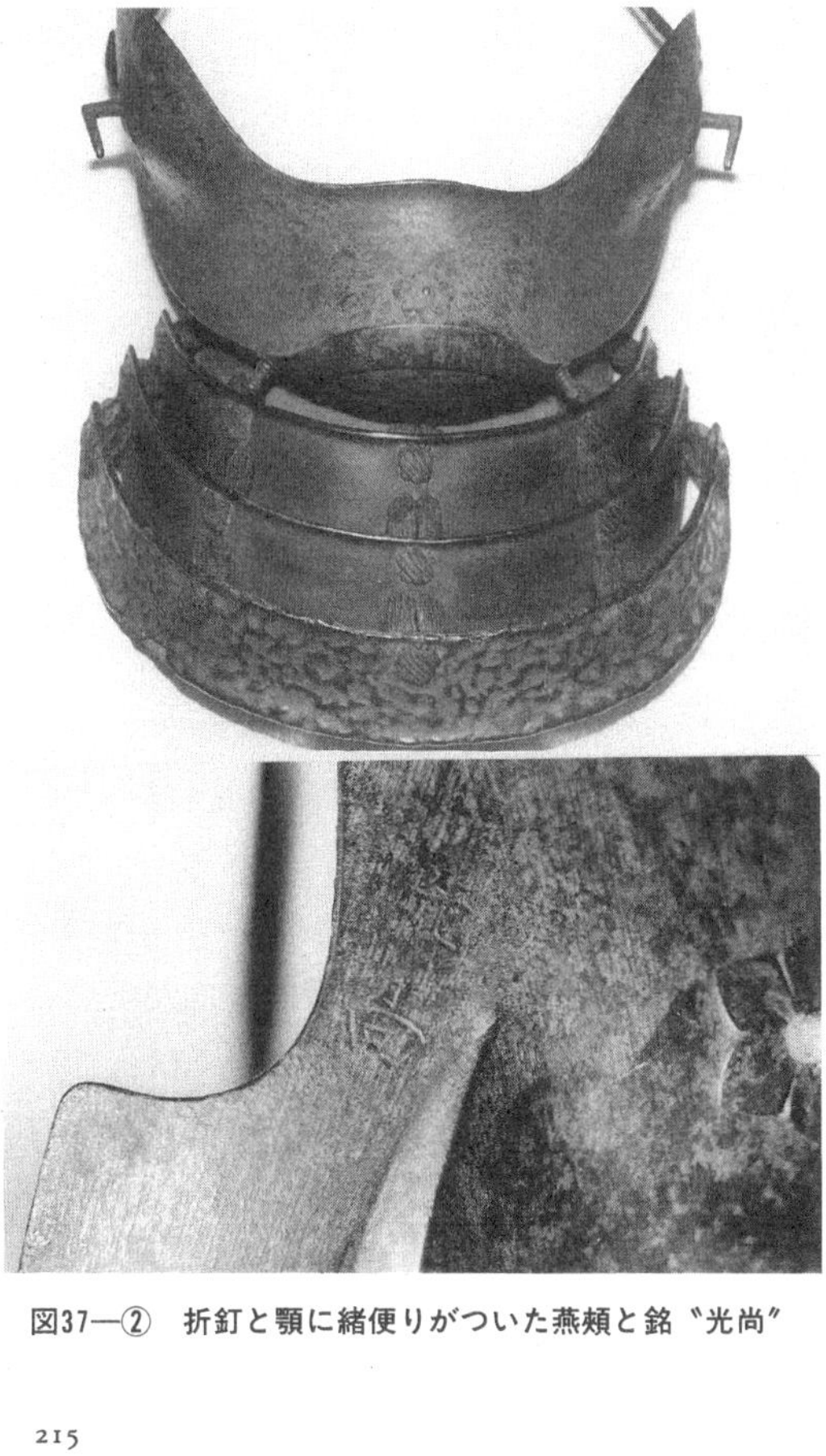

図37—②　折釘と顎に緒便りがついた燕頬と銘〝光尚〞

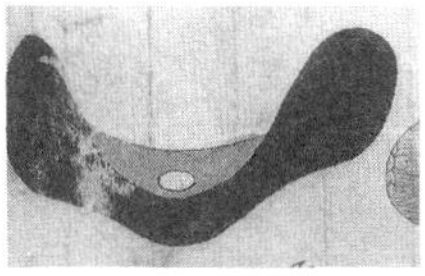

図35　燕形の頬（『甲製録』）

図36　金溜塗具足に付く燕頬（重文）
（久能山・東照宮蔵）

図37—③　家紋を据えた燕頬と銘〝春田吉久〞

(D)加賀頬《かがぼう》

加賀頬は、燕頬より更に小さく、ほとんど顎にだけに当てる面で、顎当《あごあて》ともいう。

鉄錆地で無地もあるが、横鑢をかけたものが多く、中央に一条の鎬を立て、鎬をめぐらして五カ所に据金物を施したものが通常である。鉄地に塗、また蒔絵をかけたものがある。据金物は鉄の共鉄で、家紋や文様を飾り金具に見立てて据えている。

加賀頬は賀州金沢に在住した春田勝光とその一派、および蓬莱派が専ら制作したと伝え、また雲海各派の作が混入するなどして、戦国時代から江戸時代を通して全国的に盛行し、各藩でもこれを採用している。加賀頬は猿頬の一種で、越中頬の名で誤って伝えられ、流布しているが、越中頬の名は正しくは加賀頬である。

図37―④　鑢目に家紋がある燕頬

『名甲図鑑』(附)は「加賀頬」(**図38―①**)と「加賀半頬」(**図38―②**)を掲げ図示していて、この図から引用した書(**資料30「越中頬」項**)が、図をそのままにして名称のみ「越中頬」としたことから、その名が一般に誤って伝えられてしまっている。しかもこの越中頬なるものは、細川越中守忠興の好みによって出来たものとも伝え記しているが、これも誤伝である。

『名甲図鑑』(附)では「鑢目がある目の下頬」(**図39**)を「越中頬細川三斎公好ノ形」と但しているので、これが加賀半頬と紛れて越中頬となったものかも知れない。細川三斎好みの「鑢目がある目の下頬」は、現存する作(**図版90～92**)に徴して江戸時代前期と鑑査でき、細川三斎は正保二年(一六四五)、八十二歳で没しているので、作品の年代が細川三斎の在生年代とほぼ合致する。『名甲図鑑』には越中頬の名はどこにもでてこないのであるが、『甲製録』(**資料28**)には姥頬《うばほほ》、越中頬、燕形の名があり、掲げる図をみると、鑢目のある

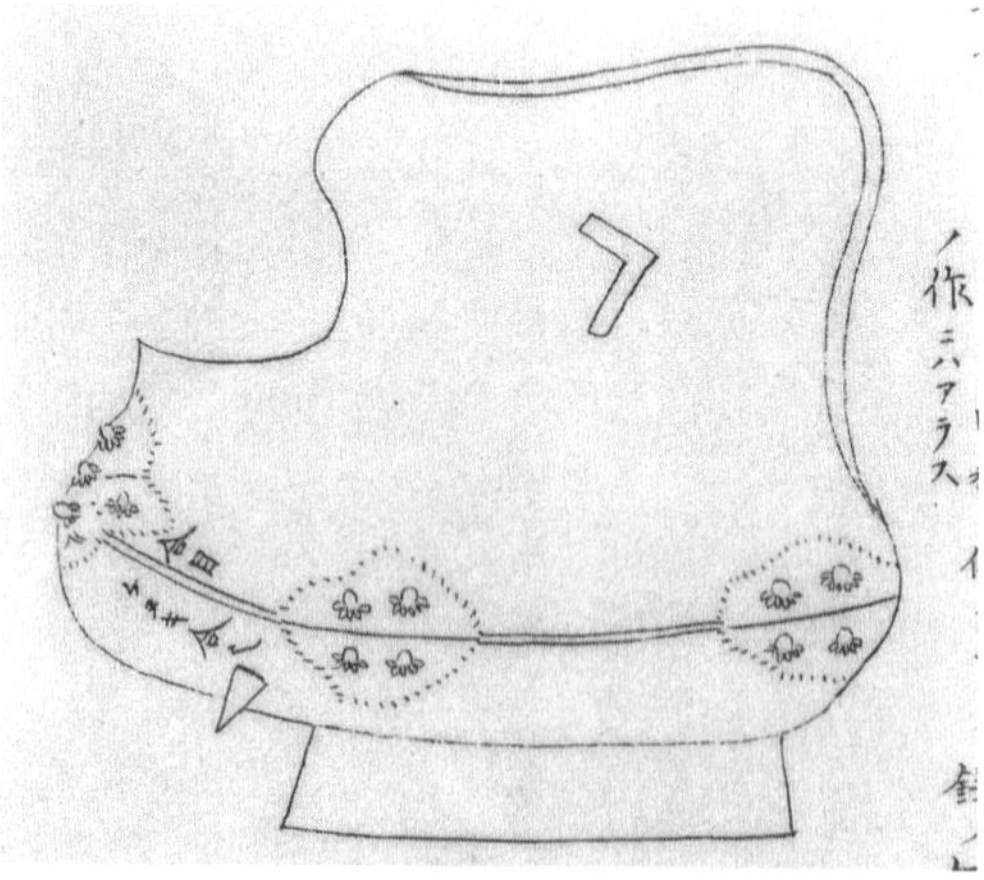

図38―①　加賀頬(『名甲図鑑』附)

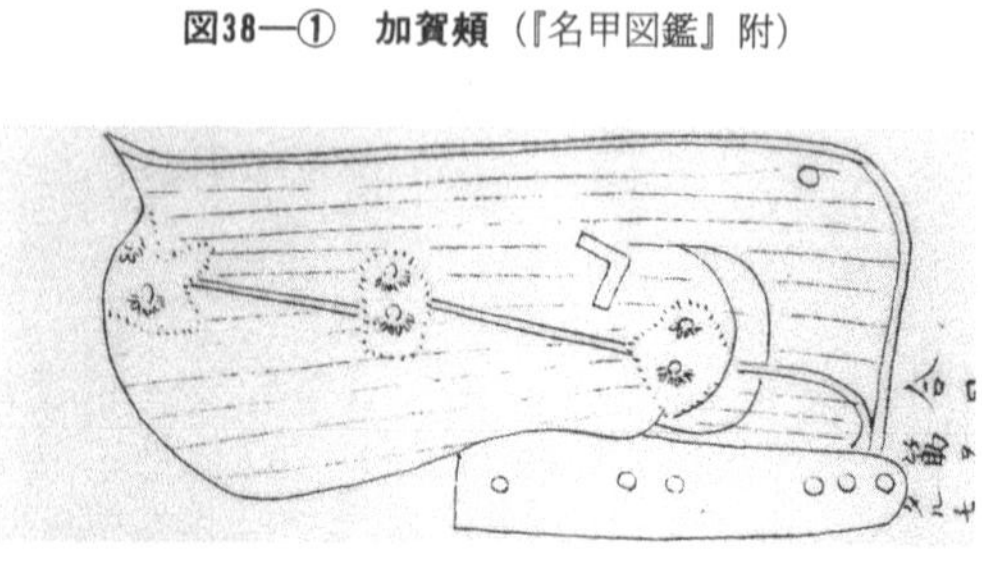

図38―②　加賀半頬(『名甲図鑑』附)

（図40—①）が姥頬で、猿頬の小形（図40—②）が越中頬となっている。

姥頬も越中頬も「鼻ナキ物ハ皆猿頬ノ一種也」といっていて、大方は猿頬（図40—③）に総括する考え方である。江戸時代の諸書（資料34〜37）は越中頬の名について多くをふれず、『甲冑制作辨』（資料31）は越中頬の名を記してはいるが、顎へばかりかかるのは「燕尾形」であるとして、越中頬は猿頬などとともに半頬の類にいれている。

このようにみてくると、越中頬とは猿頬の一種をいうには違いなく、鑢目・据文のあるなしにかかわらず、口型のない燕頬をいっているようである。（図41—①②）は加賀頬の典型作で、従来越中頬と誤って呼ばれていたものである。（図41—③）は燕形の加賀頬で目から口へかけてのなだらかな綾線が湾曲し、耳の縁を折返して面全体を引き締めている。顎をめぐる一条の横線は〝ケヌキ合わせ〟で、二本の線を一条に合わせた手法である。

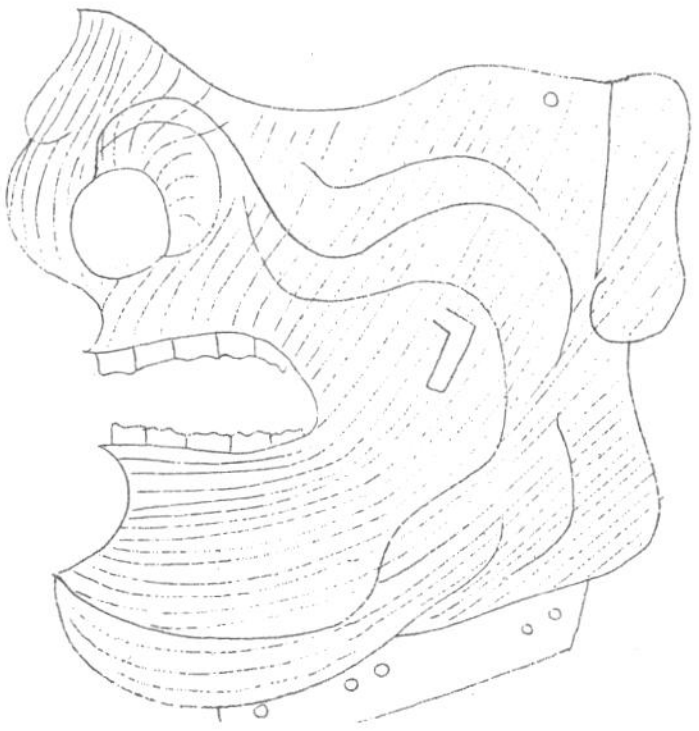

図39　細川三斎公好ノ形（『名甲図鑑』附）

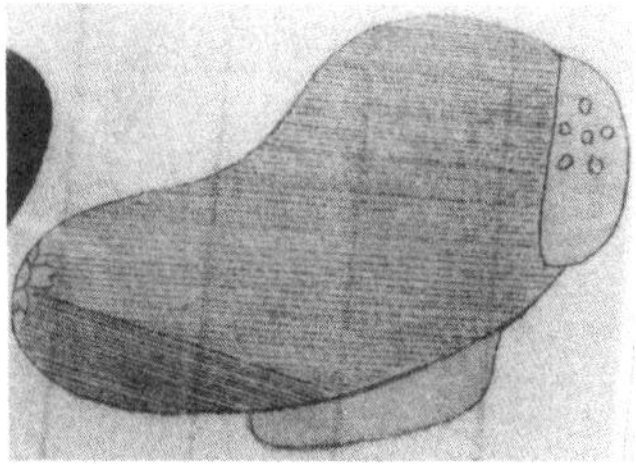

図40—①　姥頬（『甲製録』）

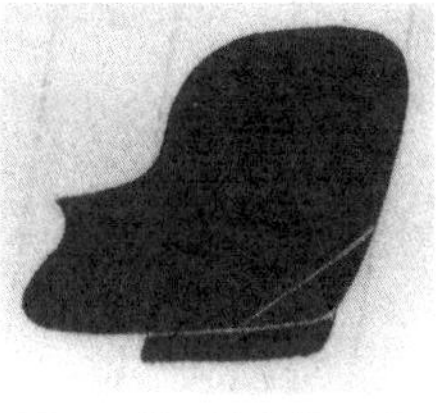

図40—②　越中頬（同）

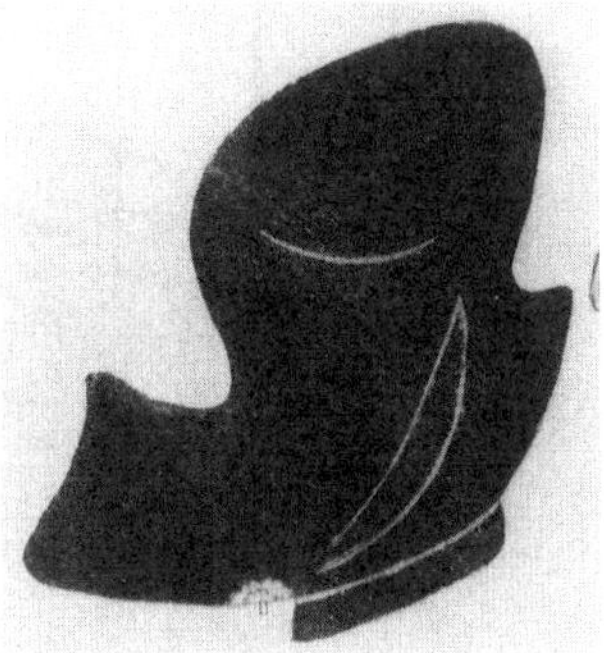

図40—③　猿頬（同）

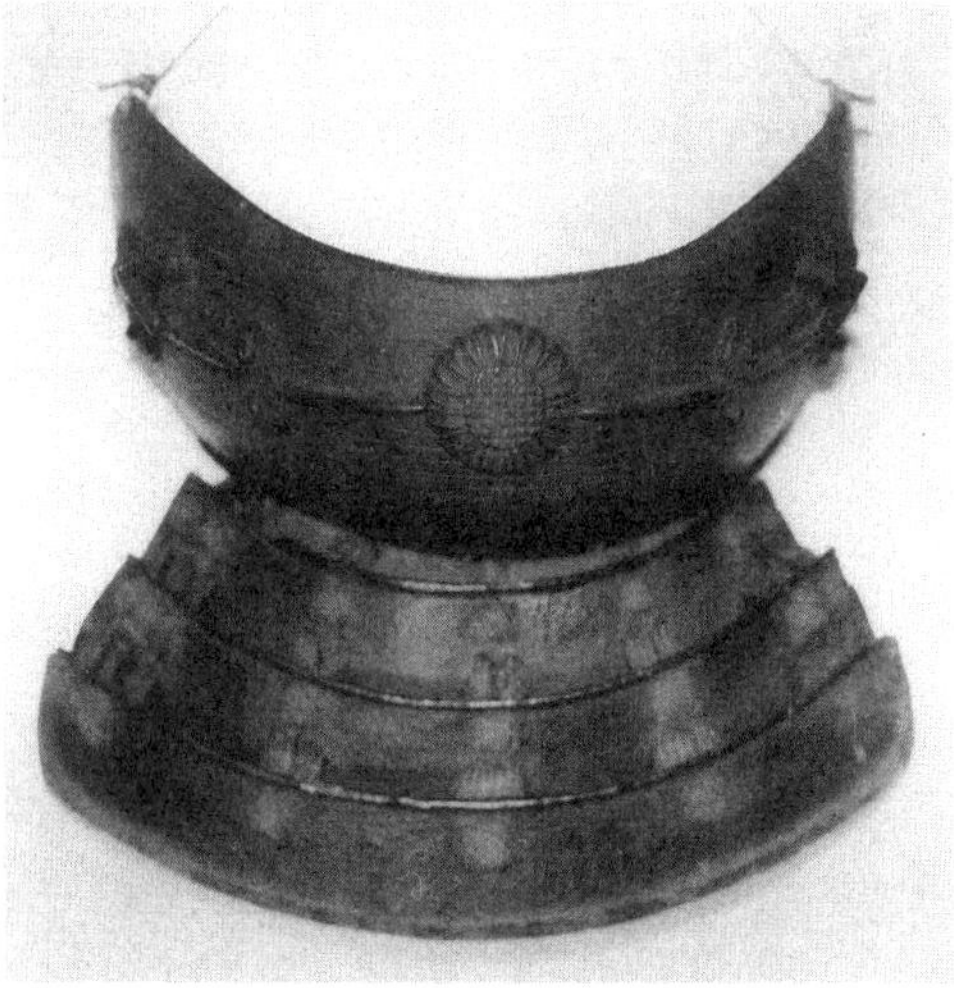

図41—①　加賀頬（鉄錆地鑢目、据文）

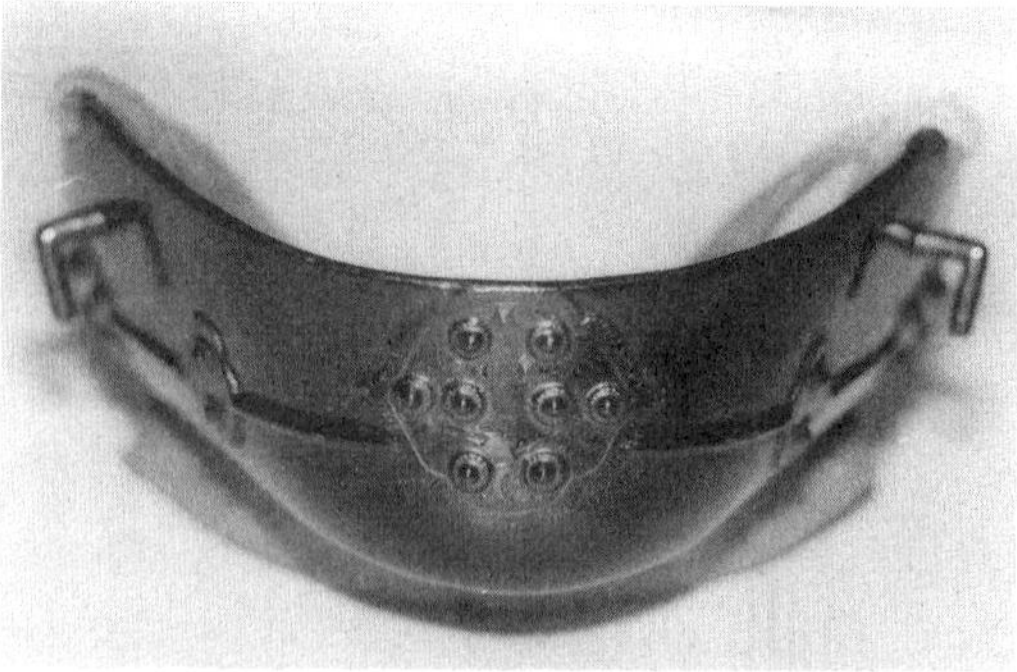

図41—②　加賀頬（鉄黒漆塗、据文）

図41—③　加賀頬（鉄錆地、据文）

図41—④　加賀頬（猿頬型）

②目の下頬

目の下頬とは、〝鼻のある頬当〟をいう。目の下頬と目の下頬当とは同義で、『甲製録』は「目ノ下ノ頬当ト云ハ目ノ下ヨリ頤ニ至テ鼻アルモノ也」と記して適格である。甲冑面の中で最も数が多く、一般的に馴染みが深い。いまは頬当とも面頬とも呼称する場合に、目の下頬を指すことが多い。

目の下頬当は、古くからの名で、『太平記』に

　獅子頭ノ兜ニ目ノ下ノ頬当シテ四尺三寸ノイカ物作リノ太刀ヲハキ

とあるように、南北朝時代に使っていた「目ノ下ノ頬当」とはいまでいう半頬、つまり〝鼻のない頬当〟のことである。江戸時代の諸書は記述がまちまちで、『甲冑制作辨』は

　面頬と云は今専ら用うる鼻の有を云也半頬と云は鼻のなき也

として、〝鼻のある目の下頬〟を面頬といっている。『貞丈雑記』は

　目の下の頬当は目の下より当る、猿頬は鼻の所あくなり

とし、目の下頬の図に注して「半頬　目の下頬当とも云う」と記している。貞丈説は

　総面のことを⇩面頬という
　目の下頬のことを⇩半頬という
　猿頬のことを⇩頬当という

右のようになるが、目の下頬を半頬とみる考え方は、現在では妥当ではない。「**目の下頬**」とは〝**鼻のある頬当**〟をいうのがよく、〝**鼻のない頬当**〟は「半頬」と総称するのがわかりやすい。そして「**頬当**」は「半頬」（半頬・猿頬・燕頬・加賀頬）と「目の下頬」を、「**面頬**」は「半頬」「目の下頬」「総面」を指す

ことは、すでに前記して、これを表にしたのが199頁のものである。

目の下頬がいつごろから作られるようになったかは明確ではない。現存する作品で室町時代前期を遡ると鑑じられるものをみない。『秋夜長物語』をはじめ室町時代初期ごろから以前の絵巻物類に描かれている面具は、垂のついた半頬で、鼻のない頬当ばかりである。古式の半頬に鼻がついて初めて目の下頬としての形態が整うのであるが、その時期は室町前期のころではなかったろうか、のちの資料を俟って結論を出したい。

目の下頬は種類が豊富で、表情の具現にさまざまの工案をこらして変化が多い。主材は鉄が多く革がこれにつぐ。打出技術は甲冑面が得意とする力量をよく発揮しているところで、煉革の技法も特異である。

目の下頬が流行したのは室町時代後期から桃山時代にかけてであり、江戸時代を通じて盛んに作られている。室町時代後期の代表的な目の下頬の一例を仁王胴具足（**図42**）につく鉄朱漆塗の烈勢面にみることができる。小札四段垂で耳に梅を小透ししている。

室町時代と鑑じられる作に共通するのは、先ず技巧性が少ないことがあげられる。極端な打出し技法を現わしたり、皺に変化をつけすぎたり、といったことがない。室町も時代が上がるとみられるものほどこの感が深い。概して造形がおおらかであるし、表情には戦国武将の面影を残すかのような鋭さがのぞく。頬の奥行きが深く、耳を仕付けずに切り立てに造込んだもの、いわゆる切り耳状にしたものに年代が上がるものがある。年紀がある有銘作に「上州八幡住成重、永禄二二年二月日」と顎裏に刻した、鉄錆地の烈勢面（**図43—①②**）は年紀が貴重な作例である。

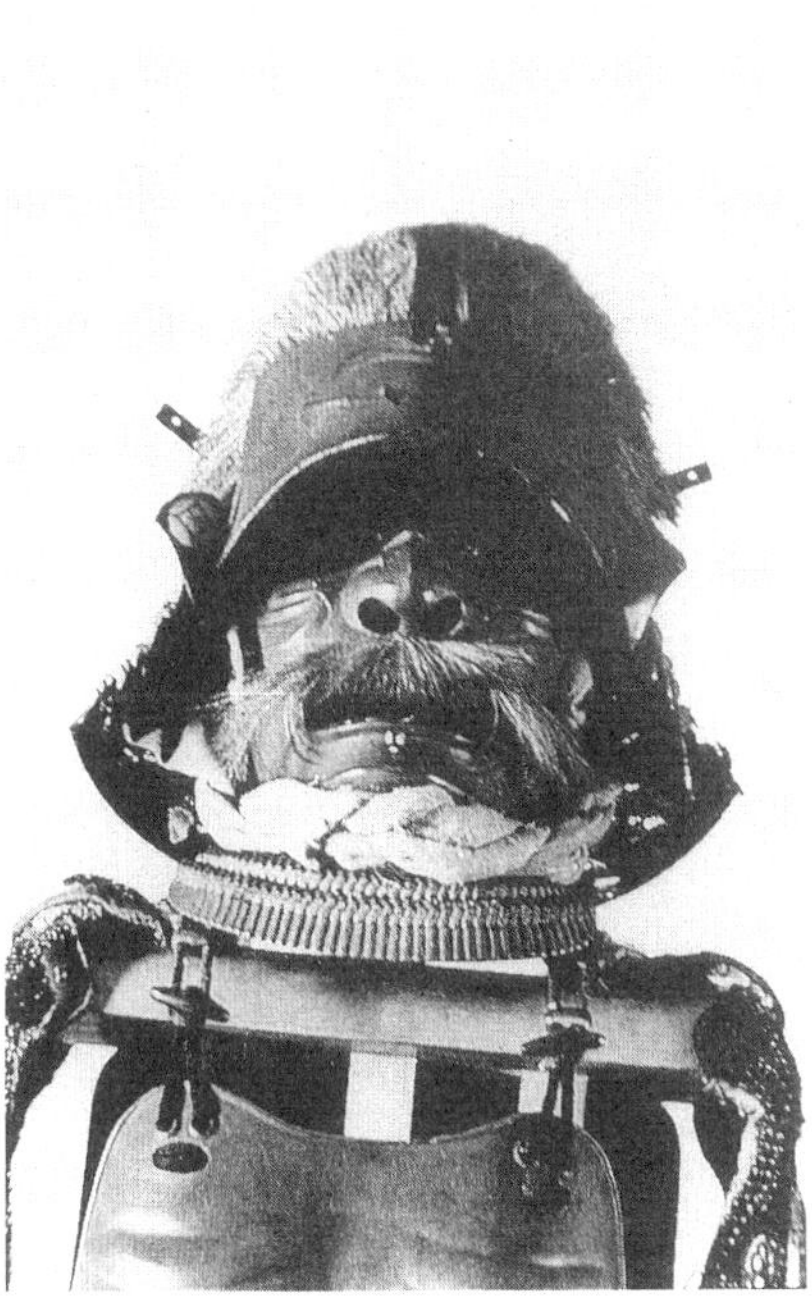

図42　仁王胴具足に付く目の下頬
（東京国立博物館蔵）

図43—①　鉄錆地烈勢面
（永岡利一氏資料）

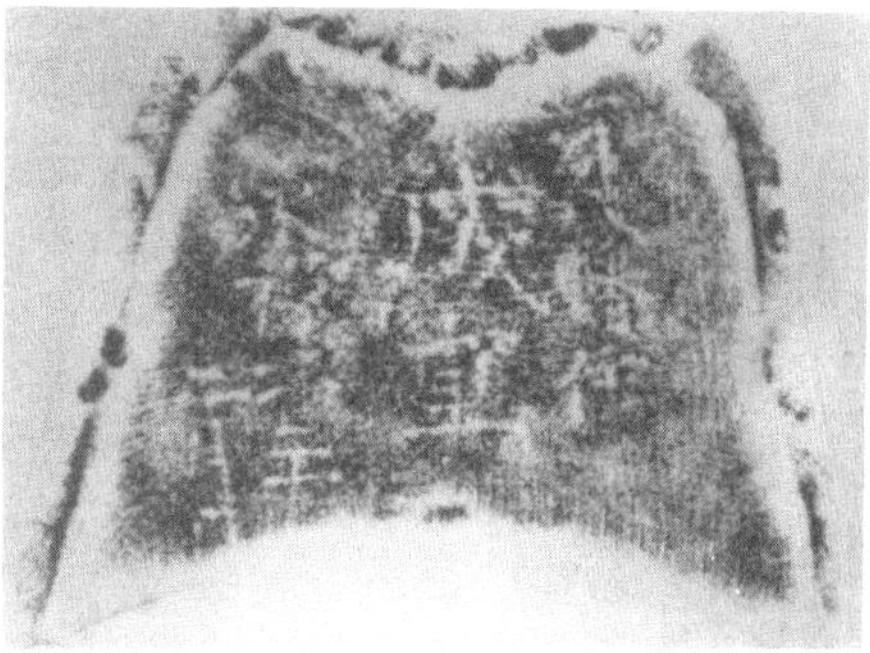

図43—②　（銘）**上州八幡住成重**
（永禄二二年二月日）

素鉄と漆塗

表は鉄錆地と漆塗が多く、革包み・布帛包み、また摺剝したもの、蒔絵を施したものが稀にある。錆地には磨地のほか、鑢目をかけたもの、鑢のかけ方に筋違鑢としたものがある。漆塗には黒塗が多く、これは蠟色塗ともいい最も重用し、朱塗がこれに次ぎ、錆塗、人肌色（肉色）塗、黄漆塗、白檀塗などがある。錆塗は奈良頰に多い。裏は黒塗、朱塗のほか、金箔また銀箔押しがあり、革をきせたものもあるが、これは錆が出やすく鉄が痛みやすい弊があって、あまりおこなわれていない。裏を黒塗にするのは古式で室町時代末期までおこなわれたと伝えているが、室町時代とみられるものでも表が朱塗の場合は裏も朱塗とするなど、かならずしも一律なものではない。裏が黒塗の場合は概して古作にみられる傾向であるが、戦国時代ごろは黒塗と朱塗の両手がある。江戸時代は朱塗が通常であるなかで、加賀頰（従来、越中頰と誤伝されてきているもの）は黒塗の古式を残してはいるが、これにも朱塗がある。

塗面には傷のあるもの、焼けたものなどの痕跡をかくすため漆塗したものがあるほか、目の下頰に額をつけ総面に加工して継ぎ目をかくすため漆塗としたものがあるので注意を要する。

鼻

鼻は掛けはずしのできるのと、とじつけにしたものとがある。掛けはずしのできるのは、鼻の両端に小孔をあけ、折釘の止め金に指し込んでねじ留めにするのと、つぎあわせ目に釘頭を打込んではめ込む方式とがある。掛けはずしのできないのは、蝶番に一方を栓ざしにする、しねり留め方式と、鋲からくりをして強固にとじつけたものとがある。鼻のつくりは、通常は両頰の部分の板と別に作った鼻の板を仕つけるが、目の下頰、総面ともに一枚の板で鼻まで打出して作ったものがある。打出技法の一つの見せどころである。

鼻の形状はさまざまで、天狗鼻のように長大なもの、鳶鼻のように鋭く尖ったもの、低くて小鼻の開いた獅子鼻など、多様な種類がある。〝切鼻〟があまあるのは甲冑面に独特の形状で、呼吸のために至便な手法である。

緒便り金と折釘

両頰には緒便金《おだより》（板）、また竪緒便《かたおだより》ともいい、通称太刀除《たちよ》けがあるのと、ないものがあって、かわりに折釘《おれくぎ》を付けたものがある。折釘用に環（緒便環とも）をつけ、冑の緒を通すためのものもある。顎には左右に一本ずつ緒便りの金具を打ち、また中央の顎下に一本を打ったものもある。顎下の緒便りは尖《せん》鋲《びょう》という。緒便金は別に矢止り、鎗止りともいうが、これは矢や鎗を防ぐためのものではなく、矢や鎗から緒を護るための意を表わした別称である。

緒便金は、忍《しのび》の緒《お》（兜の緒）をからげて冑を固定させるのに重要な働きをもっている。それだけに意匠的な配慮も加え、花菱の座や小刻の座を設け竹状の節、縄状の刻み目をつけるのが多い。

汗流しの孔

顎の下には汗流しの孔をあけ、露落し、涎落し、また息払いなどといっている。単に丸い孔をあけたものと、管をつけて汗が流れでるように工夫した金具をふしたものがある。室町時代の古作には大きな丸孔をあけ、総面には親指が二本束ねて入るほどのものがある。

顎は打出し技術の最もよく表現されているところで、しゃくれるように突出したものもあり、甲冑面の打出し技法の見どころの一つである。

耳

耳はあるのとないのがある。概して耳のないのは年代が上がり、あっても耳そのままの造形でなく、簡素な耳形をしたものになる。年代が下がっても耳のないのはあるが、大方は耳を仕付けるのが通常である。耳孔にあわせて小透しを施したものが多く、透しの意匠は家紋や紋様の簡略なものであるが、六ツ星を透したものを最も多くみる。なかなかに工夫をこらして見どころがあり、梅、桜、花菱、巴、桐、三ツ鱗など諸種があって、こうした目立たないところへも装飾と意匠への配慮がなされていることが見落とせない。

口

口は大小があり、唇をつくったものが稀にみられ、その場は朱塗にするのが通例である。上唇を強調して歯を上唇にのみつけることがあるのは、飲食のさい下唇に唇や歯があっては不都合だからである。しかし、下側に歯をつける例はかなりあり、一般的に植歯《うえば》をするときは江戸時代は用より装いを主にして、きまりといったものはとくになかったようである。能面が総じて受け口に作られているのは、舞台で〝曇らせ気味に〟するからであって、面が使用目的によって製作意図を異なったものとする例証である。

甲冑の面がすべてといっていいほど口を開けているのも同様に、呼吸と発声を必須の条件としたからであり、防具としての使用目的によくかなった造作といえよう。それは同時に、口のあけ方が表情の表出に強い影響を与えていることを指摘できる。口が小さいのを〝燕口〟といい、口の小さい美女頬や御家頬《おいえぼう》はおよそこの類形である。牙をつけたものが少ないながらあり、鬼面、般若面、ときには天狗面、力士面に牙を突出させたものがある。歯は共金のほか、素銅、銀、赤銅などがあり、象牙を使ったのを実見したが、白色に艶があるのでいかにも現実感が強く、異様な印象を受けた記憶がある。

書髭と植髭

髭は武威を誇る一種の装飾で、唇の上にある上髭と、唇の下にある下髭とがあり、毛を植えた植髭と書髭の二手があり、稀に象嵌を施した髭もある。『甲冑製作辨』は「古代は書髭多し、天正の頃は植髭多し」としている。植髭には馬の尾の毛のほか、熊、猪、鹿などの毛を用い、白、黒、赤などの毛色がある。戦国時代は馬の尾を使い、江戸時代は主に白熊、黒熊、赤熊《しゃぐま》の毛を用いている。髭をあまり延ばしたり、長く垂したりしたものは下をみるのに防げとなるだけでなく、忍《しのび》の緒《お》が締めにくく、また物にからんで実用に不便をきたす。後世につけ増しした植髭がままあって、最近では筆や歯ブラシの毛を利用していることは注意してよい。

書髭は白漆、金粉、銀粉、漆箔などがあり、象嵌をした入念なものもある。

植髭の様態で老相を示す例が翁頬の白髪である。男女の識別は一に髭によって明瞭となり、美女面に髭のないのは当然である。口が大きく裂けて牙をあらわしているのを般若面というが、口の周辺に書髭があれば男の面である。般若はもともと女の鬼化したものであるから、牙があっても髭があれば般若面ではないことになる。

明珍家では鼻髭を付けない場合は人中を立てるという伝承があるが、明珍在銘の作からみると半々の割合いであり一定したものではない。しかし無銘作を識別するさい、人中のあるものの中に明珍作が多くふくまれていることの手がかりを供することがある。

垂《すが》

垂《すが》は下げ、また須賀《すが》、須下《すが》ともいい、咽喉部を防禦するためのものである。面具に垂がつくのをみるのは南北朝の絵巻物（**資料29・図30**）などからで、それまでおこなわれていた涎懸《よだれかけ》の下げ部分が半頬に転用され、のち目の下頬に定形化するようになった。垂はつくのが定形であるが、江戸時代の作にはじめから垂がつかない作りのものが稀にある。

目の下頬への付け方は〝蝙蝠《こうもり》付〟で、その下に小札の板を下げるのと、下げ付けの部分に小札の板を直接に威し付ける、〝威下げ〟るものの二方法に大別できる。前者が古式で喉輪形《のどわがた》、また上代形といい、春日神社の萌黄威の半頬につくのが好例である。江戸時代にはいっても蝙蝠付の垂《すが》はままみられるが、〝威下げ〟方式が圧倒的に多い。

垂の様式に多種があり、次に主なものをあげる。

(1)喉輪形、また上代形の制。(2)下散垂《げさんすが》は、古式で数が少なく、縦に三間に割った形が草摺状になる。(3)大垂《おおすが》は、総体が大形で段数が多く、下広がりとなる。(4)蝶番垂《ちょうつがいすが》は、板物の垂を蝶番でつなぎ、首曲りがよく屈折しやすいもの。(5)鎖垂《くさりすが》は、鎖をあんで家地に縫い付けたものと、家地のないものとある。(6)亀甲《きっこう》垂《すが》は、亀甲金を家地で包んでつなぎ縫いした特殊なもの。(7)曲輪《ぐるわ》仕立て垂は、首輪状に首を一周するのと、首の両側面まで被うものとあり、蝶番か釘頭を打ち込んで屈折させる。

垂の材質は鉄が多く、革もあり、小札と板物で構成し、小札には本小札《ほんこざね》と切《きり》付盛上札《つけもりあげざね》とがある。板物製には伊予札《いよざね》があって本伊予札と切付伊予札に分けられる。威《おどし》は毛引《けびき》と素懸《すかけ》の二様で、威毛は糸組と革を用いている。

垂は喉の守りと同時に装飾に意を注ぐところだけに、その仕様はさまざまな変化がある。板物製には稀に共鉄の錆地があるが、面が錆地でも垂の地は漆塗にするのがほとんどである。小札か板物製にかかわらず黒塗が最も多く、金箔押、朱塗、濃茶塗などのほか、蒔絵を施したもの、革包、布帛包みにしたものが少ないながらみられる。威糸の配色は日本の甲冑のみにみる特徴で、面具の垂に圧縮するようにみることができることは興味深い。

③総《そう》　面《めん》

総面は目・鼻・口の隙間を残して顔全体を覆う防具である。その名は前出したように昭和年代の造語で、故山上八郎氏の命名により、すでに用語として定着して適評である。

江戸時代は総面を面頬とも半首とも、また鉄面具などと称して一定した呼び名がなく、「面頬は額よりおとがい迄かくるなり」(**資料36**)といい、「上下の頬を一つに合わせて楽の面の如くにして夫を半首と云」(**資料31**)などと記している。

[総面の発生]

総面がいつごろから作られるようになったかを明確にする資料がみあたらないが、〃鼻のある総面〃より以前に〃鼻のない総面〃が生まれたであろうと推される。垂のついた半頬が南北朝時代の絵巻物に描かれていることから、半頬が用いられたおよその年代を知る手がかりにできるのであるが、それまで盛んに使われていた半首が衰退するにつれ、半頬や〃鼻のない総面〃が考え出されていったであろうし、ついで〃鼻のある総面〃が作られるようになったのであろう。面具に鼻がつくということは、いまにしてはなんでもなく考えられることであるが、半首から半頬ができるまではかなりの年数を要しており、顔面のうち額・頬・顎を防ぐことからのち、顔の真正面である鼻を守ることへの感覚を持つまでには、更に年数を経なければならなかった。面具に鼻がつけられたということは画期的な考案だったわけである。鼻をつけることへの土台をなしたのが〃鼻のない総面〃か、あるいは〃半頬〃であったかは関心のもてるところであるが、それを解く確実な資料はいまのところみあたらない。

現存する遺品からみて〃鼻のある総面〃が作られたのは室町時代前期を降らないとみている。文永・弘安の役によってわが国の戦闘様式とともに武装上に大きな変革がもたらされたことはいなめない。騎馬戦から徒歩の集団戦法に変化するにつれ、それまで重用されていた大鎧が次第に衰退し、これに替って活動に軽便な胴丸や腹巻が武装の主流をしめるようになっていったのが南北朝時代から室町時代初期へかけてである。半首の全盛時代から半頬の時代へ移行し、半頬に涎懸《よだれかけ》の垂《すが》がつけられるようになったのも、ほぼ同じ時期の南北朝時代ころであったことは、このころが甲冑武装の上で大きな変革がもたらされた時代だったからである。それは同時に甲冑面の世界にも各種の改良や考案がなされて、従来にみない新しい形式を表出し、次第に整備されていったことを意味する。〃鼻のある総面〃が考案されたのも、こうした変革する時代背景があってのことである。

もともと総面は防具として武用に供されたものであるが、実用に不便をかこつところがあり、あまり盛行しなかった。それだけに残されている数が少ないわけで、江戸時代には実用から離れた飾りの小具足として作られ、むしろ贅《ぜい》をこらして技を衒《てら》う風潮がうかがえる。

総面の用法について岩井家の伝書（**資料42**）に興味深い記述がある。

面頬ハ働《ハタラ》キニ、冑ニツカエ、又ハ足モト見エズ、是ハ時ノ降人ニ面《ツラ》ヲ見セズ、又首実検ノ時ニ入ト云ウ、其ノ外ニモ事ニヨツテ用ル也

面頬は総面のことを指し、総面が首実検に使われたという記述である。また半首は、乱代には格子、窓などから首を出すときに心がけとして用いたと言っている。

[能面、西欧の兜面からの影響]

総面を江戸時代には〝楽の面〟とか〝舞楽の仮面の如し〟（**資料37**）となぞらえているのは、「舞楽面」からの影響をうけていたことを示すのであるが、総面の面形からみると能面に範をとるのが多く、ついで行道面、そして舞楽面と伎楽面といったほどで、舞楽面からの影響は比較的に少ない。甲冑面の面形と呼称の多くは江戸時代にほぼ固定している。それらの呼称は甲冑面に独自のものが大部分で、この点からみては能面や舞楽面などからの影響は受けたにしても、甲冑面として汲みとって独特の面形を創案していったとみることができる。もともと面の名称は、甲冑面に限らず、その面の表情から気楽につけられたものが多く、『名甲図鑑』が明珍家作の目の下頬に〝還城楽仮面之図〟を掲げたものは、描かれている図が本歌とはあまり似つかわしくないものの好例である。やはり基本的なところ、男女の別とか、老若の差、あるいは仏像の名によるときは、口の開閉、髭の有無などを明確にした上で、名をつけるべきであろう。伎楽面は演舞する人物、役柄などから面の名称をつけ、舞楽面は仮面が使われる曲の名称をそのまま面の名にしているが、能と狂言面は主に顔の表情の特徴を面の名にしている点で、甲冑面の名の付け方は能面と狂言面に類似する。迦楼羅《かるら》面、天狗面、笑面など表情と形状からつけられた名であり、烈勢《れっせい》や隆武《りゅうぶ》は面相からの名称である。

甲冑面が能面などから影響をうけた一面が強くあったことはいなめないし、伎楽面が中国大陸から渡来したことで、元をたどれば中国の面からの影響をうけていたことになる。『本朝軍器考』（**資料35**）が、

鉄面具トイフ物、異朝ニテハ斉ノ蘭陵王ニ始レリケリ。

と記して、総面の発祥が遠く中国の斉時代に遡ると解釈している。それは日本の仮面そのものが、中国からもたらされて、日本独自の仮面として発達をとげていったという範疇で首肯できることである。甲冑面が影響を受けたのは他に中世の西欧の面があることを指摘できる。

西欧（ドイツ製）の兜面（**図44—①**）は、総面全体が前頭部の留め金具を梃にし、蓋のように上に開けられるように出来ている。鉄錆地で頑丈な厚味をもち、鼻の打出し技法が秀逸である。口はあけられているが上唇部が下方にせり出して、前方へ向っては空間が覆われた形をとり、眼だけが薄くあけられており、眼の周辺の細工はあまり入念ではない。総じて荒けずりの感があるが、武用にかなっていて合理的であり、しかも鉄味がよく、ことに鼻の打出し技が甲冑面の天狗鼻を連想させるほどに類似性をもつ。一九八三年にロンドンで実見した兜面で、中世の作中での代表作の一つといわれている。

横縞模様状の透しがある総面（**図45—①**）は日本の甲冑面であることが明らかで、西欧の面との類推性が強い。（**図44—②**）は十六世紀初めころの鉄の兜面で、面と頭部に空間が多く、頭部と耳、角の飾りが異色である。ヨーロッパの兜面としてもこれほど透しがあるのは珍しく、洋の東西を問わず顔面の空間を少しでも覆うのが面具本来の要諦であり、このような例外的な面形の総面が作られたことは注目できる。『讃岐集古兵器図證』（初編）（**資料70**）が掲げる図（**図45—②**）には「河地時習所持」と題してある。河地氏は幕末に高松藩中で茶、書などを能くする名家があり、その先代ではないかという（友沢彰氏説）。この総面が高松にあって知られた作であったことを証することになる。私見ではあるが、水軍の用いたものであり、地理的にみて伊予水軍の使用したものではないかと推量している。

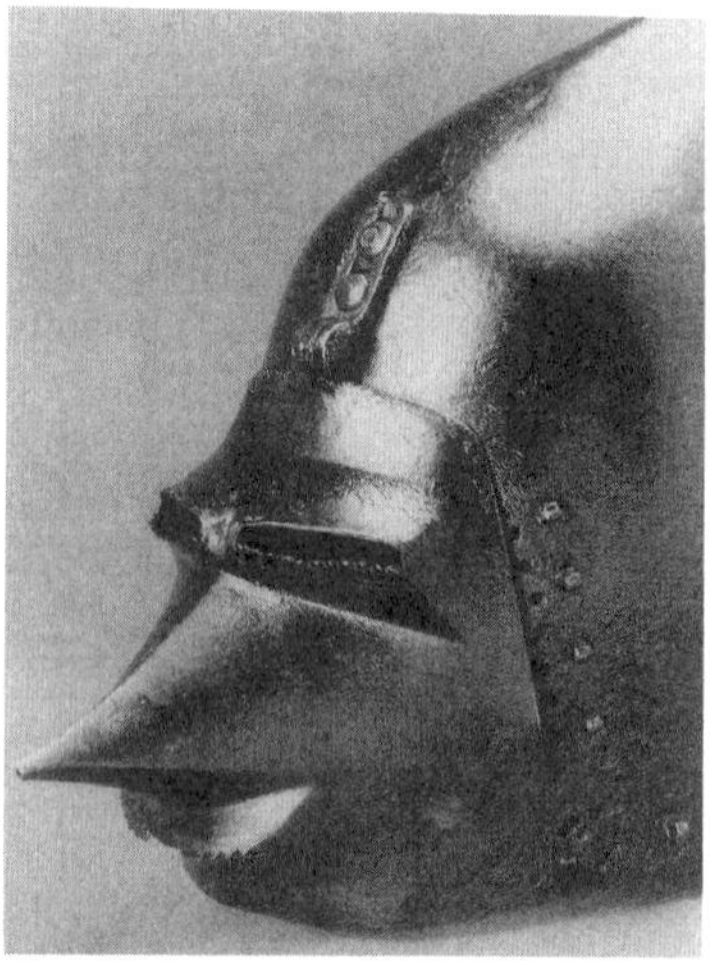

図44—①　15世紀（室町時代初期）**のヨーロッパの兜面**
(The Heven Castle Collection)

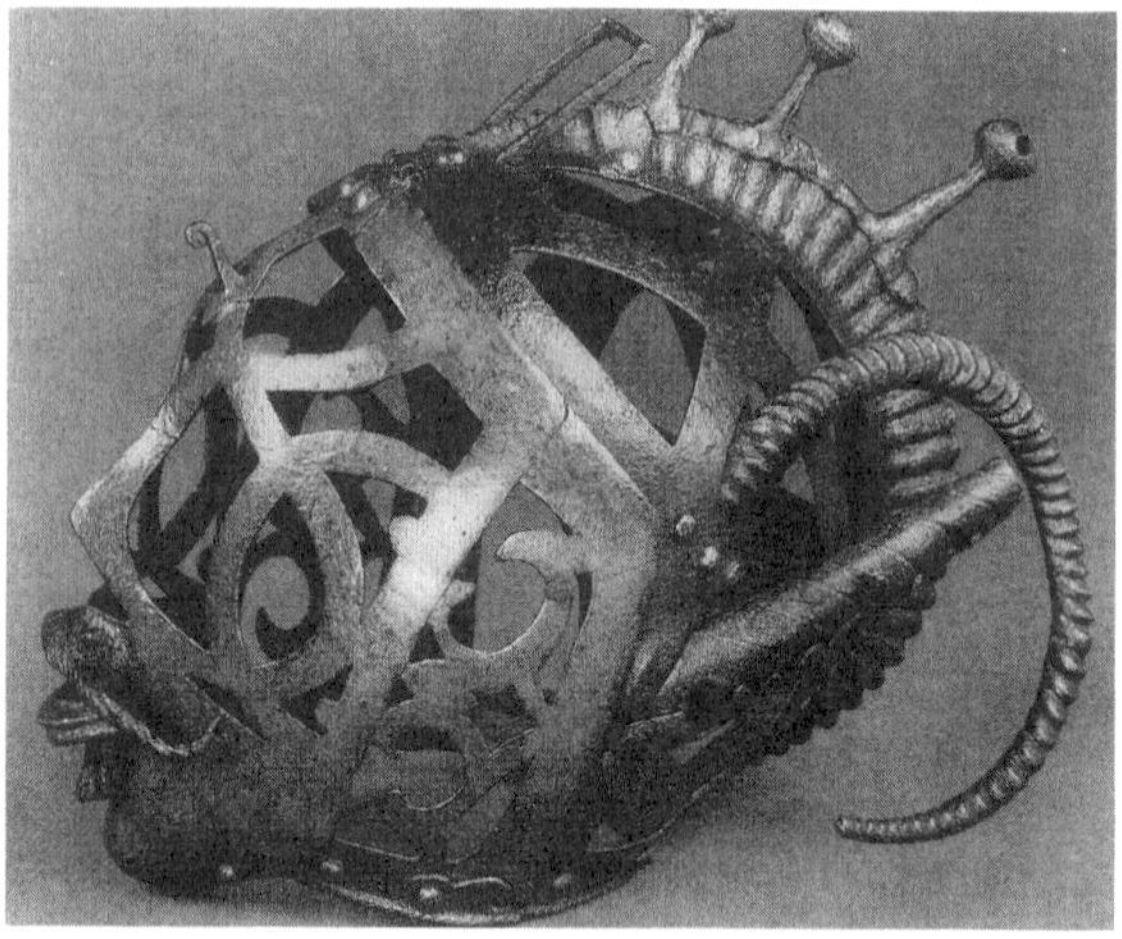

図44—②　16世紀初（戦国時代前期）**のヨーロッパの兜面**
(The Heven Castle Collection)

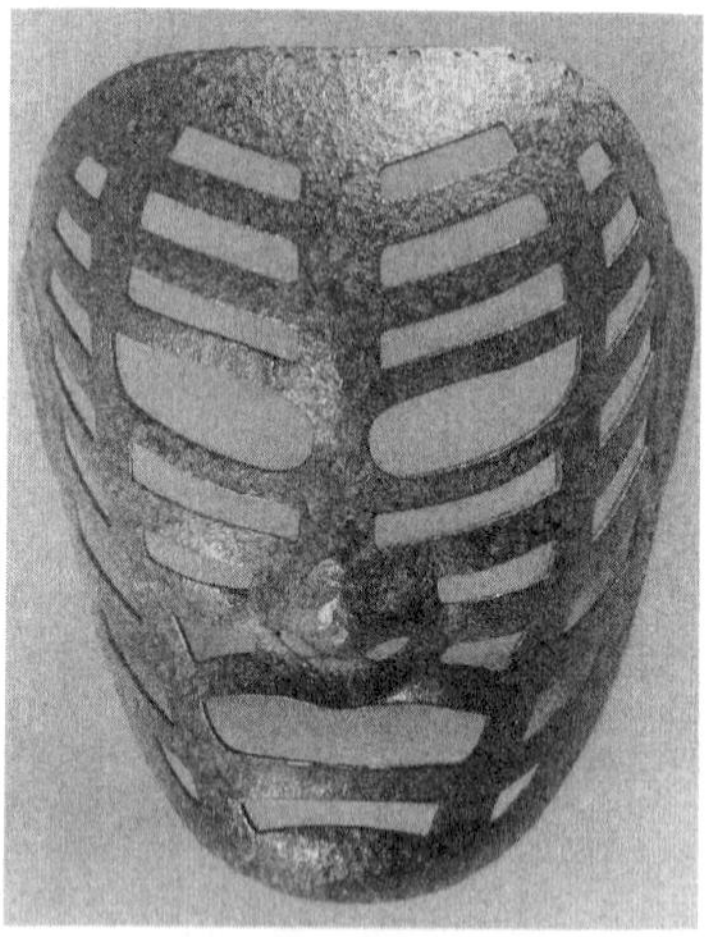

図45—①　鉄錆地横縞透総面（斎藤直成氏蔵）

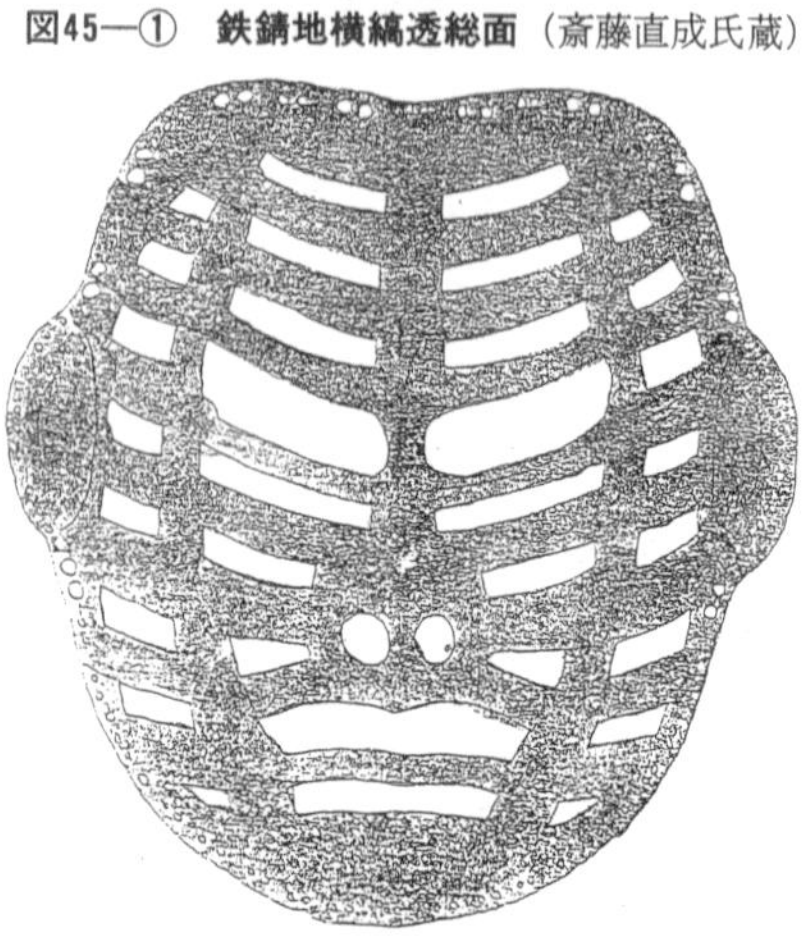

図45—②　〝讃岐集古兵器図證〟所載図

総面は、通常頬から顎の部分を中心に額と鼻の板を矧ぎ合わせた三つの部分からなるが、一枚の鉄を打ち出したものもある。これを〝一枚打出し〟とも〝一枚打延べ〟ともいい、明珍了栄と式部宗察《むねあきら》が名手と伝えている。了栄の〝一枚打出し〟には緒便り金まで打ち出したものがあって、「その手ぎわ無類」（**資料31**）と賞するほどである。しかし反面では、著者の榊原香山は〝一枚打出し〟はかけはずしができないので何の役にも立たないし、「細工の手際自慢ばかりにて泰平の翫物なり」と皮肉っている。了栄の在銘作は極めて稀で、「了栄作」と銘した兜（**図46**）があり、目の下面では無銘で了栄作と鑑じられものが数例ある。

宗察の総面はどの作も鍛鉄、打出しともに秀抜で、アメリカ・ニューヨークのメトロポリタン美術館に三点が、フランス・パリの愛好家の元に二点が現存していることが確かめられ、日本で確認されるのは一点である。西欧人は早くから宗察の総面の優れた技に着目して収集しており、多くは明治年代に日本からもたらされている。『名甲図鑑』（続集中）が収載する〝持国天〟を象った面形の総面（**図47・図版156**）は宗察の代表作で、「総体一枚鉄打延也」と注記があるように、鉄錆地一枚打出しの名作で、延享二年（一七四五）紀がある。この総面は一九八七年八月、メトロポリタン美術館を筆者が訪ねたおり同館に保存されていることが初めて確認された。

宗察が鍛えた鉄色は赤味を帯びた羊羹色の黒色で、木目が細かく精良である。打出しを得意とし、頰の隆起と打ち皺がふくよかで、鼻がたくましく、鼻先は丸く孔は大きい。総面の眉は太く、額の見上皺《みあげしわ》は三段に打つ。

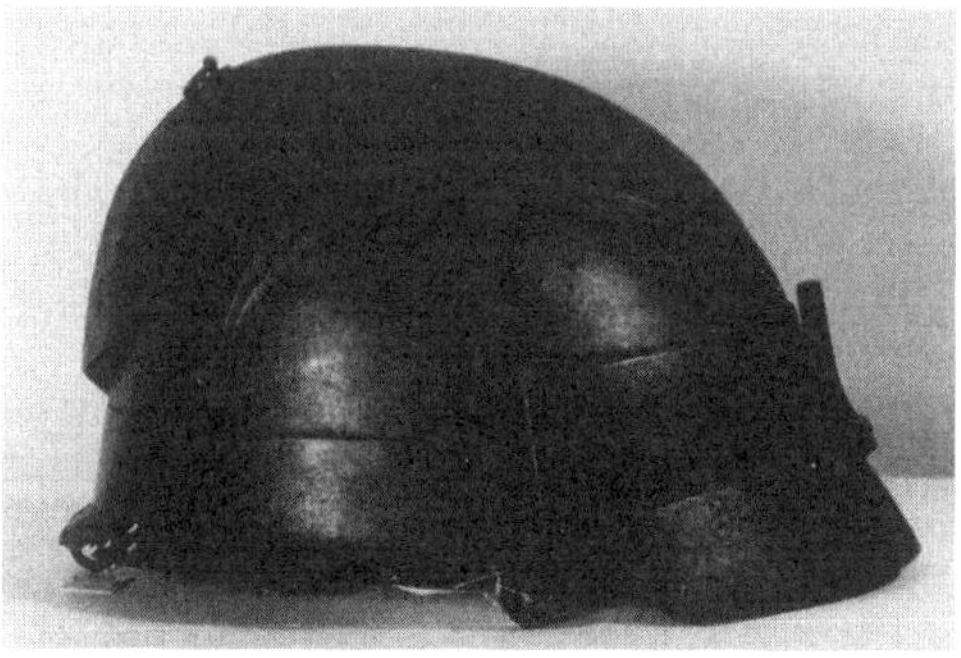

図46　鉄錆地兎型兜（斎藤直成氏蔵）**参考銘　了栄作**

図47　宗察作の鉄一枚打出し総面図（『名甲図鑑』）

第五章　甲冑面の相形

星兜図小柄　　銘　野村正光（花押）
Singed: Nomura Masamitu

甲冑面の名称は表情や面相の特徴からつけられたものがほとんどで、他に流派名、人名、地名などから呼ばれるものがある。大別すると烈勢《れっせい》と隆武《りゅうぶ》に二分できて便宜的であり、これは江戸時代中期ころ明珍派で考え出した名で、甲冑面の独得の相形をとらえたものである。能面の種類は基本的には六十種ほどで、類面の数が二百五十種以上はあるといわれ、これらがどれも、はっきりとした名称があることからみれば、甲冑面の場合は類別されている数量はあまり多くない。

次にこれまでに知られている甲冑面を相形別にみてみることにしよう。材質は鉄が大部分で、煉革もあり、稀に紙を素材にした張懸《はりかけ》（張抜き）手法のものもある。

〈相形〉

(1)人間

美女、姥《うば》

(2)動物

狐、狸、猿、燕《つばくろ》、鳶《とび》

(3)尉翁

笑、翁、皺《しわ》、圧面《へしみ》、白髪、三光、朝倉

(4)鬼霊

般若、鬼、鬼女、勝鬼《しょうき》、顰《しかみ》、天狗、治道、迦楼羅《かるら》、獅子口、還城楽《げんじょうらく》、胡《こ》徳楽《とくらく》

(5)神仏

大黒、力士、不動、龍王、龍神、毘沙門天、持国天、愛染明王

美女面はごく稀にしかなく、若い女性の相貌を表わして温顔である。姥頬《うばほほ》面は神の化身としての老嫗で、能面ではシテの尉面であるが、甲冑面では人間的なものとして分類し、老婆の上品な表情を表わしたものである。

動物のなかで狐、狸、猿は半頬に限り、いずれも顎の部分で表情を示して異色である。圧面《へしみ》、還城楽などは該当する実物が明らかでなく、持国天はメトロポリタン美術館が所蔵する明珍宗察作の総面をいい、作者の写実の意図がよく表出されたものである。

〈地名〉

加賀、奈良、甲州、薩摩、播磨、土佐、熊野

〈流派・人名〉

御家頬（岩井・春田）、蓬莱、越中

〈素材・様式〉

錆地、煉革《ねりがわ》、張懸（張抜）、漆塗、革包、植毛、摺剝《すりへがし》、鑢目、蒔絵、据紋

地名から名づけたものは加賀頬と奈良頬をのぞき、その名がほとんど伝承のみで形状が判然としない。「熊野打の頬当」は『太平記』に記述されて、その名が伝えられるだけで現存する作例が見あたらないばかりか、形状すらうかがい知る資料がない。年代性から推察して半頬の式制であったらしい。

甲冑面の表面の様式は錆地か漆塗であることがほとんどである。他には錆地に鑢目をかけたもの、鑢目と据紋を併用したもの、据紋に蒔絵を加へたもの、また植毛をしたものなど多様で、書髭には象嵌を施したものもある。裏面は年代の判定に見落せないところで、通常は漆塗にして、黒塗か朱塗で、ときおり金箔・銀箔がある。稀に革着せや布帛包みをしたものもあるが、錆が生じやすいためあまり好まれない。

［奈良頬と加賀頬］

地名から名づけられた甲冑面のなかで、一般に馴染のあるのが俗にいう奈良頬と加賀頬である。奈良頬（**図48**）は奈良の地で岩井・春日の二派を主流に製作したものをいい、ほとんどが無銘である。『甲冑制作辨』は

古き物に朱塗錆塗など有り、錆塗は奈良物に多し、塗錆と云うもあり

と記して、奈良頬を〝奈良物〟ともいい、古作の奈良頬には錆塗が多かったと伝えている。江戸時代の作では鉄地黒漆塗、また朱漆塗の隆武面に該当するものが多い。

加賀の地は春田、岩井の両派が伸長したところで、また上州明珍の勢力が移って明珍派も台頭し、雲海《うんかい》、蓬莱《ほうらい》の独特の個性をもった一派が栄えている。俗に加賀頬というが、明確な作風と、どこまでの作域をいうのかとらえにくく、

図48　奈良頬　煉革黒漆塗（江戸時代）

『甲冑制作辨』には

加賀頬などは作にも変ずる程の物もあり、よろしき物也

と漠然とした記述がある。確かに正統派の作からみては変り出来で、鑢目を刻み、家紋や梅花文を据文して華美な作風をみせたものがあり、そうした技巧的な作調のものを指していうのがよさそうである。加賀頬と呼ぶ甲冑面には春田《はるた》、蓬莱を主とし、あるいは雲海各派の作がいり混って、総じて俗称した名乗りのようにみられ、多くは無銘作である。加賀頬のなかには明珍派の作はふくまれない。『名甲図鑑』の文中で松宮観山が加賀頬を指して「鉄ノ鍛モヨク細工ノ手際モヨケレドモ家ノ作ニハアラズ」と、しばしば注記しているのをみても、加賀頬を明珍派の作と識別していることが分かる。

加賀明珍派は江戸時代中ごろから以降に宗久をはじめとして、この地で甲冑面を量産しているが、どの作も明珍本来の作風を示し、加賀頬風の作をみることはほとんどない。明珍系図では三郎国近をはじめとする蓬莱派を上州明珍の流れとして、また雲海派も同様に明珍系にとり組んでいるが、これは明珍家の作為とみなければならない。蓬莱と雲海の両派は明珍派の作風とは明らかに異にしており、明珍とは一線を画して別個の流派として扱うのが至当である。

(1)　御家頬《おいえぼう》

徳川家の抱具足師は岩井《いわい》と春田《はるた》で、両家の所製による甲冑面を御家頬《おいえぼう》と呼称する。松宮観山は『名甲図鑑』（**資料50**）で、岩井家の作を〝御家頬〟（**図49—①②**）といい、春田家のを〝御家頬之格〟（**図50**）と称し図示している。

幕府の抱具足師は江戸時代中期は岩井家が独占し、後期は岩井家を主に、春

田家が加わっている（**資料52**）。延宝五年（一六七七）から貞享五年（一六八八）までと、享保三年（一七一八）は岩井与左衛門が、寛政四年（一七九二）、天保十五年（一八四四）には岩井家は勝千代、源兵衛、与左衛門の三家が、春田家は丹波（故明）、播磨（永年）の二家が任命されている。

岩井家は室町時代からの名家として栄え、半田・岩井・左近次の三兄弟家のなかで、二男筋の岩井家が権勢をもち、江戸中期には岩井一家に統一されている。その因をなしたのが、もともと岩井家の弟子であった与左衛門で、岩井姓を継ぎ惣領家筋ともいわれるほどになった。そのいきさつは『奈良曝』（**資料54**）に詳しく、奈良にあった与左衛門以下の同族十五軒の具足師家は、残らず岩井を姓とするほどであった。『徳川実紀』（**資料55**）に

南部函人岩井与左衛門御甲冑を製造して捧ぐ、稲富宮内重次に銃もて試しむ、三文目五分の玉を以て試といへども裏掻事を得ず

とあり、岩井与左衛門が甲冑を将軍家に献上し、それを試打ちした結果、強度な作であることが実証され面目をほどこした様がうかがえる。『神主宮司宗治日記』に、家康が伏見からひらかたへ行く間に雨に降られたおり、「岩井与左衛門どのへ御こし」と記しているように、岩井与左衛門が家康から信任の厚かったことがうかがえる。

岩井家の御家頬《おいえぼう》は、鉄錆地に皺のない穏やかな面相をしていて、〝切鼻《きりばな》〟につくり、切り耳に形どるのが掟である。かならず顎下を〝折り返しのべ付け〟とし、汗流し孔は丸孔にあける。面相について榊原香山はその著書（**資料31**）で

御家頬として岩井家にて造る皺なくして、の路里としたる物なり

と評し、〝のろりとしたる物〟といっているのは面白い。どちらかというと皺のない印象を短評したのであるが、春田や明珍の作と比べると全体にしまった端整さがある。

松宮観山は『名甲図鑑』（**資料50**）で次のように注している。

公儀　御召皆此形ナリ　故世号御家頬　岩井與左衛門方ニテ申付ル　作者不定　鉄ノ錬上々也

岩井家はもともと〝仕立の家〟であり〝具足屋〟であるから、明珍家のよう

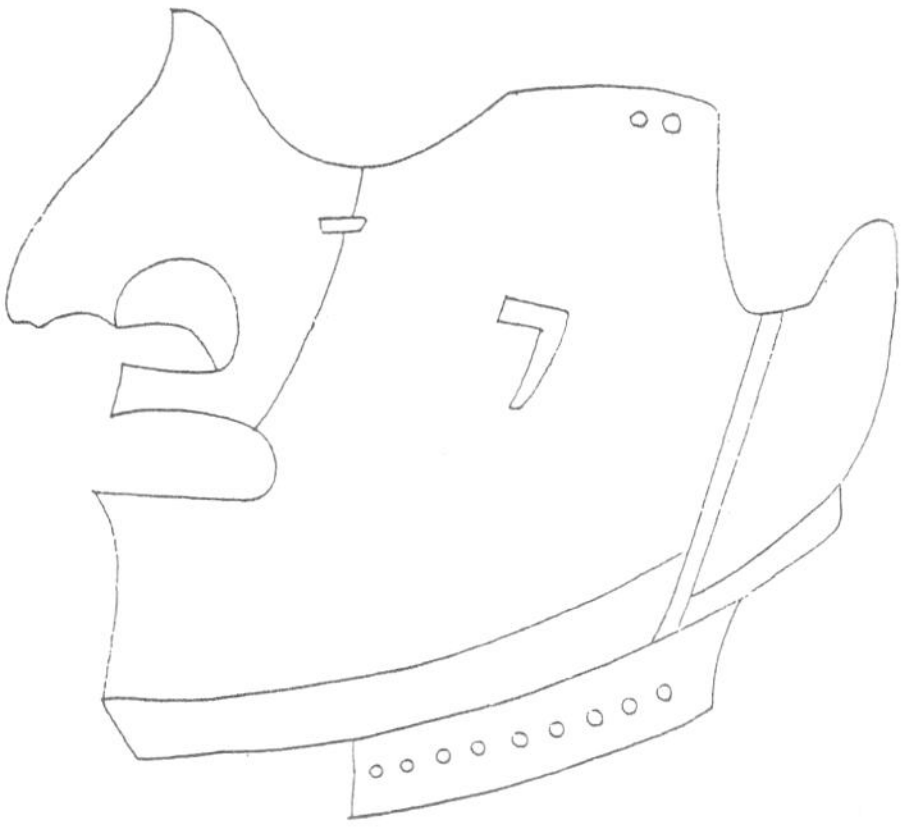

図49—①　御家頬〈岩井製〉（『名甲図鑑』）

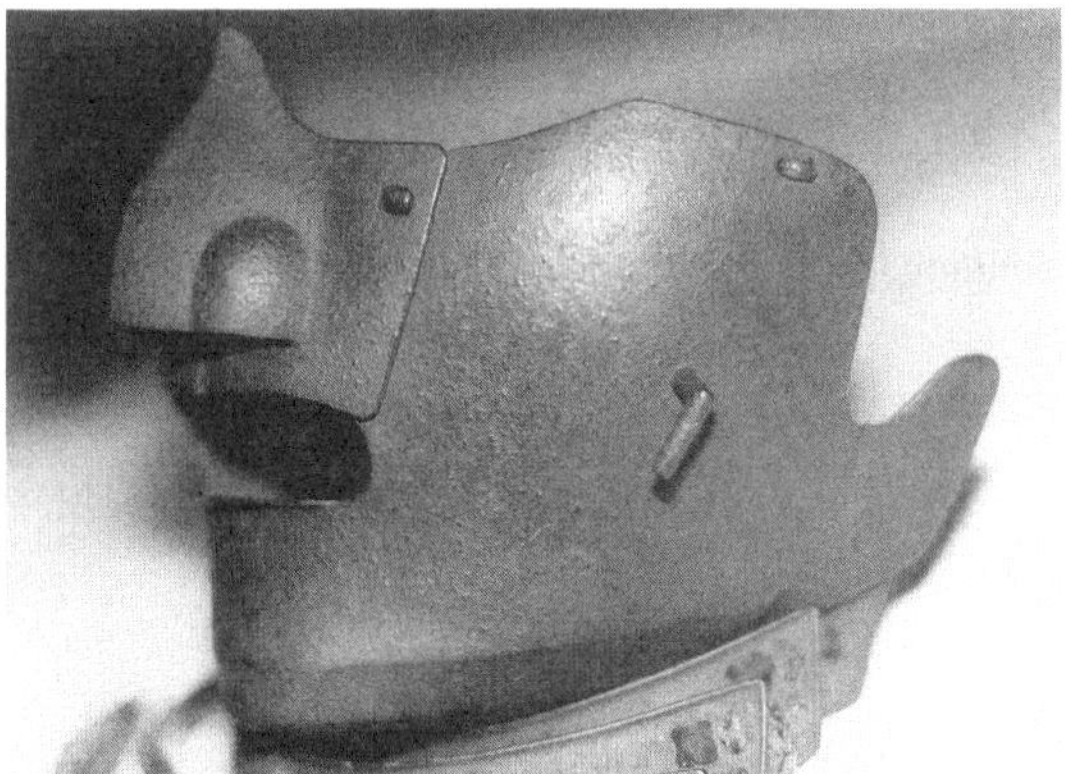

図49—②　御家頬・鉄錆地目の下頬（白綾基之氏蔵）

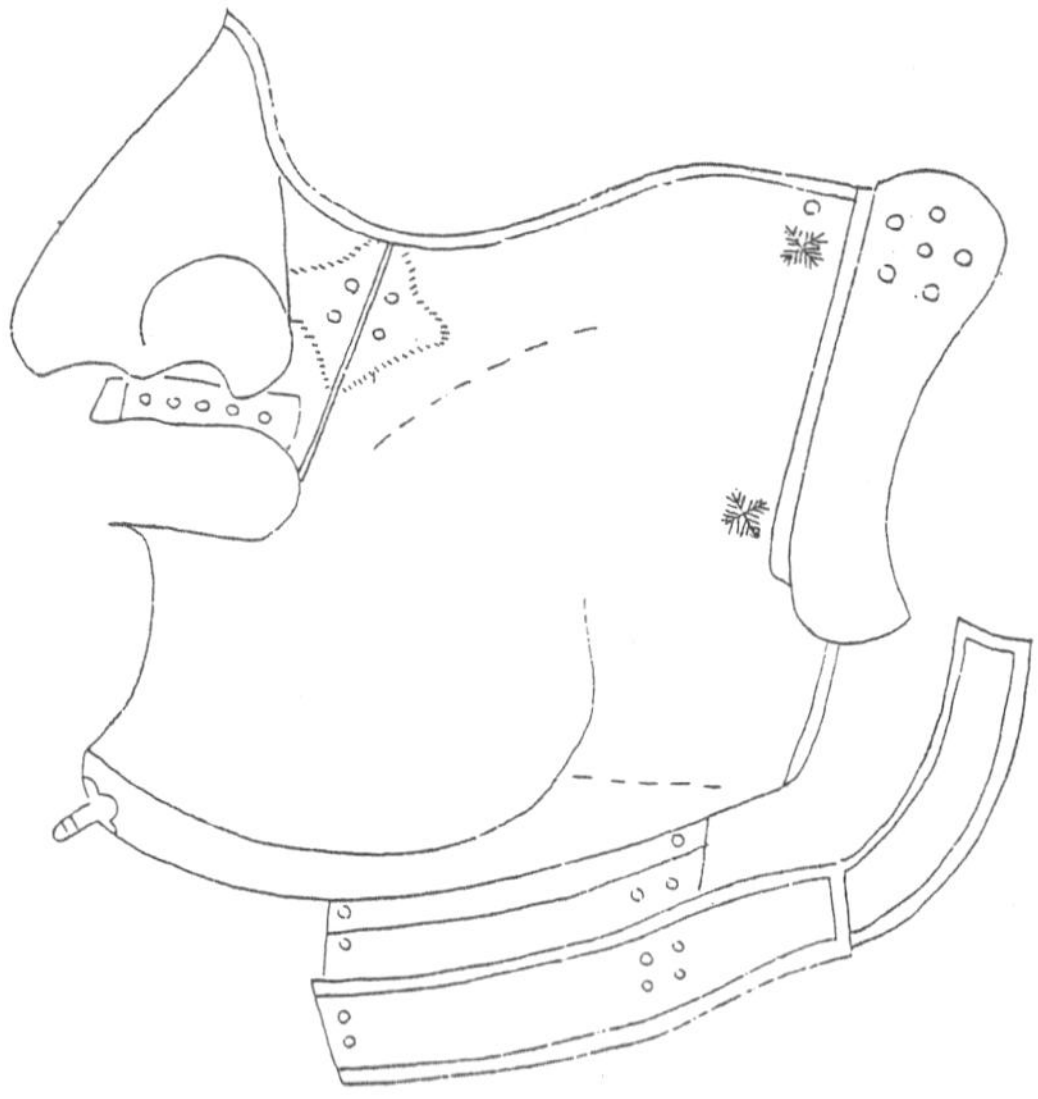

図50　御家頬の格〈春田製〉（『名甲図鑑』）

に鍛鉄を主業とすることはなく、御家頬もいまでいう下受け職に作らせ、全体を構成する立場にあった。観山の記録を裏付ける「鉄ノ錬上々」の作品をみる例はあまりなく、岩井製の目の下面はかなり製作しているにもかかわらず、御家頬が残された数はごく少ない。

春田家の御家頬《おいえぼう》は、岩井家のものと同じく皺はないが、総じてふっくらとした肥面で肉がつく隆武形である。岩井製と対照的なのは〝切鼻〟にならず、耳を形どり、折釘をつけないで顎の先端中央に〝緒便《おだより》の尖鋲《せんびょう》〟を据紋するなどの諸点である。

(2)　烈勢面《れっせいめん》

甲冑面は烈勢《れっせい》形と隆武《りゅうぶ》形の二つの面形に大別でき、なかでも烈勢面が最も多く作られて盛行した。その名称について、榊原香山が『甲冑製作辨』に次のように記している

　皺のある烈製《ママ》と云、皺のなきを隆武と云と明珍の説なり。聞くも及ばぬ名なり、函人等の名づけしならん。

聞いたこともない呼び名だったとしている。

『甲製録』は「烈勢隆武之事」の項に詳しく、その形態を説いている。

　面頬之容貌色々アレドモ皆此二ノ異製也。烈勢トハ烈キ勢ヒアツテ獰悪ノ相形アルヲ云、皺頬、天狗頬ナドノ類也。

烈勢頬の図を掲げて「皺頬」とも但している。『甲製録』は明珍宗介が執筆した家伝書とされることから、烈勢、隆武の名称は宗介が考えだしたものかも知れない。『明珍家伝稜威武徳録』は、明珍本家が江戸で修業を終え、各地へ帰国する卒業生へ伝授した証書で、書中に「頬当異名」の項がある。

　一、隆武面　武ヲ隆《サカ》ンニスル面ト云義ナリ
　一、烈勢面　イキヲイハゲシキ面と謂義ナリ

烈勢と隆武の違いは皺の有無と、頬の肉の肥痩と、獰猛か沈勇の相かによって明瞭となる。

頬の肉の肥痩について『甲冑便覧』（緑川興時著）は、

　総て肥面はいきをい無きもの也。痩面は奇相ありて吉。

といって、肉有りの肥面である隆武はいきおいがなく、痩面の烈勢は奇相であ

って吉であると解している。（図51）の目の下面は烈勢面の典型で、明珍家の代表的な面形の一つである。鉄の鍛え、打出し技法がともに秀抜で、耳の造形が福相をたたえてふくよかである。

(3) 隆武面《りゅうぶめん》

烈勢面と並んで武人に好まれた甲冑面である。肉づきのない烈勢形を〝瘦面〟といい、肉づきのある隆武形を〝肥面〟と別称する。

『甲冑製作弁』は

隆武ト云ハ沈勇ノ相形アルヲ云、笑頬、美女頬ナトノ類ナリ、有肉無肉ト云モ頬ノ肉ノ肥瘦ニ依テ云也、有肉ハ隆武ニ多ク、無肉ハ烈勢ニ多シ。

図51　烈勢面（Collection Guy Kaufman Paris）

といっている。御家頬《おいえぼう》も沈勇の相形をもつ隆武形であり、迦楼羅はもともと鳥を具徴化したものであるから皺がなく、隆武形に属する。『甲冑製作弁』は笑面を隆武面にふくめているが、笑面には皺のあるものが多く、どちらかというと烈勢面に近い。しかし烈《はげ》しさのない、むしろ穏やかなのが笑面であって、烈勢にも隆武にも属さず、別種に笑面として分類するのが妥当である。

（図52）の隆武面は鍛鉄が精密であり、ふっくらとした頬の隆起、柔らか味がある鼻孔のふくらみなど、穏やかな表情をもったこの種の代表的な面である。隆武面には太刀除《たちよけ》をつけたものがわりと多く、顎下の太い尖鉾《せんぴょう》と合わせて緒の締りがよく、実用上に好適な具を備えたものだ。

図52　隆武面（Collction Bernard Fournier Bourdier, Paris）

(4) 笑《えみ》面《めん》

笑った表情の甲冑面に笑面がある。笑いの面は伎楽面、舞楽面、そして能面にもあって、甲冑面がこれらのうちから影響されるところがあったにしても、笑いそのものが千古の昔から人にそなわった表情の一つであってみれば、人の身近かに生まれる笑いが自然に面形にとりいれられていったことに疑いがない。甲冑面には微笑があり、とりすました笑いがあり、大笑いの笑面があるが、この種の甲冑面は作られた数はあまり多くない。

能面の笑尉（**図53―①**）は尉面のなかで一番きわだった笑いの表情をみせていて、口元に皺が目立つ。微笑程度のほのかな笑いをみせるのが朝倉尉（**図53―②**）であるが、口元の皺はほとんど目立たない。口元や頬、額に皺の数が多いのが三光尉（**図53―③**）であり、皺の多さからみては、甲冑面の笑面は三光尉に類する。笑いは皺と頬骨の隆起によって表わすことが多い。笑面が頬を面の裏から打ち出して隆起させたところは、笑尉と朝倉尉が頬骨を突き出して筋肉に厚味をもたせた彫法に通じるものがある。笑面には英知の深さを表わすかのように皺を多用して、朝倉尉ほどに笑いの少ないものはほとんどない。

もともと能面が抽象的な中間表現を示すものとは別の意図をもつ甲冑面は、一見して簡明直截さが求められる。鉄を打出す技法は、面の表からも裏からも自在に駆使し、ことに皺を強調して表情の効果を高めようとする。味方にも敵にも被った面によって誰であるかが判別しやすく、個性があふれた面であることが相応しい。相手の感性を刺激し、ときには威嚇するに十分な誇張された表情が望ましいのである。笑いも、声なき微笑では戦時にあってあまり役立つとはいえず、こぼれるばかりの大黒の笑顔が好まれ、朗らかな明るい恵比須の笑顔が求められ、甲冑面の造型にとりいれられたのである。屈託のない笑いをも

図53―①　笑　尉
（東京国立博物館蔵）

図53―②　朝倉尉
（同）

図53―③　三光尉
（同）

つ点からは甲冑面の中の笑面は狂言面の恵比須や大黒に範をとったものかも知れない。

笑面や翁面は植歯がないのを言う（**資料28**）と説いているが、実際には笑面や翁面には歯のあるものの方が多いし、歯がある方がむしろ自然である。能面の笑尉、朝倉尉、三光尉はいずれも植歯と植毛がある。顎髭が深ぶかとあることからは、甲冑面の翁面がこれに近い。甲冑面の場合は、鼻髭や顎髭があるものは翁面とみなすのがよいだろう。

ここに掲げたのは笑面（**図54**）で、カラカラと大笑した面である。目尻を下げ、目元がほころんで、皺が顔面で笑っているようである。鼻が大きく横に開き、てこでも動かない風情があって、歯並びがたくましく立派で印象的である。能面の笑尉には歯が上下にあって、朝倉尉や三光尉より以上に笑いの度合いがきわだっているように、甲冑面の笑面にも微笑するほどのものから、大笑するものまでさまざまにある。しかし笑面は目の下頬、総面を通じて数は少ない。

仮装を旨とする仮面の中で、笑面ほど現実味を帯びたものはない。町を歩いていれば、このような表情の老人をみかけることはさほどむずかしくなく、それだけ実在感が近く、仮装精神をもった面のなかに身近さと親しみが実感されるのが笑面である。

図54　笑面・煉革総面（江戸時代）

(5)　大黒面

ダイコクは大黒様の呼び名で一般になじみ深く、宝袋を背負い、米俵に座る姿形は日本人の生活にとけこみ親しまれた像である。大黒様は福徳の象徴として、庶民に幸をもたらす招福の神なのである。大黒天はもとは印度の降魔の神で、仏教とともに大陸から伝わり、日本では七福神信仰に結びついて恵比須とともに崇められる。

恵比須の笑顔は朗らかな明るさがあるのと比べ、大黒はこぼれるばかりの笑顔で、しかも重厚さがあるのが常である。恵比須・大黒を双神とみるのは、道祖神信仰からきたといわれ、大黒が陽神、恵比須が陰神なのであるが（**図55**）では、恵比須が大黒袋の手綱を引いたところが面白い。

笑面の別称である大黒面は狂言面の大黒（**図56**）からその名が由来する。狂言面の大黒に歯があるのと同じく、大黒面にも植歯があっていいし、実際に植歯がある方が多い。狂言面は眼で笑いを表出しているのであるが、目の下面は眼を欠くことで、口の姿形によって笑いをみせている。口元を大きくふくらませたところがそれである。口元の打出しの皺は笑いを強調して効果的である。（**図57**）の面は、古作のため耳をつけていないが、耳があればふっくらとしたもので、いかにも財力豊かな福相をしたのが大黒面である。

図55　恵比須・大黒面の備前焼置物
（江戸時代）

図56　狂言面・大黒面
（東京国立博物館蔵）

図57　大黒面・煉革一枚打出し目の下頬
（山口広夫氏蔵）

(6)　翁面

翁の表情は人生の苦楽を秘めるかのように柔和な笑いをたたえている。こぼれるばかりの大黒の笑い顔とはひと味違った味わいをもつ。

顎に植髭があるのが特徴で、鼻髭があるものもある（**図58**）。『甲製録』（**資料28**）は植歯のないのを翁頬としているが、能面の翁にも歯があるものがあり、また男の老人である尉面はほとんどのものに植歯があって、歯の有無のみで翁面を定型化することはできない。むしろ翁面で歯がないものは少ない。

『甲冑制作辨』は

翁頬と云う有り、能の翁面に似たるの名、還城楽と云うは楽面の名にて名を異にしたる也

と記し、舞楽面の還城楽《げんじようらく》を翁面と同類にみたてている。それが適正か否かは別にして、能面の翁が切顎であり、還城楽の顎が離れた吊顎になっているのは面の中でも異色な作りで、両者の顎が切り離れている点では共通性がある。能面の先行面である舞楽面に吊顎の面が数種みられることは興味深いのであるが、武用を旨とする甲冑面では動作の上から、切顎や吊顎の作りは不向きなためほとんどとり入れられていない。還城楽の眉間の構造は二重にかぶさるようになって、眉の下方に眼と鼻の部分が深く差し込まれるようになっている。いわば切り眉の造りに注目できる。この手法は甲冑面の総面に稀にみることがあり、また切鼻の造りが甲冑面にままあることは呼吸しやすいことへの配慮からの考案であるが、先行の古面の作から吸収するヒントがあったのかも知れない。

翁面は頬に皺があって、烈勢面の類系である。

図58　翁面・煉革人肌塗目の下頬（友田亮生氏蔵）

(7)　美女面

皺がなく、表情が穏やかで、口と鼻が小造りで小さいのが美女面である。皺がない点では隆武面に分類される。岩井家が製する御家頬と似るが、御家頬は切耳、切鼻で、顎に緒便りを打たないことで識別できる。

美女面は頬に折釘、また緒便《おだよ》り金（太刀除け）を打つものと、打たないものとあり、耳が御家頬《おいえぼう》のように切耳になるものもあるが、多くは耳を仕付ける。髭があっては美女でなくなるように、般若面にも髭はなく、総じて髭のないのが女性の面である。

姥頬面《うばほほめん》とは紛れることがあるが、姥頬は顎が婆口で、頬の肉が落ちている。美女面は頬に肉づきがあるのが特徴で、老婆との年齢の差を示しているばかりでなく、品性の格差をみせたところで、甲冑面の作者がこうした微妙な表現力をどこまで発揮したものか、力量が問われるところでもある。

掲出の目の下面（**図59**）は隆武形で太刀除を付ける。口が小さく、鼻が端整で皺がない。耳も小造りで、美女面の特徴がよく表わされた作である。

図59　美女面・鉄錆地（Collection Robert Burawoy, Paris）

(8)　迦楼羅《かるら》面

迦楼羅は印度の神話にでてくる霊鳥として崇められる。長い嘴で毒蛇や毒虫を食い、一説には龍を常食とするという。インドの北方カピラは釈迦の生誕地として知られ、迦楼羅はこの地に生棲したと伝承する。仏教でも守護神として天龍八部衆の一つにはいっており、梵語の〝ガルウダ〟の名からきたものだ。インドネシアでは国章や航空会社の名に使われているし、東南アジア諸国では神話、あるいは演劇などにあらわれて、いまに一般に馴染まれている。

伎楽面の迦楼羅（図60）は面そのものが鳥の形になっているが、行道面の迦楼羅（図61―①）は頭上に金色の鳥首を冠しているところに大きな違いがある。

甲冑面が伎楽面に範をとっているのは明らかで、精悍な迦楼羅の顔つきを甲冑の面具としてよくとり入れ消化している。鼻そのものを嘴に作り、嘴総体が反り、先端を鋭く尖らせているのは甲冑面の特異な造形で、口を嘴に合わせて、しかも空間を鼻の下側に多くとったのは、呼吸と発生を容易にさせるための工夫である。（図62・63）東大寺蔵品の迦楼羅《かるら》の頭頂には鶏冠があったものが失なわれているが、法隆寺献納宝物中にある迦楼羅には鶏冠が実存していて鶏に類した面である。甲冑面は兜をかぶる関係上、般若面の角と同じく前額部から上に鶏冠などの飾り具をつけることはできない。したがって甲冑面では鼻を嘴になぞらえて迦楼羅を表意することになる。鼻だけから判断すると鳥というよりは鳥天狗に近似するのが甲冑面の世界であるが、天狗面は口が鼻とは別にあけられているところに迦楼羅面との大きな差異がある。

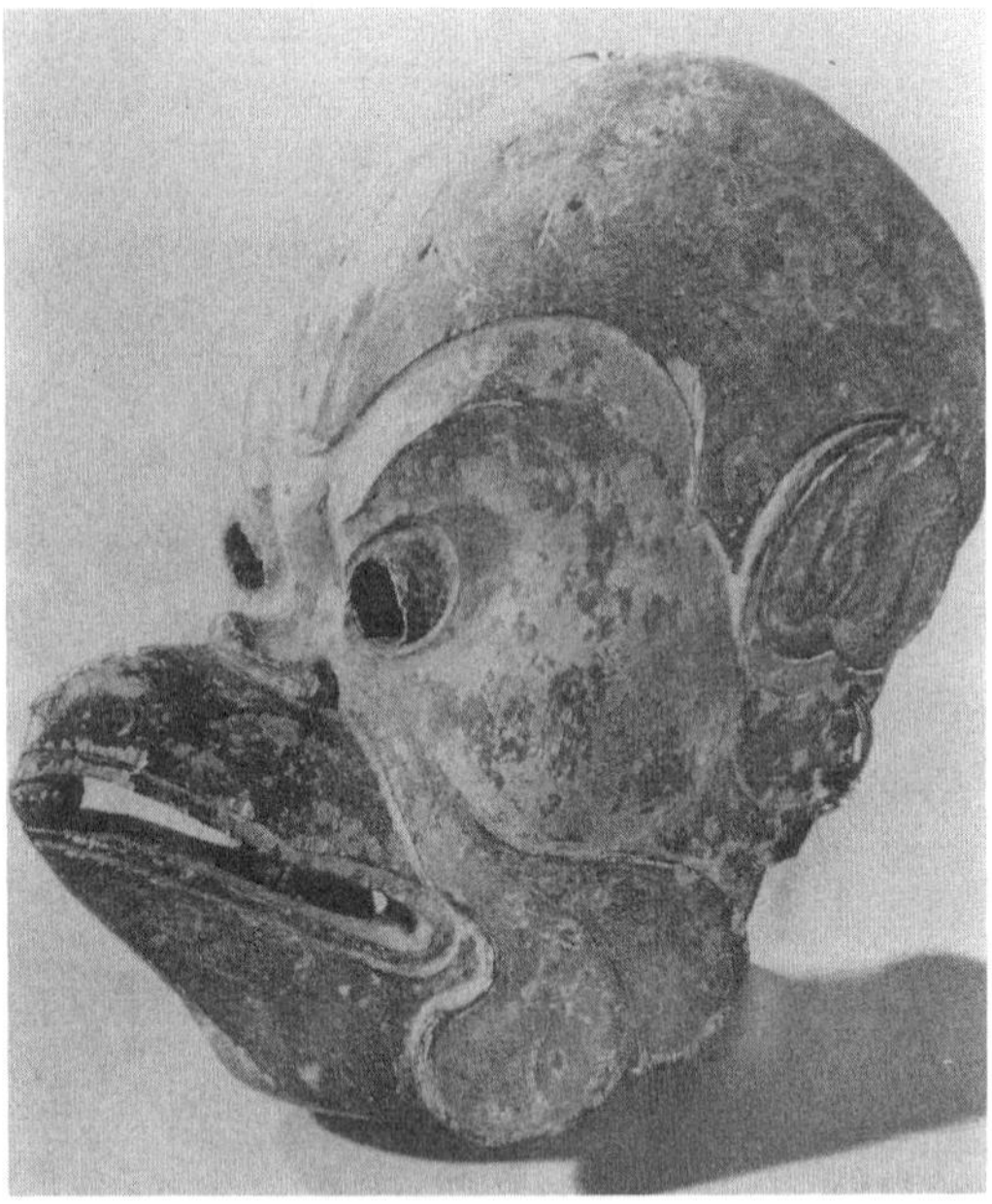

図60　伎楽面・迦楼羅（東大寺蔵）

図61―①　行動面・迦楼羅（『仮面の美』）

図61―②　仏像・迦楼羅王（三十三間堂蔵）

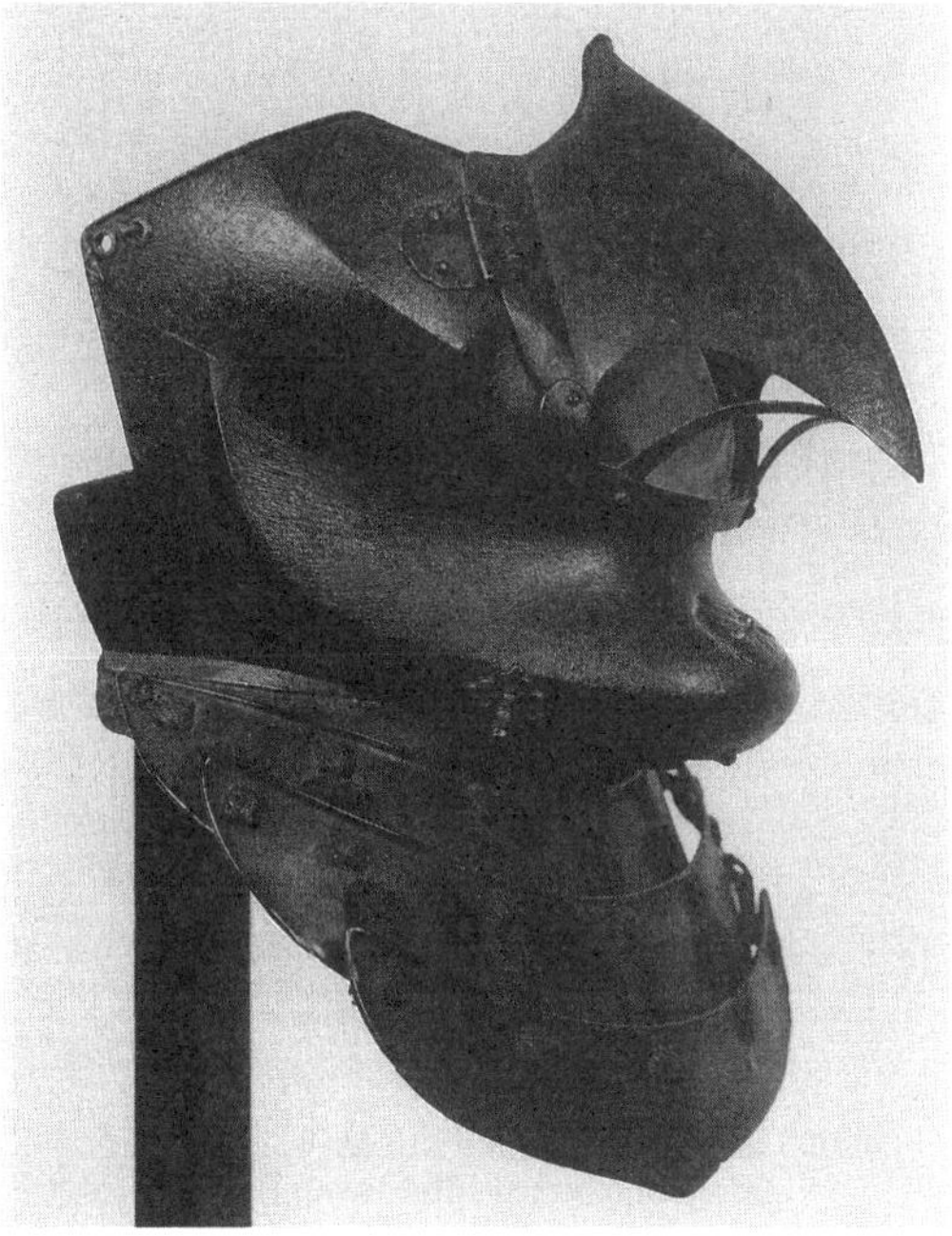

図63　迦楼羅面・鉄錆地
(Collection Robert Burawoy, Paris)

図62　迦楼羅面・鉄錆地（朱銘）**高義**
（藤田始氏蔵）

図64　天狗面・鉄黒漆塗目の下頬

(9) 天狗面

天狗は神通力をもった超人で、変幻自在、自由に飛行でき、いったんことあるときは破邪の剣を振るって強敵を折伏する。いわば超能力をもった怪物なのだが、つねに正義の味方としての存在感が強い。

天狗面は鼻の高いのが特徴で、甲冑面は長く突出したもの（**図64**）と、鳶鼻になった先端が鋭く尖った烏天狗（**図65**）の二種がある。鼻が高い誇張された相貌には威圧しようとする強さとともに、どことなく滑稽さが共存している。鼻の高さを鼻にかけて偉さを装おうとするところに滑稽味がうかがえ、それだけに、みる人をして親近感をもたせる。

鼻が高い面には伎楽面の治道《ちどう》、舞楽面の貴徳、王の鼻（鼻高）などがあり、鼻の大小や作りに違いがある。治道は顔面が朱色、貴徳は緑青色といった色合いにも相違はあるが、役柄が祭礼のときの行列の先導役をする点で天狗面は治道（**図66―①**）や王鼻（**図66―②**）と同一である。天狗面は治道や王鼻などからの影響をうけて作られるようになった面である。

天狗面が伎楽面、舞楽面、あるいは行道面などの仮面群の中にふくまれていないにもかかわらず、一般になじみが深く身近な面に覚えるのは、それだけ大衆の間に広く流布したことによろう。庶民の芸能、信仰に関する祭礼にきっと登場してくるのが天狗面である。これらの天狗の鼻は先端が反りあがって、下方に傾斜していないのが特徴的であり、この形は王鼻（**図66―②**）からきているとみられる。

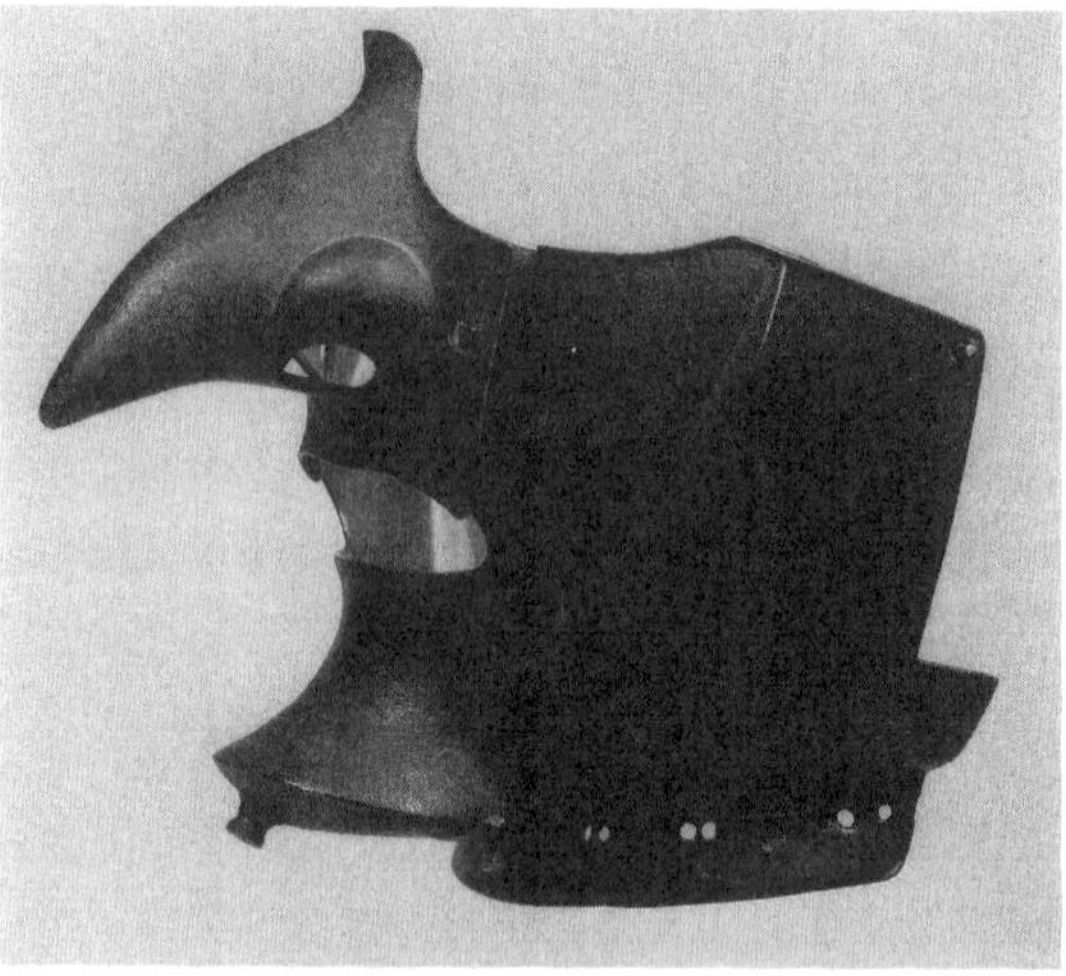

図65　烏天狗面・鉄錆地目の下頬
(Collction Robert Burawoy, Paris)

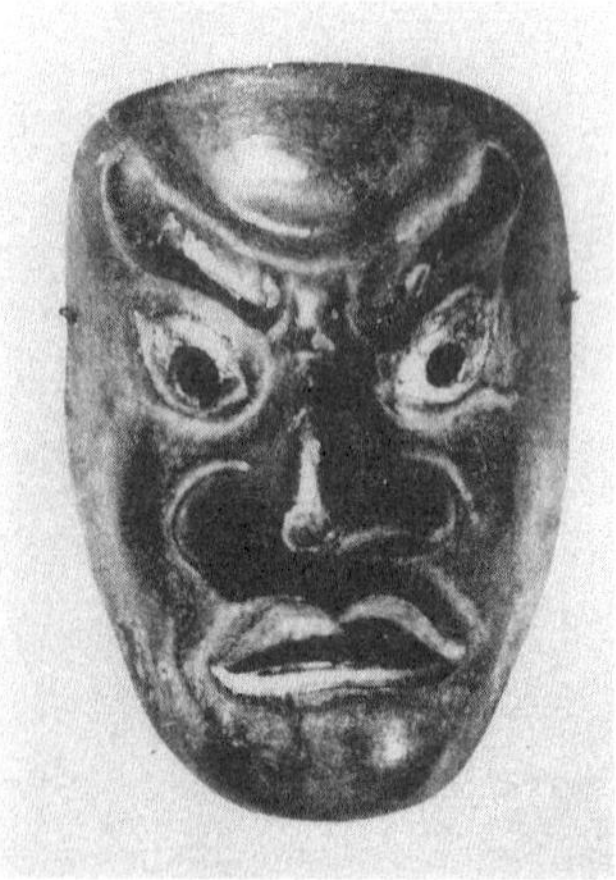

図66―③　貴徳

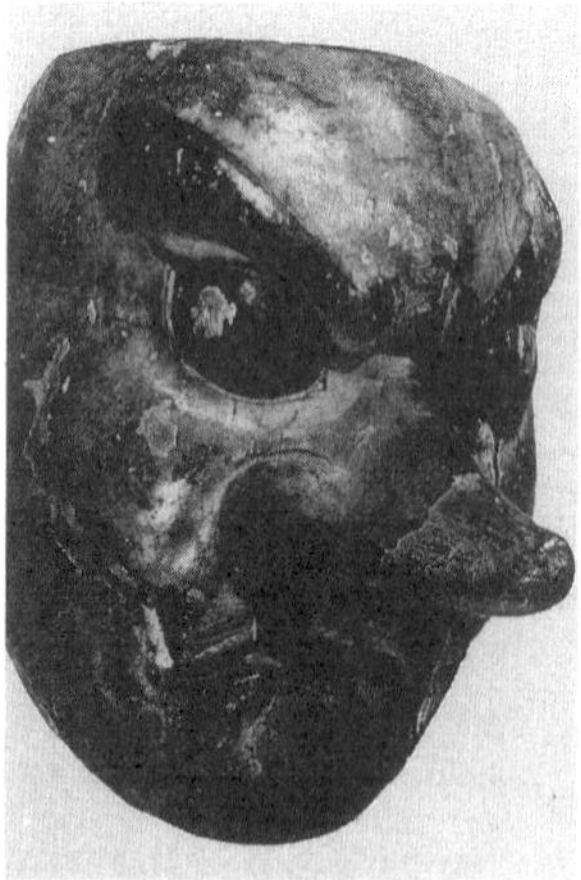

図66―②　王の鼻（鼻高面）
（福井・鵜甘神社蔵）

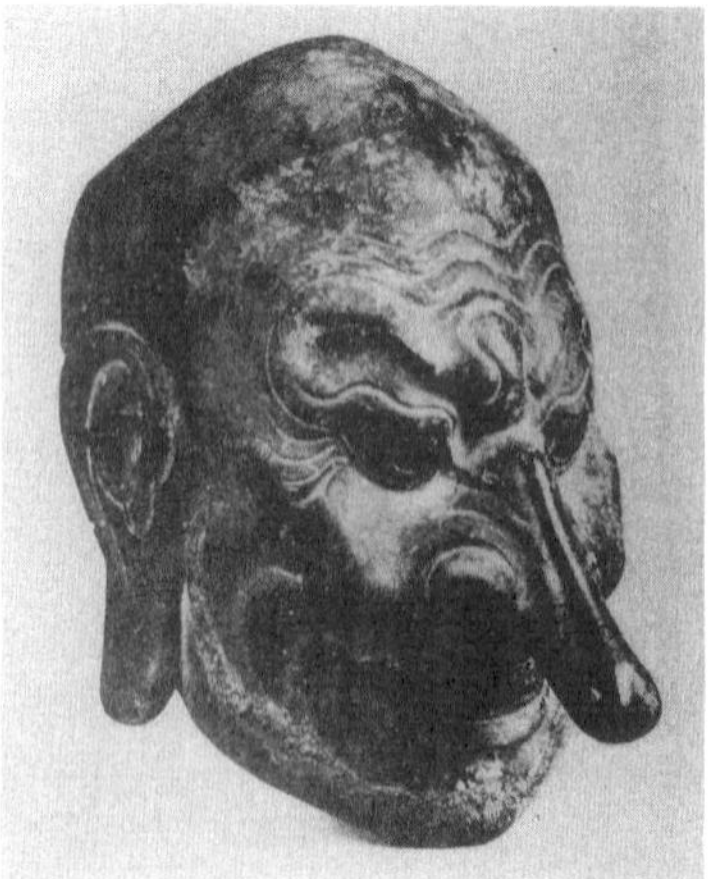

図66―①　治道（東京国立博物館蔵）

図68　烏天狗の兜前立
（イタリア・フィレンツェ・ステイベルト美術館蔵）

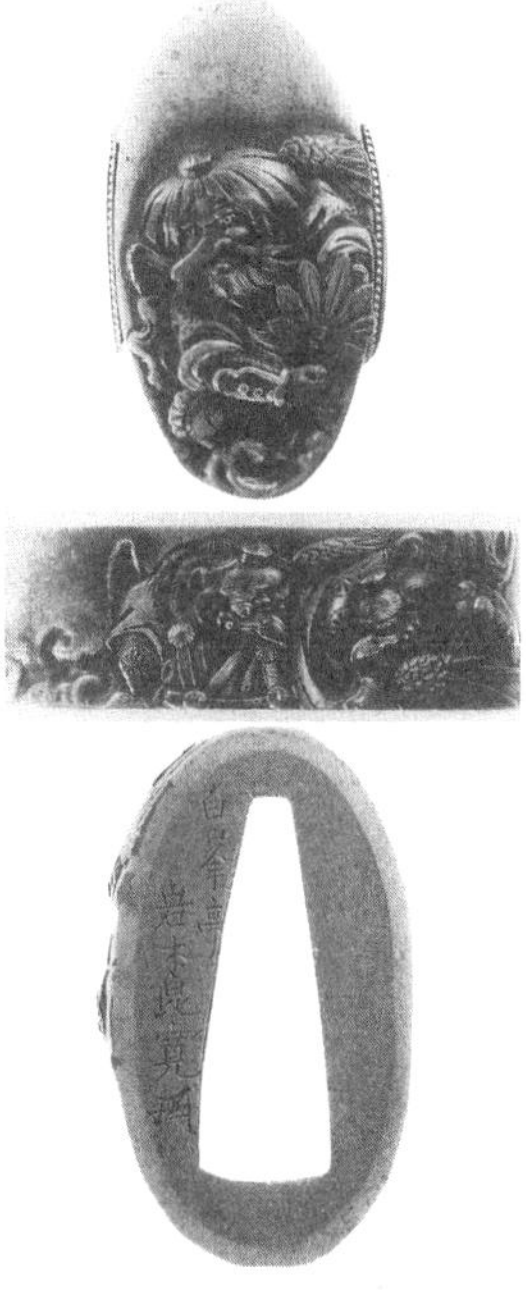

図67　大天狗・小天狗の図
岩本昆寛作縁頭
（福士繁雄氏資料）

甲冑面の天狗は前述のように二種があり、鳶鼻の天狗面がままあるが、鼻を突出させた天狗面はごく少数しかない。一般の天狗面の鼻は先端が反りあがって直角的なのであるが、甲冑面の天狗鼻はいくらかでも下方に傾斜している方がよい。前方を凝視して行動をするのに、あまり反りあがって高い鼻では視野を妨げる気づかいがある。多少とも下向きの方が安定感があって、そこに〝用の美〟が備わって、甲冑面はつねに実用に至便な形状が求められ、造形にくみ込まれてきているといえる。この点では治道の鼻（**図66—①**）が先端を垂れ気味に作り、貴徳面の鼻（**図66—③**）が、太くすわって短く作られている形成と通じるところがある。甲冑面では直角的に突出したものより、鼻先が尖った鳶鼻の天狗面がどちらかというと数が多い事由が首肯できよう。（**図67**）の縁頭は頭《かしら》が大天狗で、縁《ふち》が小天狗を鋤出彫した作である。鳶鼻の天狗は烏天狗で（**図68**）の兜の前立の造形がその姿をよく表出している。兜巾《ときん》を被ったところなど愛嬌があってあまり人間離れをしてそうにない。天狗を半人間とみなすに、につかわしい。（**図69**）は兜そのものが烏天狗の形に造られている。胴や籠手

図69　烏天狗の兜（京都嵐山美術館蔵）

が鉄打出しで肉色をみせ、腰蓑をつけた姿態の具足全体で天狗を表出しており、半頬の空間が大きく開いて、天狗の口になぞられた造形の素晴しさがある。

　鼻先を長く突出させた天狗面は、甲冑面では数が極めて少なかったのは、実用上からもたらされた事由のほか、鉄打出しの手法からも高度な技術を要したことになり、鼻が長ければ長いほど、ことに一枚打出しとなると、鼻の打出しは至難の技だったわけだ。

　天狗面と鳶面との識別は互いに近似して紛れやすいが、鳶は嘴の先端が鋭く尖ってほそり、反りの形が極端なものに限定するのがよいだろう。鼻の長い面の中では天狗面が多く、鳶面とみられるものは少ない。

　天狗面はもともと顔が朱色であるが、甲冑面では色あいにかかわらず鼻の形で天狗面と呼称している。その例証が**（図70）**天狗面で鉄錆地の黒色である。

（銘）　高義正作
　　　　天狗鼻明珍宗察仕次之

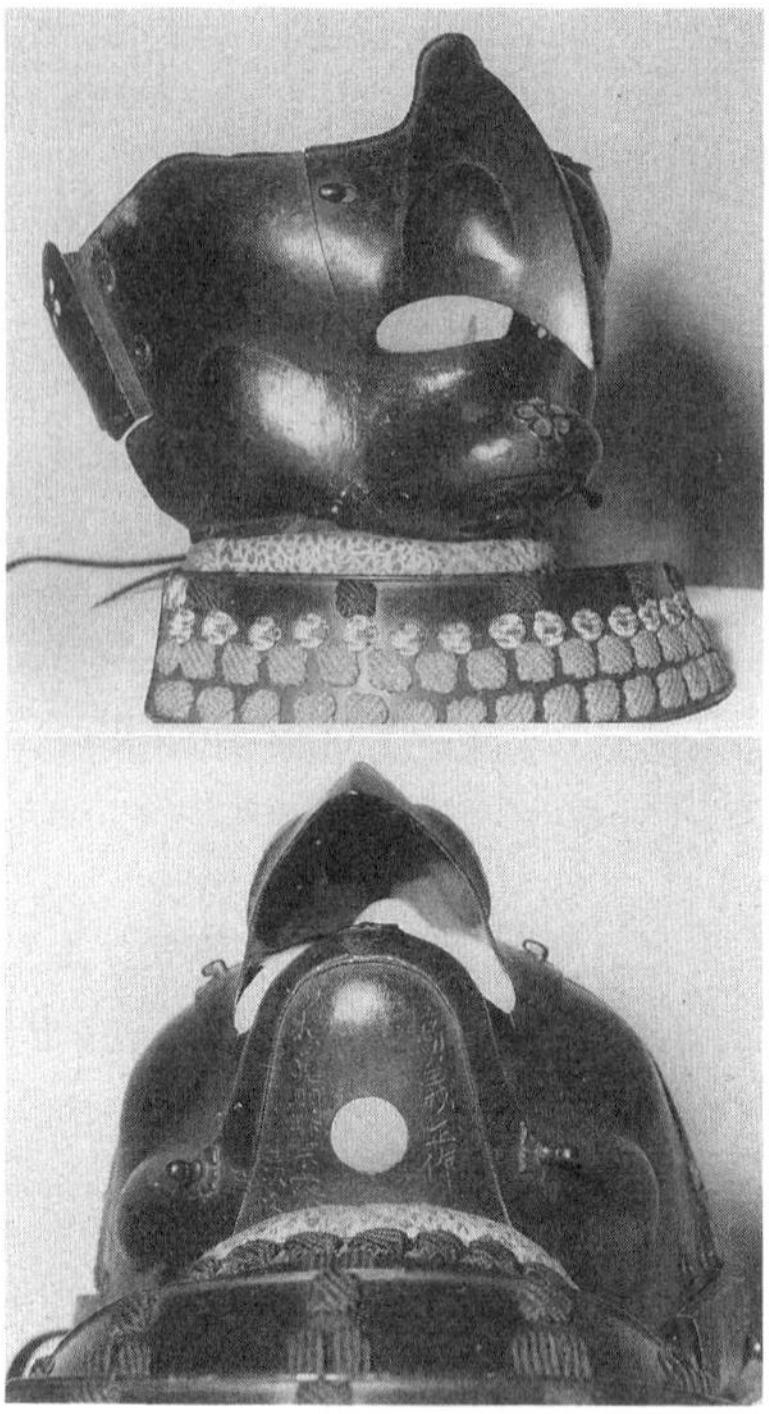

図70　鉄錆地、天狗面

無銘であった面に明珍宗察が高義作と極めて、天狗鼻を作りたしたものである。

(10)　治道面《ちどうめん》

治道《ちどう》は伎楽面からきた名で、治道の名のとおり〝道を治める〟ものである。治道は天狗と同じく先導役であって、伎楽面の治道や舞楽面の王鼻がのちに天狗に転化したといわれている。祭礼の行列の先頭に立って威風堂堂と先達するのが治道であり、のちの天狗である。

　伎楽面には鼻の高い面が比較的に多い。天狗の鼻は面の世界では直角的に突出したのをいっており、治道が同じ高い鼻でも傾斜的になる造形に違いがある。甲冑面では、直角的に突出した鼻では前方の視野を妨げることから、武用の面から下方へ傾斜した鼻のほうが効率的である。したがって直角的に突出した鼻の天狗面は稀少なわけで、いかほどか傾斜してのびた鼻の治道面を天狗面と識別するのが妥当である。伎楽の治道は耳が大きく垂れ下がるほどであるが、**（図71）**の甲冑面は切り耳に作って簡素である。鉄地金箔塗でところどころ剥落して素地が露出したところが古雅である。東大寺蔵の伎楽面・治道は顔面が朱色で塗られているが、これは金色にいろどられて甲冑面の中でも類例が稀である。悠然とした表情のなかに、ひときわ雄大な鼻が端座して、写実的であり大振りな造形が、甲冑面の中で異彩を放つ。

⑾ 鳶《とび》面

人が空を飛ぶことが夢のような時代に、空を自在に飛行する鳶は、人の果すことができない一つの理想体でもあった。鳶は鷲や鷹類の一種で、やや大形で黒茶色をしており、空から舞いおりて狙いさだめた動物を鋭い嘴でとらえる。空中に輪をえがいて飛ぶ鳶には、空の道があるとたとえている。「鳶飛んで天に戻《いた》り、魚淵に躍る」の『詩経』の語句が江戸時代の武人の間に親しまれたのをみても、天高く舞い上がって飛ぶ鳥の象徴が鳶である、といった一つの思考を具現しており、鳶のすばやさと、飛ぶことの自在さに憧れのような心情を持ったとしても不思議はない。

図71　治道面・鉄地金箔塗目の下頬
(Collection Robert Burawoy, Paris)

鳶面《とびめん》は甲冑面にみられる特異な面の一つで、鳶の嘴を鼻にみたてて面形としている。狂言面には少数ながら動物の顔を面にしたものがある中に、鳶（**図72**）がふくまれているが、甲冑面が鳶を面にとり入れたのは、鳶の嘴の鋭さからくる攻撃的な強さの感性を武人が好んだことによるし、飛ぶことへの憧憬を鳶に見出してのことである。鳶鼻の天狗面とかなり類して紛れやすいが、鼻の先端が鋭く尖って、嘴のように反ったもので、正面からみて鼻とみるより嘴とみられる形をしたものが鳶面である（**図73**）。錆地の鉄色が黒味を表わして鳶らしい色あいとなったのが相応しい。鼻の尖った面で鼻髭のあるのは天狗面であり、ないのが鳶面である。

鳶面は数が少なく、あまり作られていない。鳶面とみえるものでも鳶鼻をした天狗面であることが多い。

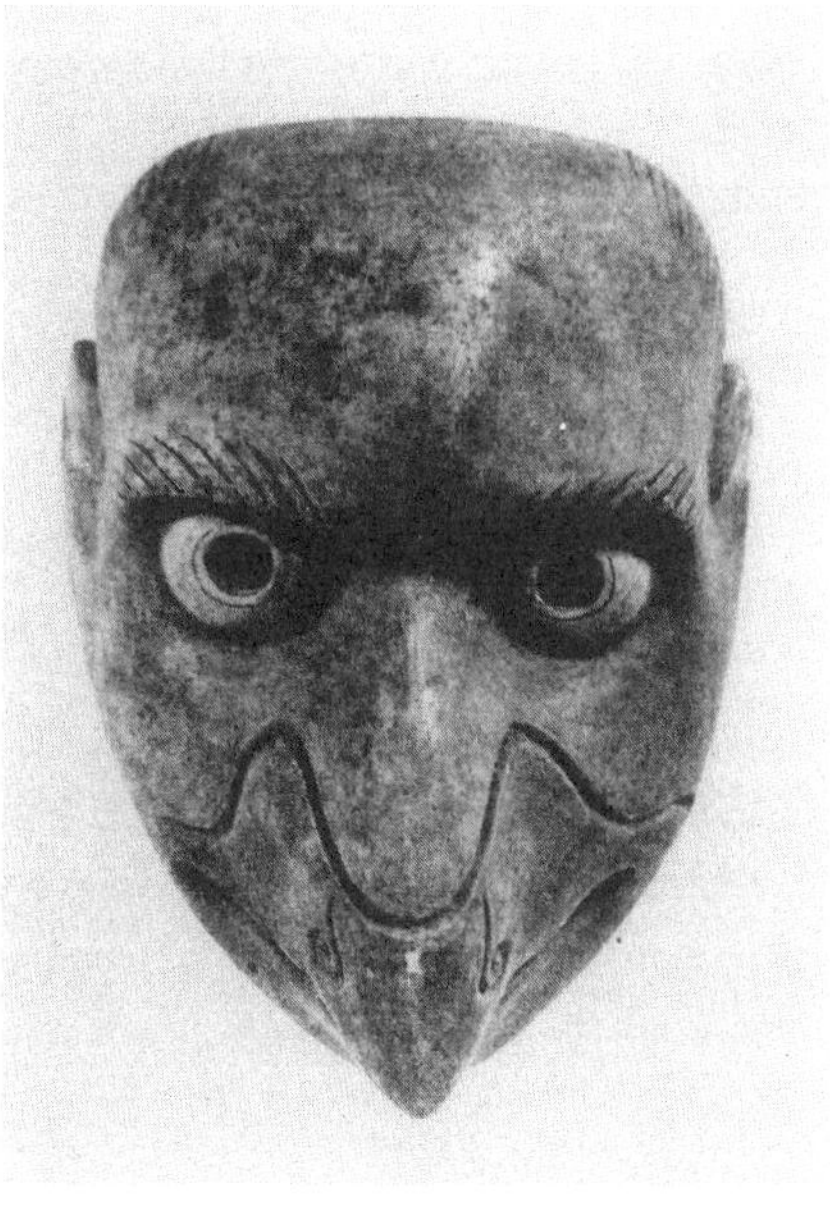

図72　狂言面・鳶面（東京国立博物館蔵）

図73　鳶面・鉄錆地目の下頬

(12)　姥頬《うばほほ》面

姥頬《うばほほ》は翁頬が老翁なのと対照的に老婆の面である。能面の姥はシテの尉面で皺があるが、甲冑面の姥頬は皺が必ずしもあるとは限らず、むしろ皺のないもののほうが多く、あっても二筋か三筋の穏やかな皺にすぎない。

姥頬《うばほほ》とは顎が婆口のように丸味をもって突き出たものをいうが、この面（**図版No.158**）の顎のように丸味がなく尖り気味のもので、むしろ歯と髭がない穏やかな表情に、口が小さく、頬が落ちて細ったものをいうのがイメージに近い。頬にエクボのような小さなへこみをつけたところは、上品なお婆さんといった印象をうける。能の姥は老婆が仮装した面で、神性をもった老軀の化身とみなされている。

薄手で古式のスタイルをもった面であり、眉毛をきり立つように打出して長く尾を引き、目が大きい。緒便り金が小造りなのは両頬の力がそがれることで、かえって姥頬には相応しい。総面で姥頬の造形はごく少ないが、老婆の化身であれば眼は細く弱々しい方が実感がこもるとはいえ、甲冑面の本来の用途が実戦にあることからしては、やはり眼はくわっと見開かねばならない。実戦の防具として姥頬はあまり好まれるものではなかったはずで、製作者からみては、頬の落ちた顔立ちの人に適した面形を仕つらえたまでであり、のちの人がその表情から姥頬の名をつけた、というにすぎない。隆武面と姥頬とは面相がかなり近似していて、目の下頬もふくめ姥頬とされるものの多くが、実は隆武面である場合がある。沈勇の相形は肉付きのある隆武面であり、頬に肉無しが姥頬として、両者を頬の肉の肥痩で分かつのが簡便である。

(13)　皺《しわ》面

特殊な面形で歯が面相を左右している。能でいう皺尉《しわじょう》などの尉面は髭があるが、顔面全体に皺を打出していることから皺面とみるのがよいだろう。（**図版No.69**）鼻先が丸かったり、顎がしゃくれた形状は甲冑面に独特で、こうした怪異な面のとき清涼剤のような調和点となる。

鉄錆地、耳をつけ、折釘にかえて環を打っている。環は緒便りの環ともいい、『甲冑製作辨』は上代の頬にこれがあるが中古には決してなく、近代の物に上代の風を真似たものがあり、その仕業は式部（㊟明珍宗察）の如き仕業に違いない、といっている。環は共鉄が通例である。能の皺尉はあくまでも温和で高雅な老翁を表現したものであるが、甲冑面では皺を強調して英知の深さを表わすとともに、強さを示現している。

(14) 越中面（鑢目の面）

面形の名ではなく、人名からとった名称である。鑢目を切ったこの手の面を（図74）「越中面」と名づける。『名甲図鑑』（資料50）にこの面と同一の図を掲げ「細川三斎公好ノ形、鉄味不悪、丈夫成物也」と記録している。細川越中守忠興の名「越中守」から引いた名称である。一つの面の中で所を違え鑢目の角度を変えているものに「筋違鑢の面」がある。鑢目は磨地に対して鉄地を変化させた一つの景で、鑢ではなく鏨で目線を端整に刻した工法である。

「越中面」は一見して一枚打出しに見紛うが、鼻の部分をとじつけにした二枚の鉄板からなっている。とじつけの境部分を密着させ、その上に鑢をかけているため一枚鉄に見紛う。「越中面」の表は錆地で漆塗をしないのが通例である。歯金箔押で裏面は黒塗、歯を植えない越中面もある。鼻髪はないのが普通で、あれば書髪のときと、毛を植えた髪のときと両手がある。

細川忠興は細川藤孝（幽斎）の長子として永禄七年（一五六四）に生まれ、慶長五年（一六〇〇）十一月に豊前小倉四十万石を領し、元和六年（一六二〇）家督を三男忠利に譲り、入道して宗立また三斎と号した。寛永九年（一六三二）六月、細川家は肥後熊本五十四万石に封ぜられ、忠利は熊本城に、三斎は八代城に入った。正保二年（一六四五）十二月、八十二歳で没した。

三斎は文武両道を究め、利休七高弟の一人にかぞえられて茶道の奥義を修め、風雅の道に通じて金工を育成し肥後金工の一流を形成することに尽力した。肥後金工は鉄を多用して透彫と象嵌技法を駆使し、洗練された趣の深い刀装具の世界を創造したのであるが、その時期は主に三斎が寛永九年（一六三二）以降、肥後熊本の八代《やつしろ》に移ってからの晩年期である。いまここで触れなければならない三斎流の越中面と具足に関する三斎とのかかわりは、肥後金工が製作されるより年代が遡る時期のことである。

天正五年（一五七七）松永久秀の属城片岡を攻略し、信長から自筆の感状をもらった初陣以来、三斎は戦場での体験から甲冑の機能構造を自らの工案によって改良する着想をもったようである。越中頭形《えっちゅうづなり》と越中面に共通してみられる要所は堅固さにある。越中頭形は眉庇《まびさし》が大きく幅広で、天辺に孔をあけない。越中面は鼻をとじつけにして実利を主に飾り気がなく、鑢をかけることで地味のなかに一種の「わび」の趣をかもしている。飾りとしての鑢ではなく、実に徹しての工法である。

三斎流の具足の成立時期について山岸素夫氏は「慶長年代のことと推定される」（資料56）として、細川家の具足師「西村与左衛門」を指摘し、次のように論考している。

西村与左衛門は西村忠兵衛家の初代で初名が忠兵衛、京都で甲冑の製法を学

図74　越中面・鉄錆地目の下頬
(Collection Robert Burawoy, Paris)

び、三斎に与左衛門の名を賜わり、「御細工師名代」となり、慶長六年（一六〇一）十月に知行百石を拝領した。初代は寛永十年（一六三三）ころに八代で病没したと推考している。三代与左衛門も三斎に仕え、三代以降は忠兵衛と名のり、八代が安政まで継続している。三斎流を相続し西村家代々が製作した具足は総数二千数百領に上るという。

⒂ 毘沙門面《びしゃもんめん》

毘沙門天に擬した珍しい相の面である（**図版No.107**）。革地黒塗、上唇を強調して上歯を付け、朱塗にした唇全体と歯が黒地に映えて鮮やかである。頰の隆起が柔らかく、耳から口元へかけての皺が波が寄せるように迫る造形は美的感覚の冴えをみせたところである。

毘沙門天は来迎の練供養などのときに使われた行道面の一つで、仏像の顔をそのまま面の表情に写しかえたものである。毘沙門天の形像は種々があり、右手に鉾《ほこ》を持つもの、左手に宝塔、あるいは三叉戟《さんしゃげき》を執るものなどいろいろで、兜跋《とうばつ》毘沙門天は甲冑を装い、雲から現われるとされ、元来は北方の外敵から仏法を守護するための護法神である。四天王のなかの多聞天が転化して毘沙門天信仰となったのであり、仏門に帰依して毘沙門天を信仰した上杉謙信が「毘」の字を旗印としたことは広く知られている。京の北方にあたる関東の地を守護する謙信そのものが毘沙門天であるとする考え方に通じていったものだ。

目の下頰に、行道面からヒントをえて毘沙門天の面が作られていることは興味深い。

⒃ 蓬萊面《ほうらいめん》

流名からの名称で、隆武面の形式をもつ。両頰の隆起がふっくらとしておおらかな風格がうかがえる。両頰と顎に据金物を打つのがこの派の特徴で、三友（松・竹・梅）の三所物、家紋などを据紋して飾金具に見どころがある（**図75**）。蓬萊の名は古くから蓬萊山、蓬萊飾りなどとして用いられ、松竹梅、鶴亀、尉姥を飾りお祝いごとに使うしきたりがある。甲冑師の蓬萊の名のはじまりは

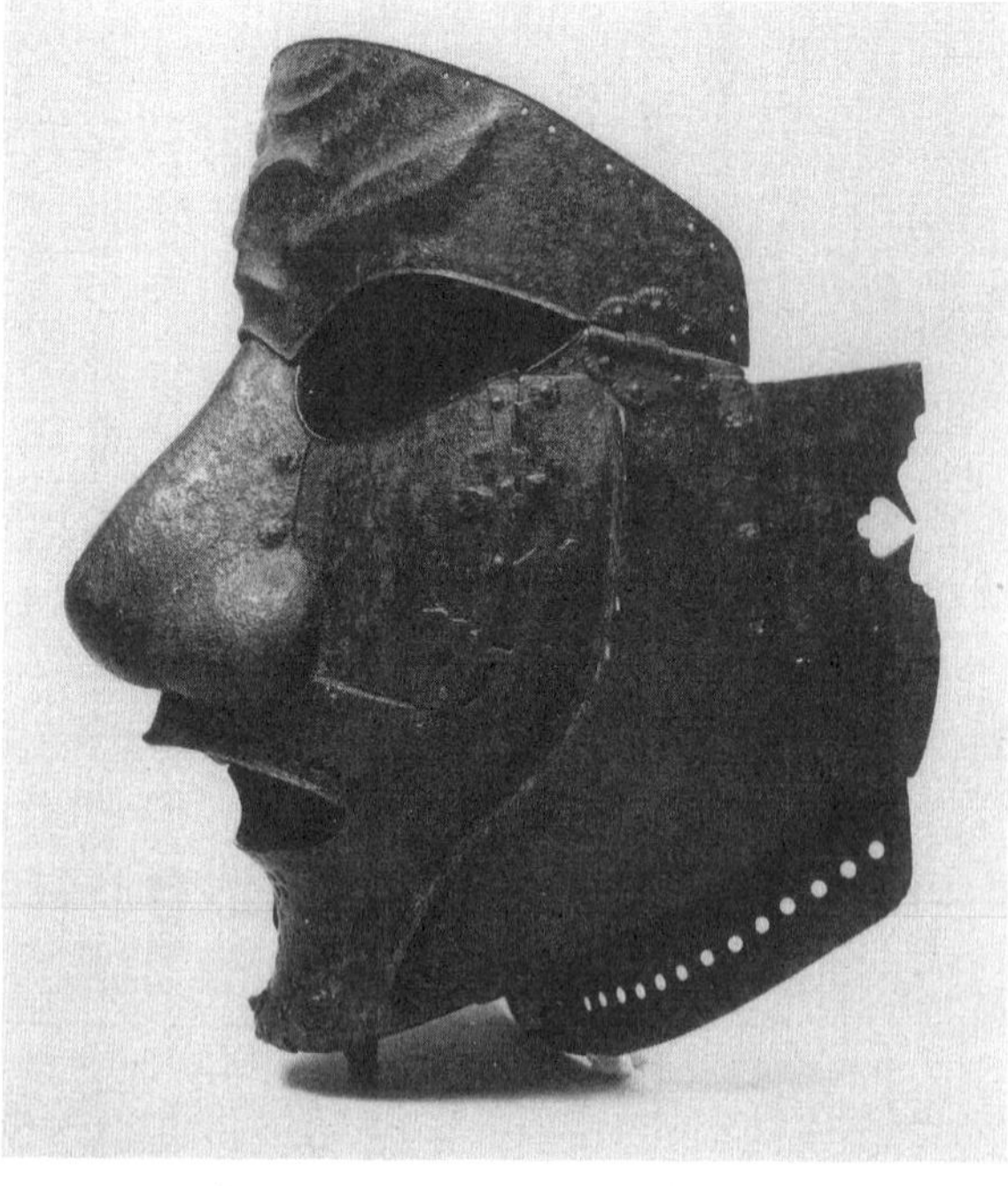

図75　蓬萊面・鉄錆地総面・蓬萊成近作（室町時代）

上州明珍で、のち加賀に移住する一派があって蓬莱派を形成している。上州明珍には蓬莱三郎国近（成近の兄）、蓬莱太郎成重（成近の子）などがいて、鍛冶銘早見出によると成重の子蓬莱九郎国久が上州から加州に移住したとしている。加賀に移った蓬莱派の中で甲冑師の他に鐔工を専業とする分派があって、彼らは鶴亀の図を鉄透し（**図76**）にするのを得意にして〝蓬莱〟と切銘したものがある。

図76　蓬莱作鐔（銘）**蓬莱**（江戸時代）

(17) 獅《し》子《し》口《ぐち》面《めん》

甲冑面の中で他に類例のない面相で、能面の獅子口（**図77**）からこれほど色濃く影響をうけた個性の強烈なものも少なくない。

鉄打出し、黒塗でことに頬と眉根に漆を厚く塗って盛り上げ、力強さを高めている。上髭、下髭、眉毛を銀彩で毛描きし、眼球と植歯に鍍金した金具を嵌入する。鼻の孔と口が大きく、まさに獅子吼の状であり、汗流しの孔は直径二・八センチとこれも大きい（**図78**）。

眼の具象が能面そのままで、瞳孔を丸くあけて眼球全体に鍍金金具を鉄地に二重に重ねて嵌入している。眼に金具を嵌入することは、能面では神とか魔性とかの超人間的な表意としてのみ限定して用いている。しかも超人間性の深度によって段階をつけ、眼球全体に金具を嵌入するのは顰《しかみ》、般若、獅子口などであり、瞳の周辺に細く環状の金具をつけるのは、橋姫とか三日月などの超人的なものの中でも人間的な姿に近いもの、といった厳密な区分がある。この総面がそれであるが、超人間的な面の眼球は繭形に作り、眉を高く盛り上げることによって眼窩がくぼみ、眼球の上方が隠れてみえる。それは動く所作によって陰影が強調され、金具であるために光沢が眼光の怪異性となって迫ってくるのである。

鋭い牙が上下に二本ずつ突き出るのも獅子口の特徴で、一見しては異様な相形に違いないが、陰惨な感じといったものはなく、むしろ陽性な気に引きつけられ、格別の魅力を持つのはなんとも不思議である。

獅子口の面は古式の伎楽面にその原型を辿れ、獅子舞も中国から渡来した伎楽の一つとして一種の悪魔払いの性格をもったものといわれている。能面の代表的な面の一つである獅子口は「石橋《しやくきょう》」の獅子にのみ限定されて用いられ、伎楽舞いとは性格の全く別のものである。獅子口は獅子の面で、獅子は百獣の王としてその名はすでに六世紀のころ中国から渡来して知られているが、能面の世界では単なる猛獣としてとらえるのではなく、獅子は文殊菩薩の霊獣として勢とか力の象徴として幽玄的な意味をもたせて扱っている。牙だけみると般若面と見紛いやすいが、般若は女の執念の恐ろしさを表わしたもので、あくまでも女の化身であって、髭を生やしていないところに相違がある。

この総面は獅子という実際からかなりかけ離れたものでありながら、実際のものらしくみせた仮装の演出がよく効果を表わしている。通常の総面よりひとまわり大きく、顔面にあててみると、深く被る感じがあって顔によくなじむ作りである。堂々として造形感覚の素晴しい、異色の甲冑面である。

図77　能面・獅子口　室町時代
（東京国立博物館蔵）

図78　獅子口総面・鉄地黒漆塗

(18) 狐頬面《きつねぼうめん》

狐の面相をした狐頬の面を稀にみることがある。類形は燕頬《つばくろぼう》であるが、顎を長く突き出した造形が独特で、二つの眉の打出しと合わせて狐らしい表情をよく表わしている。

狂言面には猿や狸とともに狐の面もあるが、これらは顔全体で動物の特徴を表出しているのに比べ、甲冑面では頬から顎へかけての半頬という狭い部分で、その動物の個性を適格に表現している。

（図版No.7）は一見して狐の面相をもつ。きれ眼が狐らしく、鼻先が尖ったところに表情がよく示されている。鉄の鍛えが良好である。

(19) 狸頬面《たぬきぼうめん》

狐頬に対して狸頬が、これも稀にある。『名甲図鑑』（続集中）に高義作として掲げたものに「世俗是ヲタヌキ頬ト云、異品」と注している。図によると鼻先が狐頬より太く、やや下垂れごころなところが、狸らしい表情をよくみせていて面白い。この図に類する狸頬が**（図79）**の半頬で、鉄錆地の鍛えに古色である。顎先の上下に据金物《すえかなもの》を打ち、左右の緒便り《おだより》は花菱文の座金に管《くだ》をつけた入念作である。**（図80）**は『名甲図鑑』（続集中）に「高義　神品」と注した図と一致する。同書が名称を記していないのは、狐頬にも擬せられるからであるが、ここでは相形からみて狸頬として掲げた。

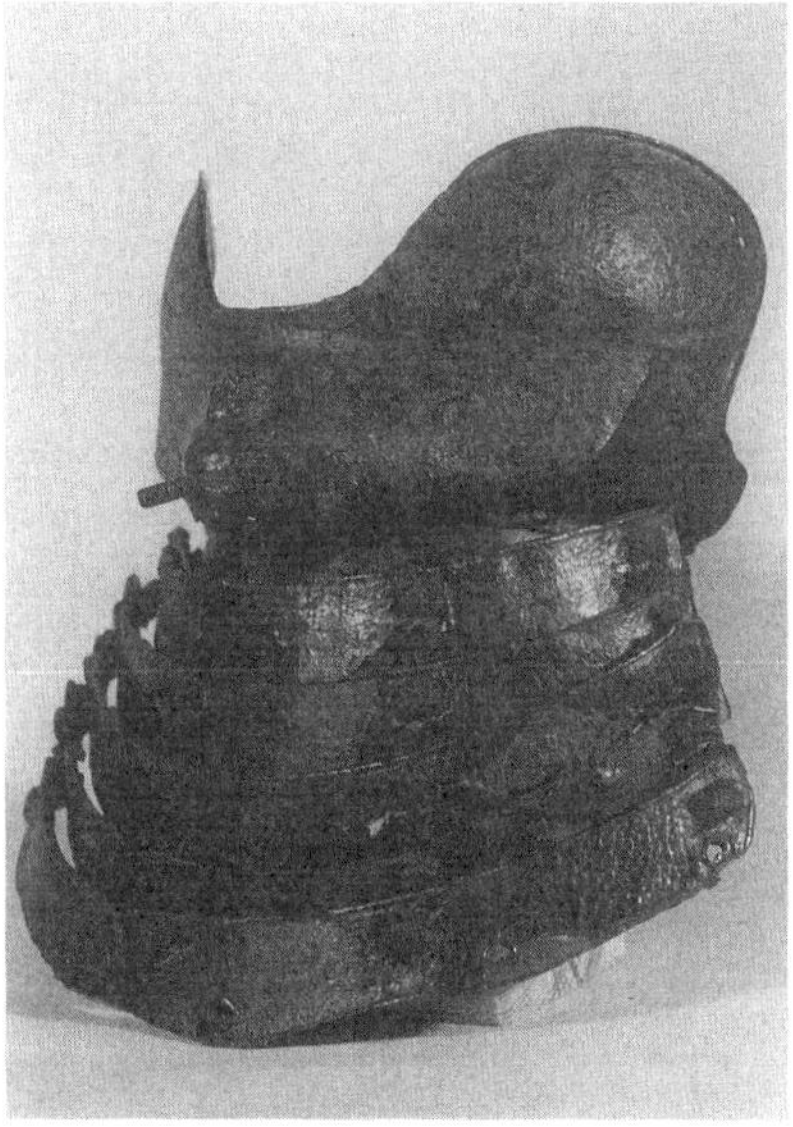

図79　高義作　狸頬

図80　高義作　狸頬

(20)　愛染明王面

愛染明王を形どった兜（**図81**）は面の表情を写実的に表わして異色である。長州毛利家の伝来といい、名物兜の一つである。形象は赤色で三つの眼にガラスを象嵌し、頭上には獅子冠を戴き中国産のヤクの毛を垂らして忿怒の相がすさまじい。愛染明王は愛情と染色の両性を具えているところから〝愛染〟の名があり、男女間の和合の神とされている。悪心降伏の祈願にさいし密教仏の本尊とされて尊ばれる。

愛染明王形兜と双璧をなすのが三宝荒神形兜（**図82**）である。日根野形兜鉢に三宝荒神を朱・黒・青の三色三面で張懸け手法で作る。三宝荒神とは仏・法・僧の三宝を守護する神で、仏教の信仰に深く帰依していた上杉謙信の所用と伝え、仙台・伊達家に伝来した。変り兜のなかでも神仏への信仰を象徴化し、緊迫感をもって迫る特異な形象の作品として、愛染明王形兜とともに刮目できる。

愛染明王も三宝荒神も頭部に冠するものを戴き、兜を飾るのであるが、総面はあくまでも面上を覆う防護の具であるところに製作意図の隔たりはある。しかし、どちらの兜の面を顔にあててもそのままに総面の態をなすに違いない。製作にあたっては、あるいは仏師の関与があったにしても、甲冑師の手になるものであろうし、秀でた技量の持主が精魂を込めて作りあげたその息づかいが伝わってくるほどである。

総面では『名甲図鑑』（**資料50**）が掲げる愛染半首（**図83**）の図があって、明珍了栄の作とされている。一枚打出しらしくゆったりとした大振りの所作である。ただし現品が伝えられていることを聞かない。愛染明王は三面六臂の忿怒相を示すのであるが、甲冑面では両眼のほかに額に眼を据えることはなく、頭上に獅子冠を戴くことも兜を被る上からは無体なことである。甲冑面にはしばしば、本歌をかならずしも忠実に描写しきれない場合があることの、作例とみなすことができよう。

図81　愛染明王形兜

図82　三宝荒神形兜

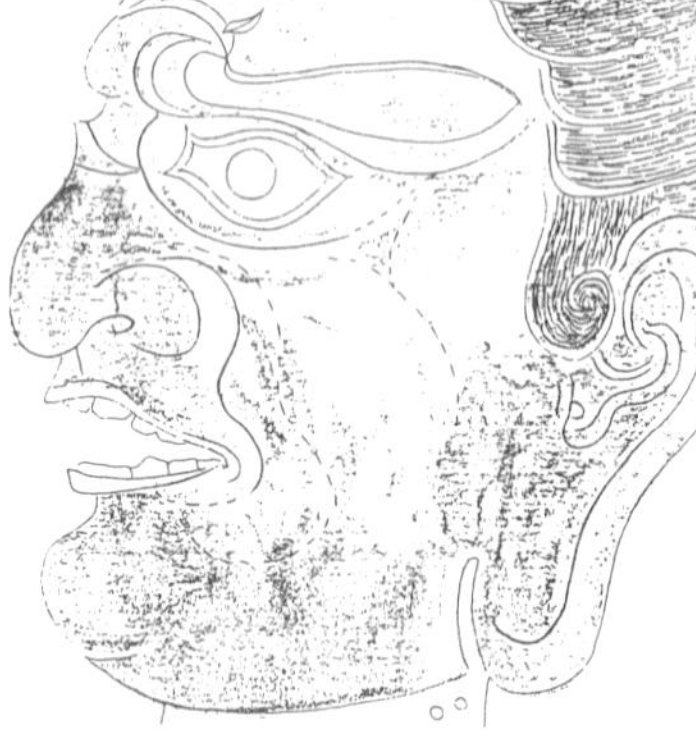

図83　**愛染半首**（愛染明王形総面）
（『名甲図鑑』附所載図）

(21)　その他異相の甲冑面

『名甲図鑑』（**資料46〜50**）が掲げる甲冑面の中には、前出のもののほかに不動面、力士面（**図84**）、勝鬼面（**図86—①②**）の鬼面類があり、伎楽面に範をとった還城楽仮面（**図86—③**）、行道面から引用した持国天などさまざまな面相のものがある。力士面は金剛力士になぞらえたものであろうか、鋭く牙が出て、毛描きの口髭がある。上歯に牙がなく顰《しかみ》にも名ぞらえよう。持国天（**図版No.156**）は明珍宗察作の総面で、宝冠に〝持国天〟の三字を但し書きしたもの。勝鬼面（**図86—①②**）は耳に〝勝鬼〟の二字を透彫することで面相を伝えている。わざわざことわりをいれたことで面相が識別できるのであるが、目の下面では鼻、口、耳などで面相の特徴を示現しなければならないという表現の制約がある。還城楽の面は吊り顎であるのが本来であるが、甲冑面では顎に面を固定しなければならず、舞楽面とは逆の要素が求められ、吊り顎には作れない。

頬一面に打たれた皺と大つぶの歯で還城楽面を表わそうとしている。般若面であれば牙を鋭く尖らせて面相の特徴を示そうとするのと同じく、本歌のある部分を強調することで面全体の相貌を伝えようとするのが甲冑面の表現技法の一つであり、目の下面ではこの部分の強調が顕著に求められる。

般若面に該当する甲冑面はほとんどみる機会がなく、他に古書や伝承による面の名に龍王、十王、抜頭、悪尉、鬼女など多種があって、かならずしも作品と面相とが一致して確認できるほどのものではない。龍王（**図85**）と名づけた面は隆武形でどっしりとした鼻と口の造作がひときわ個性的である。甲冑面の名称には素材と様式から名づけられるものがあって、植毛の面、鑢目の面、蒔絵や据文があるものなど多様な面をもつのも甲冑面である。

図84　力士面・鉄錆地目の下頬

図86—①　勝鬼面・鉄錆地目の下頬

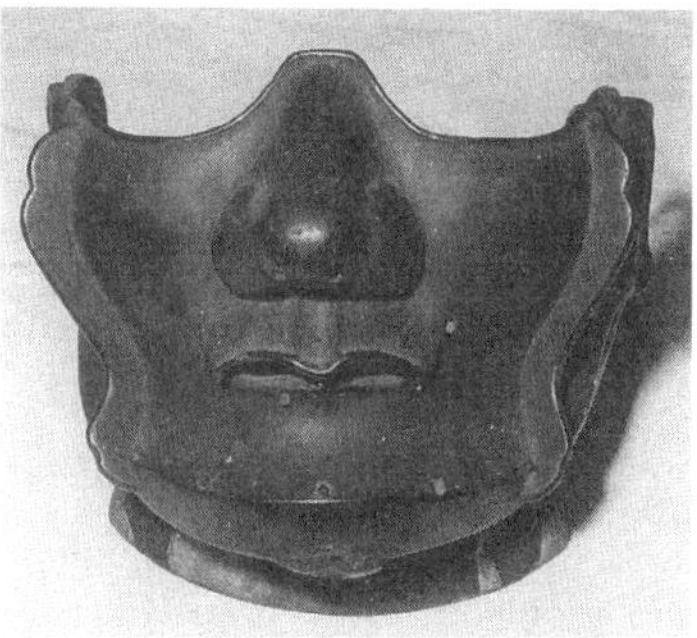

図85　龍王面・鉄地人肌塗目の下頬（斎藤直孝氏蔵）

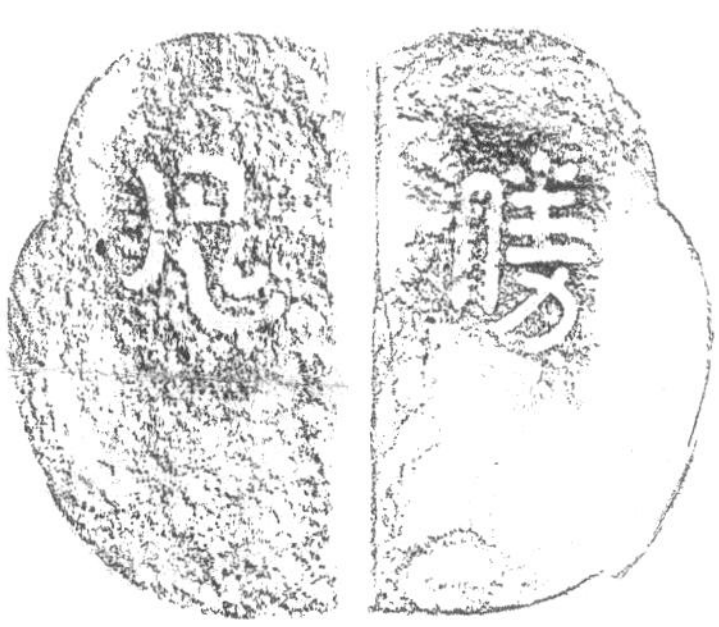

図86—②　勝鬼面・耳の透彫文字

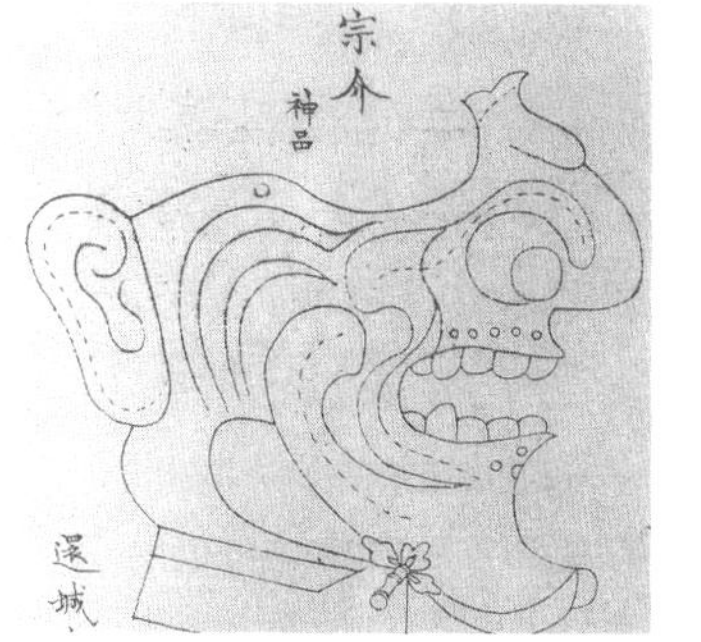

図86—③　還城楽面図（『名甲図鑑』続集上）

(22) 煉革《ねりがわ》面

甲冑面の素材は鉄の他に革があり、煉革製のものを〝煉頬《ねりほほ》〟ともいっている。ごく薄い煉革を幾枚も張り合わせて一枚の板状の革に仕つらえ、打出しを施して面形を整える。古作の煉革の面には幾枚もの薄革を張り合わせて一枚にしたものがあり、数百年を経てもいささかの変形する気配がない。張り合わせる革の枚数は通常は二、三枚であるが、打ちのべの工法で叢があったりすると頬や顎にゆがみができ、変形した面になったものをみることがある。

『貞丈雑記』によると、〝かわ〟の字に三つがあり、皮《ひ》・革《かく》・韋《い》である。「皮」は〝毛がわ〟であり、「革」は〝つくりかわ〟とよみ、毛を去ったかわ、つまり〝なめしがわ〟である。「韋」は〝おしかわ〟とよみ、なめしかわをつづって柔らかにした〝もみかわ〟のことで三者の差別があるとしている。同書は更に煉革を〝いため革〟ともいい、長門から出る牛の皮を最上とし、冬寒中にこしらえるのがよく、それは革の性が強く、虫が生じることがないからで、夏の暑中では革が腐りやすく性弱く、虫が生じるという。牛革を打ちのべるには堅木の上に敷いて鉄鎚で三日間むらなく打ち、のち表裏に石灰をまぶしてすりつけて日に乾す。

煉革面（**図87**）は表面を漆塗にするのが通例で、漆は革にも鉄地にも塗り、これを塗頬、または塗面といっている。塗頬は傷があるもの、火で焼けたものを塗でかくすので、よく吟味するよう『甲冑制作辨』が注している。同書の記すところによると、黒の蠟《ろ》色が絶品で、花塗も多く、朱塗、錆塗があり、錆塗は奈良物に多いという。また人肌塗、たたき塗、黄をう塗などがあるが、これは「不好もの」といっている。金銀、白《びゃく》檀、加な白檀などはあとになって錆がでるとことわっている。

裏の塗は黒塗と朱塗が多く、金銀の箔押し、白檀塗があり、革を着せたものがあるが、これは錆が出て朽ちこみやすい。

更に『甲冑制作辨』は煉革面について次のように記載している。

煉頬とて革を水へつけ、それを形へあてきめつけ、その上を麻縄に結びて干《ほし》あぶる也、日を暦《へる》にしたがって堅くなる也、日根野流にて専用いる。

煉頬《ねりほほ》には牛の生皮を用い、叩きのばし、陰干しして乾燥させて作る。重ね合わせる牛皮は数枚から、多いのは十余枚近くを数えるものがあり、叢なく張り合わせる技術は高度で確かなものが求められる。

日根野兜が流行したのは室町時代末期で、日根野流にもっぱら用いられたというから、このころに煉頬がかなり盛行したことになる。日根野兜が流行した同じ時期に煉革製の煉鉢が作られていて、煉鉢に添うに最も相応しかったのが煉頬である。このように室町時代末期には煉頬の需要がかなりのものだったことが知られ、それを裏付けるように、古作の煉頬をまま実見することがある。

図87　濃茶塗煉革面（中村達夫氏蔵）

第六章　甲冑面の作者

甲冑面図目貫

甲冑面の発祥が古墳時代に遡ることは、古墳から発掘される遺品のなかに甲冑面があることから知られる。桂甲・短甲が用いられた古墳時代は甲冑に限らず刀剣や弓矢など武器具は、日本固有の様式をもったものと、大陸から渡来してきたものとの二種があり、更に両者が融合して一体となった新形式のものへとすすむ。はたして甲冑面が兜に添って装着されるようになったのが、日本古来の伝統にもとづく考案によったものか、大陸からもたらされたものかは明らかでない。少なくも甲冑を装い、兜を冠する装備が形式を整えたときには面具が具備されていたと考えられる。

〝よろい〟の名をみる最古の文献は『続日本紀』(七)で

　山背甲作客小反等二十一人、新免雑戸、除山背甲作四字、改賜客姓

とあって、山背甲作の名を除き改めて客の姓を賜わった小反など二十一人の山背(山城)国の「甲作《よろいつくり》」がいたことが知られる。

甲冑面の始めが半首《はつぶり》とされるのは、源平合戦の古画に描かれた甲冑面装着の様態から推察されるし、『太平記』に半首が、『保元物語』には半首の古語である半頭《はつぶり》の名がでてくることなどから総じて肯定される。『名甲図鑑』は明珍家が自家の古作図を多量に掲げていて、系図に照合してみると鎌倉時代に該当する目の下面が描かれている。多くは作為的なもので、鎌倉時代であれば半首図でなければならない。

鎌倉時代の半首《はつぶり》は現存する作をみることがなく、将来とも発見されることがあっても有銘作はのぞめまい。古くは半首にかぎらず甲冑には作者銘を加刻するという習いがなく、わずかに熏革威胴丸に付く二十四間星兜(大山祇神社蔵)に〝大作(花押)〟の切銘をみるのは特例で、他に鎌倉時代の作とみられるもので作者銘を実物から知る手懸りは乏しい。南北朝期以降になっても諸記録から甲冑師の名をうかがうしかなく、例えば『尺素往来』に左近士、半田、源内が和州と紀州にいたことが記されている。半田はのちの春田であり、左近士と春田は江戸後期まで名跡を後続している。〝小泉兜〟の名は『応仁記』にみられ、奈良の地名小泉から名づけられた甲冑師銘とみなされている。『本朝武林原始』に「脇戸は奈良の函人なり」と記載がある〝脇戸〟は、それと該当する五十二間筋兜が一例発見されていて、古記録に残る在銘兜が確認された例は珍しい。兜の有銘作が室町後期を遡るのが稀少なように、甲冑面の有銘作をみるのは室町後期からである。

岩井と春田の二大流派が本拠として活躍した地は奈良であり、中世における文化の交流が奈良と京の間で盛んであったことからみても、両派の活動圏が奈良、京都を中心としたことはいなめず、次第に近隣都市へと拡大していく。江戸時代に入って岩井と春田は江戸へ本拠地を移し、岩井派は明珍派と並んで、関東、東北、近畿、四国、九州へと分布して勢力を拡大している。

岩井、春田の両派に遅れて台頭してきたのが明珍派で、その時期は桃山時代以降であり、江戸時代に入って全盛期を迎え、甲冑界の最大流派を形成して勢力圏を全国に及ぼした。徳川家の抱具足師は岩井と春田で、岩井が主、春田が従の兼ねあいをもつが、この二つの宗家に比べた明珍家は町方の甲冑師として、鍛造から構成までの一切の業務に専念した。その一方では自家の古作甲冑の極め所として折紙、添状を発行し、「日本唯一甲冑良工」などの肩書を宣伝に利しつつ、明珍家の地位を不動のものとしていった。明珍家を町方の甲冑師と位置づけることに変わりないが、寛政六年、宗政の代に幕府から「御具足師並」を仰せ付けられている(**資料61**)ことは注目すべき一事である。幕府が貯蔵する多量の御貸具足の修復にあたり功績があってのことで、明珍家が準抱具足師の処遇を受けたことによる。

明珍家は、室町時代末ころは轡《くつわ》鍛冶を主業としていたらしく、『御随身三上記』によると出雲轡の修理を明珍に申し付けた記述がある。各地に分派するなかに甲冑師に転業するものが出て、大勢は次第に轡鍛冶明珍から甲冑師明珍へ

と移行していったようである。明珍家蔵の『由緒書』控（**資料61**）によると、明珍家が大坂から江戸へ移ったのは元和三年（一六一七）八月、宗信のときと記録し、『校正古今鍛冶銘早見出』（**資料45**）の系譜では、宗信の先代宗家が天正・元和の間に東都で甲冑故実の家となった旨を伝えている。宗家は尾州の住とも近江住ともいうが、江戸に本拠をおくようになった江戸明珍のはじめが元和のころであったことはほぼ大過ないであろう。宗信は甲冑の他、轡《くつわ》の製作も上手であり、鐔の作（**図88**）があるなど作域の広い人で、現存する鐔の年紀から少なくも寛文三年（一六六三）まで活動していたことが確かめられる。

明珍家は、轡鍛冶としての伝統を保持して有力な一面を備えていたことも見落せない。享保のころ、幕府の抱轡師として市口家と並び明珍吉左衛門がその地位を得ているし、『毛吹草』が山城に「明珍轡」、河内に「誉田《こんだ》轡」の名をあげていることから、明珍派の名が市口派とともに轡師として一般に知れわたっていたことになる。明珍吉左衛門からのちの明珍家は轡師として幕府の抱職人に列することがないが、明珍轡は轡師としても各地に分派した形跡を、残された作品からみてとれる。

明珍家の名声は轡師としてより以上に甲冑師として高く、葉脈を全国各地に広げ、なかには鐔工に転じて盛んに鉄鐔の製作に精励する一類もいて、幕末まで殷盛をきわめている。

早乙女派は室町末期から江戸中期にかけて繁栄し、常陸国府中を根拠に下妻周辺にかけて分布し、幾多の名手を輩出したが、江戸中期のころからのち、末期にかけて、甲冑師としての命脈は急速に衰えている。この点、衰退の時期で類似するのが長曽祢才市家である。江戸長曽祢派の頭領才市家が幕府の抱鍛冶師になったのは延宝五年（一六七七）から貞享五年（一六八八）で、それより先立つ寛永年間に日光東照宮造営にあたり本殿の金具製作を担当するなど、桃山時代から江戸中期にかけて勢力を誇っていた。ところが五代将軍綱吉の元禄年間に「御用筋間違ひ有り」（**資料63**）として才一（才市同人）はお仕置きと

図88　鐔（銘）**明珍大隅守宗信　藤原作**
（寛文三暦卯ノ九月吉日）（達摩の図）

なり、才市家は断絶している。江戸長曽祢派は、このように突如として命脈を絶つ特殊事情があったのだが、早乙女派の衰退は明珍派の隆盛に押されるように、また甲冑の需要の減少という時代の趨勢に歩調を合わせるかのように、江戸末期には早乙女派の作品が激減して作品はほとんど作られていない。

[甲冑師の勢力分野]

甲冑師の番付表『泰平大日本甲冑巧銘録』(資料64)は江戸後期に刷版されたもので、全国の甲冑師の勢力分野がわかり興味深い。

明珍の頭領に〝明珍主水〟(家元・湯島天神前)がいて、主水は明珍二十七代宗妙であろう。宗妙は享和三年(一八〇三)に没している。同姓とその一流あわせて四十七名が列記されている。岩井の頭領は〝岩井与左ヱ門〟(家元・麹町)で、岩井姓あわせて四十六名は明珍と同数であり、明珍と岩井の二派が大勢を二分している。〝春田播磨〟(家元・平川天神前)は幕府の抱具足師に任じた播磨守永年であろう。春田は頭領の播磨以下、同姓七名、左近士が五名、寛紀が四名、磯貝が五名、井田、田村、小林が各一名。そのあとに「諸国在居巧名之分」として九十三名を配列している。この番付には早乙女と長曽祢が一人も出てこないのは、前述した事由があって当然としても、他に、いまはほとんど聞きあわせない名がかなり記載されていて、総数二〇九をかぞえる甲冑師が江戸を中心に全国に散在していたことがわかる。

一般には江戸時代を通じて甲冑師の名は明珍一色に色どられた感があるが、番付の上から江戸後期を通観しても、岩井家の勢力が明珍家と二分して繁栄をつづけていたことが判然とする。岩井姓の分布地をみると、江戸を主に京・大阪・下総・相模・伊勢・美濃・近江・備後・紀州・長州・薩摩・肥前。東北では出羽庄内、陸奥中村、そしていわき平、越中富山などに拡散し、それぞれが活躍していたことが察せられる。岩井派はもともとが甲冑を構成する〝仕立の家職〟であり、〝仕立威の家〟である。各地の大名家の抱え甲冑師として重きをおかれたことによるし、江戸幕府のお抱え職として伝統的な家系に強味を持っていたわけだ。その名が一般に精通されていないのは、明珍家のように鍛えの家ではなく作銘を記録して後世に残す例が少ないからである。胴の裏張りや籠手の裏の漆部分に朱塗で引っ掻いたような細い書き銘をみることがあるが、よく注意してみないと見すごしてしまうことさえある。

岩井家で作る甲冑面が〝御家頬《おいえぼう》〟である。鉄錆地で鼻の部分を仕付け、皺がなく、切耳に造り、折釘を打った穏やかな表情の作である。岩井家と同じく幕府の抱えである春田家の甲冑面も〝御家頬〟であるが、『名甲図鑑』(資料50)では春田の作を〝御家頬之格〟と扱っている。岩井の〝御家頬〟と同じく皺がなく、いわゆる隆武面で、鼻を仕付け、耳を付け、耳に六星の小透しを施し、顎の先端に緒便りの尖鋲《せんびょう》を打つ。御家頬はすべて無銘である。

甲冑面を最も多量に作ったのは明珍派であり、有銘作を数多く残している。信家(図89・90)は有銘確実とみられるものは稀少で、無銘ながら、それとみなされる作がまま現存し、いずれも鍛鉄に秀でている。義通(図91)にも少ないながら有銘作があり、『名甲図鑑』には無銘極めの作を掲げ、なかで半頬の異型作が注目でき、目の下頬の上作には〝神品〟と但したものがある。信家と義通・高義の三名人と呼称される三者は好んで甲冑面を製作したらしいが、いまみるものは後代銘の作であることが多い。それらは古式で簡素な作風をみせている。

春田派は降武面を得意とする。早乙女派は烈勢面を好んで作り、一見して岩井派の作調があるが、有銘作は未見である。加賀の蓬莱派は両頬と顎に松・竹・梅の置金を据紋した個性的なものを作り、両頬に大きく枝梅を据えたものもあり、華麗な趣がある。半頬・目の下頬のほか稀に総面をみることがある。根尾正信は書髪を好み、金・銀で鼻髪や顎髪を書くのが特徴で、まま有銘作をみる。

肥前佐賀の宮田勝貞(元禄・享保頃)、市口豊後派の友八・定八(享保頃)にも目の下頰と総面があって、両者はともに明珍派の作風を伝えている。

異色なのは江戸の福島国隆で、明珍了栄の後援者として余技に自作をしており、〝国隆造〟〝国〟〝隆〟などと銘を加刻したものがある。作調は了栄の風があり、寛文・延宝頃という了栄の年代より遡って古調にみえ、大振りでゆったりとした目の下頰を作る。

播州島居家の臣で軍学者・野口是斎が考案したと『名甲図鑑』（**資料50**）が伝える烏天狗面の現品が、いまフランス・パリにある（**図版No.83参照**）。鉄地朱漆塗の目の下頰が異風で明るい雰囲気をもち、野口流の軍学にもとづく所作が込められているらしく、「野口流の秘事也」と但書きが同書にある。

室町後期から江戸期を通じる甲冑師群の趨勢は、岩井・春田と明珍の三家が主流をなして一門が栄え、なかでも岩井と明珍が幕末まで後続した。この三家に劣らず一時めざましい繁栄をみせたのが早乙女派であるが、常陸国府中から下妻周辺に分布し、わずかに相州にも分派した形跡があるが、岩井や明珍のように各地に積極的に分流をはかることなく、甲冑師としての一門は終熄に向っている。はじめ甲冑師達の中央拠点は奈良であったが、次第に江戸へ移り、江

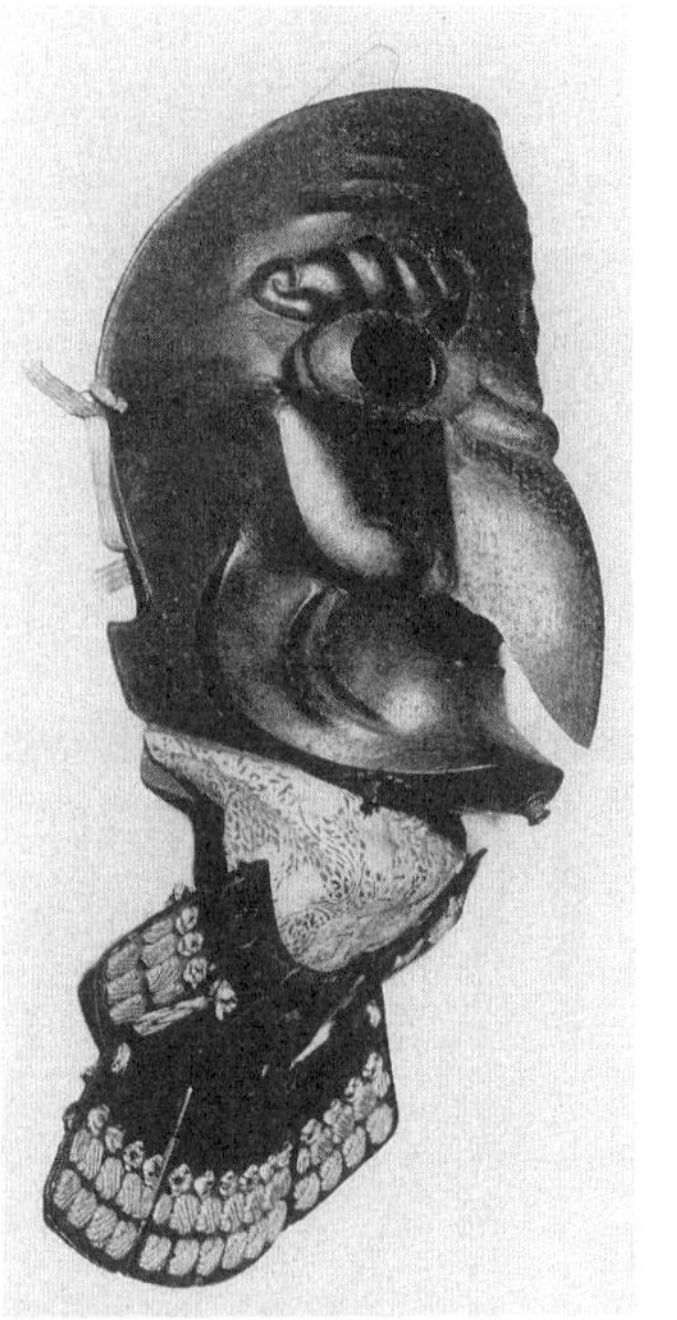

図89　信家の鉄錆地天狗総面（アメリカ・ウィスコンシン州・ミルウォーキー公立博物館蔵）（金田景氏資料）

図90　信家の半頰

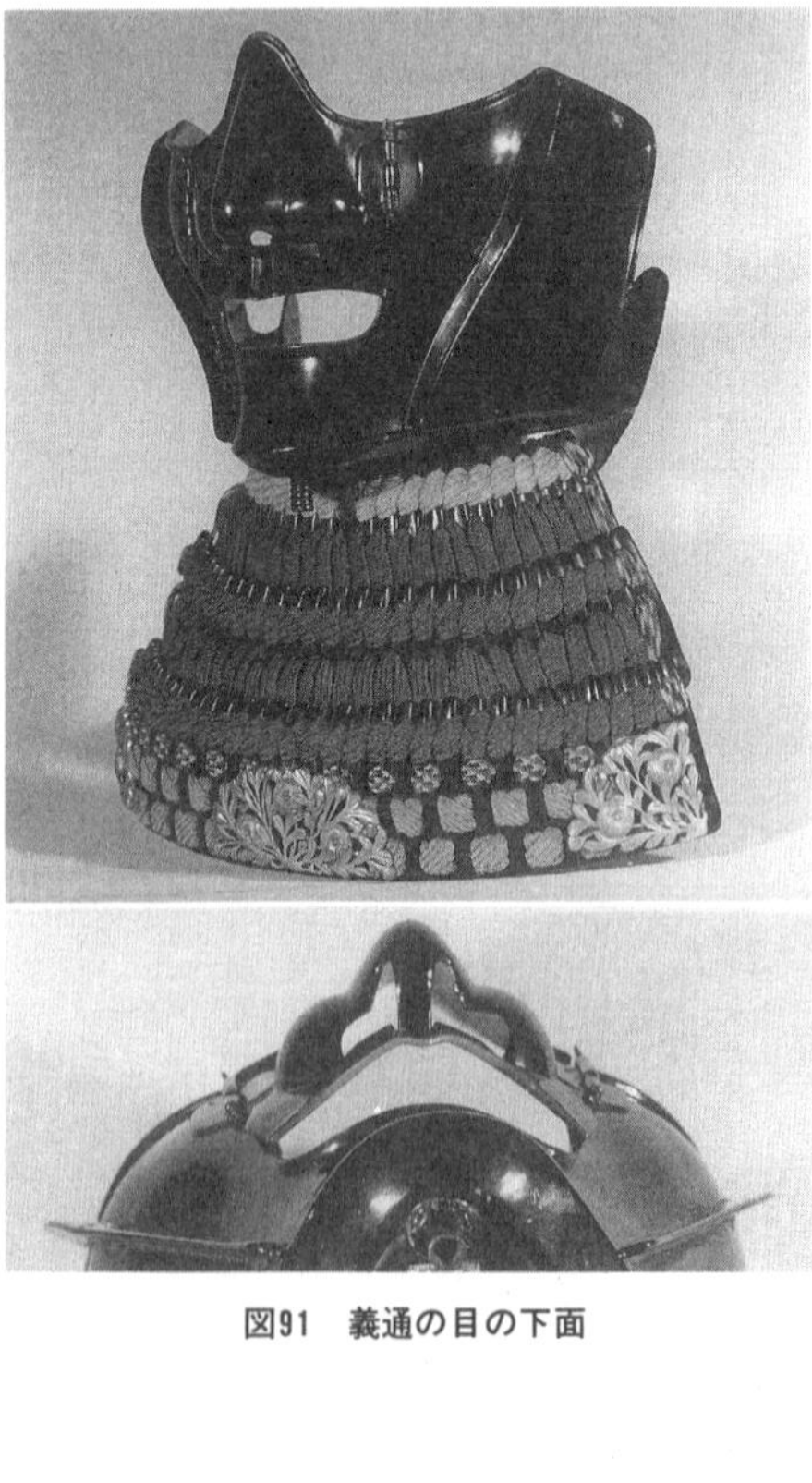

図91　義通の目の下面

戸時代初期には主要甲冑師群は江戸に集中し、更に全国各地へと門流を拡散していった。甲冑面の有銘作は明珍が最も多く、各地で製作しているのをみてもその繁栄ぶりがみてとれる。岩井と春田の甲冑面の有銘作は極めて少なく、とくに岩井は銘を加刻することのない家職だっただけになおその感が深く、岩井の有銘作があれば多くが江戸後期になってである。俗に奈良頬と呼称される鉄漆塗の無銘作に春田の作がかなり混在していよう。両作には煉革面があってこれにも漆塗が施されているのが常である。

早乙女派の兜の多くには銘を入れた作品をみるのであるが、なぜか甲冑面に銘を切った作例をみない。もともと甲冑面には銘を加えなかったらしく、無銘作がかなり伝世していようが、早乙女派の甲冑面の作域と生産量は特定しにくい。

(1) 明珍派

明珍系図は広く知られているが、室町時代末期ごろから以前を記した部分は信がおけないことも一般によく知れわたっている。「増田明珍家歴代系譜」（**資料45**）によると明珍家の源流は始祖宗徳から三十一代宗吉までつづき、これまでを「上代」として、さらに中興の祖出雲守紀宗介が初代で文寿・文治の間の人として以下二十七代が連綿としたことになっている。明珍系図は各種があって、『江戸明珍の研究』（**資料66**）に詳しく、この書によれば明治の宗治まで六十世をかぞえる。始祖武内祢宗徳から三十一代宗吉（鎌倉初期）までは神話の世界であり、次いで中興の祖宗介から信家（永正・天文）ころまでは説話の世界と鑑じてみれば、明珍系図の古式の部分への対処がしやすい。宗家（十九代）・宗信（二十代）あたりからのちの明珍系図は信憑性を認めてよい部分が多く、それでも系図によってまちまちの個所があるので取捨選別が求められる。

本稿の代別は『古今鍛冶銘早見出』（**資料45**）の明珍系図によったところが多い。実際に明珍の名が甲冑の作とともに出てくるのは室町時代末期のことであるが、世間によく知られるようになったのは桃山時代以降のことで、轡鍛冶から甲冑師に転じ、さらに鐔工へと派生する一群がいて、明珍派は全国各地に分布していった。

明珍家が甲冑の鑑定を始め、極折紙、添状を発行したのは二十代宗信からであることは、寛政四年（一七九二）十二月に宗政がまとめた明珍家の『由緒書』控（**資料61**）によって知られるが、極折紙で現存するのは二十一代邦道が寛文九年（一六六九）二月に発行したのが最も古い（**資料66**）。

刀剣鑑定の宗家である本阿弥家が折紙の発行を始めたのは九代光徳で、元和二年（一六一六）からと伝えるが、正真の折紙は確かめられない。現存するのは光徳の子、十代光室のものからである。光徳が没したのが元和五年（一六一九）七月であるから、その直後から光室の折紙があってよいはずであるが、得能一男氏が実見したのが元和八年（一六二二）五月発行の信国刀のものであり、目下のところこれが光室折紙の最古である。

刀装具では後藤家の歴代が折紙を発行する。五代徳乗が祐乗作の目貫に元和七年（一六二一）十二月付けでだしたのが確認できる最も古い折紙である。こうしてみてくると、本阿弥家も後藤家も折紙の発行は元和年間からで、明珍家はそれより遅れて折紙、極め札をだすことに着眼している。明珍家の折紙は邦《くに》道《みち》が考案し、宗介の代に定着してのち、幕末まで一定の様式を備えて各代が発行をつづけている。宗介は作品に加えて折紙を発行した数も多く、以降は二十五代宗正が折紙の発行数では宗介に次ぐ。

本阿弥家、後藤家の折紙のうち上代のものは、いまに権威を保持しているのと比べ、明珍家のそれはかなり懸隔して同一には論じられない。ことに極めをする作品の年代判定の基準がどこにあったのか不審である。本阿弥家や後藤家が一族の合議制で鑑定結果を折紙に表意したように、明珍家でもそれなりの規格をもって対処したには違いなかろうが、その権威は、いまほとんど認められない。折紙の書式は宗介の代で一定して、のちの代まで変わることがなく、鑑定規準の性格といったものは基本的に邦道から定まっていたとみてよさそうである。「武内宿祢宗徳三十二代末孫」「日本唯一甲冑良工」などの大ぎょうな言辞はすでに邦道の折紙に書き込まれている。折紙を発行する権限は明珍家の頭主にあって、それは江戸本家明珍をおいてはなかったはずである。実際には頭主を自称しようとするものもいて、宗正や宗妙の代にかなりの混乱があったらしく、左内宗勝が破門されるなど内紛を生じた形跡があるが、ここではこれ以上は触れない。

『甲製録』によれば、家康の時代に岩井、左近次、井田、半田の甲冑師四天王が挙げられているが、明珍の名はみられない。

幕府お抱え職の具足師は前にも述べたように、江戸時代を通じて岩井と春田の両家が重用されている。享保初年まで岩井与左衛門家、寛政四年（一七九二）に岩井勝千代、同源兵衛のほか春田の名がみられる。明珍家はいわば新進の町方の甲冑師であって、家彫の後藤家に対する町彫工の立場にあっただけに、岩井、春田の名家を凌駕するほどに名を広める躍進ぶりはなんともすさまじいばかりのものがある。

徳川家康が江戸に幕府を開いてから、江戸に集まる甲冑師群の中に明珍家もいて、強力な江戸明珍派の集団を形成していった。江戸明珍が明珍本家の体裁を整えるにはさほど年数を要することなく、それは宗信にはじまる江戸明珍の次代邦道の世であり、その定礎を確立したのが宗介である。江戸に本拠を移した明珍派は次第に諸国に派生していったのである。その地は陸奥盛岡、会津、出羽庄内、越後、加賀、若狭、美濃、信濃、近江、甲斐、下野、上野、摂津であり、東海道では常陸、相模、尾張、伊勢。山陽・山陰では播磨、備前、美作、安芸、長門、但馬。四国・九州では讃岐、土佐、肥前、肥後、豊後、日向など全国各地に分布して一大勢力を構築したのである。

【轡鍛冶・明珍の形態】

明珍派はもともとは轡鍛冶の出身であり、轡鍛冶を本流としながら、それが支流としての形骸を残した感があり、甲冑師としての一面が一般には本流とみなされるようになった。鐔工明珍派はさらに葉脈を広げて各地に根をおろし、明珍派鐔工群を形成し殷盛を極めている。はたして江戸時代に明珍派の中で轡の製作に専念する一派が各国に存在したことからみて、なお明珍派の真の本流は轡鍛冶であるという伝統を墨守する風が残されていたであろうとみることができる。〝明珍〟の名は轡鍛冶の時代に「明らかに珍しかった」ので付けられたと伝承している。江戸時代の製作にかかる明珍在銘の轡からみて、轡鍛冶としての明珍派は山城、江戸、羽州庄内、越前、加賀、但馬など各地に分布してかなり勢力を伸張していた形跡がある。轡は馬具の一つという作品そのものの性質上から伝え残されにくいことがあり、また鐔に改造され、あるいは消失したものもあって現存する数量はあまり多くなく、これまでに知られる資料からだけでは轡鍛冶明珍の形態はとらえにくい。自然と明珍派は甲冑師、また鐔工としての面が強調されることになったし、明珍家そのものが甲冑師であり、鐔工としての看板を表向きのものとして世間に印象づけるようになった。庄内藩の事例『鶴岡沿革史抄』から抄出すると

「初め忠勝公当時、轡師の名工明珍を禄五十石を以て御職人となし、其子孫二に分れ、本家は所祖の業を継ぎ、轡師となり、分家は甲冑師となれり。宗吉は即ち甲冑師の人なり。幕末に至り、兵制全く変り、甲冑を要せざるに至りたれば、専ら鐔の制作をなせるが、槌の打方に妙を得、名工の名あり」

とあって、庄内明珍が轡師と甲冑師に分業した経緯が知られる。宗吉には弘化三年紀の六十二間筋兜の作があり、明治六年に没し、子孫は絶えている。

［江戸明珍の声名］

江戸明珍家は江戸時代中ごろまで藤原姓（**図88**）、以後は紀姓を用い、幕末には稀に源姓を切り、紀姓に重ねて増田の本姓を冠したものもある（**図92**）。式部、民部、大隅などを冠し守、介、大掾などの受領銘を切っている。十九代宗家あたりから「天下一」、二十代宗信から「日本唯一甲冑良工」と名乗ったほか、「中興開山」「元祖明珍」といった大仰な権威づけを意図した添銘をみる。鉄の鍛造を得意とした面からは「神道五鉄錬」「百錬」などの文字をあてて宣伝の効果を高め、世人の趣向に迎合して盛行した。

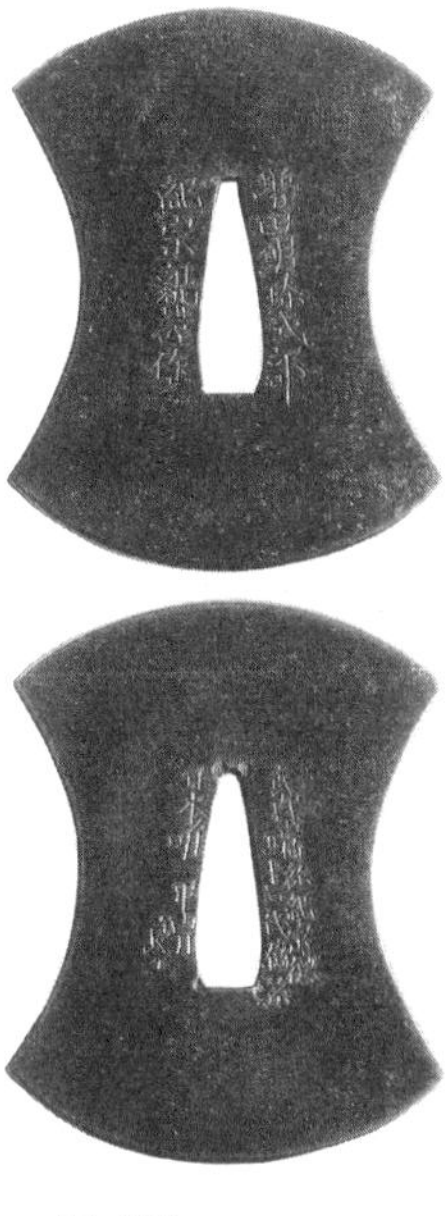

図92　鐔（銘）
武内宿祢紀宗徳五十七代嫡孫
日本唯一甲冑良工
増田明珍式部
紀宗親作之
（分胴形）

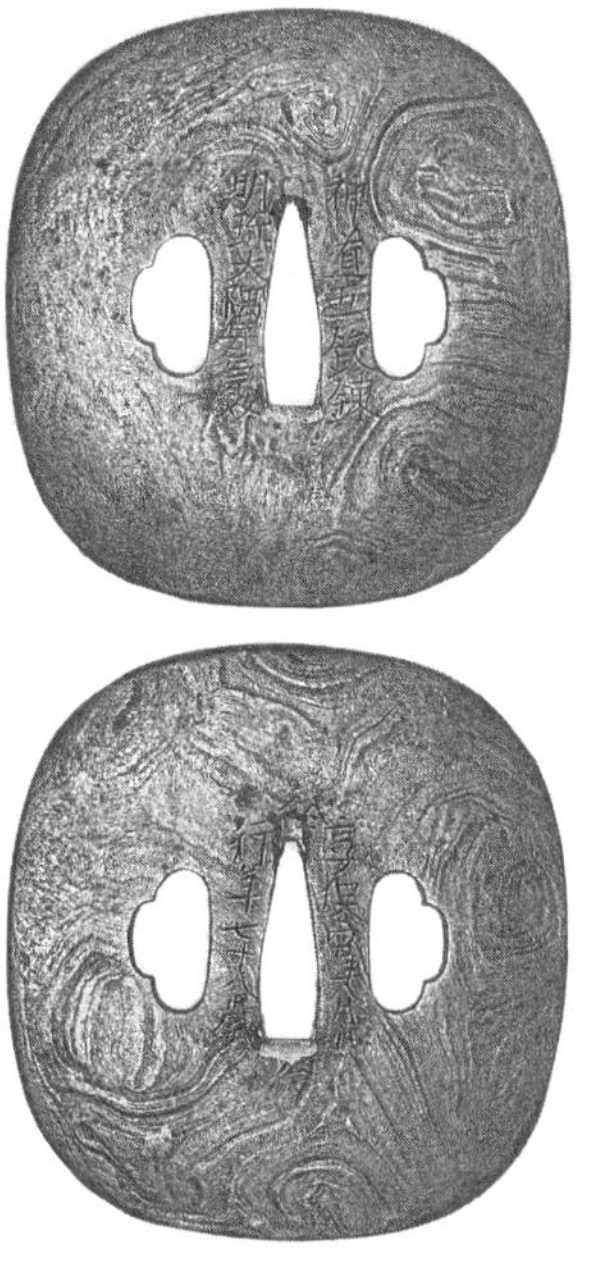

図93　鐔（銘）
神道五鉄錬明珍大隅守宗介
享保四年八月日行年七十八歳
（板目肌模様）

「神道五鉄錬明珎大隅守宗介」「享保四年八月日行年七十八歳」と切った板目鍛え肌の鐔（**図93**）があり、また宗介の打出胴に享保八年（一七二三）八月紀があり行年八十二歳と切った作銘があることから、逆算すると宗介は寛永十八年（一六四一）の生まれである。明珍本家の菩提寺である東京駒込の光源寺の過去帳を石田謙司氏が調査したところによると、宗介の没年は享保十年（一七二五）七月十二日で、系図諸本中に「八十四歳病死」としている。**宗介**は二十代宗信の子、二十一代邦道の弟で明珍歴代中の手腕家として聞こえ、多数の有力な門人を養成している。製作意欲は旺盛で古式の鉢を模写し、打出胴を手がけ、鍛肌を表わした鉄鐔を作り、好んで甲冑面（**図94・95**）を残すなど、長期間にわたって活動をつづけた。二十五代**宗正**は前に述べたように折紙の発行が多く、甲冑の製作は極めて少なかった。『名甲図鑑』を編集した事績が特筆されよう。二十六代**宗政**は津軽明珍**宗賢**の子で、甲冑をはじめ鐔の製作も手がけ、有能な多くの門人を輩出した頭領である。前述のように準抱具足師に任じられたのは宗政の代で、幕府から信任が厚かったことを示す事例である。寛政八年（一七九六）、八十二歳没。明珍**宗察**は本名滝左平太、宗介の甥で、のち養子となり宗介の門、宗介に嫡男宗正が生まれたので旧姓滝に復し、芸州浅野家に仕

図94　明珍大隅守紀宗介の鉄錆地目の下面

図95　明珍紀宗介の鉄錆地目の下面

える。この間のいきさつを「浅野家文書」（**資料67**）から詳述したのをみると、享保十年（一七二五）に宗介が没し、宗正が十二歳で家督相続をしてから、左内宗勝が後見したが、門弟の間に争いが絶えず享保十一年（一七二六）一月に宗察は江戸に帰り、宗正を後見して家伝の奥儀を伝えている。宗察は宝暦元年（一七五一）五月六日、六十九歳没。宗察は優れた作品を残し、総面（**図96**）、目の下面はいずれも鍛鉄が精緻で、江戸明珍家中で出藍の誉が高い。宗察と同門の後輩である津軽藩の**宗賢**は、宗家を相続した宗政の父としてばかりでなく、打出し技に見どころをもつ総面の作例がある（**図版No.129・130**）。総じて宗介門下に人材が揃い、層が厚い。かくて宗介から宗政におよぶ元禄・宝永から宝暦・明和にかけて、明珍の声名はますます高まり盛期に達したといってよい。

江戸時代も中期をすぎるころを境に日本刀鍛造の世界がしだいに衰微していったように、甲冑の製作、修理、あるいは整備の面でも、武備をはなれ泰平になれた世情を背景に、武器具全般に及んで人心が次第に離反していったことはいなめない。

江戸時代末期には各藩の経済面の窮迫はますます甲冑の新調や保存整備をとどこおらせ、よって甲冑師の職種が等閑に付せられがちとなり、加えて火器の発達による洋式戦術の変化はさらに甲冑師を窮乏に追いやることになった。こうした傾向は必ずしも甲冑師すべてに及ぶといったものではなく、武器具の装備に意を注いだ雄藩の保護政策の恩沢により、甲冑師本来の専業を継続できた

図96　（銘）於武江明珍宗察
明珍宗察の鉄一枚打出し総面
(Collection, Robert Burawoy Paris)

ものも少なからずいたであろうが、総じては時代の衰勢に抗しがたいのが実情であった。

幕末の甲冑師たちが一つの活路として見いだしたのが鐔の製作にあったようである。幕末に集中して〝甲冑師の鐔〟が量産されるようになったのも自然な理であったろう。武士の表道具としての大小差しには、装具の要である鐔の必備なものであった。刀装具の中で鐔がもっともよく掛けはずすことができ、予備の鐔を保有することによってそのときどきの趣向を満たすことができた。このようにして奢侈の風は武士の腰を飾る鐔の需要を刺激して多くの鐔工を生じ、鐔の製作はかれらの生活の基盤となっていったのである。

［明珍家の甲冑面作家たち］

有銘作が現存する甲冑面は明珍家の盛期に作られた作に見るべきものが集中し、江戸明珍では宗察《むねあきら》らが出色で、鍛造、打出し、彫技ともにきわだち、宗介、その門下の宗賢《むねかた》、その子宗政、宗察同門という宗長（宝永、享保）などの作が目をひく。津山明珍の宗保、仙台明珍の宗定、加賀明珍の諸工に優れた作品をみる。信家の甲冑面は『名甲図鑑』にはかなりの数量が収載されているが、現存する有銘作は稀である。また邦道や名工の誉高い了栄の有銘作は未見であるが、了栄作と鑑じられる無銘の目の下面を数点実見している（**図版No.38・39**）。桃山期から江戸初期にかけては無銘作が多く、風格をもった重厚な甲冑面をみることがある。それらの中には明珍家が先祖という古作の極めものに祭りあげられたものが少なからずあるに違いない。江戸末期に鐔の製作に力を注いだ宗周は甲冑面を作っても巧みである。

水戸明珍と加賀明珍は比較的に作品が多く、水戸明珍の義徳、義房、義民、義臣、義一などが活躍し、加賀明珍では宗久が甲冑面を好んで作り、江戸中期から末期まで同銘数代が継続している。土浦明珍では宗矩が鍛えの良さで優れ、筋兜や星兜を構図した鉄鐔も作る。その他津軽明珍（宗俊）、庄内明珍（宗吉）、上州明珍（成重）、姫路明珍（宗朗）、安芸明珍（宗晴）、讃岐明珍（宗巧）、肥後明珍（保次）、豊後明珍（保身）など一例をあげるまでもなく、全国各藩に拡散した明珍各派が地方に定着して作品を残し、甲冑面をいまに伝えている。

(2) 岩井派

岩井家は幕府の抱え職「具足師」として、江戸時代を通じて同職の中で最も高い格式と地位を得ている。岩井家は仕立威を主業とした「具足屋」で、具足細工の下職を多数抱えて甲冑を構成し、販売する家職である。いわば製造と販売を一体化した企業体であって、古甲冑の修理、修復も手がけている。明珍家のように鍛造をもっぱらとする甲冑鍛冶が、作銘を加刻するのを通例とするのに対し、構成を手がけることから銘を切り残すといった作業そのものが少なかった。岩井の古作で有銘作がほとんどみあたらないのはそのためである。靖国神社蔵の太平楽桂甲の家地裏に「かゝ見や町　ひかしかわ　慶長四年八月吉日岩井善五郎（花押）」と墨書銘があるのは、稀な作例である。

現在久能山東照宮に伝来する伊予札黒色威胴丸具足（重文）（**図97**）は歯朶《しだ》具足《ぐそく》と呼ばれて著名である。徳川家康が長久手の戦（一五八四年）に着用して勝利を得たことから吉祥の大黒天を夢みて、この具足を作らせたといわれ、兜は大黒頭巾形、胴は伊予札《いよざね》を横縫して黒漆塗とした縫延胴《ぬいのべどう》丸で、黒糸素懸威《すがけおどし》である。徳川家では将軍の代替りごとに、同形の具足一領を新調するのがならわしであった。『御具足師岩井與左衛門由緒書』（**資料62**）によれば

御兜御建物與左衛門相数寄ニ而献上可仕旨奉蒙　上意、歯朶之御建物献上仕
候

とあって、歯朶具足《しだぐそく》が岩井与三衛門の製作による旨が明記されている。右の由緒書によれば、歯朶具足は関ヶ原、また大坂の陣に家康が用いて「御勝利之御具足」とされている。その詮議はともかくとして、歯朶具足に添う目の下面

図97　歯朶具足（重文・久能山東照宮蔵）

図98　金溜塗具足（重文・久能山東照宮蔵）

に注目したい。烈勢形《れっせいがた》で黒漆塗、鼻は掛けはずし形式で、折釘ではめ込み留め、頬と口元に皺を打出し、植歯を上下に付け、白髪の鼻髪、顎髪を植える。御家《おいえ》頬《ぼう》の小づくりの作風とは別種で、鼻が大きく、顎を突き出すように丸く打出して風格をたたえた作である。

同じ久能山東照宮に現存する金溜塗具足（図98）は永禄二年（一五五九）、家康が大高城兵糧入のおり着用したと伝承するものだけに、金彩の華やかな色彩ながら、実用本位の質素で軽快な造りである。この金溜塗具足が徳川家と岩井家との深いかかわりからみて、岩井製であろうことが最も有力である。三段板垂《すが》付きの燕頬で、鉄地金溜塗、両頬に二条の皺を重ねて付け、顎下に汗流孔一、顎の下方左右に緒便を打つ。垂《すが》の威《おどし》は黒色素懸威《すがけおどし》である。戦国時代に盛行した半頬の一典型をみせた作品である。

図99　岩井製の鉄錆地目の下頬（白綾基之氏蔵）

久能山東照宮には金溜塗具足と一対をなす白檀塗具足（重文）があって、これも家康所用で、金溜塗具足の替具足とみられている。両者はほとんどが同じ造りであるが、白檀塗具足の方が、頭形のかぶりが深く、金色がある白檀塗で色彩がやや淡く、半頬が俗に猿頬形となり、口元に皺をつけたところが異なる諸点である。歯朶具足、金溜塗具足と同じく白檀塗具足も黒色素懸威《すがけおどし》であるところが共通する。いずれも無銘である。

岩井家の所製とみられる御家頬《おいえぼう》は経眼する数が極めて少ない。御家頬は素鉄で、打出しや皺の技法を加えず、つつましやかで品格をもつ。造型からみると総体が小振りで、鼻が小さく低く丸味をもち、切鼻。口が小さく、人中を立てる。切り耳。折釘を打ち、顎下に汗流しの小丸孔をあけるのが通則である。

（図99）の目の下頬は、右に述べた御家頬を変形させた造りで、同形の作中で数少ない素鉄面の一例である。鼻の仕付け、耳の切込みなど総じて御家頬の風が強いのに加え、鼻髪、顎髪を薄肉彫で表わし毛先を丁寧に整えて精巧である。顎先に渦丸状の毛彫を両眼にかかる縁辺に鏨を入れて加飾するなど、技巧的に変化をみせ、総じては小造りの所作であり、鍛えが良好である。

岩井家が作る御家頬とそれに類する作品は極めて少ないのであるが、岩井家が製作したとみてよい甲冑面は相当量がある。とくに烈勢面が多量で、その典型作を前述した歯朶具足に付く目の下面（図97）にみることができる。それらのほとんどすべては無銘である。

岩井が鍛造した作品に有銘作をみるようになるのは、江戸後期になってからである。岩井千蔵は『芸藩通誌』に「天明中幕府の甲冑師となり」とあって、芸州広島の出身で江戸で活躍し、家中で頭角を現わして幕府の抱え工となった。それでいながら現存する甲冑は極めて少ない。甲冑面では天明二（一七八二）、天明四（一七八四）、天明五（一七八五）（図100）などの年紀がある作例がある。

岩井安董は明珍家に入門して鍛鉄を学び、甲冑製作に精励したと諸書が伝承しているが、甲冑面の作風からみる限り、安董は岩井の家風を基調として独自

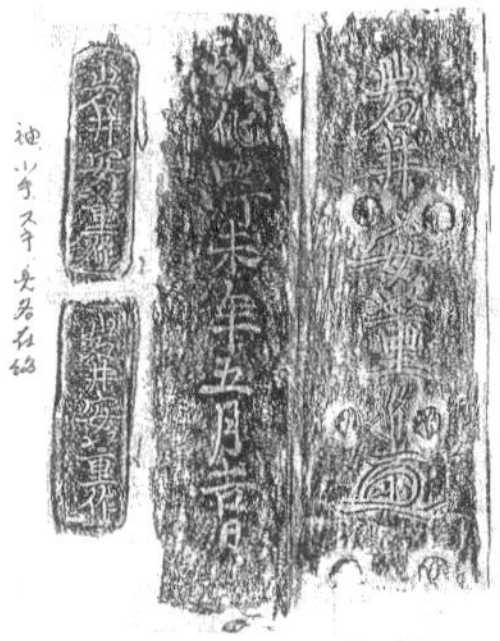

図101—② 岩井安董作具足の銘
（兜・袖・小手・臑当にそれぞれ在銘）

図101—① 岩井安董作の縹糸威桶側二枚胴具足
（面頬は別物、図版No.32が付く）

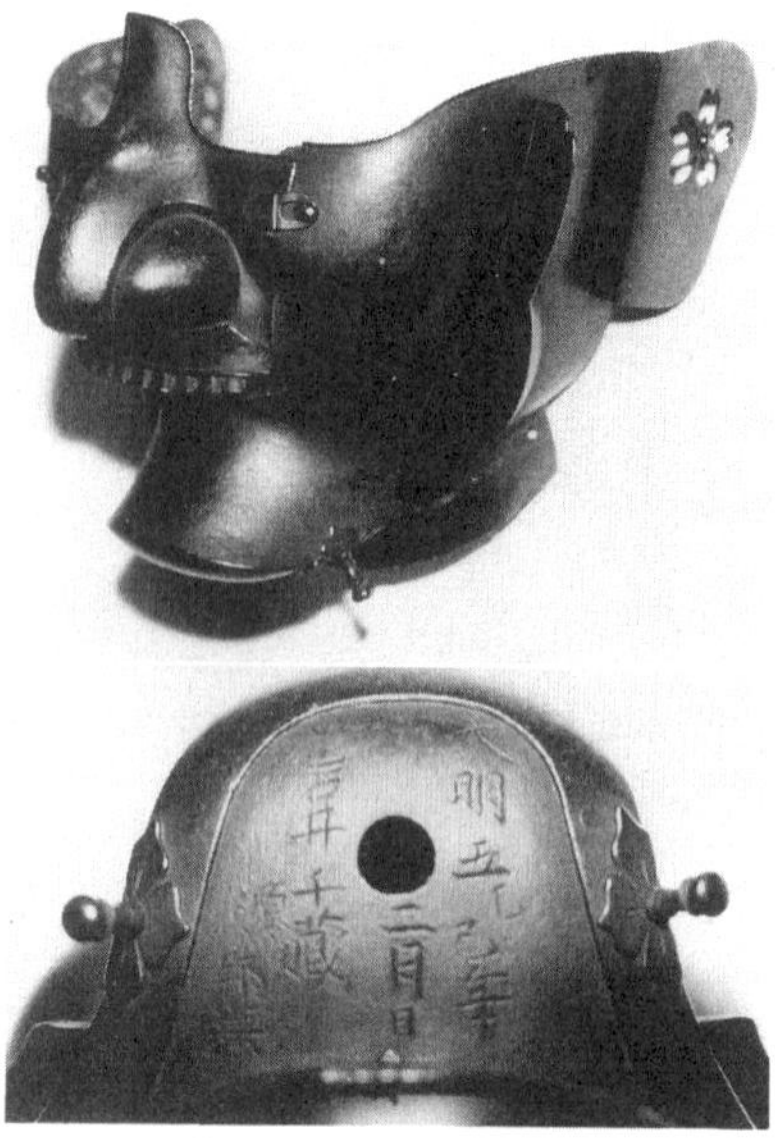

図100 岩井千蔵の鉄錆地目の下面

図102 岩井安董作の鉄黒漆塗列勢面

の工夫を加え、打出し技法に秀でて岩井家の伝統を墨守している。縹糸威桶側二枚胴具足（図101）に添う烈勢面（図版No.32）は安董の作調をよく伝えたものである。（図102）は鉄黒漆塗の目ノ下面で、面形、打皺、歯形など安董の作風をよく示した作である。安董は岩井安之・安貫と三者合作の家伝『鎧記』（資料42）を書き残している。「岩井清五郎安董（花押）」「安政五戊午五月吉辰」と自署があることから、前出の二枚胴具足にある弘化四年紀から安政五年まで、およその活動期がわかり、岩井家の掉尾を飾る上工である。

〔岩井与左衛門家について〕

岩井家についていま少しく考察を加えておこう。岩井家は徳川家の抱具足師としての名声に加えて家業が繁栄していったことは前述した。江戸時代中期には奈良での一類の具足師はほとんどが岩井を姓とするほどで、岩井与左衛門以下同族十五軒の具足師がいたことを『奈良曝』が伝えている。

『徳川実紀』の慶長十九年十二月五日の条に、

南都函人岩井与左衛門御甲冑を製造して捧ぐ、稲富宮内重次に銃もて試しむ、三文目五分の玉を以て試といへども裏播事を得ず

とあり、

『大坂冬陣記』はほぼ同文で更に詳しく、

南都函人岩井捧二御甲冑一、仰二福富宮内一、試以二御鉄炮一小筒二三匁玉立二三十間程一令レ打給処、甲者中而不レ洞《ツラヌカ》、冑者打迦而不レ中

と記して、岩井与左衛門が甲冑を将軍家に献上してそれを試打した結果、強度な兜鉢であったことを実証して面目をほどこした様がうかがえる。『徳川実紀』は岩井与左衛門が甲冑を「製造して捧ぐ」としているが、『大坂冬陣記』は甲冑を「捧ぐ」とのみあり、また『駿府記』も「奈良函人岩井与左衛門捧二御甲冑一」と記述している。「製造」は「製作」と別の内容であり、「製造」とは「原料品に人工を加え、その形態を変えて精巧品とすること」（『広辞苑』）であるから、やはり「製造」は「仕立て」と解すべきであろう。将軍家に献上した岩井与左衛門の甲冑は、具足師本来の業態である「仕立て」によったものであろう。しかし岩井家が兜の鉄下地である鍛造面に全く携わらなかったということではない。

奈良の具足屋半田と岩井について興味深い記述がある（**資料54**）。

具足屋の家に三家あり、半田名字惣領筋、紀州様御具足屋、三条町、越後屋半田喜兵衛、此家を惣領と言。二男家は岩井名字、松平加賀守殿具足屋、城戸町、中屋岩井八郎左衛門先祖二男筋、八郎左衛門親は与左衛門師匠なり。しかるに中屋八郎左衛門死て其子新吉は百姓となり、此家絶へ、弟子の江戸屋与三左衛門家さかゆるゆへに惣領筋ともいひなし、具足屋の分何れも名字とす。此岩井与左衛門家は公方様御具足屋也。三男の筋を左近次郎とひしゅへに、世の人左近次と名付ぬ。これを名字とする。高天町墨屋吉兵衛先祖左近次の家也

右によると奈良の具足屋に三家があり、半田、岩井、左近次郎（左近次）の三兄弟筋が存立していた。惣領筋は名字が半田で越後屋喜兵衛、二男筋は名字が岩井で中屋八郎左衛門、三男筋は左近次である。左近次が名字で左近次郎の略称であることを記した初見である。

岩井家は室町時代は甲冑師であったらしく『本朝武林原始』に岩井家の伝説によるとして「源義家朝臣の子三人皆鎧を作る。是故に名を賜って左近士、半田、岩井と云、今南都北京にて鎧を業とするもの皆この子孫なり」と記載している。源義家を引き合いに出して先祖としたことは信じられようがないが、鎧作りの三兄弟、左近士（左近次）、半田、岩井の名の始源を示唆した点に着目でき、『奈良曝』にみる三兄弟筋の記述と合致する。この三家は室町時代から江戸中期にかけて名跡を継続したが、貞享ごろには岩井一家に統一されるようになった。その因をなしたのが初代岩井与左衛門で、この人は岩井三男筋の中屋八郎左衛門の弟子であったが、師家の子新吉が百姓となり絶家となったため、はじめ江戸屋与三衛門といっていたが、岩井を名字として岩井

与左衛門を名のって栄え惣領筋ともいわれるほどであった。

『神主宮司宗治日記』に慶長十九年十一月十六日、家康が伏見からしらかたへ行く間に雨に降られ「岩井与左衛門どのへ御こし」とあり、同日に再び「与左衛門どのやどえ御入りぬ」と記されていて、岩井与左衛門が家康から信任されていたさまが察せられる。

徳川家の抱え具足師になったのは初代岩井与左衛門が最初で、岩井家では与左衛門、勝千代、源兵衛の三家である。与左衛門と源兵衛は幾代かが襲名して抱え具足師を歴任している。

『甲製録』巻の上に「神君御甲冑師四天王と唱うるは岩井、左近次、井田、半田と相唱来りしなり」とあって、四家が甲冑師として名家の誉が高く、『尺素往来』に半田、左近次の名が、『室町殿日記』には春田とともに岩井の記載があるので、岩井家は室町時代からの伝統がある家柄であったとみられる。

岩井與左衛門家が奈良具足屋の中で最も栄えたため、次第に半田と左近次の名はすたれて同族一類はこぞって岩井の名字を名のって岩井一色となっていき、半田と左近次の家には名のある人が出ることもなく、奈良での両家はほとんど消滅していったとみられる。これに主因するのであろう、職種の性格も加わって半田、左近次はいまに名のみが伝えられ、確かな作品を実見することがほとんどない。しかし左近次の一類は奈良本家の衰退につれて江戸中期のころ江戸に派生するものがいて、その名の命脈をわずかに保っていた形跡がある。左近士を姓に書銘したのは江戸での作で、一類の甲冑があるとすれば、それは江戸左近士のものであろう。

(3) 春田派

春田派は室町時代からのち奈良に住した甲冑師である。「治田家伝説」によれば、もとは近江国浅井都墾田《はるた》で造兵司に任じており、夷《えびす》を征した功によって墾田の地を賜い墾田を氏とするようになり、のち平城（奈良）に移住した。また一説には

「人皇七十代後冷泉帝御宇南都春日の地に春田鍛冶という者あり。甲冑を作る。相伝えて云、古の治田連の裔なり、其の子孫天正の頃迄あり、諸家の甲冑多く作る。近世慶長のころ春田家久と云者奈良に居て甲冑を作る。」

とあるなど、春田の古名を墾田、治田といい、『尺素往来』には半田とも記している。開化天皇を祖とする「甲冑師春田家系図」（『武器考』）や伝説が混入して、春田の出自については定説がない。しかし、およそは、春田派は治田《はるたむ》連《らじ》の子孫でのち奈良に移って甲冑師を専業としたようである。いずれにしろ、室町末期ごろからのち甲冑師として新興した明珍家などより古い家柄である。

春田と半田とのかかわりについて、判然としない部分があり、古くは同一であったにしても、のちは同族で別派を形成していたむきがある。

江戸時代中ごろまでは半田と春田の両性が存続していたらしく、『甲製録』に記す四天王の一人半田は塗方なりとしていて、明珍のように鍛えを主業とはしていなかったが、鍛鉄を手がける職分があって、それが次第に広大し鍛鉄を主業とするようになったのではあるまいか。

奈良の甲冑師の職種は近世になってかなり細分化されていて、具足屋と具足細工に大別される。具足細工は十二種ほどに分けられ冑鍛冶・胴鍛冶・具足塗師・具足金物師・本小札下地師・籠手臑当鍛冶・仕立師などに分業体制が整備している。奈良が甲冑の生産拠点として大量な需要に応じられる機能が確立していたことを示している。職種の細分化を幕府の抱え職にみると、刀剣・金工関係では、刀工は「刀鍛冶師」で下坂市之丞（康継）、法城寺が代々、國康など、「鍛冶師」は長曽祢才市、高井助左衛門、梶川茂七（細工所御用）など、「彫物師」は後藤の各家、吉岡宗印（因幡介）、横谷宗知など、「腰元細工師」は十一種に分類されて、この中の「鍛冶師」は下坂、石堂がおり、「鍛冶」に

伊藤甚右衛門、「金具師」に松村、安田の各家がいる。

甲冑師春田家は江戸時代に京、江戸のほか駿河、尾張、越前、加賀、因幡、安芸、出雲、肥後、佐賀などに分布して勢力を広めていった。

幕府の抱え具足師に任じたのは江戸中期ころからで、春田故明家が著名である。春田家は播磨大掾を受領して春田播磨、春田丹波を呼称する。寛政のころの春田播磨永年は『甲組類鑑』『温古尭彙《せんい》』などの著書をもち最もよく知られている。

春田派の一類が紀伊国へ移住して兜を作るようになったのは室町時代末期のころで、『本朝武林原始』に「土人説に中古紀州雑賀の鍛冶冑を作る。大黒鉢と云。雑賀士皆之れを用ゆ。其後春田庄兵衛、同喜左衛門、同清蔵雑賀に来て冑を作る」とあり、世にいう雑賀鉢に春田が同化していった一面がうかがえる。春田光定は室町時代末期に同銘数代、あるいは同時期に同銘を名のる複数の人がいて、阿古陀形兜を最も得意として作り、置手拭形の変り兜も少ないながらよくする。稀に素鉄で異風な雑賀鉢に光定銘を鐫った作を実見することがある。後者が雑賀での作に違いないとすれば、雑賀で兜を作った春田派の一人に光定がいたことになる。

春田派の有銘作をみるのは光定（**図103**）についで勝定が比較的に多く、宗次、宗定、吉定、吉次（尾張）、勝光（加賀）、光貞（肥前）などである。それに比べ甲冑面の有銘作は極めて少ない。もともと明珍家のように甲冑面に銘を刻することがあまりなかったためであり、刀装具の後藤家が三所物のうち小柄・笄には銘を切っても、目貫には銘を入れなかったのと同様な感覚だったのかも知れない。それでも「南部住春田正信」と切った総面（**図版No.122**）をはじめ作例が数少ないながら現存する。「和州住正信作」（**図版No.121**）の甲冑面の工人は南都住を切った正信より年代が古く、銘振りも古調な風がある。両者は同銘ながら別人である。

春田系の甲冑師で岩國吉川家の抱工「防州住藤原正晨《まさとき》」と銘する作（**図104**）がある。宝永六年（一七〇九）紀に春田次郎三郎正晨銘の具足（白山畔神社）、享保十九年（一七三四）紀の筋兜（『甲冑師銘鑑』）があって、正晨のおよその活動期が知られる。

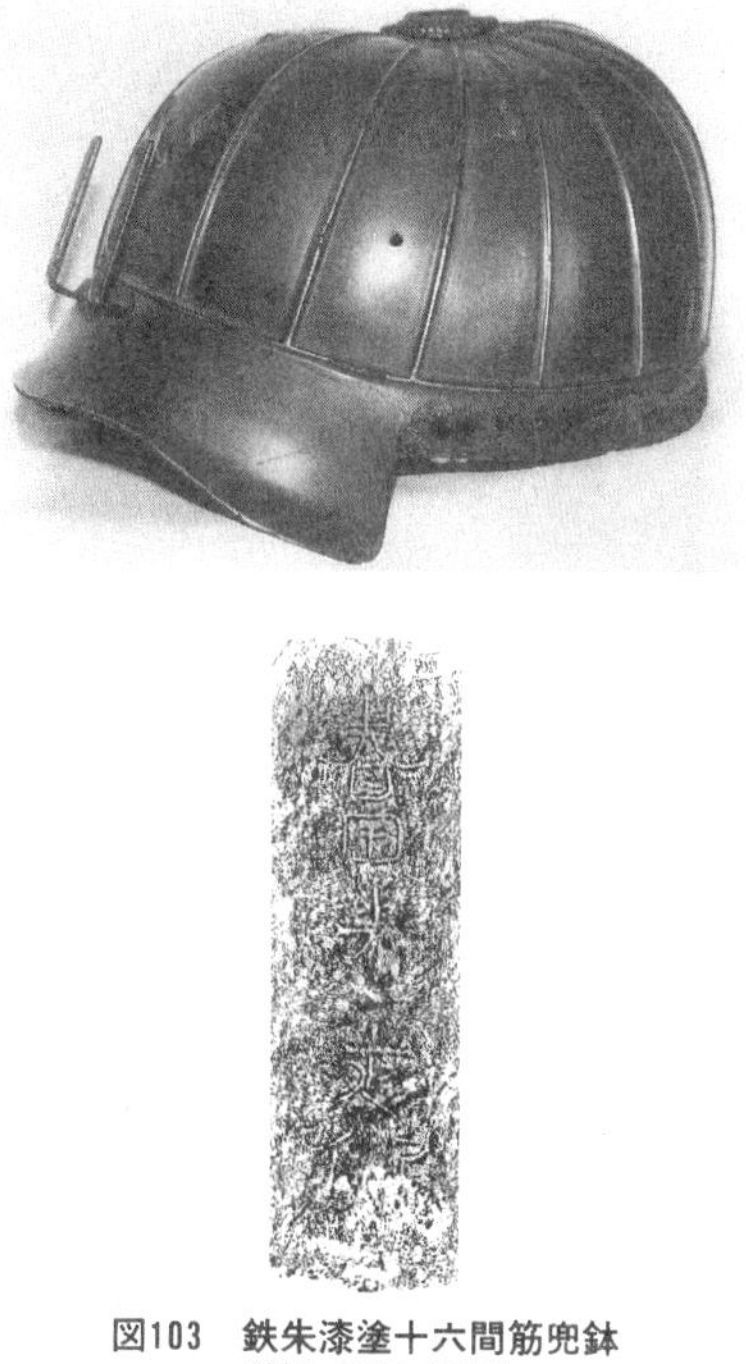

図103　鉄朱漆塗十六間筋兜鉢
（銘）春田光定作

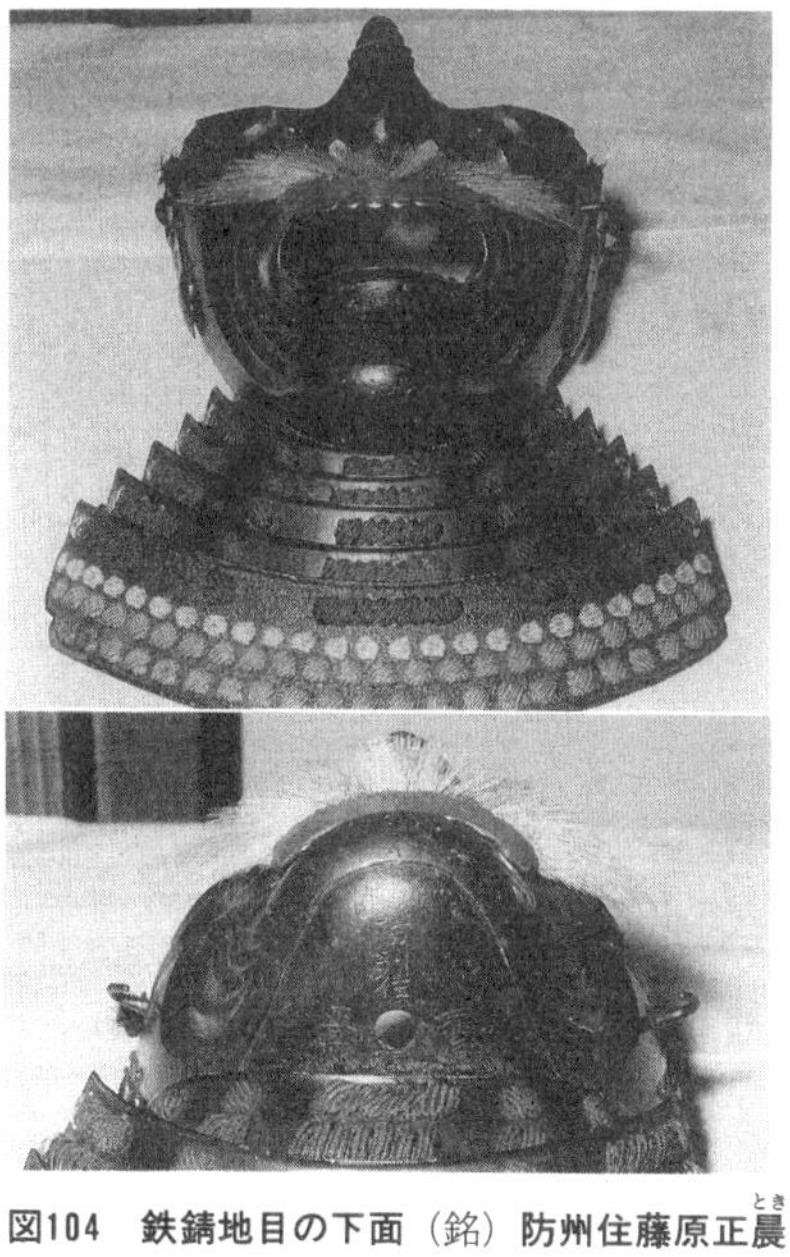

図104　鉄錆地目の下面（銘）**防州住藤原正晨《とき》**

［春田派の鐔作家たち］

奈良から分派した春田のなかに、甲冑師としてよりは鐔の製作を主業として繁栄をとげた工人たちがいる。因州駿河、出雲春田、越前春田の三流があって、その流れをたどってみることにしよう。

因州駿河

因州駿河ははじめ駿河国府中に移った春田派の甲冑師であったが、次第に鐔工としての性格を強め、出雲春田、越前春田の別流とともに鐔工として独自に発展をとげ幕末まで連綿としている。

『因州の鐔』（**資料68**）を参照しつつ因州駿河を次にみると、駿河―播磨―備前―因幡と移って因州に定着する経緯がある。因州駿河の前身、備前駿河は天正のころ、駿河国府中に移住した初代春田忠右衛門卓次にはじまる。初代卓次は慶長二年池田輝政が駿河を通過した時に見いだされ、六人扶持三十石で召抱えられ、三州吉田に移り、同五年輝政に従って播州姫路に転じ、元和元年（一六一五）備前に移る。同六年に没した。初代卓次が鐔を作ったという記録はなく、有銘確実な作品をみない。現存する卓次銘の鐔はすべて後代の作である。

二代忠左衛門家次は元和元年父とともに播州から備前岡山に移り、命によって春田を早田に改号し鐔を作り始める。駿河の府中出身であるため駿河を銘し「備前駿河作」「備前住駿河作」と切った鐔が現存する。寛永五年（一六二八）没。三代忠左衛門宗家は寛永五年家督を相続、同九年国替えにつれ因州鳥取に移り、同十三年に没した。四代忠兵衛家久は寛文元年（一六六一）没。五代忠兵衛利家は享保五年（一七二〇）没。

三代宗家から因州鳥取に移って定着した。三代から五代利家までは「因州住駿河作」と流銘を切り、個銘を切ったものをみない。

六代忠兵衛卓家は享保四年（一七一九）十六歳で家督を相続、江戸神田の鐔工伊藤派に学び、鉄地に肉彫地透し、金象嵌を施すが作品は稀で、「因州駿河卓家」と個名を切る。宝暦十一年（一七六一）没。現存する鐔が多いのが七代卓次から十代卓随までで、因州駿河派は鐔工として宝暦ごろから幕末まで最も繁栄をつづけている。

七代忠兵衛卓次は宝暦九年（一七五九）家督を相続、江戸で修業して伊藤風に加え、更に洗錬した透し鐔、あるいは肉彫透しに象嵌を加えた作（**図105―①**）がある。天明八年（一七八八）没。八代忠兵衛卓重は享和三年（一八〇三）相続、天保八年（一八三七）没。鋤出彫、糸透し（**図105―②**）、肉彫地透しなど入念な工法の作をみる。

卓重の弟卓良も上手でしばしば作品を残している。

図105　春田派の鐔

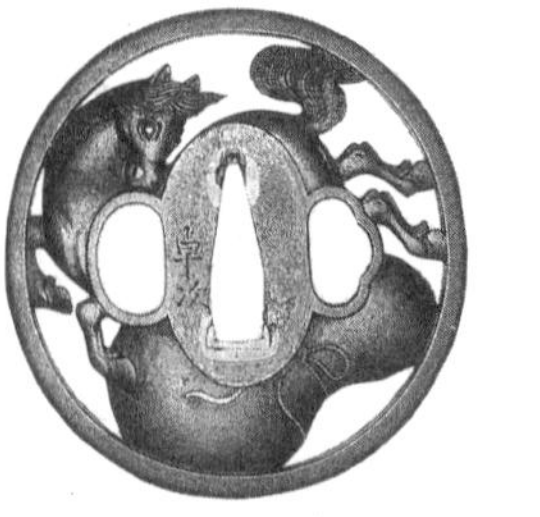

①（銘）**卓次**（瓢簞に駒の図）

②（銘）**因鳥府駿河貞重**
（田舎家夕景の図）

③（銘）**雲陽住春田毎幹**
（大公望の図）

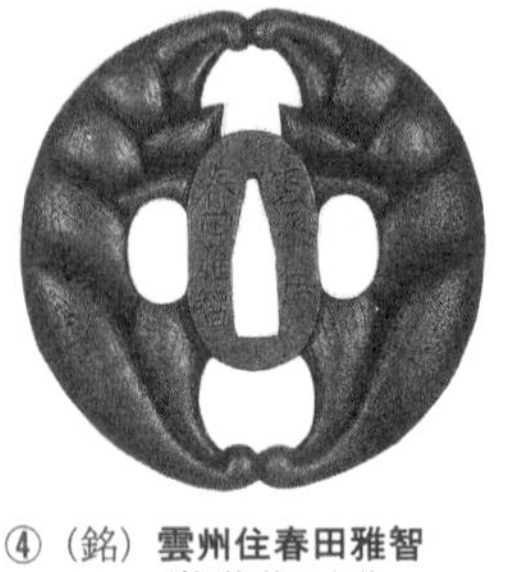

④（銘）**雲州住春田雅智**
（抱茗荷の図）

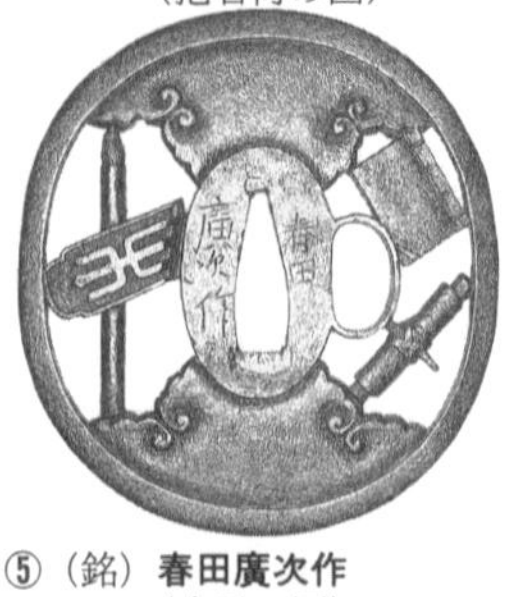

⑤（銘）**春田廣次作**
（文具の図）

九代忠次郎卓置は天保九年（一八三八）相続、一代限り帯刀を許されている。安政三年（一八五六）没。肉彫地透しと鋤出彫の手法に見どころがあり、因州駿河派の作風を確立した感がある。十代弥平卓随は安政三年相続、のち卓次とも称した。明治三年家業を絶し、廃刀令後は京都に移り生花、茶道の教授に転じた。明治二十八年（一八九五）没。他に家信、卓幸、卓光、卓道などがいる。

因州駿河派の鐔には甲冑師の面影は全くなく、鐔工として一派をなしている。さすがに鉄の鍛えはよく、図案は動植物、風物、道具類など種々多様である。茎孔上下の責金に素銅を用い、半馬蹄形の口紅を入れるのが特徴で、俗に〝因州のおはぐろ〟と称している。

出雲春田と越前春田

甲冑師春田の流れを汲む鐔工で春田を通称するのが出雲春田と越前春田の二派である。ともに江戸時代中期以降に活躍した。

出雲春田には毎幹《ことみき》（**図105―③**）、毎矩、毎政、毎永、毎功、毎幼、雅智（**図105―④**）などがおり、銘を「雲陽住春〇〇」「雲州住春田〇〇」と切羽台の左右に切り分けるのが通常である。鉄地丸形に肉彫地透し、板地に鋤出彫があり、表裏の図が異なるのが特徴である。人物、動植物を構図にしたものが多く、鐔工として一家をなし鍛えのよい優れた鐔を作っている。

越前春田は廣次（**図105―⑤**）が最も著名で、廣家、善陣などがいる。画題は動植物、風物、道具類などを好み、肉彫地透しと鋤出彫に石目や槌目で地透とした手法を用いて、これも見どころのある作を残している。

(4) 根尾派

根尾《ねお》派は美濃国本巣郡の北方根尾谷から出たと伝えてその名がある。これは『日本甲冑の新研究』が記述して流布した説であるが、根尾派の出自については確証がない。「南都之住根尾正信」と銘する目の下面があることで、正信が大和に居住していたことが確かめられる。『名甲図鑑』（**資料50**）は百二十間筋兜の図を収載し「京師或云東都　根尾正信作」と記し、正信が京あるいは江戸にもいたことを伝え「享保之頃所作也」とも注している。

正信は同銘が複数で存在し、奈良を本拠に、京あるいは江戸にも分派する工人があって、同銘者が継続したとみることができる。明珍系図には「明珍家脇出来之次第」の中に〝和州住根尾政《ママ》信〟ばかりか、早乙女派の各工をも自家の弟子筋にとりいれてしまっているが、正信の筋兜は義通の作風に似て、明珍派とは明らかに一線を画する作風である。

根尾派のなかでは正信ばかりが著名であり、甲冑面はときおり実現することがある。鼻、髭、顎を金・銀で毛描きするのが異色で、梅花を好んで据紋するなど個性の強い作風を示している。（**図106―①**）は根尾派の特徴をよく表わした作で、鼻髭を金彩で毛描し、顎に梅花を据紋している。（**図106―②**）は毛描や据紋がなく、鉄の鍛えのよさを誇るかのような正統派の作風をみせたものである。銘は「根尾正信作」と五字に切った作が最も多く、「正信作」の三字銘（**図106―②**）もあって、この銘振りの作が筋兜にも甲冑面にも多くみる手である。「南都之住根尾正信」（**図版No.103**）は前出の三字銘の銘振りとは異なり、別人である可能性が強い。これらの正信銘の作は江戸初期から中期へかけてで、この時期に同銘を名のる正信が複数で存存していたことが知られる。正信は同銘が春田派にもいたことを前述したが、「和州住正信作」（**図版No.121**）の甲冑面の銘は、根尾正信とも春田正信とも異なり、桃山期を降らない年代と鑑じられる。根尾正信は春田派と無縁ではなかったはずである。

根尾正信の甲冑面は鑢目や据紋を配した義通風のものと、烈勢面で岩井風とみられるものがあり、耳に梅紋を透した技法を好んで作る。

図106―① 鉄錆地目の下面（無銘）正信作

図106―② 鉄錆地目の下面（銘）正信作

(5) 早乙女派

早乙女派は室町時代末期から起った甲冑師である。出身と居住の地について江戸時代の諸書が次のように記している。

〈鑿工譜略〉

常陸国真壁郡新殿《ニイトノ》庄ノ住

〈古今鍛冶銘早見出〉（早乙女系図）

早乙女ハ下野ノ地名ニシテ多ク常州府中ニ居住ス

元祖信康―下野国早乙女村ノ産

三代家成―常州府中ニ住

〈名甲図鑑〉

早乙女は下総国に住す

〈明良洪範〉

家康公三社御用ト申は下妻の初代早乙女也

右の記述によれば早乙女派が下野国早乙女村に起り、のち常陸国下妻に移り、また府中に住したことがうかがえる。現存する早乙女派の作品の多くは「常州住〇〇」「常州住早乙女〇〇」と銘して、府中住と銘したものは未見である。

明珍系図があまりにも偽作の部分が多いため、また早乙女系図も名の知れた作家を挙げてつなぎ合わせて創作したと受けとられることも大方は確かであるが、系図に示された信憑性のある部分を照射してみる価値はいかほどかあるであろうし、系図が一つの手懸りを供しているとみることも一概に否定すべきではないと思われる。ことに明珍系図や春田系図が数百年を遡る天皇に始祖を結びつけた発想と異なり、「早乙女系図」は作品が現存する家忠、家貞など室町末期とほぼ同時期に元祖を置いていることは留意すべきである。

早乙女系図の説によれば、早乙女派の元祖が下野国早乙女村の産であり、相州小田原に住すとある。早乙女姓は下野の地名から名づけたもので、この説が正しいとすれば、早乙女派がこの地から起ったとみることができる。吉田東伍著『大日本人名辞典』をひもとくと、早乙女村は「下野国塩谷郡喜連川町早乙村」である。早乙女派の元祖というのが信康（『早乙女系図』）、また信忠（『名甲図鑑』）で、明珍信家の弟子とも子ともするなど、明珍家と直結すると説かれている。しかし作風の上からみて信家と早乙女派との脈絡は認められないし、元祖なるものの実在を示す作品が現存しないため、その存在を架空のものとするあまり、早乙女村という出身地をも否定する気づかいがある。「早乙女系図」は三代家成から「常州府中ニ住」したという。府中に定住したのが三代家成からであったか、また三代目が家成であったとする確証はないし、『鍪工譜略』は家忠が天正から代々つづいたと記しているように、あるいは家忠から移住したとする可能性も考えられなくはないが、いずれにしろ早乙女の上代が室町末期に早乙女村から出て、のち下妻、また府中に移ったとする典拠を示している。

下総国は現在の千葉県北部と茨城県南西部を合わせた領域であり、茨城県南西部に位置するのが「下妻」即ち下総国結城郡下妻である。「早乙女は下総国に住す」（『名工図鑑』）と「下妻の初代早乙女也」（『明良洪範』）の記述は同一の地を指していることになる。下総国にあった下妻はのち常陸国に編入されているので、下妻は「常陸国真壁郡新殿庄」（『鍪工譜略』）のうちにある。

こうしてみてくると、『名甲図鑑』『鍪工譜略』『明良洪範』にみる早乙女の居住地の記述はすべて合致して、互いに矛盾しないことがわかる。すると早乙女派の出身地が下野国塩谷郡喜連川町早乙女村であるという記述に信憑性がもたれて、この説を有力にする。

早乙女派は出身地早乙女村の地名をとって苗字とし、下野国から出て、のち常陸国に移って下妻と府中に居住したことになる。現存する作品の多量さとこの派の形成からみて、府中を根拠地に下妻周辺にかけて広く分布したであろう。

早乙女派の出自について『古今鍛冶銘早見出』が元祖信康は「明珍信家弟子ニシテ聟ト成」とし、『鍪工譜略』は早乙女系について「具足師明珍信家ノ弟子筋ト云トモ其伝統定カナラス」と、また『名甲図鑑』は「早乙女は……明珍信家の子也」と記している。江戸時代には明珍家の令名が高く、甲冑師は明珍でなければならないほどであったから、早乙女派を明珍家に結びつけるようになったとみられる。前述したように元祖信康は、また信忠なる人物については、現存する作品はみあたらないが、『鐔芸術考』の著者故鳥越一太郎氏は、昭和十三年ころに下野住早乙女信康（花押）銘の出来が優れた鐔をみているとその書に記している。早乙女派の出自をうかがわせるものに『名甲図鑑』が「元祖は多修理太夫に仕ふ、後浪人して甲匠となる」と記しているのは見落せない。

【早乙女派の明珍派とのかかわり】

早乙女派の現存する作品からみて、信家の作風とは明らかな相違があり、信家と早乙女派との直接の師弟関係あるいは早乙女派は明珍派から分派したとする見方は否定される。長谷川武氏の長年に及ぶ研究によってこれらが解明され、氏は早乙女派の始祖は義通であり早乙女派は高義によって確立されたことを考証している。そして更に同氏は

「府中には長い伝統を持ち、連綿と続いていた甲冑師たちがいたことと思われる。義通はそこに突然異変的に出現したのではなく、そこの未知の流派から輩出した中興の甲冑師の一人でないかと思われる」と記している（**資料25**）。

義通について明珍系図は「一条堀川住、後常州府中住」とし、『名甲図鑑』は「号左近、一条堀川住、大永享禄頃」と記し「岩木義通」（岩城とも）と但

している。常州府中住の義通と岩木義通は別人であり、現存する作品の銘からみて、義通は少なくも同銘が二人以上は存在していよう。義通の出自については、岩井安貫・安董が連署して（**資料42**）義通は「奥州中宮邊」が出処であると記述しているのが注目される。義通の居住地は「常州苻中住義通作」の刻銘がある六十二間筋兜が既存していることから、常州府中（茨城県石岡市）であることがわかる。

義通と高義、そして早乙女派との作風は互いに通じるものがあり、早乙女派が義通一族に師事したことについて、長谷川氏が現存する作品からみて、「初代の早乙女家忠、家成、家久などのなかには高義の晩年作に非常に近いものがある」（**資料25**）と認めていて、はたして義通と早乙女派との間に師弟関係があったか否かは、確認がないまでも、何らかの関連があって、義通の作風が早乙女派に影響を与えたであろうことは十分に考えられる。

『名甲図鑑』で松宮観山は高義、義通、信家を「後の三作」に挙げて上手なりと記し、更に明珍家十代からのちを義類と信類に二分していることは注目でき、義類を明珍にいっかつしていることは不審であるが、義通と信家を分立してみていることは興味深い。そして更に次のように二類の見どころを示している。

義類ハ間ノアヒノ肉カウ盛高ニ、全体サカシク、猛クシ、信類ハ間ノアヒ平ニ〆、モリ高キ肉ナク、全体ナダラカニ柔和之、義類ハ御秡立ノ下矢ノ根形ト云也、下ノ眉庇ハツレマデツツク

信類ハ御秡立ノ下引切タルヤウニ平一〆、ハツレマデツツカズ

要点が的確で、義類が「剛」、信類が「柔」とみたてられる作風の相違がある。刀剣に例えれば義通が沸出来の相州伝であり、信家が匂出来の備前伝を表現して、両者が名人であることに変わりない。

早乙女派の有銘作に室町時代の年紀があるものをこれまでに実見しない。家次の兜に天文三年の年号があり（**資料44**）、五十二間筋兜で永禄十二年三月紀に「常州下妻住早乙女家忠作」（**資料30**）があったという。家次が天文三年に筋兜を作っていたことが確かなら、早乙女派が甲冑の製作に携わるようになった年代の上限が知られるのであるが、折笠輝雄氏の説では、早乙女派の作者の年代は江戸初期を遡らないという。氏は早乙女（家忠）が仕えていた下妻城主多賀谷氏が領地を没収され追放処分になった慶長六年に着目して、家臣であった家忠が多賀谷氏の追放にともなって浪人したとの伝承にもとづけば、「早乙女派の兜は、全て慶長以降となる」（『甲冑武具研究』第66号）としている。また前出の永禄十二年紀の家忠作兜は「永禄」年代ではなく「元禄」ではないかと提している。

甲冑師早乙女派は常陸国を根拠地にわずかに小田原、鎌倉へ移って鐔を作った一類がいたと伝承するが、これも確証がなく、明珍、岩井派などのように広範囲に他国へ分布するといったことがほとんどなく、堅実で保主的な家柄であったことは、常陸国のいわば国柄として墨守するものがあったように思われる。

図107　鐔（銘）早乙女家貞（杜若の図）

それだけに甲冑師・早乙女派の命脈は江戸時代後半に至り、細ぼそとして常州に伝えられるにとどまるほかは、鐔の製作に転じて余命を残している。現存する鐔の作品でみるべきものがあるのは、家貞の作で、数枚の鐔を実見している。鉄地撫角形で左右に杜若を肉彫地透しした作である（図107）。

『金工鐔寄』に家貞の鐔について「地鉄ヨク生透地スカシ当時（注天文ころ）流行」と記しているように、早乙女派の鐔がすでに作られた頭初から、世人に歓迎され人気を呼んでいたことがわかる。はたして年代が天文まで遡らないまでも、既存する作品から鑑じて桃山時代を降らないと鑑される。早乙女派の中で鐔を作って最も秀でたのが家貞である。しかし家貞を襲名した後代の江戸時代中期から末期の鐔作家にはさほど見るべきものはないが、いずれも〝甲冑師の鐔〟の通例で、巧みな構図と鍛えに優れた味わいがあり、本来の鐔工とは異なった甲冑師ならではの個性のある作（図108）があるのが特徴である。

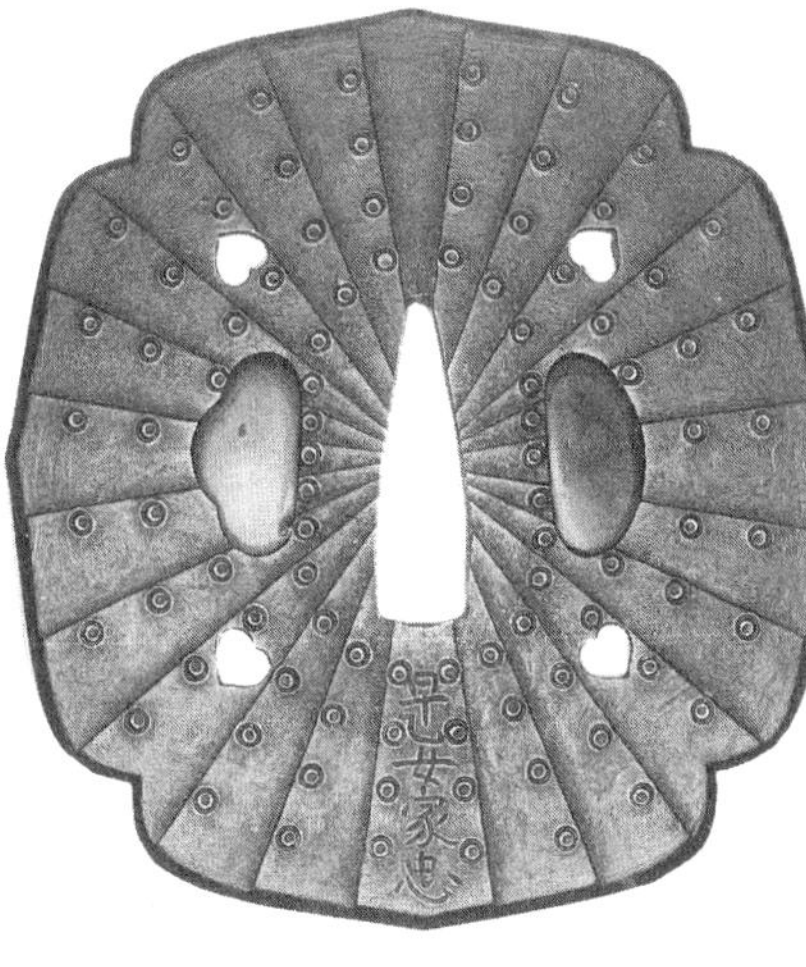

図108　鐔（銘）早乙女家忠（二十四間筋兜の図）

【早乙女派の甲冑面】

早乙女派の兜は六十二間筋兜が多く、三十二間筋兜がこれに次ぎ、小星兜もある。家忠、家貞、家親の作品が比較的に多く、いずれも複数で数代が継続している。家成、家久、家長、家春、家直などどれも〝家〟の一字を名乗りに入れ、「常州住早乙女○○」と八字銘、「早乙女○○」と五字銘を切り、二字銘ばかりの名乗りを刻することもある。

甲冑面で有銘の作はこれまでにみることがない。多量の兜を作りながら、しかも兜に銘を加刻しながら、甲冑面に銘を加えないのはいかなる事由によるのであろうか。明珍をはじめ、義通（後代作）にも有銘作があり、根尾、後代の岩井なども同様であるが、早乙女派の甲冑面ばかりが無銘であることは、甲冑面を製作しなかったのではなく、むしろ相当量を作りながら、銘を加刻しない習いをもっていたとみねばならない。では早乙女派の面形はどのようなものであったろうか。

『名甲図鑑』（資料50）が掲げる（図109―①）図に「早乙女張カ、丈夫ニ見ユレドモ明珍ノ作ニアラス」と注記があり、また同書が（図109―②）「手際ヨキ様ニ見ユレドモ作ニアラス、宗光ニ似タリ、マタ早乙女所造カ」と但していて、作風が明珍と異なることを明記している。ただし早乙女の作であるとは断定しておらず、〝早乙女の作か〟とした記述であり、一応の手がかりを供したものである。江戸時代後期に早乙女派の面の作風は明確に識別されていなかったわけで、有銘作がみられないだけに極めがしにくかったことをうかがわせる。（図109―③）の面は無銘ながら早乙女作（図版No.25参照）とみられ、ふっくらとした丸く寸詰りの鼻で、ハート形の鼻孔が（図109―①②）に通じる。耳全体の形は（②）に類し、輪郭が山形をしたところは（①）とも似る。六星の小透を施すのは他派にもあるが、早乙女派が多用していた風がある。鼻は蝶番を栓挿しで留め（②③）、また折釘を捻留め（①）した両手が考えられる。どれも鼻髭がある。鼻の板は朱塗の唇と上側の植歯が一枚に連らなり、上下に八本ずつの歯を揃えている。この八本ずつの歯を植えるのは明珍派の作にもみるところで、手法が似たところは両派の作風が混合していることを示すといってよかろう。

（①）は図だけからみては岩井派の作風に類似する。頬の打皺が岩井派の作に通じ、鼻と頬の折釘が両派に共通したところであるが、耳の形は前述したように早乙女派のものらしい。

早乙女派の面形は多種があるはずで、ここではごく一面に触れたにすぎず、今後とも考究していく必要がある。

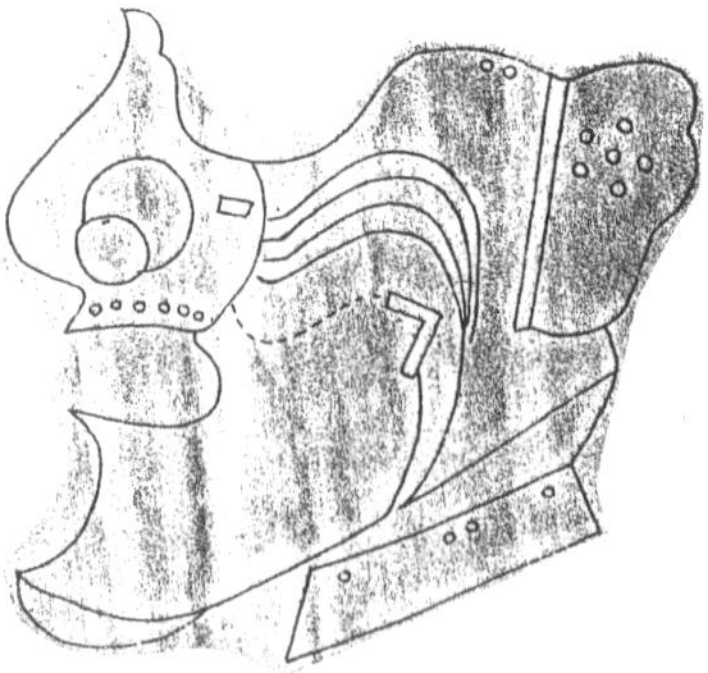

図109—① 『名甲図鑑』（附）所蔵図

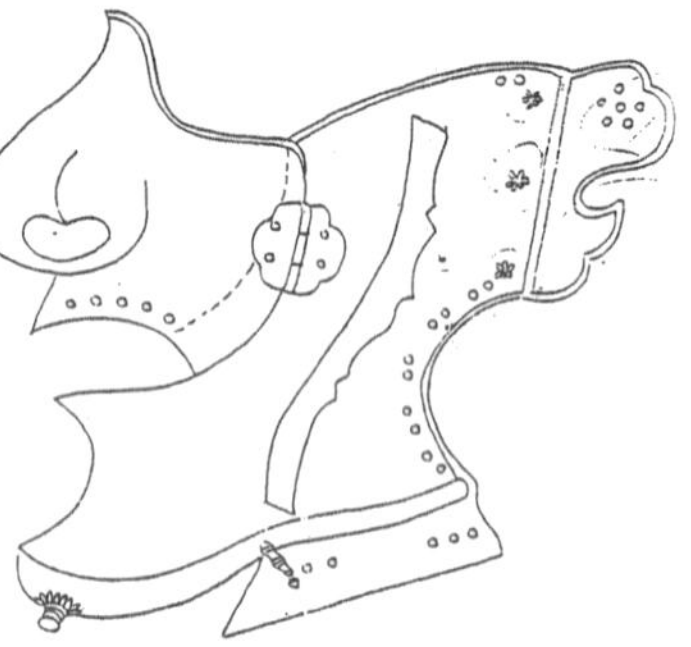

図109—② 『名甲図鑑』所蔵図

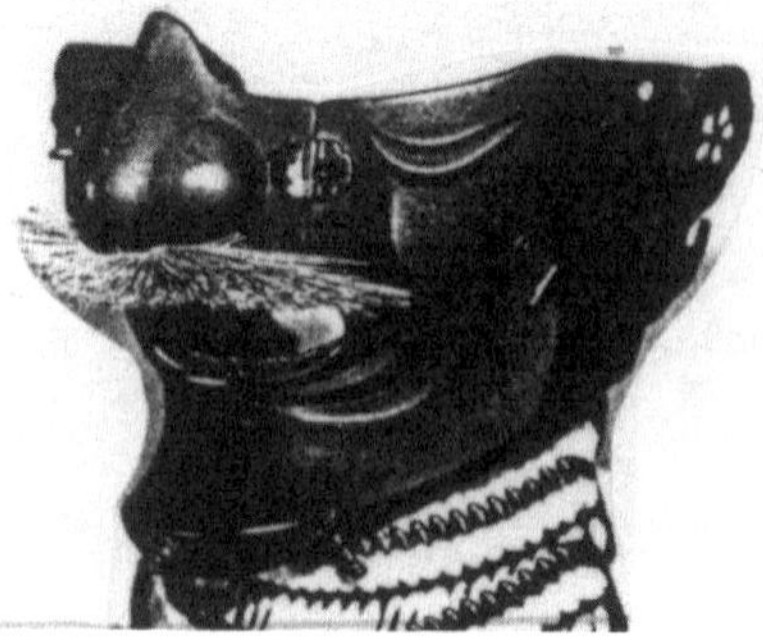

図109—③ 早乙女作の烈勢面

(6) 長曾祢派

長曾祢派の中で著名な虎徹興里はもと越前の甲冑師で五十歳のころ江戸に出て刀匠に転じた。延宝六年（一六七八）七十余歳で没するまで二十余年間を作刀に励み、巨匠としての足跡を印して出藍の誉が高い。

江戸に出てまもない明暦年間に製作した現存する作品に十六間筋兜（**図110**）、小田籠手、小柄小刀などがある。これらを製作してすぐに鍛刀一途に専念しており、刀工長曾祢虎徹は『乕徹大鑑』をはじめとする刀剣諸書に究明されて詳しい。

江戸長曾祢派の主流である俊家才市は日光東照宮の唐戸の落し金具（寛永十三年紀）を、また才市元俊は江戸東照宮の同じ金具（承応三年紀）を製作するなど将軍家との関連を示す作品が現存する。また長曾祢才市は延宝五年（一六七七）から貞享五年（一六八八）まで幕府の抱え鍛冶師になっているなどからして、江戸長曾祢派の実勢はかなりのものがあったとみてよい。長曾祢派の兜に長曾祢利光（越前住・寛永二十年紀）、長曾祢興寛（延宝二年紀）、長曾祢興寛（延宝四年紀）などの作品がある。

長曾祢虎徹が江戸に出たのは明暦二年（一六五六）というのが通説になっているが、『名甲図鑑』（**資料50**）には「明暦元年乙未八月日」「長曾祢奥里於武州江戸作之」と銘した変り兜（**図111**）が所載している。これにもとづけば虎徹は「明暦元年八月」にはすでに江戸に移っていたことが明らかである。但し、この兜が現存していることは確かめられていない。虎徹最初期作の脇指に「長曾祢古鉄入道」「明暦二丙申三月廿三日丸於（以下切）」と銘した押形資料が知られ、（以下切）の部分の訓みについて論議されてきている。故川口陟氏は「於越前丸岡城」と推量することに基づき、他に虎徹作の脇指銘に「武州於江（以下切）」「明暦二八」と切ったものがあることで、虎徹の出府を右の二資料から明暦二年四月から八月の間と算出した。これが明暦二年出府説の一つの根拠になったのであるが、「明暦元年八月」に虎徹はすでに江戸で兜を作っていることになれば、明暦二年三月廿三日に作った脇指は「越前丸岡城」でのものではなく、江戸打の作とみねばならない。そして同時に虎徹の出府は「明暦元年八月」より以前であるということになる。

図110　鉄錆地十六間阿古陀形筋兜
（銘）於武州江戸長曾祢奥里

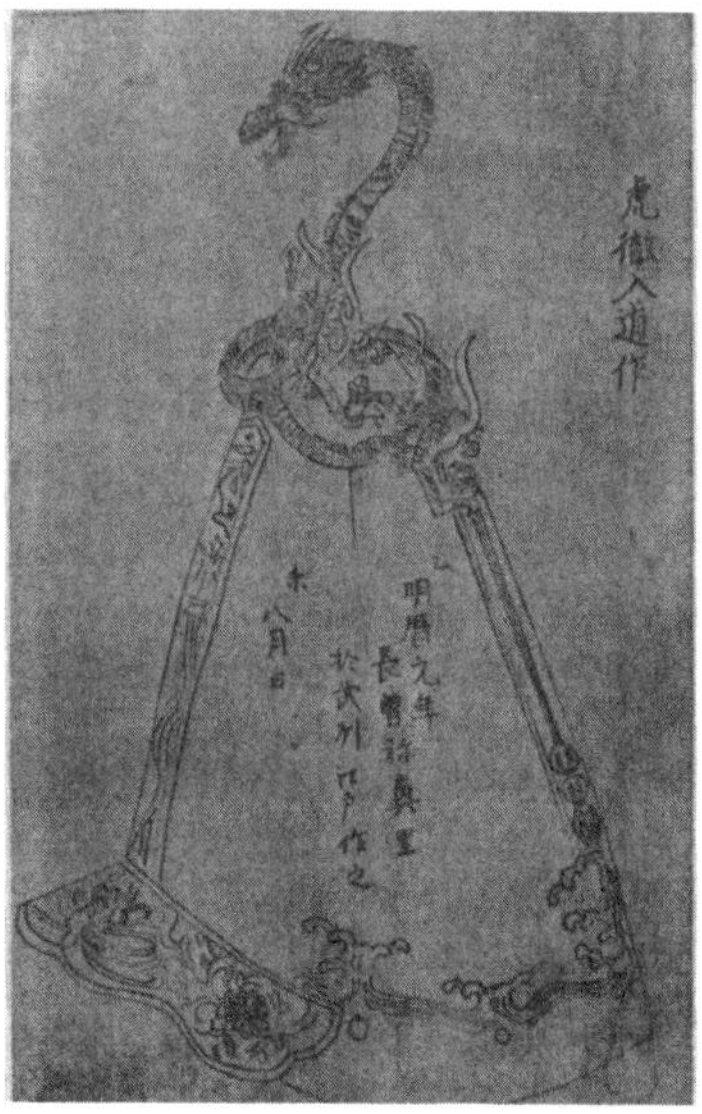

図111　長曾祢虎徹の変り兜
（『名甲図鑑』所蔵図）

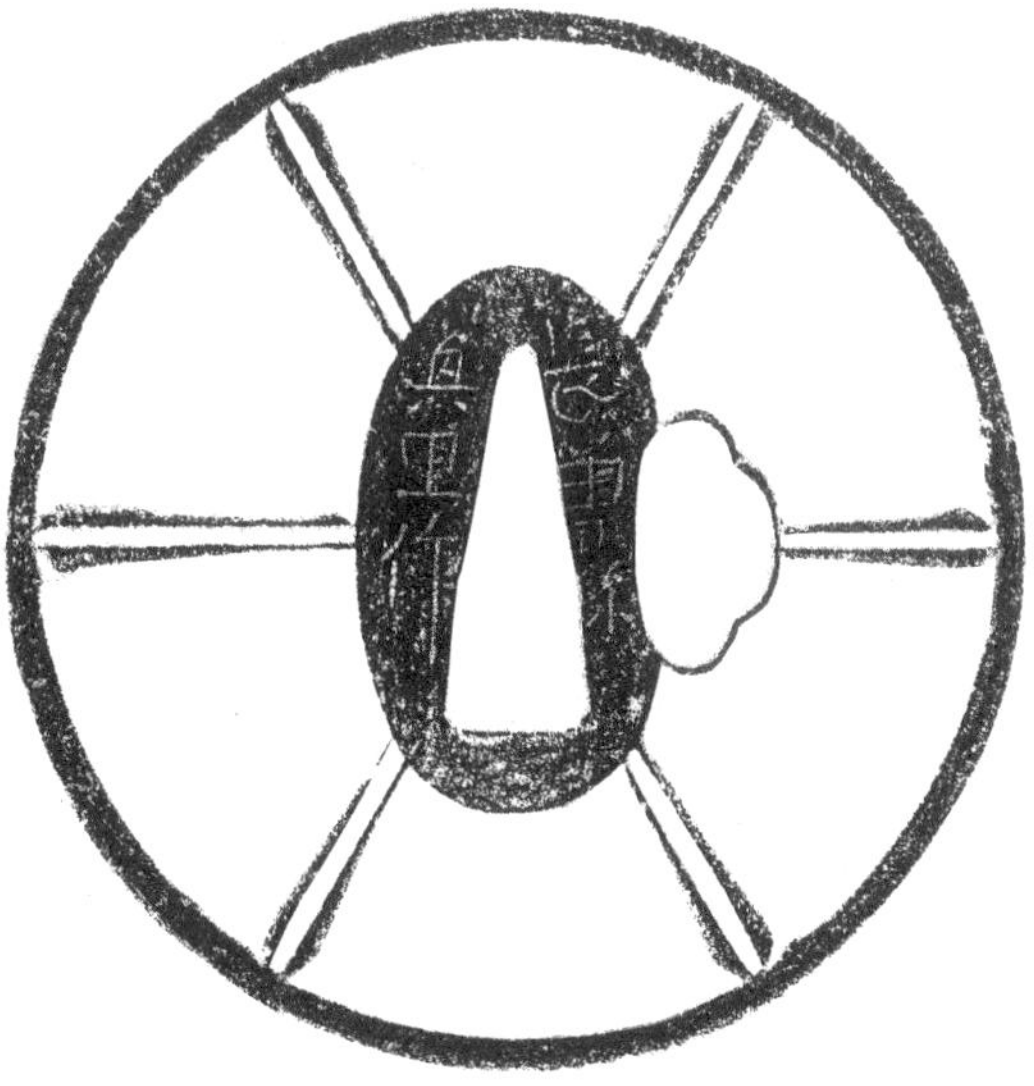

図112　鐔（銘）**長曾祢虎徹**（竹の図）

虎徹の作に竜に肉彫透しにした鉄鐔がある。すこぶる鍛えがよく、竜の姿態に躍動感があって彫技に力強さがある。虎徹の鐔はこれ一枚のみとされているが、筆者が実見したものに竹を形どった鉄透し鐔がある（**図116**）。

長曾祢派で比較的よくみかけるのが才市の鐔で「才市作」「長曾祢才市作」と銘している。書体からみて複数の才市が鐔を作ったことが確かである。才市は金具、錠前などを作り、それらの年紀に寛永十三年（一六三六）、承応三年（一六五四）があることは前述したことであり、鍛冶師として幕府の抱え職になったのが延宝・天和・貞享年間であることから、およその活躍年代がわかる。鐔の作には寛永から承応まで遡るとみられるものは未見で、多くは江戸時代中期の作であり、天和から元禄年中にかけてである。元禄年中から以後には才市銘の作は皆無であり、もしあれば偽作である。すでに前述したように『翁草』（神沢貞幹著）によれば、五代将軍綱吉の代に「御用筋間違ひ有り」て、才一（才市同人）はお仕置きとなり、才市家は断絶している。

鐔には才市元利、一山介七利宗、重高、尚則、定員などの有銘作があり、越前在住の長曾祢派には当則入道承佐の作がある。

(7) 馬面派

馬面派は越前国豊原に住した甲冑師で室町時代末期から江戸時代中ごろまで栄え、元禄のころという朝次がいる。馬面は馬免また馬猿とも書き、貞生、友正（**図113**）、正行、朝則、朝次、善信などの甲冑師銘が知られている。兜の鉢裏側面の腰巻寄りに横書きで切銘するのが他派にない特徴である。幕末に至っては矢ノ根、鉄砲、馬具、農器具などを作って命脈を保ち、とくに鐔を専業とするものがあって、この一類は江戸に分派している。

馬面派は慶長・元和の大阪の役に本田氏に従って出陣し、甲冑武器具の製作

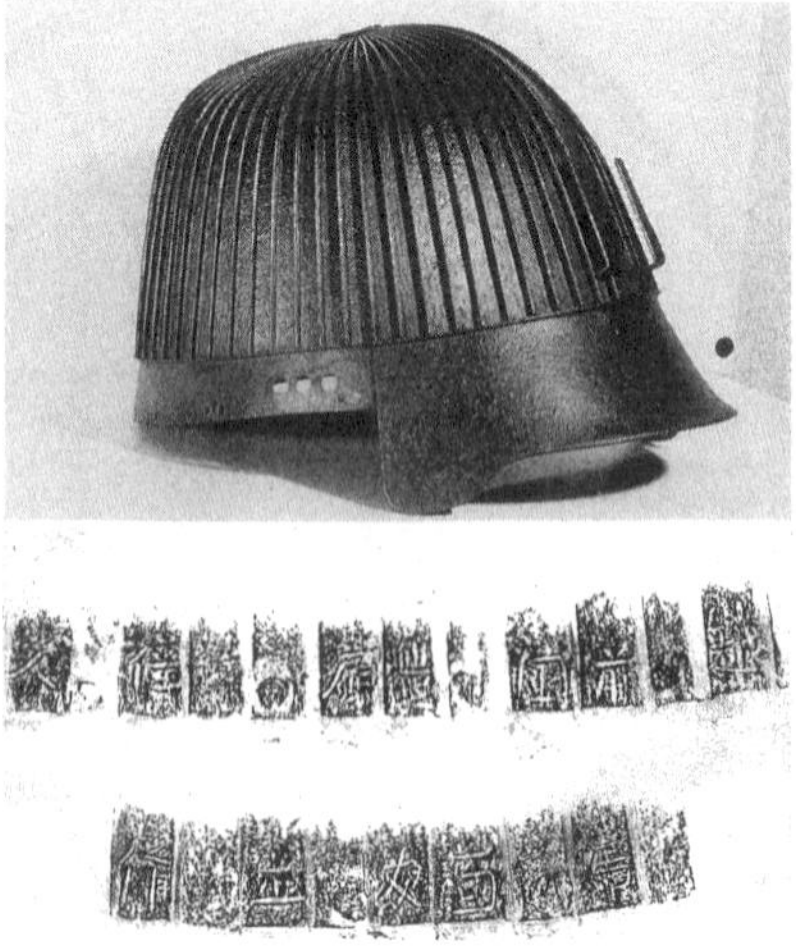

図113　鉄錆地筋兜（銘）越前国豊原住人
馬面友正作

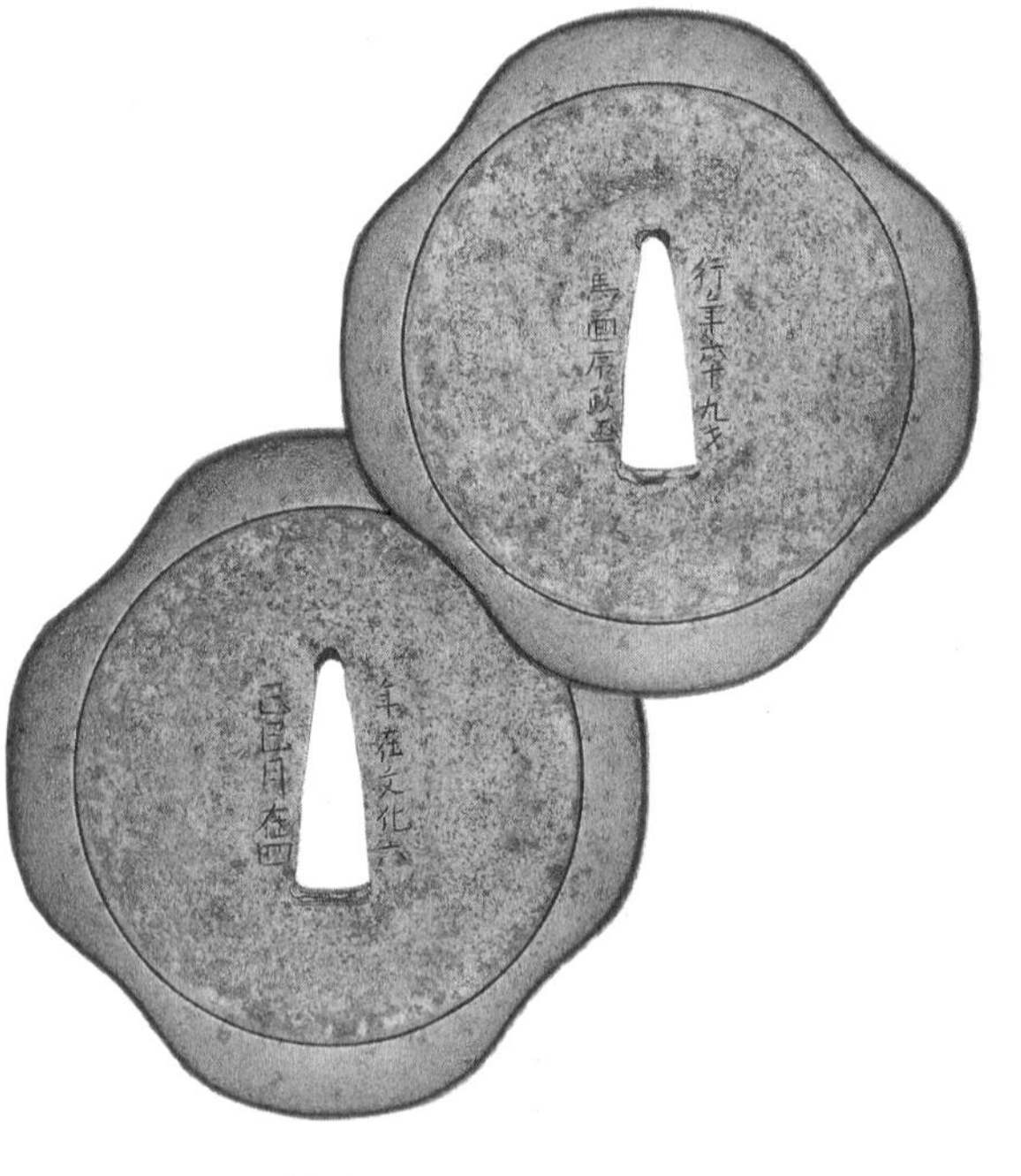

図114　鐔（銘）行年六十九才馬面序政（花押）
年在文化六己巳月在四

と補修に力を尽し、その功により「馬面」姓を下賜され屋敷を拝領した。九岡町に現存する末孫の馬面家に伝わる古文書（**資料72**）によって、先祖の鍛冶職は天正四年（一五七六）ころ豊原から丸岡に移住していることが知られる。丸岡町絵図（『福井県の地名』）には寛永年間に馬面町が描かれていて「家数十七」があったといい、馬面の殷盛ぶりが察知される。

馬面派で鐔を作って上手なのが市十郎序政である。越前から江戸に移って鐔工として専念し、構図と鍛えに優れた作品を残している。一説には江戸の金工菊池序克の門人、あるいは同族ともいわれている。作銘を多く「馬面序政（花押）」と切る。「行年六十九歳馬面序政（花抑）」「年在文化六巳月在四」と銘した鐔（**図114**）があり、逆算すると序政は寛保元年（一七四一）の生まれである。他に行年七十五歳と切った鐔があるので長寿者だったことがわかる。江戸下谷御徒町に住した。

(8) 市口派

市口《いちぐち》派は河内の轡師《くつわし》で、江戸時代中期以降、幕府の抱轡師として江戸で活動をつづけ、一門は全国各地に勢力を伸長している。抱轡師として享保ころに市口伊与、市口但馬、の二家が、寛政ころに市口兵庫、天保ころに市口丹波の各家があって、名門市口派は幕府から信任が厚かったことがうかがえる。『毛吹草』には河内に「誉田轡《こんだくつわ》」の名をあげていて、市口派の轡が一般に知悉されていたことを物語っている。〝一口〟を名乗るのは同族らしく、河内には〝市次〟姓の轡師もいて、市口派から分派した一門の層の厚さがうかがえる。

市口派はもともとが甲冑師ではなかったため、甲冑を作った数はあまり多くない。市口派中から甲冑師を専業とするものが出て彼らの製作したわずかの作品が残されている。『名甲図鑑』（**資料50**）には市口定八作の二十八間星兜図が、また市口豊後弟子である「友八」（享保年間、在武州）の総面（**図115**）が掲げられている。市口派の総面は眼の造形が独特で、眼尻をつりあげて、眼孔を丸く造る。「市口玄番作」と有銘の総面（**原色図版No.3**）は頭部に骨牌金鎖繋ぎに家地を張った畳兜風の防具を付けた異色の作である。

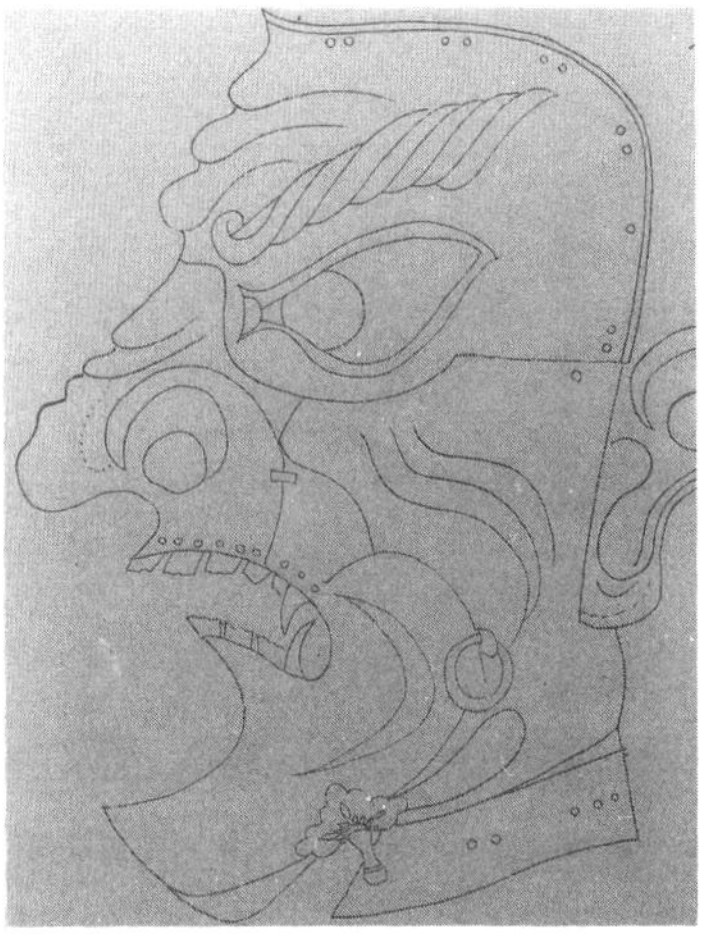

図115　市口友八の総面図
（『名甲図鑑』附）

図116　鐔（銘）**武州住市口清久**（蛇の図）

市口派中には鐔を作る工人がいて、江戸後期に「武州住市口清久」（図116）、「市口河内作」と切銘した作品がある。

(9) 宮田派

宮田派は肥前佐賀の甲冑師で、鍋島家の抱え具足師として甲冑を製している。実見する作品は江戸時代中期から以降のもので、宮田姓に「勝」の字を用い勝貞、勝盈、勝義、勝盛、勝真、勝常などと名のる。初祖は戦国時代の宮田貞将といい播磨国飾磨郡勝原村宮田に住したことから、宮田を苗字とした。貞将の子で慶長年間の貞俊から鍋島家に抱えられ、佐賀に移ったのはその子貞通の代からである。

宮田派は江戸時代中期に勝貞が出て家名を高め、雪ノ下胴の打出しに長じて知られ、藩主吉茂の命により宝永四年（一七〇七）に江戸に出て打出しの南蛮胴を作っている。勝貞は半兵衛のち徳左衛門といい、宮田家五代目、中興の名人と称されている。

宮田派前身の地播州には二十六代明珍宗朗が姫路に移り住み、明珍派が派生しているし、春田系の因州駿河の初代卓次が駿州から三河をへて慶長五年（一六〇〇）に播州に移住し、のち元和元年（一六一五）に備前岡山へ転じるまでの間、播州在住は十四年間を算する。このように播州には明珍派と春田系の二流が派生していて、宮田派は初期のころ、春田の影響を受けていた可能性が強い。宮田派が因州駿河派に学んだとする確証はないが、なんらかの関連があったであろうことは、二代貞俊の代に世人が「春田の細工」と呼んでいたこと、勝貞を「春田屋半兵衛」と呼称していたことが元禄八年（一六九五）の『光茂様御代総着到』（資料69）に記載がある。

宮田派中の上手は勝貞、勝盈の親子である。勝貞には『名甲図鑑』（資料50）が一枚打出しの総面（図117）を掲げたものがあり、「肥州佐賀住宮田勝貞作」「了栄カ風ヲ学ト云　カネ味ヨシ　鍋島家之鍛冶ナリ」と記載している。総面図からみると、宗介の作に類し、打出胴の彫技などと合わせ考えると、勝貞の代には明珍風が濃厚である。宮田派がいずれも銘に〝勝〟の字を用いるのは、春田系の名乗りであることを示すが、すでに勝貞のころは春田派の色彩を残さず、むしろ明珍風をもつようになっている。

勝盈は父勝貞に劣らぬ技倆を持ち打出胴を手がけて巧みである。『名甲図鑑』（資料50）に火焔不動図の打出胴が所載し「宮田勝盈作　寛保之比新作」と但している。

勝貞、勝盈ともに鐔の製作が得意で、勝貞には鉄一色で簡素なものが多く、意匠が大胆で力感があり個性的である。あたかも佐賀藩の堅実な家風を体しているかのようである。「勝貞」「肥前住勝貞作」と銘す。

佐賀県内にある神社の鳥居で製作に宮田派がかかわり、鍋島侯が奉納したと伝えるものがある。鐔（図118）の意匠はこれによったものであろうか。掌にのる小さな鐔を大きくみせる大胆で奇抜な構図は、鳥居の広がりを見る人の想像にうったえる余韻がある。

図117　宮田勝貞作の一枚打出総面図
（『名甲図鑑』附）

図118　鐔（銘）**勝貞**（鳥居の図）

単色図版解説

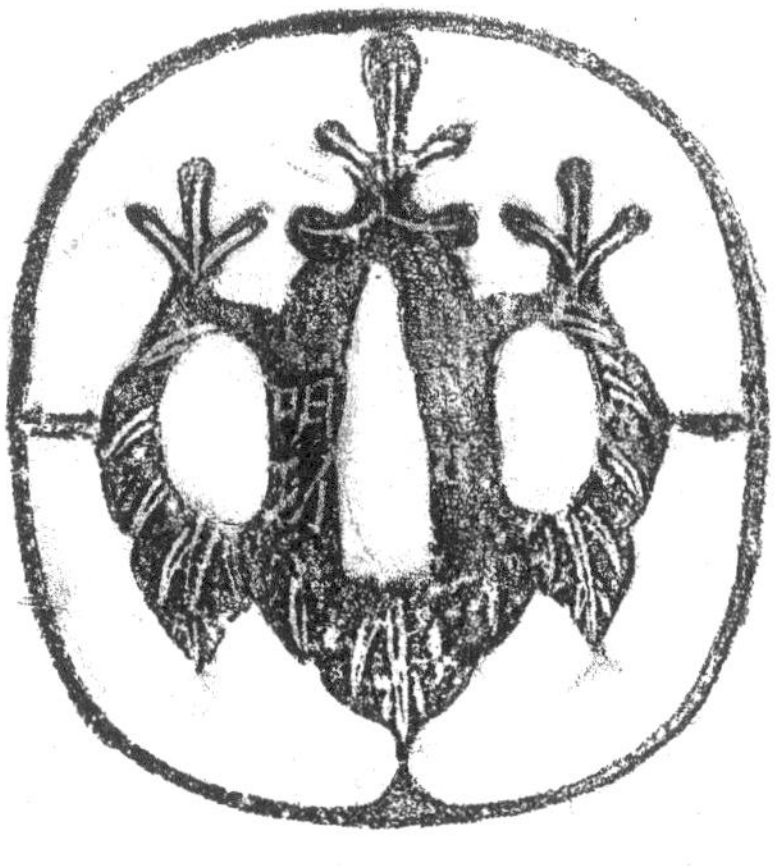

花桐文の図鐔　銘　明珍
Singed: Myōchin

半首・半頬

HAPPU-RI HAMBŌ

1 半首《はつぶり》 鉄地黒漆塗

一枚板の鉄地に黒漆塗で、耳を小型に、緒便金《おだよりかね》をつける。額と両頬を覆う具で甲冑面の中で最古の形式である。両眼と鼻が露出して、被った表情は猿面に似る。

半首《はつぶり》は半頭《はつむり》と同義で、『太平記』に「半頭の面」の名が使われ、半頭は半首の古語と推される。半首がさかんに使用されたのは南北朝期ころまでで、のちは半頬や目の下面がとって替って半首は用いられなくなった。遺品が全くといっていいほど残されていない。江戸時代になって復活し製作された本品のような作例がまま現存している。

鉄製が多く、革製もあったらしく、表が黒漆塗の他に画革包みにしたものもあり、額の中央を縦に折りまげられるように作ったものなどがある。

2 半頬《はんぼう》 鉄錆地　山口廣夫氏蔵

半首に次いで古作の面とみられるのが半頬で、「半頬当」の名も同義である。半首には垂《すが》がつかず、垂が甲冑面につけられるようになった最初が半頬からと推される。

いまは猿頬《さるぼう》や燕頬《つばくろぼう》もふくめて広く半頬の類を一括しているが、古式の半頬は別格に扱うのが至当である。眼線の上縁が平衡し、鼻と口の空間が狭まって、頬から顎へかけての表面積部分が広い。垂をつける下げつけ部分の縦幅が広いのは半頬に限らず古作の面に共通したところで、この半頬はとくに顕著である。

鉄味がすこぶる古雅で、裏は黒漆塗である。鼻の根元に菊坐を置いて双鋲を打つのと、顎の鰓部分に緒便金風の据金物があるのが異制である。室町時代の半頬の古作である。

3 半頬 鉄地金箔押　A・P・アルマン氏蔵

口から鼻筋を通り耳へ流れる外縁の形は燕形である。捻り返して面の締りがよい。金箔押が鮮やかで、顎の白髭が面白く、金と白の色調が好対照をなした表情のある面である。半頬は鼻と眼を欠くことからとかく表情を失いがちである。この面は隆起した頬、鰓の張った顎などを強調し、打出し技の巧みさとあいまって、華やいだ明るい雰囲気をかもし出している。

垂の裾板に丸を七個打出した手法は珍しい。桃山時代を降らない製作である。

4 半頬 鉄錆地　銘 高義《たかよし》　折笠輝雄氏蔵

鍛えが詰み、やや赤味を帯びた鉄味である。竪緒便りが上縁から顎端まで長く、幅広で、後方に反った造りが頑丈である。

『名甲図鑑』(続集中) 所載図に造形が一致し、その図によれば福島公（福島國隆）が所蔵していたと記している。明珍系図では義通・信家と並び〃後の三作〃と尊称して古来名高い。室町末期から江戸初期にかけて活躍していたと考えられ、有銘また無銘ながら同作と鑑じられる甲冑面が残され、兜とともに甲冑面の製作を得手としていたであろうことが首肯できる。

顎の内側に「高義」と、面裏の朱漆塗を長丸で残した中に筆勢がある二字銘を刻す。共鉄で三段板の垂をつけ、紺糸で素懸威にする。桃山期から江戸時代初期にかけての作であろう。

顎の内側にある銘

5 半頬 鉄錆地　藤田 始氏蔵

前出の高義と近似した同形の面である。鼻から口へかけての捻り返しの工法は手際よく、もともと鼻はつけていなかったことを示している。鼻の懸《か》けはずしの留金《とめがね》はもとからのものではなかろう。古式の形にのっとった上工の手になるもので、高義作とみてよく、同作の一つの定形の面として桃山期から江戸初期にかけて製作されたであろう一面である。

垂は鉄板三段で黒漆塗である。

6 猿頬《さるぼう》 鉄錆地　銘 明珍紀宗周《むねかわ》　A・P・アルマン氏蔵・

頬と顎の丸味が柔らかく、顎に鰓が鋭く打出され、切り耳が簡略である。猿頬などの半頬類は耳形を仕つけないのが通常で、切り込みをつけたものが一つの定型である。

折釘を打ち、顎の緒便りは花形の座金を置き、縄状に長く据えている。鉄本小札三段の垂《すが》を綴じつける。顎下に五字銘を刻す。江戸時代末期の津山明珍宗周の上作である。宗周は江戸本所に住した。

顎下の銘

7　狐頬《きつねぼう》　鉄錆地

顎が長く突き出し、眼尻を釣り上げたところなど、狐の表情を豊かに適確に表わした異色の甲冑面である。

燕頬の類であるが面相がよく狐に擬して、すこぶる珍しく、造形感覚の秀でた作である。鉄錆地の鍛えに古色が深く、桃山時代を降らない。裏は朱漆塗である。

8　狸頬《たぬきぼう》　鉄錆地
伝 高義《たかよし》作
高津古文化会館蔵

狐頬に対して狸頬があり、『名甲図鑑』(続集中)に高義作として掲げたものが、この面に該当する。眼尻を下げた表現は狐頬と逆で、やや下垂れ気味に作った鼻の形が狸らしい。鼻先に梅花文を据え、その左右に竹節状の短い管を打って狸の髭を表意している。顎下に小丸の汗流孔をあける。裏は朱漆塗である。

鉄切付小札に黒漆塗四段の垂で紺糸毛引威である。室町時代末期から桃山期にかけての製作と推される。

9　燕頬《つばくろぼう》　鉄地黒漆塗

口の開き具合いが、燕の尾が二つに割れてみえる形の面を燕頬という。燕《つばくろ》口の口形がつかないこの形の面と、口形がついた面(図版№10)と両手がある。頬に緒便りをつけ、顎下に汗流孔をあける。この手の面は室町時代末期から桃山時代を中心に盛んに使われた。

煉革切付小札に黒漆塗、五段垂を紫・白・緋の色々毛引威で明るく飾っている。裏は朱漆塗、桃山時代の作である。

10　燕頬(加賀頬)　鉄錆地据文

口形をつけた鉄錆地の燕頬である。外縁にそって口から頬、耳を通って顎下をめぐり、梅と沢瀉文を交互に三十九個を据えて飾りとしており、顎には三個の紋様を据えて賑やいだ手法が加賀頬ならではのものである。奥行きの深い大振りの面である。裏は金白壇塗である。

下広がりで一枚の板を三間に割った五段の下散垂《げさんすが》を、萌葱糸《もえぎいと》一色で毛引威としている。

室町時代末期から桃山時代ころの燕頬である。

> **目の下面**
> MENO SHITA-MEN

11　御家頬《おいえぼう》　鉄錆地
岩井作
白綾基之氏蔵

岩井家は仕立威《したておどし》を主業とした「具足屋《ぐそくや》」であり製鉄を得意としなかったことは、明珍や春田が鍛鉄を好んだ甲冑師としての性格とかなりへだたりがある。御家頬は無銘で鉄錆地なのが通例であるが、№12のように黒漆塗のものもある。岩井家が作った御家頬の現存する数は稀少である。しかし、御家頬をのぞく甲冑面はかなり多量にあったとみられ、煉革面《ねりがわめん》もよくしたが、鉄地の面を量産しているらしい。鉄錆地もあり、鉄地に漆塗のものもある。量産しているらしいとみるのは、作者のほとんどが無銘なためではあるが、作風から岩井作と識別してみてその多量さがうかがえるからである。ただし下受の組織に作らせるので、岩井派中での作ばかりではなかったであろう。甲冑面に関しての岩井家は製鉄を得意としなかったことにはならない、ともいえる。

この作は御家頬の典型を示す面である。御家頬は総じて小造りで簡素であり、皺や技巧的な打出し技は一切加えていない。鼻が小さく低く、鼻孔をふくらませ、総体に丸味をもち、切鼻に造る。口が小さく、人中を立てる。折釘を打ち、汗流の小丸孔を一つあけ、切り耳である。つつましやかな品格をたたえた女性的な面である。裏は朱漆塗にする。江戸時代。

12　御家頬　鉄地黒漆塗
岩井作

岩井家が作る数少ない御家頬の一である。前出の御家頬と面の輪郭、肉置きなど造形がほとんど共通して掟にかなったものだが、黒漆塗なのと、顎の鰓《えら》に一条の打皺をつけて張りをもたせたところにわずかな加飾をみる。

御家頬がすべて鉄錆地のものばかりでないことをこの面は示している。面裏が朱漆塗であることは変わらない。

切耳、切鼻、そして簡素な口造りが特異で、鼻孔が一つで横ひろがりに大きいことは、着装して呼吸が容易にしやすいことで合理的である。

鉄黒漆塗五段板の下散垂《げさんすが》、蝶番で三間に分けて屈伸しやすく、下方へすすむにつれて末広となる作り、各板の縁を金箔押、紺糸素懸威である。垂の裏は黒漆塗とする。

13　烈勢面《れっせいめん》　鉄錆地
伝明珍作　**飯田智一氏蔵**

素鉄の鍛えが秀抜で、隆起した頬と大きなふくよかな耳が福相をみせる。頬は裏から打出した凸皺を低、中、高と三段の高さでみせ、口元は逆に表から打出して凹皺をなし、高低の深い彫口を呈している。鼻はかけはずしができる仕様で、両端にあけた小孔を、両頬についた折釘にはめ込んで仕付けている。顎の打出しは深く、先端が鋭く突出して、鼻先の丸味と相対するかのようにして調和する。折釘を打ち、顎の両端に花菱の座金《ざがね》を据え緒便り金を打つ。裏は朱漆塗。垂は鉄本小札三段を威下《おどしさ》げ、紺糸で毛引威《けびきおどし》とし表裏とも黒漆塗。江戸初期を降らない明珍家の作であり、烈勢面の代表作である。

14　烈勢面　鉄錆地　**A・P・アルマン氏蔵**

頬から顎へかけて太く長く打ちおろしたような皺が強烈である。この皺は凸皺で、口元につけた三本の凹皺と対照的である。凸凹の打出しを強調することでは古代ヨーロッパ人の彫の深い彫刻をおもわせる。緒便りの環《わ》がこの種のものとしては大きく太く、総じて造作が大振りで迫力がある。垂は後補であろう。江戸時代前期の作とみられる。

15　烈勢面　鉄錆地　**A・P・アルマン氏蔵**

頬から顎にかけて走るような線形を打出し技で見事に表出している。二王のような丸い緊張した鼻頭と、波うつような上唇が一枚の鉄板の中で調和して、半開きの口がいまにも語りかけてきそうである。まさに出陣を下知する武将の面影でもある。耳の外縁を文様化したところは風変りである。鉄の鍛えが卓抜な、江戸前期の作である。

16　烈勢面　鉄錆地　**A・P・アルマン氏蔵**

鰓を高肉に作り、流れるように顎につらなる稜線に躍動感がある。口元に三つ、頬に四つの打出皺が力強い。鼻が丸く二段皺をつけ、白髭をたくわえる。耳に八星を小透ししたのは少なく、家紋というよりは飾りの用とみたほうがよさそうである。江戸時代の作である。

17　烈勢面　鉄錆地
伝春田作　**R・ビュラボア氏蔵**

受け口が大きく開き、鼻の作りが端整で鼻孔が大きい。頬は隆起して皺がなく隆武の様態をもつが、口元に一条の太い皺をつけ、顎の突き出た打出し技とともに烈勢の風情が強い。大きな耳、その下方の鰓が切れ込んで春田の作風をみせたもの。江戸時代の製作である。

18　烈勢面　鉄錆地
銘　依信家形
明珎宗高作
安政三丙辰年十一月吉日

古作信家の面形を写した作である。目の下の頬から顎にかけて歯形《はがた》を縁どり、顎を三段に面取りした造形が珍しい。歯形をつけるのは信家が好んだとみえ、『名甲図鑑』の収載図に歯形がある信家の有銘作を幾例もみる。朱唇に映えて朧銀を施した植歯《うえば》が上下ともに連結しているのは奇異であるが、威嚇的な効果があって人眼を引く。やや赤味を帯びた黒色の鉄が精良である。

明珍宗高は同銘が少なくも四人いて各地に散在し、この作をかならずしも特定できないが、加賀明珍、あるいは姫路明珍宗朗の門、矢淵宗孝同人で、のち出雲へ移った出雲明珍のいずれかとみられる。下げ付け板の裏側に安政三年十一月の製作年紀がある。

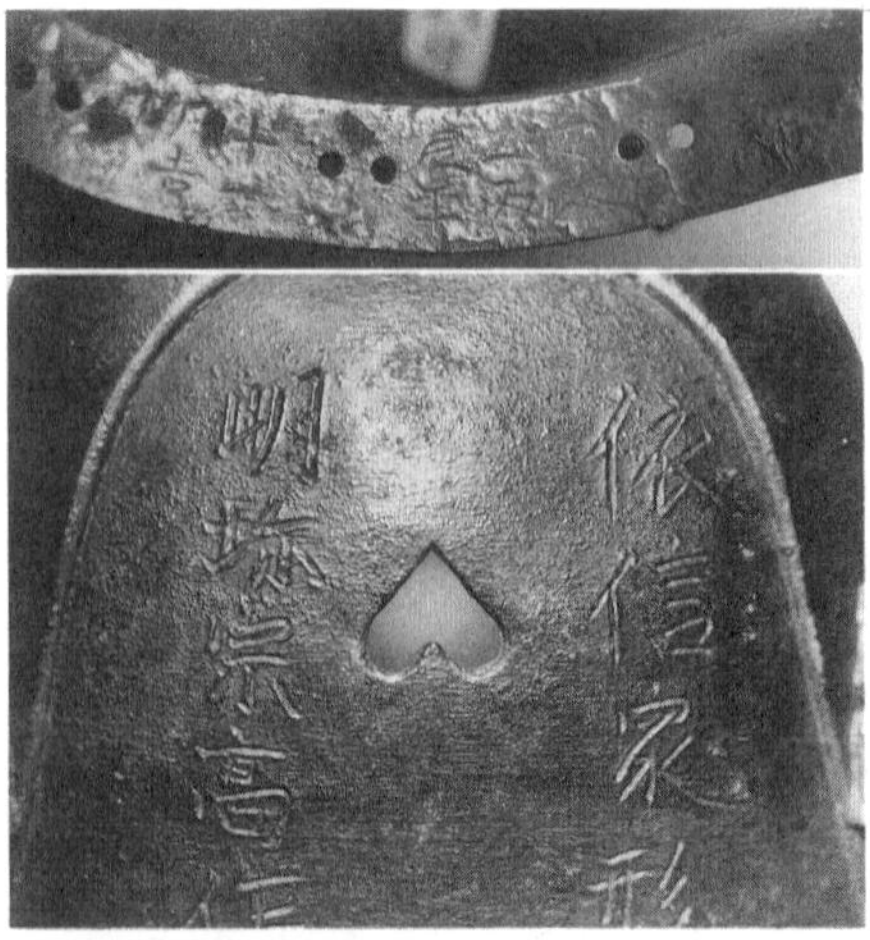
下げつけ板の裏側(上)にある年紀と顎下の銘

19　烈勢面　鉄錆地
銘　明珍紀宗介　**藤田　始氏蔵**

頬に一条、口元に二条の打出し皺を打ち、顎に凹皺をつけるのは明珍派の手法である。明珍派の江戸時代の面型は邦道《くにみち》の作意を基調に、宗介《むねすけ》が一つの定型をあみ出している。段皺をつけた丸味がある鼻の形が独特で、鼻から頬へかけて流れるように弧をえがいた稜線が、彫りの深い面を形成している。

烈勢《れっせい》・隆武《りゅうぶ》の呼称は宗介が名づけたらしい。甲冑に関する著書である『甲製録』にその名をみることは、同書が宗介の編集によることと考えあわせて信憑性をより高める。宗介は甲冑面をかなり手がけたらしいが、現存する有銘作は比較的に少ない。裏は朱漆塗。

宗介のこれまでに知られる有銘作は牡丹獅子打出胴具足に延宝六年（一六七八）紀があるのが最も古く、享保八（一七二三）年、八十二歳の銘がある打出胴の作まで四十六年間がある。明珍宗家二十四代を継ぎ享保十年（一七二五）七月、八十四歳で没するまで長期におよび活躍する。東都神田、のち麻布に住した。

顎下の銘

20　烈勢面　鉄錆地

銘　水戸住義臣《よしおみ》

端然とした面相で鼻が高く、口が小さい。頬に三条、口元に二条の小造りの打皺《うちしわ》をみせる。目の下から鼻にかけて外縁を捻り返すのは面に締りを与えた工法である。

水戸明珍は常陸明珍ともいい、水戸藩主徳川斉昭（烈公）の甲冑に対する保護奨励策によって栄え、「義」の一字を冠して烈公が命名した甲冑師銘が多い。水戸明珍のなかで著名な義臣もその一人で、「義通」銘の一字をとって名づけたもの。

顎下の銘

21　烈勢面　鉄錆地　　A・P・アルマン氏蔵

銘　義臣

鉄の鍛えが秀でて精美である。両頬の隆起がふっくらとして、頬の上方に二条、口元に四条の皺を打出して凹凸が烈しく、顎をしゃくり上げて、ここにも打出しによる造形意欲が強い。

義臣は恒衛門といい、初名恒次郎、安政四年（一八五七）七月に江戸明珍本家の門に入り、業を成して明珍姓を免許される。水戸徳川家の抱甲冑師として活動し、水戸明珍を代表する上工である。明治元年（一八六八）十月、六十九歳没。

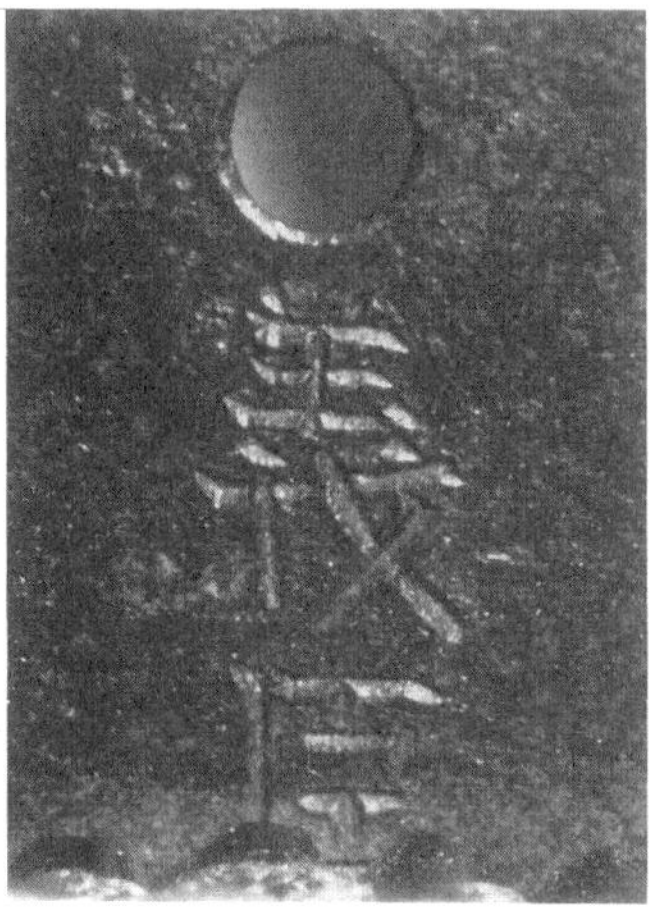

顎下の銘

22　烈勢面　鉄錆地　　M・アルバート氏蔵

銘　津山臣明珎宗保《むねやす》作

頬に二筋、口元に一筋の打皺をみせるのが宗保の手法で、具象的な耳の造形に特徴がある。上下に八本ずつの植歯を共鉄で作り、上髪と下髪の孔を残す。頑丈な緒便りの環をふす。

宗保《むねやす》は作州津山藩の抱工で、「津山臣」と顎下に加刻した切銘は好資料。鍛えと打出しに長じた巧手で、庄内明珍の宗吉、宗平の師としても知られる。江戸時代後期、文化文政から天保にかけてのころに江戸で活躍した。

顎下の銘

23　烈勢面　鉄地黒漆塗　高津古文化会館蔵
伝　明珍作

烈勢の気迫に満ちた相貌のなかに、ほどよく開いた口や鼻の造形など清楚な整いをもち、ふくよかな耳たぶを付けた福相を兼ねた面である。折釘で鼻を仕付け、頬と口元に打った凸皺、鰓の辺に凹皺をつけた手法など明珍派の作風をみせる。

絵革《えがわ》の蝙蝠附《こうもりつけ》で、本小札盛上黒漆塗二段垂を紺糸毛引威とし、耳絲と畦目《うなめ》は啄木組《たくぼくぐみ》、菱縫《ひしぬい》は二段紅糸である。八双金物《はっそうかなもの》は風留金物と同質の素銅渡金地に葵唐草文を透彫して彫法が精緻である。面裏は朱漆塗、垂裏は金箔押とする。江戸中期から後期へかけての製作である。

24　烈勢面　鉄地朱漆塗　伊藤　満氏蔵
伝　明珍作

烈勢形の面であるが、上歯に牙を立て、上髭と下髭を毛描きした面相が異色である。太刀除（緒便りの板）は隆武面が多用するのであるが、烈勢面に付く例は少ない。外鼻《がいび》を形どる線が頬へ流れるように連なり、隆起した頬に鋭さが加わる。上下十本ずつの植歯《うえば》は黒色に漆塗し、毛描きは仔細にみると黒と銀彩を交互に配した精巧な筆致である。

丸味がある鼻の形、福相を備えた耳の形など明珍派の作意がうかがえる。朱漆が時代を経てすっかり落ち着きをみせ、異相の面でありながら、どこか親近感をたたえるのは、作者の確かな造形の技がもたらすものであろう。

鉄板黒漆塗四段の蝶番垂《ちょうつがいすが》をつけ、紺糸素懸威とする。面裏は朱漆塗、垂裏は金箔押。江戸時代中期を降らない作である。

25　烈勢面　鉄地錆塗　京都嵐山美術館・
伝　早乙女作　新藤源吾氏蔵

団子鼻に、鰓を張らせた打出し線が顎に流れるように連なって対照的である。頬に二条、口元に一条の短い打《うち》出皺《だししわ》を打ち、隆起した頬に一本の稜線を打出してこの面の表情を豊かなものにしている。鼻の部分は上唇と植歯が一体となった一枚板で構成する。上下ともに八本ずつの植歯をつけ、中央の歯が大きく、左右に並ぶにつれて小さく作る。汗流し孔を小さく丸くあける他に汗流しの管をつける。折釘、緒便金は共鉄で黒漆塗にする。垂《すが》は鉄切付小札黒漆塗四段を緋糸毛引《けびき》威とする。江戸前期の早乙女派の作である。家親作の兜につくことから、この面が同作である可能性が強い。

26　烈勢面　鉄錆地　丸山栄一氏蔵
伝　早乙女作

丸く突き出た顎と、目線にそった上縁の歯形の作りが異色で、この面の表情を形成している。総じて頑健な造作が明珍作と一線を画するところで、耳の造形と、小透しの梅花文が早乙女の作らしさを表意している。鼻を仕付ける栓挿し蝶番の手法や、耳を止める三個の鋲からくりにも同派の作技がうかがえる。桜花文の座金に馬蹄形《ばていけい》の折釘《おれくぎ》を打った技巧が実用的で、高肉に盛り上がった顎の鰓が強靱な個性を示している。

鉄黒漆塗三段の蝶番垂《ちょうつがいすが》に深緑色の糸で素懸威とし、一の板の三カ所に菊花透しの入八双座《いりはっそうざ》を置き、中央のみ鐶をつけ緋糸の総角《そうかく》を結ぶ。面裏は朱漆塗、垂裏は金箔押である。

江戸中期を降らない早乙女派の作と鑑じられる入念な出来である。

27　烈勢面　鉄錆地　曲輪《ぐるわ》付　猿田慎男氏蔵

耳からつづいて後側部を共鉄の板で覆った、いわゆる曲輪《ぐるわ》つきの面である。常には首まわりを保護するのが曲輪であるが、これは後頭部の下側を防護する用を兼ねる。耳の縦幅からそのまま連続した幅広の鉄板が頑丈に仕つけられている。兜を着用すると𩊱《しころ》が頭部と首まわりを保護することから、この曲輪は𩊱と二重に重なりあうことになる。近代の城郭では曲輪（くるわ）のことを〝丸〟ともいい、本丸を中心に二の丸、三の丸の順で、曲輪が各区画を構成する。

　後側部を丸く囲む甲冑面にこの曲輪が転用されて曲輪（ぐるわ）と呼称されるようになったことは興味深い。

　口元と頬に皺を打出した造形に岩井派の風がある。ただし口が繭形で、中央を狭め両端を広げて気力の強さをみせたところは異例な形である。緒便の尖鋲《せんびょう》が太く力感がこもる。耳に透した〝違い畳扇〟紋が印象的である。裏は朱漆塗。江戸時代中期を下らない製作である。

側面からみた曲輪付

28　烈勢面　鉄錆地　白綾基之氏蔵

鼻は仕付け、頬から顎にかけての部分と二枚板で構成し、耳は小さく別に仕付ける。頬に長い数本の皺を重ね、頬の肉を落として、明珍家ではこの頬の形状を「痩骨」（『名甲図鑑』続集中）といっている。鼻孔は丸く、口は大きく開いた痩身の老躯をおもわせ、歴戦の老将の面影がある。

　緒便金《おだよりがね》が雁金《かりがね》形で風変りであり、明珍宗介の作にこの形があるが、明珍家では宗介より早い年代から採用していたらしい。顎下の肉に丸味があり共鉄一枚で作り、汗流し孔をあける。裏は朱漆塗。江戸時代初期を遡る年代の作であろう。

29　烈勢面　鉄錆地　白綾基之氏蔵

　薄手の鉄錆地で、鼻と顎の造形が異風であり、他に類例が少なく興趣を引く。丸く長く打出した顎は、大つぶな上下に植えた歯とともに個性的でこの面の表情をかもし出すところ。緒便りの環をつけ、緒便りは菱形の座金を置いた竹節状の金がしっかりとつく。裏は朱漆塗。早乙女派の作か。江戸時代の製作である。

30　烈勢面　鉄地黒漆塗　曲輪《ぐるわ》付　白綾基之氏蔵

　鼻から耳にかけて横皺五本を打出し、小鼻をふくらませて鼻孔が大きい。大つぶの上歯は鼻部分の鉄に植歯《うえば》する。蝶番を頑丈につけ、鼻は釘でとりはずしできるように仕立てる。耳は二つの座金で留め、桔梗紋を小透しする。奥行きが深い大振りの面である。垂は鉄板黒漆塗五段で、上板二段に曲輪をつけ、両端を紐で結ぶように作る。紺糸素懸威である。面裏は朱漆塗、垂裏は金箔押で上板裏地に「明珍八代孫宗光作」と墨書した極め銘がある。はたして明珍の作かについては研究の余地がある。桃山時代から江戸時代初期にかけての製作であろう。

31　烈勢面　鉄錆地　曲輪《ぐるわ》付　高津古文化会館蔵

　頬と口元に皺を強調した烈勢面である。鼻から耳への上縁をしねり返して刻みを加え、鼻を折釘《おれくぎ》で仕つけた留金具を鳩形に作ったところは面白く、工法に工夫のあとがうかがえる。上唇を朱漆で、真鍮に金箔押とした植歯《うえば》との対照が鮮やかで印象的である。顎の緒便りと耳に菊型の金具を据えたのは珍しい。

　鉄切付小札の五段垂《すが》に同じ段数の曲輪《ぐるわ》をつける。面裏は朱漆塗、垂裏は金箔押である。江戸時代初期の作とみられる。

32　烈勢面　鉄錆地　銘 岩井安董《やすのぶ》作　関　巌氏蔵

打出しは裏面からと表からのと両手があり、裏から打

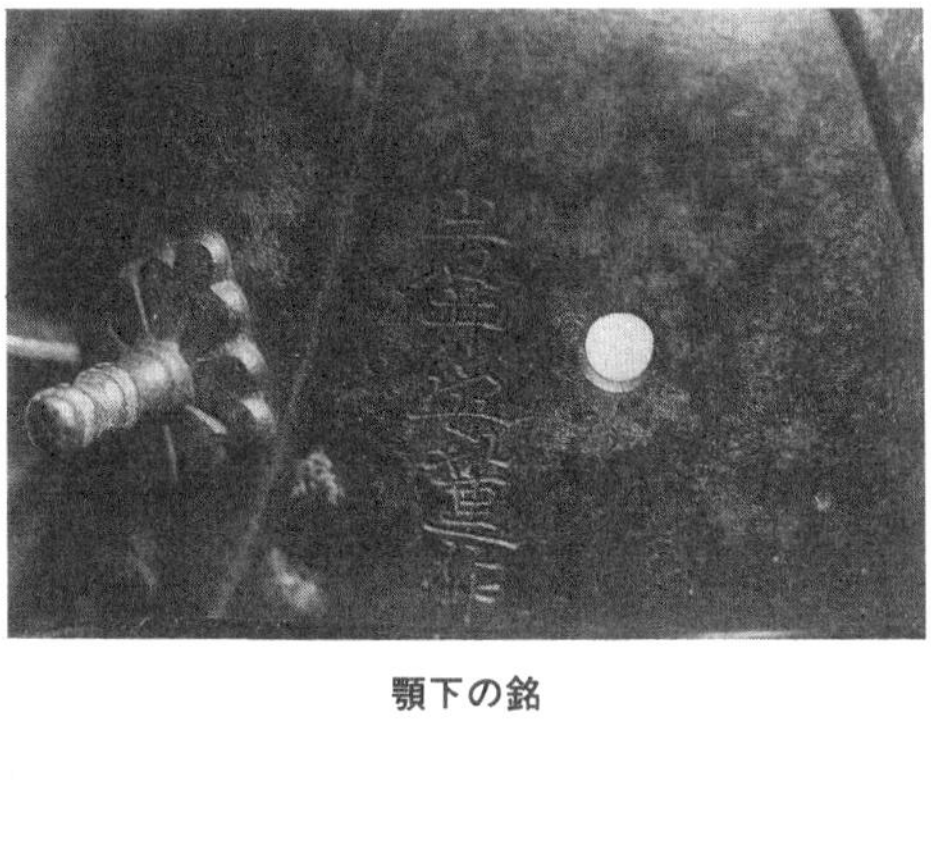

顎下の銘

出すのが凸皺で陽、表から打出すのが凹皺で陰と対比できる。この面は皺を大胆に打出し、陽を主に陰を交ぜることで凸凹が顕著に表出されている。陰陽の彫法を強調することによって彫の深い表情が創出され、そこに作者の技巧の確かさをみることができる。

上下に薄い唇をつけ、鍍金の植歯を施して、白髪の植髭をつける。竪緒便りが大型で力強く開き、長円の透しを加えている。

岩井派の中で、幕末に出色の上手である安董の打出し技法をよく示した作である。

33 烈勢面 鉄錆地
明珍作
飯田智一氏蔵

鼻の根元を通って両頰に流れるように走る打出皺に力感がこもる。大振りな目の下面で、顎が長大でせりあがるように突出し、打出し技を最大限に発揮して威嚇効果が抜群である。菊座を置いた緒便り金が節状に太く、顎下の尖鋲《せんびょう》はこれが特大に太く、三重の座金を設けてがっちりと仕付く。共鉄の竪緒便りは耳を覆うように広がり、丸孔をうがつ。裏は朱漆塗。迫真力がある烈勢面である。明珍派の作、江戸中期、宗賢《むねかた》の年代にあたる天和・貞享頃の作であろう。

34 烈勢面 鉄錆地
銘 根尾正信作
冥賀吉也氏蔵

丸味がある鼻を折釘で止め、頰と口元に一条ずつの皺をつけ、折釘を両頰に打つ。耳は二つまたは三つの座星をつけて仕付け、六星の小透しをうがつ。顎裏は延べつけに作り、汗流し孔を大きめにあけ、緒便りは打たない。この面は根尾正信の作風の一つの典型を示したもので、上髭と下髭を黒漆で毛描をしている。正信の面は岩井派の作風と近似しており、甲冑面からみた両者は同じ奈良の地にあっただけでなく、より以上に密接な間柄であったことが推考される。

鉄切付小札、金箔押四段に緋糸で毛引威をかけ、裾板に風留金具と家紋を据えた華やかな飾り垂である。江戸時代前期の標本的な銘である。

顎下の銘

35 隆武面《りゅうぶめん》 鉄錆地据文
西光寺蔵

薄手の鉄味が古雅である。鼻と鼻下部分の鉄を二分してそれぞれ鋲留めにし、鼻と口の周囲を捻り返して締りをつける。顎に一条の鎬筋をめぐらし、花菱の座金を五カ所に共鉄で据えた手法がのちの猿頰《さるぼう》などの先駆をなすものとして注目される。耳を切り立てたこの作りも古法を示し、顎がさほど打出されず角味をもつところも後世の作にはほとんどみない。下げ付けの縦幅が広く、威下の糸の孔を連続してあけている。

古式の面であり、隆武面の名称はあたらないが、分類上一括した。室町時代の作である。

36 隆武面 鉄錆地
伝 春田作
斎藤鞆緒氏蔵

隆起した頰から耳元にかけて、なだらかな流れが柔らかく、顎の鰓がほどよく張って大振りな面を引き締めている。鼻から眼線にそった上縁と、唇の周囲を捻り返して力強さがみなぎる。

地に刷毛目状の浅い鑢目跡がみられ、元は黒漆塗だったとみえ、その剝落しきれないさまがかえって古雅な風

隆武面が付く置手拭形兜

情をみせている。鼻板を蝶番で留め、耳を鋲留めにする。置手拭《おきてぬぐい》形兜に添えられていた面で、兜と同時期の作であろう。紀州雑賀《さいが》の甲冑師の製作によるもので、面は春田派の作風が顕著であり、室町時代末期を降らない古作である。

兜は江戸時代から世に知られ、同型の作中で最も年代が古いと鑑せられている。明和六年（一七六九）五月、伊勢貞丈がこの兜と面を自著に書写し、当時、摂州大坂の寺島常興が所蔵者であった旨を記している。すでにこのとき鞠《しころ》が失なわれていて、現存する状態のそのままが書写しされている。

鉢裏の両側に「満仲」「楠正成」と所持者銘とみられる鑿跡があって、製作時より後代に切銘されたものであるが、いかに珍重された兜であったかを示している。

37　隆武面　鉄錆地一枚打出《いちまいうちだし》　山口廣夫氏蔵

鼻が高く、顎は鼻よりもなお突出して、やや受け口である。竪緒便りも一枚鉄で打出し、厚味があって頑丈な作りである。小鼻をふくらませた横広がりの鼻と口幅が同じ長さなのは人間離れをした造形であるが、少しの違和感もない。重厚で格調の高い男性的な面で古香あふれんばかりである。耳が小さく簡素なのは年代の古さを示したところ。室町時代の作とみられ、のちの明珍了栄《りようえい》の面形の先駆をなすものといえよう。この面形を明珍家は不動面に名ぞらえている。

38　隆武面　鉄錆地一枚打出　伝　明珍了栄作　高津古文化会館蔵

素鉄一枚打出しで、竪緒便り、汗流しの管《くだ》ともに打出し一枚で造る。小鼻を小さく張って小孔をあけているため鼻孔が三つあけられている。口まわりを反り返させ、ことに上唇をつけて写実的であり、顎の先端を尖り気味に作る。裏は朱漆塗である。

一枚打出しを得意とした明珍了栄《りようえい》の作であろう。了栄は、小原勝成といい、『中古甲冑製作弁』は「延宝・貞享の間」の人で、一枚打出しの手際が無類であると記し伝えてきている。芸州広島の出身で江戸に住し、北条流の軍学者福島國隆の招きで同家にて製作したという。

39　隆武面　鉄錆地一枚打出　伝　明珍了栄作　吉井晢夫氏蔵

前出の作調と似て、竪緒便りと汗流しの管《くだ》を一枚鉄で打出す。竪緒便りの後側に一条の皺を入れて異調であり、耳を二つ木瓜形に縁どる形が前出の耳の形と相違するが、この形は明珍家が用いる一つの定形であり、簡略な造形のため比較的に古作の面に付けられている。

江戸時代中期に活躍した明珍了栄の作と鑑せられる。松家観山は『名甲図鑑』で了栄の作風について「形品々アリテ一様ナラス、奇形異品マタ人ノ意表ニ出、一図式ヲ以テ標準トナシカタキモノナリ」と記述している。

40　隆武面　鉄錆地一枚打出　山口廣夫氏蔵

薄手の鉄で一枚打出しに作る。鼻孔を三個揃えてうがち、口が小さい。竪緒便りを打皺のように立て、その周囲を削りとるように肉置きを整えて、表面がやや平らかになった作りである。汗流しの管は菊座を置いて据え、管は短く太い。切り耳の造作が簡素で切込みを加えた手法は古調である。

手なれない素朴さがあり、江戸時代中期から後期にかけての作であろう。

41　隆武面　鉄地金箔押《きんぱくおし》　パリ・個人蔵

口の開き、鼻の造形、長く簡素な竪緒便りなど各部それぞれに整いをもつ。品格の高い隆武面である。表面の金箔が剝落して下地をみせ、いかにも古色な味わいをみせている。

垂は鉄小札五段で金箔押として、壺袖状に上板から裾板にかけてなだらかに横幅を狭めた手法が風変りで、上板中央に水呑の環に緒を結んだ飾りが錦上花をそえ、この面を一段と高貴なものにしている。

桃山時代の製作であろう。

42　隆武面　鉄錆地　銘　義通《よしみち》　藤田　始氏蔵

太く長い太刀除《たちよけ》を付け、鼻板を折釘で留めるほか一切の飾りを用いず、切耳に作り、総じて質実な造作である。義通は明珍家が〝後の三作〟と称し、高義、信家とと

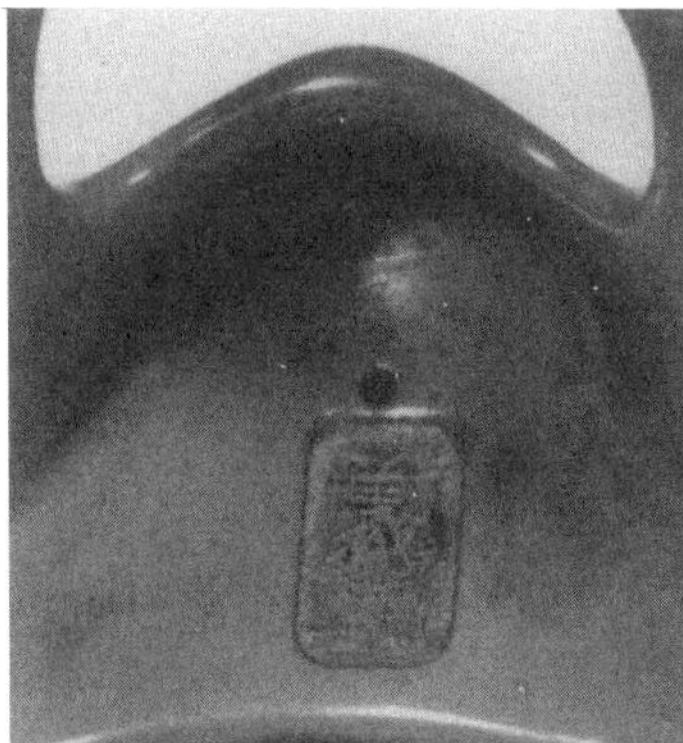

顎の内側にある短冊銘

もに崇めて珍重してきている。明珍系図によると義通は信家の父義保の次弟で、義通は信家の叔父にあたる。しかしこの説には根拠がなく、むしろ信家と義通との関連性は薄く、両者別系の人とみる説が強い。作風からみて兜の作風に隔たりがあるからである。信家の年代は「永正、天文ノ間」（明珍系図）で製作期間が長く、義通が「大永、享禄ノ間」と短期間である。信家は年紀がある兜の作品から永正・天文という製作期を確認できるが、義通には年紀がある兜も甲冑面もこれまでに皆無である。ほとんどが「義通」と二字銘に切るが、「義通作」の三字銘もあって、室町末期から江戸初期にかけて複数の同銘の工人がいたとみられる。常州府中住。

この面は顎の内側に短冊を形どり二字銘を刻している。鎖垂をつける。

43 隆武面　鉄錆地

銘 義通《よしみち》

浅野誠一氏蔵

義通の有銘作の多くは隆武形の面である。頑丈な太刀除（竪緒便り）を眼尻から顎先まで長く打ち、上端と下端に間隙を作らないのが常で、兜の緒が面上に露出する気づかいがない。目線にかかる上縁と、唇を捻り返して力感がこもり、切耳の造作が古調で簡素である。加飾性があるのは蝶番で、鼻板と頬板を四本ずつの鋲でしっかりと留め、羽根を広げてはばたく蝶の姿態を形どっている。切鼻に作ったその下の人中がくっきりと浮きたって、植髭のための小孔が連続して残されている。ほどよくあけた口の開きが鑑る人に語りかけてきそうな風情がある。

顎下の作りは〝折り返し延べ付け〟の手法で、八枚の花弁の座に長く鋭い尖鋲《せんびょう》を立てて、汗流孔を兼用とした作りである。

裏面は朱漆が剥落して古雅な痕跡をみせている。義通有銘の遺作である。

44 隆武面　鉄錆地

銘 明珍民部紀宗定《むねさだ》造之

A・P・アルマン氏蔵

頬と顎の鰓辺に打出し皺を一条ずつ表わし、緒便り板をつける。鼻は蝶番で釘留めにした素鉄の隆武面で、鉄味が良好である。

顎下に力感がある切銘をみる。鉄鐔も作り雲龍を鋤出彫した作に「日本唯一甲冑良工」と添銘した鐔がある。

江戸時代中期から後期に入っての製作であろう、優れた作である。

顎下の銘

45 隆武面　鉄錆地

銘 加州住明珍紀宗久（花押）

角に作った蝶番で鼻を留め、鼻筋が通って高く、人中をつける。簡素な竪緒便りをつけ、顎先の緒便りが突出するように先鋭的である。

垂は鉄黒漆塗五段の板を波状にうねるように形どり、紺糸素懸威とする。面裏は朱漆塗、垂裏は黒漆塗である。

加賀明珍は甲冑面を得意として製作し、なかでは宗久銘の作が多い。同銘数代が継続して幕末まで名跡を残し、明治十九年九月に没した徳三郎のち源兵衛宗久の存在まで確かめられる。各代ともに、甲冑の他に鉄鐔を作っている。

この面は江戸時代初期の製作と鑑じられ、宗久銘の甲冑面のなかでは年代が上がる。

顎下の銘

46 隆武面　鉄錆地

銘 明珍宗久

頬骨を張らせ、口の開きが少ない。加賀明珍宗久の目の下面は隆武形で孔鼻と口の開きが少ないものが多い。鼻を折釘で留め、竪緒便りをふして簡素であり、それだけに実用を本位とした加賀の気風を体したところ。前出の宗久とは別人で年代がやや降り江戸中期から以降の作である。裏面は表と同じく錆地で、漆塗としていないのは異例である。

顎下の銘

47 **隆武面　鉄錆地**

銘 明珍紀宗直

鼻の根元をけずるようにして鼻筋を立て、その分だけ眼を広くあけて表情を作っている。鼻孔と口ともに小さくあけた、女性的な穏やかな面である。耳に六星を小透し、顎の左右の緒便《おだよ》り金は花菱の座に角長の棒状で縄目《あみめ》の刻みをつけたものである。蝙蝠付《こうもりづけ》の垂は鉄板黒漆塗二段、紺糸素懸威で耳絲と畦目《うなめ》は啄木組《たくぼくぐみ》、菱縫《ひしぬい》は緋絲二段で、上板の縄目三ヵ所に菊唐草彫の八双座《はっそうざ》を据える。鉄鍛えが優れた目の下面で、隆武形の美女面でもある。

明珍宗直は同銘が数人いるが、この面は江戸中期から末期にかけての作である。

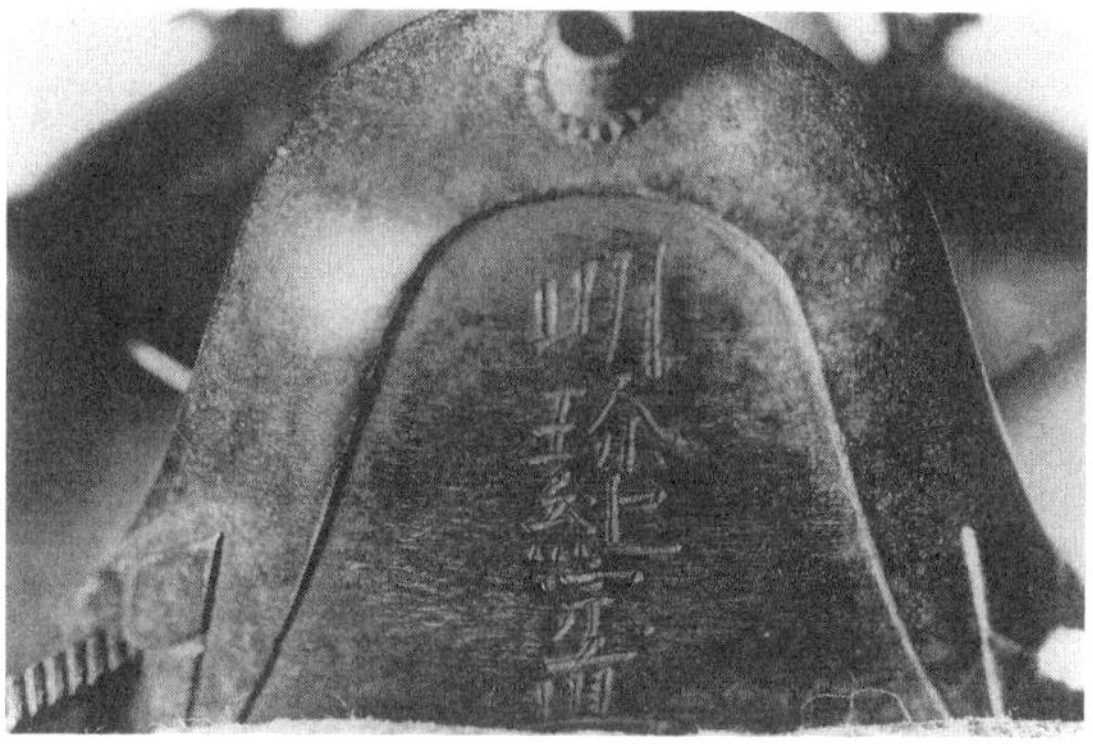

顎下の銘

48 **隆武面　鉄錆地**

銘 宗秀（明珍）

鼻筋が通り、口が小さく美女頬の表情がある。赤味を帯びた鉄色の鍛えが細かく、表面に細密な鑢をかけて地に変化を加えている。

明珍家では隆武《りゅうぶ》は沈勇の相形があるのをいい、笑頬や美女頬などの類を指している。竪緒便《かたおだよ》りを除けば美女頬の類に加えられよう。造形からは明珍の風があって、姫路明珍派の宗秀に該当しよう。宗秀は本名虎次郎、明治中ごろまで生存している。江戸時代後期の作である。裏面は朱漆塗。

顎下の銘

49 **隆武面　鉄錆地**

銘 水府義徳《よしのり》作

B・ドウファン氏蔵

鼻を仕付けた蝶番が頑丈な作りで、素鉄の鍛えが秀でた作である。

水戸藩主九代斉昭（烈公）は甲冑製作を奨励し天保九年（一八三八）に通達を出し「甲冑をもって国産とし、かつ他国になきほどの産物にすること」（『甲冑武具研究』第22号長谷川武氏）をはかり、優れた甲冑師が陸続として輩出した。義房、義民などとともに義徳も烈公から「義」の一字を賜わり銘とした一人で、水戸明珍中の上手である。郷土の先輩義通を手本とした作意で、面形は義通と同じく隆武を好んでいる。顎下に銘を加刻する。

顎下の銘

50　隆武面　鉄錆地
銘　明珍保周《やすかね》
斎藤鞆緒氏蔵

顎の鰓を打出したほかは皺をつけない清楚な面である。美女面にも名ぞらえたい女性的な表情が、小造りの鼻や小さな口の造作にうかがえる。能面の小面に通じるようである。

鼻の板を蝶番で栓留《せんど》めし、頬板の方を折釘捻留《おれくぎひねりど》めにした細工が装飾効果を高めている。両頬の折釘と顎の緒便りがしっかりと据えつけられ、緒留めの実用性を十分に備えてもいる。三段の鉄黒漆塗垂に紺糸を素懸威している。

保周は三崎氏、明珍宗保の門、津山藩の抱具足師として江戸で製作にあたる。文政十四年生まれ、明治中ごろまで生存し信家写しの鉄鐔を好んで作る。筋違の荒い鑢目の面も作る。本所横網町住。

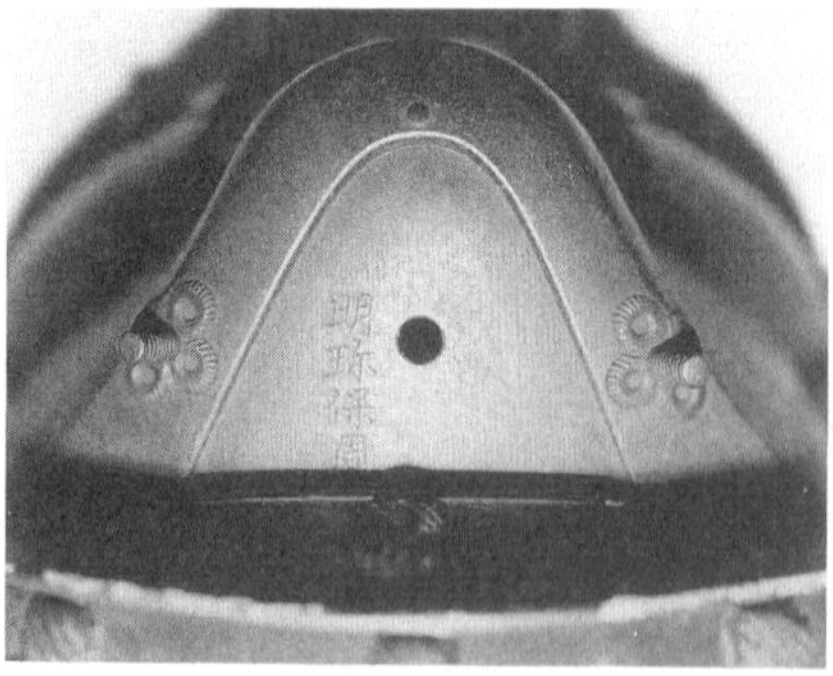

顎下の銘

51　隆武面　鉄錆地
伝　中振孚近《さねちか》作
B・ドウファン氏蔵

清楚な作りで鉄味が優れた面である。頬と顎に皺筋を入れ、柔らかな肉置きをみせたところは、鉄による表現とはおもえないほどである。

三段の鉄黒漆塗の板垂《いたすが》をつけ、裾板《すそいた》を叩塗《たたきぬり》にした手法は、次（No.52）にみる絵革包《えがわつつみ》にした工法と同じく雲《う》海《かい》派の特技の一つである。面の造形と合わせて雲海派とかならずや有縁であろう。中振孚近《なかふりさねちか》の作と鑑じられる。江戸時代前期のころである。

52　隆武面　鉄錆地
銘　光尚《みつなお》（雲海）
吉井哲夫氏蔵

頬に二段の皺を打出し、顎の鰓を張らせた隆武形の面である。共鉄で上側だけ植歯をしており、下側に植歯がないのは、面をつけたまま飲食をするときに好都合である。上下ともに植歯を施さないのは実用上からきての考えであり、発声の場合にもより効果的である。しかし実戦の面からみては、色彩を加えた歯や、牙を交ぜることなどで敵対する相手を威嚇するための効用がある。いずれを採るかは製作する側の意図によって異なるところだ。

素鉄が精良に鍛えられ、切耳が簡素である。光尚は雲海派のなかでは比較的に作品が残され、兜をままみるし、面具も少ないながら有銘作が確認できる。加州住。江戸時代前期の作である。鉄黒漆塗四段の板垂《いたすが》の裾板を絵革《えがわ》包《つつ》みとする。面裏は朱塗で、垂板《すがいた》の裏は金箔押である。

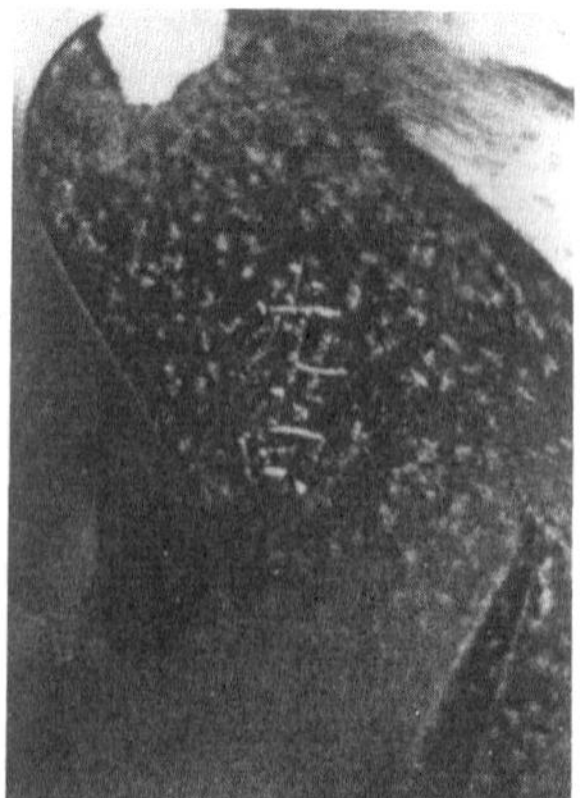

顎下の銘

53　隆武面　鉄地朱漆塗
B・ドウファン氏蔵

丸鼻で鼻孔が大きく、頬を隆起させ、耳を簡素に作り、折釘を打った造作の面をままみうける。No.91の越中面が同形で鑢をかけている点のみが異なるところ。この面影で素鉄も、漆塗も、鑢目のものもあって、表面だてのみ違えてはいるが同系の作者の手になることが明らかである。植歯《うえば》はあるのとないのとの両手があり、植髭も同様であるが、一定の規格をもった基本の面形にしたがって製作している。江戸初期から中期にかけての作である。

54 隆武面　鉄地朱漆塗　　**松田秋夫氏蔵**

丸味がある高く大きな鼻で、孔鼻が大きく開き、顎の鰓が張って奥行きが深い作りである。顎の先端に桜花文を据え、耳の小透しは梅花文で飾り、緒便りを両頰に短くつける。

朱漆が落ち着いてわずかに光沢を放ち、裏面は黒漆塗である。悠然とかまえて品格がある面で、奈良頰の類であろう。江戸時代初期の製作と考えられる。垂は鉄切付小札黒漆塗、紺糸毛引威で四段、裾板に金箔を押し、啄木打の畦目と紅糸の菱縫を各一通りで飾っている。

55 笑面《えみめん》　煉革地錆塗一枚打出

頰を痩骨にへこまし二条の太い皺を作る。煉革《ねりがわ》の場合の皺は打出しではなく、漆で盛り上げて形どることが多い。この面の頰の皺もこの例にもれない。唇を朱漆で塗り、金箔押の下歯を八本共革で植える。かぶりの浅い面で煉革であるだけに軽量である。裏は朱漆塗であり、鉄板黒漆塗で三段の垂をつける。

江戸中期ころの製作であろう。

56 笑面　鉄錆地　　**パリ・個人蔵**

顎が広く、頰を大きくへこませて三条の皺を打出し笑いの表情をよく表わしている。上下十二本ずつの植歯がやや出っ歯状となり、東洋人の顔立ちらしく、鼻の根元から横に長くのびた二条の打皺《うちしわ》が眼の表情を兼ねて肉感的な面となっている。仮装の面というよりは、町を歩くと似た顔立ちの人をみかけることができそうな、そんな身近かさがある面である。耳に六星と三つの小星を小透ししている。鉄小札五段の垂《すが》の裾板《すそいた》の両端に猪の目を透し、梅鉢紋を据えている。

江戸時代の入念な製作品である。

57 大黒面《だいこくめん》　張懸《はりかけ》黒漆塗

大きな団子鼻を突出させ、口を大きく開けたところは呵呵大笑の風をもつ。植歯《うえば》は下側だけ、口元をへこませて奥ゆきをみせ、頰から耳へかけての被りが深い。

和紙（楮紙《こうぞし》）三十余枚を張り重ねた張懸け面で（No. 108・109参照）、面の表に黒漆を盛り上げ、皺を表出した技はただものでない。張子作りの型から張り抜くのであるが、同型の類作を他にみないのが個性的である。三十余枚の和紙を一枚に重ねた厚味は三ミリから四ミリ、黒漆を重ね合わせた厚味は四ミリから五ミリで、総重量は一四〇グラムという軽量である。鉄地の〝目の下面〟が通常は五〇〇グラムほどからみて、およそ三分の一になる。

いかにも手もちが軽く、面を被って顔によくなじむ作りである。歴年を経ていささかの変形もみせないのは、作者の確かな腕の冴えをかいまみせる。

裏面は朱漆を下地に黒漆をかけ、二色が混合し赤銅色を呈して古雅である。古面の裏漆がかならずしも黒漆塗とばかりは限らないことを、この面は示している。

室町時代の古面の一つである。

58 蓬萊面《ほうらいめん》　鉄地黒漆塗据文

銘　蓬萊作
代三百疋

頰が隆起して大黒面をおもわせるおおらかな表情である。小鼻の横に梅樹を置いたのは蓬萊《ほうらい》の作意であり、あまり大ぎょうな据文《すえもん》でないだけ古調なひかえめさがある。顎に抱沢瀉紋を配したのは珍しく、耳に八重菊花紋の飾り文様を透したのはこれも他に例が少ない。

裏面は朱漆塗で両耳の際に円形に朱漆を残し、右に「蓬萊作」、左に「代三百疋」と刻銘する。作銘とこの面の代付けを表意したものであろう。代付けは刀剣の作銘に添えることが稀にあるが、甲冑面では稀有の例である。ちなみに備前長船清光で天文十五年紀がある作刀に「代百疋」とあるのからみて、年代によって評価の基準が異なるにしても、「代三百疋」はかなり高価である。面形からみて、蓬萊派は春田派の系流とみることができる。

桃山時代を降らない製作と鑑じられる。

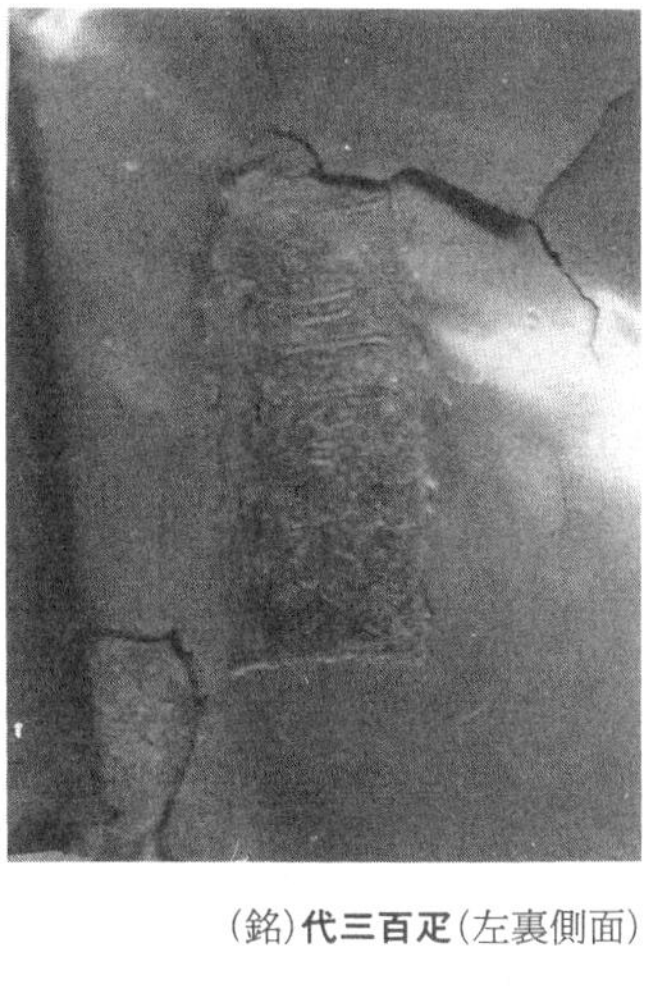

（銘）**代三百疋**（左裏側面）

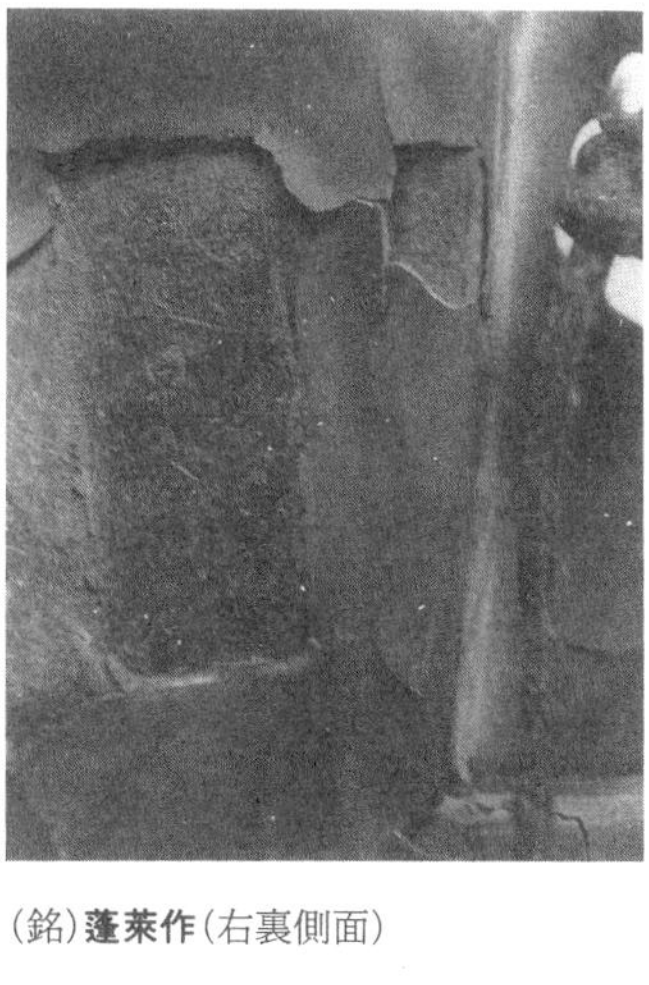

（銘）**蓬萊作**（右裏側面）

59　翁面《おきなめん》　鉄錆地一枚打出　　小林安左衛門氏蔵

銘　明珍宗安
　　壱枚板作

頰がふっくらと張り出し、顎先を尖り気味に打出した温顔の翁面である。鼻も耳も一枚の板で作り、この面が作られたころは銘文から「一枚板《いちまいいた》」の用語が使われていたことを知ることができる。いまでいう一枚打出《いちまいうちだ》しは明珍了栄のころに称揚されてその技が賞味されたが、すでに桃山時代を遡る早い年代から試みられ、目の下面のみでなく総面にも作られている。素鉄地の目の下面で一枚打出しの作は珍しく、しかも古調の作品は極めて稀で貴重である。真鍮の植歯を上下に九本ずつ入れている。裏は朱漆塗である。作銘の一字が判読し難いが細鏨で自身銘を切った明珍の作である。桃山時代を降らない年代作である。鉄板黒漆塗で連《つれ》山道形の垂《すが》四段に紺糸素懸威である。顎下に表記の細鏨の銘があり「明珍宗」の次の一字が判読し難く、「安」と読めなくもない。「壱枚板作」の銘が好資料である。

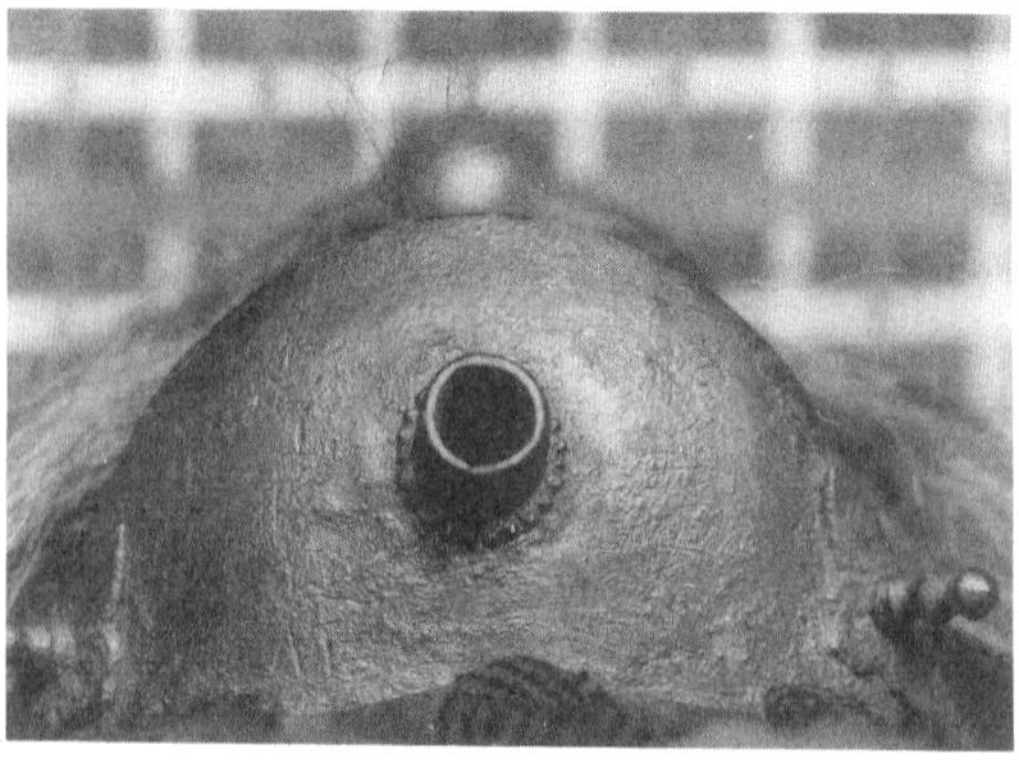

顎下の銘

60　翁面　鉄錆地

銘　明珎紀宗政作

先の丸い鼻をしかめて、口元に二条の皺を寄せた表情が老翁をおもわせる。頰がふくよかで、耳が大きく垂れ長で、精気が失せないところは初老の風貌をうかがわせる。白髪の鼻髭がもとは左右に二本長く垂れていたもので、いまは短くカットされている。三段の鉄板垂は共鉄で作り、紺糸素懸威である。

明珍宗政は明珍系図では二十六代（通算五十六代とも）の嫡系を継ぎ、初め清次郎といい、江戸本郷に住。津軽明珍宗賢の子で、宗妙の養父である。大隅守のち長門守を受領する。寛政八年（一七九六）八月二十八日、八十二歳で没した。

顎下の銘

61　翁面　鉄地錆塗

伝　岩井作

丸味がある鼻に二段皺をつけ、頰に一条の打出皺をつけ、折釘を打つ。口を大きく開き、上下に八本ずつの植歯を施した面形は烈勢面の一つの定型をみせたものである。烈勢の面形であるが、鼻髭と頰から顎へかけて植えた白髭から老翁を表意した翁面である。表面を錆塗にして、烈しさのなかに落ち着いた風情をかもし出している。

鉄切付小札を黒漆塗にした四段垂で裾板を布帛包《ぬのにしきつつみ》とし、紺糸毛引威に仕立てる。耳糸と畦目は、啄木組、菱縫は紺糸である。面裏は朱漆塗。

江戸時代中期ころの岩井派の手になる作であろう。

62　翁面　鉄地黒漆塗　　太田四郎氏蔵

伝　春田作

鼻髭・顎髭を白熊《はぐま》の毛で飾って翁面らしい風貌をみせる。打出しの凸凹が烈しく、温顔の翁とは似つかわしくなく、戦陣で指揮する歴戦の古老の風がある。垂は骨牌《かるた》金《がね》を鎖で繋ぎ黒漆塗、裏に家地《いえじ》を張り小縁《こべり》を縫いつけにした手法で、縦に五条の蝶番を入れ屈伸に自在、喉の防護にいたって至便である。裏面が朱漆塗である。江戸時代の春田の作で、いわゆる奈良頰の典型を示している。

63　翁面　鉄地黒漆塗
伝春田作

烈勢面であるが、白熊《はぐま》の長髪をたくわえているところから翁面にみたてられる。頰が打出しで隆起し、二条の長い皺がこれも打出して長く流れるように走る。鼻は丸く鼻孔が大きく、鼻の根元が立ちあがって二段皺をつける。しっかり仕付けた耳と、鼻・頰の三者の対応がバランスよく、烈勢型でありながら、隆武の趣を兼ねた面である。俗に奈良頰がこれで、春田の作であろう。裏面は朱漆塗。鉄板黒漆塗の四段垂で紺糸素懸威である。江戸時代。

64　翁面　鉄地黒漆塗

白熊《はぐま》の白髪をたくわえた翁面であるが、髪をとると隆武形の面である。江戸時代のころは半百の五十歳ですでに隠居する年代感覚であり、初老の年ごろとみなしていた。精気のあふれた面の表情は未だ十分に陣列の前でも働けそうで、旺盛さの残る初老の武将をしのばせる。耳は切り付けにして簡素であり、堅緒便り《かたおだより》をつける。

垂は鉄本小札黒漆塗の三段で、上板の白糸から裾板の濃紺糸まで次第に色濃くした四色を毛引で色々威とする。耳糸と畦目は啄木組、菱縫は緋糸二段で配色の妙を極めている。

江戸時代の入念作であり、裏は朱漆塗である。

65　翁面　煉革地黒漆塗　吉井哲夫氏蔵

翁頰は『甲製録』が皺頰《しわほほ》、笑頰《えみほほ》などで植歯のないのをいう、としてあるが、実際には明珍家の作でも歯のあるのが多く、能面の笑尉には上下に歯をつけており、甲冑面も翁面に歯のある方が自然である。ただし面をつけたまま飲食するとき、あまり大きな歯があっては都合が悪いし、上歯だけであったり、下歯だけだったりすることがあるのは実用にそった工法といえる。

煉革《ねりがわ》は鉄より以上に手間がかかり、丈夫さや耐久性の面でも鉄に引けをとらない。この煉革面は頰の皺、上縁の捻り返しなどにかなりの自在技法を加え精悍な表情をみせた翁面である。鉄札黒漆塗の五段垂をつける。

江戸時代の製作である。

66　翁面　煉革地肉色漆塗一枚打出　太田四郎氏蔵

頰の皺数が多く、そして分厚さを打出しの高低で表わした人肌色が肉感的である。上唇・下唇・顎の三段に髭を植毛し、口元にかすかな微笑を表わし一見粗野な風貌であるが、それだけに庶民的であり親しみやすさが感じられる。能面でいう〝三光尉の面〟である。

三光尉の名は面の創作者三光坊にちなんでのものといい、また日神・月神および諸神の三光をうけて作られた尉面だからとも伝えている。高肉の凸部に下地の朱漆がところどころ露出した風情がなんとも古香があり、語りかけるような口に、朱唇が印象的である。

三光尉に相応しい老翁の表情を見事に表現した、甲冑面の中での出色の面である。

煉革板四段を絵革包みで素懸威とする。面裏は黒漆塗である。桃山時代を降らない作であろう。

67　翁面　鉄錆地　太田四郎氏蔵

頰骨が隆起して、口元に笑みをたたえ、上下にたくましい植歯をみせた尉面で、能面では〝笑尉《わらいじょう》〟になぞらえられよう。鼻の根元に細い皺をつけたところは〝皺《しわ》尉《じょう》〟でもあり、高雅な老翁の表情をよく示した面である。

江戸時代の製作である。

68　白髪面《はくはつめん》　鉄錆地　白綾基之氏蔵

顔面を白髪でおおった老翁の面である。鼻と頰に三条ずつの打出し皺を、短く、切り込みを深くつけたのは白髭とのバランスをとってのものかも知れない。皺が鋭さを表し端然とした相貌が老いたおやめぶりをみせた面である。裏は朱漆塗であり、江戸時代の製作である。

69　皺面《しわめん》　鉄錆地

目頭から頰を通して口端にまで、流れるような皺模様を一面に打出す。皺尉であるが、鋭い上下の歯形や相貌から鬼神面にもみたてられよう。

能の皺尉は、舞い遊ぶ尉である〝舞尉〟の一種であり、柔和で静穏な面としてとらえている。この甲冑面と対峙すると相手を威圧するに相応しい効果があるのだが、どこかに柔らかで高雅な老翁の親しみがある顔だちにみえてくるのは不思議である。

喉輪《のどわ》形の垂を蝙蝠付け、煉革本小札を黒漆塗二段とし、小桜革で毛引威とする。面裏は金白壇塗である。

秋田の大藩佐竹家に伝来し、佐竹義宣所用の同家の名物「毛虫の鎧」に付いていた面と伝承している。「毛虫の鎧」は義宣が大坂役のおり着用したといわれ、毛虫を形どった大前立《おおまえたて》にちなんでの異称である。毛虫は音が〝ゲンジ〟に似て、新羅三郎義光を出自とする〝源氏〟に由来するものであり、また毛虫は葉を食い敵の刃をも食うという武勇の意を込めたものである。

「毛虫の鎧」は、肌色革包二枚胴具足に草摺六間四段下がり青漆塗の作りで、胴の製作者は秋田藩歴代藩主の着料を列記した『御甲冑』（**資料61**）によると「奈良与惣」と記されている。「奈良与惣」は奈良の甲冑師、岩井与左衛門と同人の可能性が強く、本作の甲冑面が胴と同作とは即断できないまでも、岩井派の作とみることはさほど無理がない。

桃山時代を降らない製作である。

70　美女面《びじょめん》　鉄錆地　　**飯田めぐみ氏蔵**

鼻の作りが小さく、口の開きが少なく、皺をつけない柔和な面相が美女面らしいところだ。素鉄が素顔そのものをみせるかのように似合い、上品な表情が魅力的である。

鼻の鉄板は左右に裾を広げて蝶番で釘を栓指《せんざ》し、耳は二つの座金で仕付けて小透しの文様を配している。折釘を打ち、顎先の尖鋲《せんびょう》が太く、顎下の汗流孔はハート形である。

裏は朱漆塗で装い、四段の鉄板黒漆塗の垂で白・萌葱・紫の三色糸で毛引威にする。

美女面の代表的な面で、江戸時代後期の製作である。

71　美女面　鉄錆地　　**高津古文化会館蔵**

頬に三条の皺を打出し、たっぷりとした福耳を仕付けたところにこの面の個性がある。小さな鼻と口が美女面を表わし、前出の美女面が若作りとすれば、これは中年を越した美女の面の風がある。裏は朱漆塗で江戸時代中期の作であろう。

72　迦楼羅面《かるらめん》　鉄錆地据文　**伝 高義作**　　**太田四郎氏蔵**

次図（**No.73**）と同型で鉄味が優れ、細部を違えてはいるがほとんどが同作である。

緒便り金は剣花菱の座金に竹節状をなし、顎先に桜花文を据え、耳に桜花を透す。

『名甲図鑑』（続集中）に所載し、「高義　神品」と記述がある。

鉄切付小札黒漆塗、紺糸毛引威五段、裾板の両端に菊唐草に猪の目を肉彫透しした風留金物を打ち、上板中央に総角付《あげまきつき》の環《わ》をつけ緋糸丸打の総角を付ける。違い柏紋がみられるのは所持者の家紋である。桃山時代の作であろう。

カルラは梵名ガルーダからきた名で、〝不思議な翅《はね》る鳥〟の意である。三三六万里を飛ぶという。カルラは毒蛇や龍を常食として、いちど嗉《そ》中に入れてから吐き、再び食べるとき悲苦の声を発するといい、それを「食吐悲苦声」という。煩悩や魔障を食い尽す怪鳥でもある。

73　迦楼羅面　鉄錆地据文　**伝 高義作**

インドの神話にでてくる霊鳥迦楼羅《かるら》は技楽面にとりいれられ、急ピッチな踊りに使われたとされている。甲冑面では室町後期のころから作られており、技楽面に範をとったものであろうが、鼻や口の造形に甲冑面に相応わしい独特の考案が加えられ、実用に便宜なばかりでなく、美観の上からも鋭敏な行動性を表意する面からも、個性的な表情を顕現している。

鼻先が鋭く尖って嘴につくり、口が嘴に合わさっているのが造形の見どころの一つである。口そのものが鼻の孔になって大きく開けられているので、呼吸と発声にすこぶる有効である。顎の緒便りに剣花菱の大きな座金を置き、顎先に桔梗文を据え、汗流孔は酢漿草《かたばみ》文を透している。鉄の鍛えがことによく、迦楼羅面の標本的な出来で、桃山時代ころの高義の作と鑑せられる。

74　迦楼羅面　鉄錆地　**銘 宗平（花押）**　　**吉井哲夫氏蔵**

鳶鼻に黒髭をたなびかせた変り面である。作者は顎に葉を据えて天狗面を意図したかのようであり、髭をもつのが半人間であるところに天狗らしさがある。しかし造作は迦楼羅面であって、どうも天狗と迦楼羅の合体した面にみえる。

宗平は明珍派であろう、江戸時代中期を降らない。鉄味が良好で造形が確かな面である。

顎下の銘

75　迦楼羅面　鉄錆地　　サンフランシスコ・
銘 杉村長輝作　　アジア美術館蔵

皺を打たず清楚感があふれた造りで、鉄味が木目細かい。鼻先が鋭く尖るのに対して、顎先が丸く突き出てバランスを整え、鼻と両頬をつなぐ蝶番がしっかりとして目を引く。剣花菱の座金を据えた緒便《おだよ》り金は丸顎の脇に隠れて控えめである。顎下に汗流孔をあけて、「杉村」「長輝作」と二行に切銘する。作者の詳伝は明らかでなく、作意からみて明珍流であり、江戸時代後期の作である。三段の鉄本小札に黒漆塗で毛引威としている。作銘が好資料である。

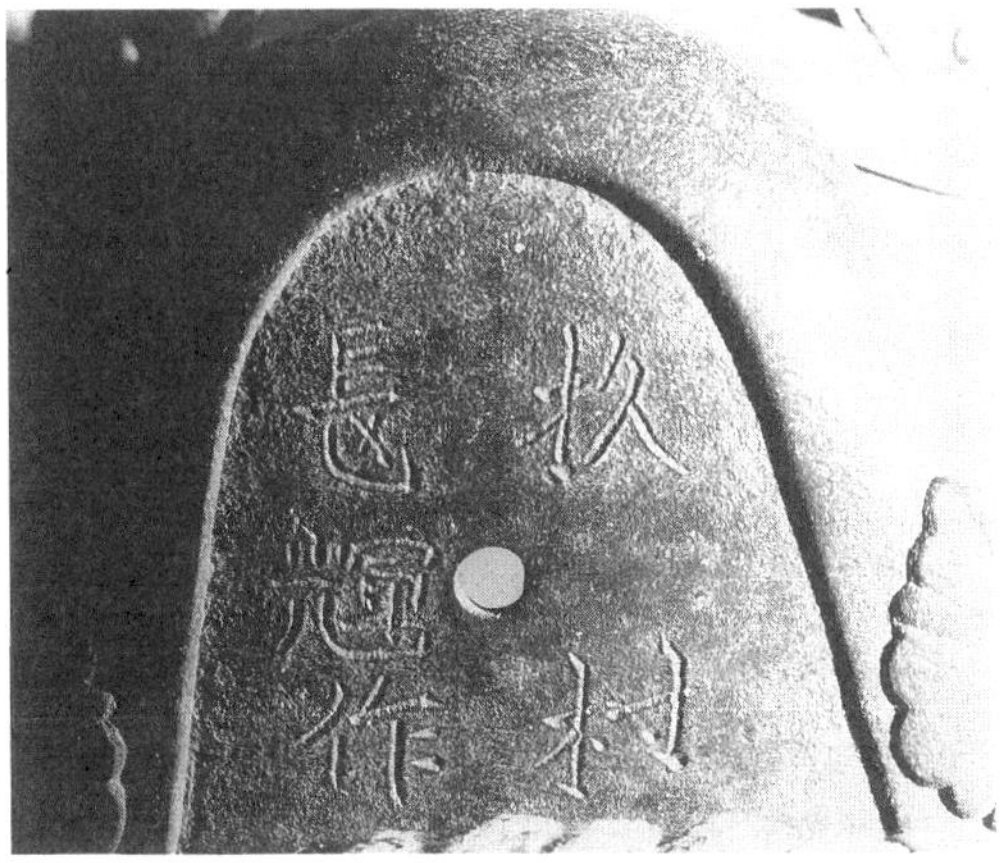

顎下の銘

76　迦楼羅面　鉄錆地　　高津古文化会館蔵
銘 中振孚近《さねちか》作

木目の細かくよく詰んだ鉄鍛えで、皺をつけない隆武形の頬である。鼻につくった嘴が鋭く、先端に打った鋲が一つのアクセントになっている。鼻を折釘で留め、耳を三個の鋲で仕付け、大黒天の梵字を透している。四段の鉄板に黒漆塗で素懸《すがけ》威《おどし》とし、裾板に唐草と違釘抜紋を金蒔絵した垂をふす。

右側面表の耳際に五字銘を刻む。作銘が好資料である。江戸時代の作。

77　迦楼羅面　鉄地朱漆塗　　A・P・アルマン氏蔵

瑞鳥迦楼羅は行動面にもあるが、甲冑面は伎楽面からきた面形であろう、鋭い嘴を鼻で形成し口は鼻孔と合体して特異な作りである。同類の面の中でも鼻の形が横幅に広く開いて大きく、鼻孔の数が常よりも多い。鼻の先端に黒漆塗を施しているのは、法隆寺あるいは東大寺の宝物中にある伎楽面・迦楼羅の嘴の先端に宝珠状の玉をくわえたさまを表意したものかも知れない。あるいは伝説上の瑞鳥の嘴の先端にこのような黒味をもっていたことの写実性を意図したとも考えられる。

表面の朱色が鮮やかで、太陽に輝り映えて飛ぶさまが想像される。垂は鉄板四段で絵革包みである。江戸時代の作である。

78　迦楼羅面　鉄地朱漆塗　　三宅敏隆氏蔵

太刀除をつけた隆武形で、鼻をとると古式の半頬を形成する。心もち厚手の鉄板が頑丈で、切耳に作ってかむりが深い。鮮やかな朱漆は裏面も同色で、いかにも華やいだ雰囲気をかもし、蝶番金具を打釘でしっかりと留めた鼻の造形に迫真感がある。

迦楼羅面の多くが、〝鼻〟を共鉄で頬板とは別に作り〝口〟も一緒に形づくるのであるが、これは鼻孔を大きくあけた鼻だけで作っていて、〝口〟の形は頬板との間隙で表意している。迦楼羅は霊鳥であって、もともと口をもたず、口と鼻とを一体に作るのが自然である。そこを〝口〟があるらしく造形したところが面白い。朱色の迦楼羅面は数が少ない。

鉄本小札黒漆塗、紺糸毛引威四段を絵革で蝙蝠付けする。裾板の両端に風留金物を飾つけ、菊唐草を肉彫透し、猪の目を透して精巧である。

江戸時代末期の作である。

79　天狗面《てんぐめん》　鉄地錆塗
伝 明珍作

烏天狗の面である。鼻が嘴のように短く尖って先垂れ気味に作った形が鋭い。かけはずしができるように鼻を折釘で留め、鼻髭に愛嬌がある。歯は上下に八本ずつ銀箔を押して揃える。頬と口元に打皺をつけ、鰓に打った凹皺が力強い。裏は朱漆塗である。

垂は鉄切付小札に黒漆塗で、紺糸毛引威である。江戸時代中ごろの明珍派の作と鑑じられる。

80　天狗面　鉄地黒漆塗　　A・P・アルマン氏蔵

鋭く尖った鼻と、白髭が対照的で、怪奇な相貌の中にどことなく滑稽味がある。天狗といえば面の表は朱色のものであるが、これは黒色であり、甲冑面にはしばしばみられる色合いである。鼻だけみては烏鼻の鋭い嘴にも見紛うが、この種の面は烏天狗として一括する。

　垂は鉄板に面と同質の黒漆塗三段であり、素懸の威糸がほとんど失われている。江戸時代の作。

81　天狗面　鉄錆地　A・P・アルマン氏蔵

　三段の皺をつけた鼻が鋭い、烏天狗の面である。白髭の鼻毛が顎の下方まで垂れる。頬が隆起し、顎の鰓が張り、竪緒便り《かたおだよ》は縦に短い形でしっかりと仕付く。隆武形の比較的に穏やかな面貌である。

　江戸時代の製作である。

82　天狗面　鉄地黒漆塗　A・P・アルマン氏蔵

　頬が広く奥行きが深いたっぷりとした面である。頬と口元に一条ずつの皺を打出し、竪緒便をつけ、大きな耳を仕つける。

　天狗の鼻は本来直角的で、なかには先端が反り上がったものがあるが、甲冑面では傾斜的になるものが多い。一般に烏天狗がこれで、鼻の先端が垂れ気味になったものの方が実用に至便である。この面は鼻を大きく突出させてその分だけ口が大きく開き、切鼻に作っていて、発声と呼吸がしやすい。

　裏は朱漆塗である。三段の鉄小札黒漆塗の垂で、萌葱色毛引威である。江戸時代の作である。

83　天狗面　鉄地朱漆塗　伝野口是斎《ぜさい》作　パリ・個人蔵

　鉄に厚味があって頑丈な作りである。頬と顎に一条ずつの皺を打つ。折釘《おれくぎ》を打ってなお竪緒便り《かたおだよ》をつけ二重の造作になっている。顎の緒便に座金を置かないのと、顎に尖鋲《せんびょう》を打った位置が口元に近く、これが「緒カカリノタメ」であり「野口流の秘事」であると『名甲図鑑』(附)に但し書がある。同書によれば、

　鳥居播州矦家臣野口是斎ト云軍学者アリテ三田上源重ニ申付　比形多出来タリト云

とあって、この手の面には早乙女派の兜を用いるとある。鼻と顎髭は墨描きで、銀箔歯を植歯するなど異風な作調であるが、総体には岩井派の作風をもった異色の面である。鉄小札黒漆塗で茶糸素懸威である。

　江戸時代の作である。

84　天狗面　鉄錆地一枚打出　銘 國(福島國隆作)　岡　正之佑氏蔵

　段鼻に形どった天狗面である。鉄一枚打出しで鼻を長く延ばし、鼻の中段に小肉をつけ、小孔をうがった工法が他工にみない特有の作りである。鼻下から空洞をあけたような口造りが表情をあふれさせる。頬は細工を施さずのっぺりとして凹凸が少なく、上縁を捻り返して頬の空間を引き締める作用をする。薄手の素鉄に叢がないが、どことなく流れの線にゆるみがあるなど、余技的な感触が強く古雅愛すべきものがある。裏は朱漆塗である。

　顎先の裏に汗流し孔をあけ、その真下に〝國〟の銘を草書体に刻す。福島國隆の〝國〟の一字をとったもので、他に〝隆〟の一の字を切ったものがあるというが未見である。北条流軍学の祖北条氏長の高弟である國隆の作であり、有銘作は稀少で貴重な資料である。

　國隆は明珍了栄を抱えて後援する一方、その指導のもとに自ら面を製作している。一枚打出しの技を誇ったのは了栄の作風をそのまま継承したものである。江戸時代中期の製作である。『名甲図鑑』(附)に所載。

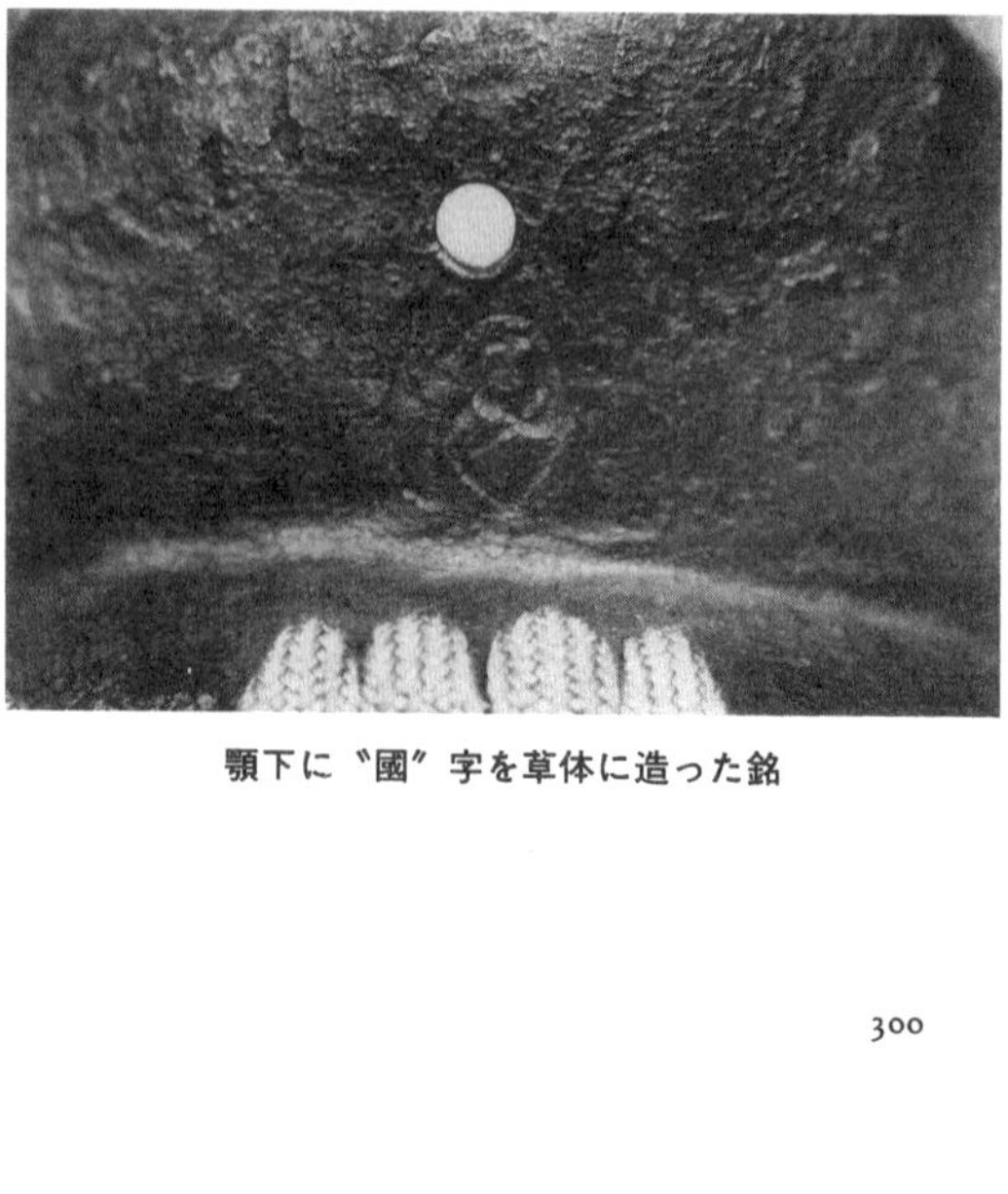

顎下に〝國〟字を草体に造った銘

85　天狗面　鉄錆地一枚打出　飯田智一氏蔵

　頬と顎に彫りの深い打出皺《うちだしじわ》を強調して緊張感を高め、耳も鼻も一枚板で打出している。牙を入れた歯を共鉄で作り、黒熊の毛を植えて〝天狗とはわが面をいうなり〟と誇るかのようである。鉄の鍛えが秀抜であり、打出し技の極をみせた甲冑面ならではの、天狗面の代表的な作品である。

　鉄本小札黒漆塗の二段垂《すが》を蝙蝠付《こうもりつ》けにし、紺糸で毛引威とする。江戸時代前期の製作である。

86　天狗面　鉄錆地鐫彫　J・サポルタ氏蔵
伝 岩井作

突出した大鼻を打釘で仕付け、全面に鐫目を彫った大胆な作りで、みるからに天狗面らしい。天狗のなかの大天狗の相貌である。頬は二段に波状に隆起させた肉置きが柔らかさをみせ、長い鼻の線と連続するかのように調和させている。耳が簡素な形で、鼻の根元の輪郭の作りと合わせて岩井派の作と鑑される。渡金金具の植歯を上下につけ、上髭と下髭を生やす。

この面は西欧人の鼻を極度に高くして直角的に突出させた感があり、誇張表現を見事に鼻に集約している。相手を威圧する効果は大いに高いが、鼻のきわに黒毛のちょび髭をはやしたところなど人間味があって、この面を身近かな存在におくようである。

江戸時代前期の作である。

87　天狗面　煉革地朱漆塗　浅野誠一氏蔵

鼻高の面は甲冑面では大方天狗面に包括している。天狗は怪奇な相貌のなかにどこか滑稽味があるのが常である。高い鼻をなお高くみせようとする、誇張さの中に生じる親しみとも映る。

鳶鼻の天狗面はままみかけるが、鼻を直角的に突出させたこの手の天狗面はごく少ない。敏捷さが求められる戦時にあって長大な鼻はあまり好ましくなく、前方の視野をさまたげがちなことから、数多くは作られなかったであろう。それだけにいまは稀少性が付価して珍重されている。

煉革のため軽量であり、朱漆を塗って朱色がきわだち、黒毛の鼻髭、顎髭に愛嬌がある。三段の煉革本小札の垂を付す。面裏は黒漆塗。

88　胡徳楽面《ことくらくめん》　鉄地朱漆塗　吉井哲夫氏蔵

舞楽面の胡徳楽《ことくらく》は遍鼻胡徳楽《へんびことくらく》ともいい、長大な鼻をぶら下げ、口元に笑みをたたえた仮面である。鼻がぶらぶら動くので遍鼻の名の起りがある。鼻が左右に振れるという着想は仮面の中でも異色で、舞楽面では鼻を別木で作り、鼻の根元を結んで鼻の振れを生みだすよう考案している。甲冑面もこの種の長大な鼻の造作は、別に共鉄で作ったものを仕付けるのが常である。朱漆は酔顔である胡徳楽の酒色を示すのに効果的であり、鼻と顎の書髭がこの面に似つかわしい。朱漆が古色を帯びて深味を呈し、銀彩の書髭が明るく輝り映えて面としての品格を高めている。三段鉄板の垂《すが》に曲輪つき。

江戸時代の作である。

89　胡徳楽面　鉄地黒漆塗　京都嵐山美術館・新藤源吾氏蔵

故徳楽《ことくらく》は伎楽の酔胡と同類の面で、なお一層滑稽味が強い表情をもっている。受け口で締り気のない口元が胡徳面らしく、目は細いのが特徴であるが、目の下面では目の表現は造作から省かれる。いきおい鼻と口に視点が集中し個性が強調されることになる。鉄地黒漆塗、裏朱漆塗、耳六星を小透しし、五段板黒漆塗垂《すが》、紺糸威、垂裏朱。江戸時代前期の早乙女派の作であろう。

90　越中面《えっちゅうめん》　鉄錆地鐫彫

91　越中面　鉄錆地鐫彫　A・P・アルマン氏蔵

92　越中面　鉄錆地鐫彫

越中面は鐫目があるのが特徴で「鐫目の面」の類であるが、なかでもこの手の面を他と類別して呼称する。細川越中守忠興の受領銘からとった名で三斎流とも、越中流とも、また「細川三斎公好ノ形」（『名甲図鑑』）ともいっている。

製作者は細川家の抱具足師・西村与左衛門（初銘忠兵衛）で、忠興の指揮と考案にもとづき製作に当っている。西村忠兵衛家は初代寛永から八代安政まで継続し、細川三斎に仕えたのは初・二代与左衛門で、三代以降は忠兵衛を踏襲している。初代与左衛門は京都で甲冑の製法を学んでいて、岩井家に有縁であることは違いなく、面形は明らかに岩井流である。

鐫目の向きが定型で、丸鼻に段皺をつけ、頬が隆起して丸味があるのと（92）、角張るのと（90・91）がある。上髭と下髭を植えるのと（91・92）、毛描き（90）の場合とがあり、植歯の有（91・92）り、無し（90）の両手がある。折釘を打ち、耳が小さい。鼻はとじつけにしているのが（91）で見えるが、（90・92）のようにとじつけの境目が一見しては判別できない。したがって一枚打出し《いちまいうちだし》に紛れがちであるが、精巧にとじつけてその上に鐫目を彫ったものである。顎下に汗流し孔を丸くうがつ。裏は黒漆塗である。

これらの遺作をみると、大方は江戸時代前期があるが、慶長・元和まで遡るとみられる古作はほとんどみる機会がなく、初・二代西村与左衛門の手になる越中面はかならずしも特定できない。現存する作品には三代以下の忠兵衛で江戸時代中期を降らないものが多いと推される。

93 鑢目《やすりめ》の面　鉄錆地銑鋤鑢彫《せんすきやすりぼり》
明珍作
A・P・アルマン氏蔵

鑢目を一本で長くつなげずに鏨で鋤《す》くように彫込んだ鑢状である。規則的でないところが見る人に落ち着きを与え、それでいて地表の変化に魅力を加える。

顎先に家紋を据え、緒便《おだよ》りをつけた作りが（図版No.105）の明珍宗周の作風に類する。

江戸時代の明珍作である。

94 鑢目の面　鉄錆地筋違鑢彫
A・P・アルマン氏蔵

鑢目は一本一本を鏨で彫込むようにつくので、実際には鑢かけではなく、鑢をかけたようにみえる鏨模様の変化が見どころである。

打出しの高低が強く、また皺があるものほど鏨は加えにくいので、表面の穏やかな隆武形が鑢目の面にはかなっていることになる。この面は頬が隆起した分だけ、側面ができて、そこへも鑢目を加えるなど、手のこんだ工法となっている。壺袖《つぼそで》形の五段板垂をつけた、江戸時代の作である。

95 鑢目の面　鉄錆地筋違鑢据文
銘　金沢住人　雲海光尚《うんかいみつなお》作
R・ビュラボア氏蔵

素鉄の精美な鍛地に、整然とかけた鑢目の方向がさまざまで変化がある。

顎先の紋様の据文をはさんだ左右の梅樹の彫技は見事で、あまり大模様でないのが好ましい。光尚《みつなお》同銘の作中で秀抜の出来であり、「金沢住人」の居住地名が好資料である。

面裏は朱漆塗。垂《すが》は黒漆塗鉄小札五段で毛引に威した色々威である。裾板は革包で啄木打糸の畦目と紅糸の菱縫を施す。

江戸時代前期の作。

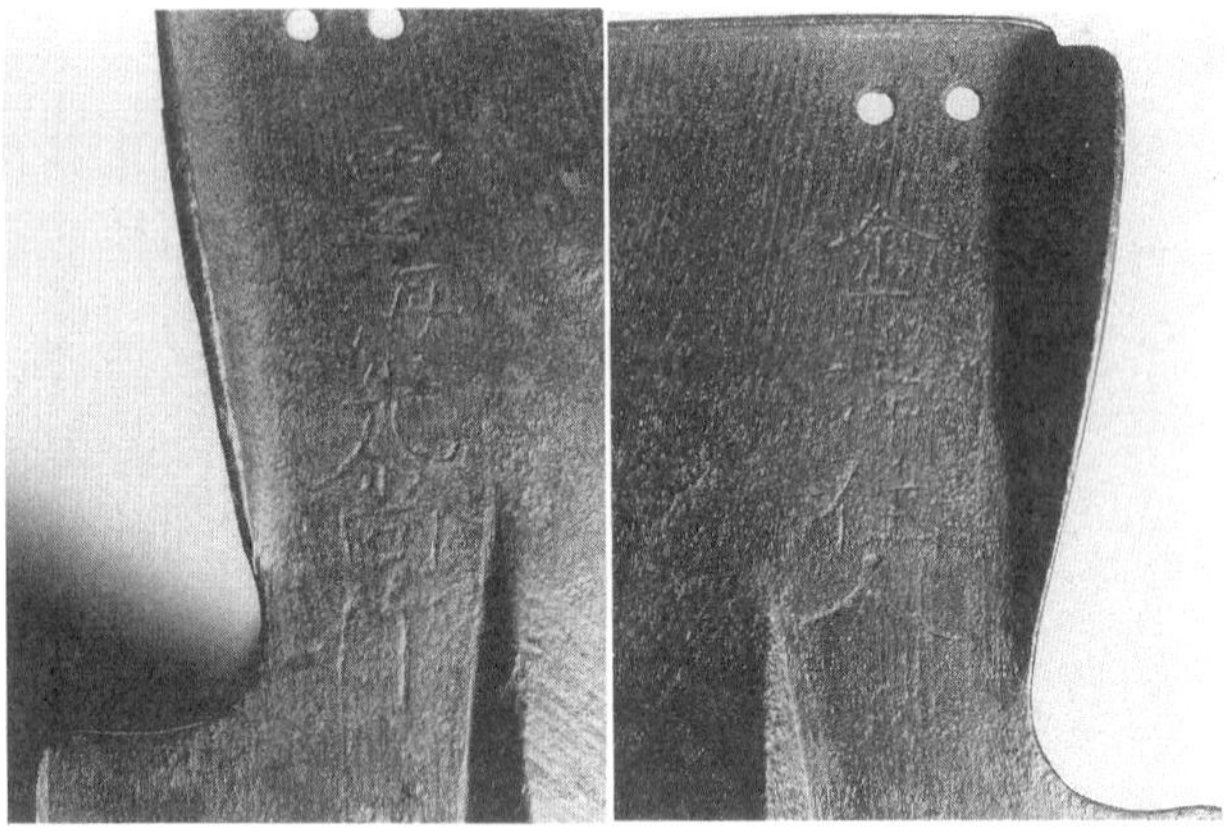
両耳の銘

96 鑢目の面　鉄錆地筋違鑢彫
銘　雲海光尚《うんかいみつなお》作
R・ビュラボア氏蔵

精緻な鑢を表全面に突くように刻し、部面によって鑢の角度を違えた筋違とする。雲海派の得意な手法であり、見どころがある技巧をよく示している。

雲海派の面は顎の鰓を張らせ、頬に一条また二条の強い打皺をつけ、ときには三条の頬皺もあるが、総じて打皺が少ない。鼻孔を張らせた丸味がある鼻の形状は柔らか味を帯び、鼻の根元は反り上げるように小造りにする。鉄板の厚味はあまりなく、どちらかというと薄手であるが、鍛えが優れて丈夫な風がある。

品格の高い光尚の典型的な作である。顎に抱き沢瀉紋を据文する。耳の表に「雲海」「光尚作」を切り分ける。

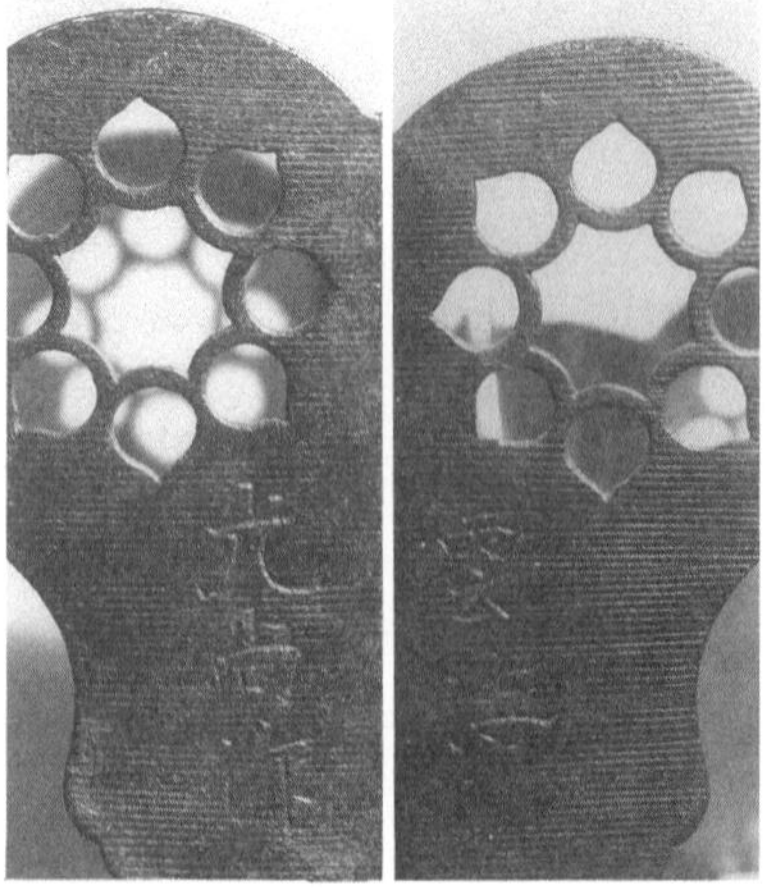
両耳の銘

97 鑢目の面　鉄錆地筋違鑢彫
銘　雲海光尚作
個人蔵

痩骨の口元頬に二条の皺を打出し、鰓を張らせるのとは逆に、頬骨の肉づきがよく、彫りの深い武将の面形をしのばせる。風格をたたえた出色の面である。顎に家紋を据え、耳に茗荷文を透彫し、耳の裏下方に「雲海」「光尚作」と銘を刻す。後世に朱漆を塗ったため銘が判読しにくいが、有銘作は貴重である。雲海派中で最もよく知られて技量の高い光尚の代表的な甲冑面である。加賀国住、江戸時代前期の作である。

右耳たぶにある〝光尚作〟銘
左耳たぶにある〝雲海〟銘

98　鑓目の面　鉄錆地筋違鑓据文　　**個人蔵**

銘　雲海寿尚《としなお》作

整然とかけた鑓目が入念で精緻である。頬に二条の打皺を波うたせ、顎の鰓を張らせた造形が確たる意志の強さを示し、顎の立葵紋が目を引き、品格のある面を一段と引きたてている。

雲海寿尚の作銘は表の左耳ぎわに切り、鏨に筆勢がある。江戸時代前期の秀抜な作である。

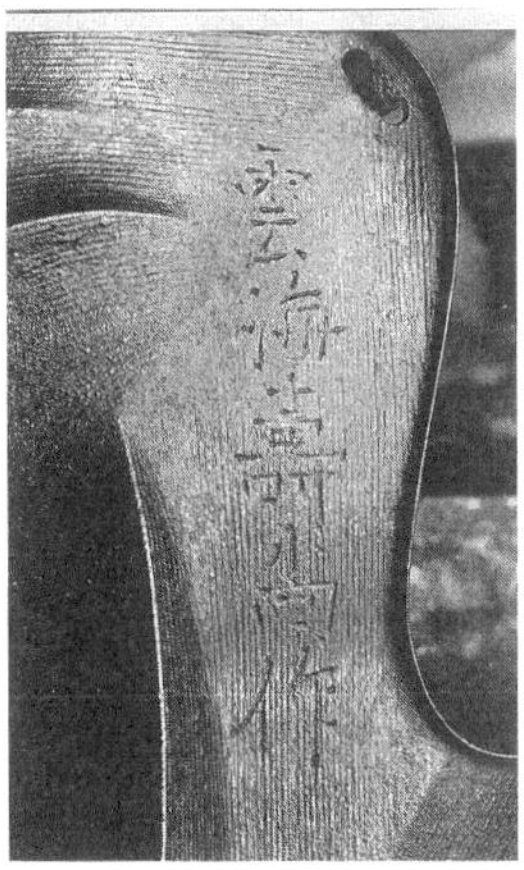

左耳ぎわにある銘

99　鑓目の面　鉄錆地筋違鑓

銘　雲海寿尚作

鍛えが精密で清楚な表情をもつのが雲海派の作技である。鑓目は精緻で勝手上がりに切り、下方から上方へ立ちのぼるように切り上げるのは打出し皺も同調である。顎の鰓を張らせるのは雲海派に共通した作りで、鰓の線が顎先に流れるように走って美観を高める。口造りが簡素なのも個性的であり、家紋や梅樹を据文しない本作のような場合もある。尖鉀が太く短く、顎の緒便り金に十六葉の菊座を置いて頑丈であり、入念な作りが実用にかなったものだ。

切耳が古調で、表の左耳ぎわに刻銘がある。雲海寿尚は光尚の一族または一門であろう。江戸前期の作。面裏は朱漆塗、垂裏は金箔押。垂は鉄板に革包み、素懸威である。

右耳ぎわにある銘

100　鑓目の面　鉄錆地筋違鑓　　**R・ビュラボア氏蔵**

銘　寿量光正《じゅりょうみつまさ》

顎の鰓に打皺を一条つけるほかは、打出し皺をつけない簡素な作りで、造形は岩井家が作るお家頬に類するところがある。しかし筋違鑓を全面に打ち、顎に唐草を配するなど技巧性の強さも見逃せない。

雲海派の作風が濃厚で他流に紛れない。両耳に「壽量」と「光正」の作銘を切り分ける。他に類作が稀な好資料である。江戸時代中期の作であろう。

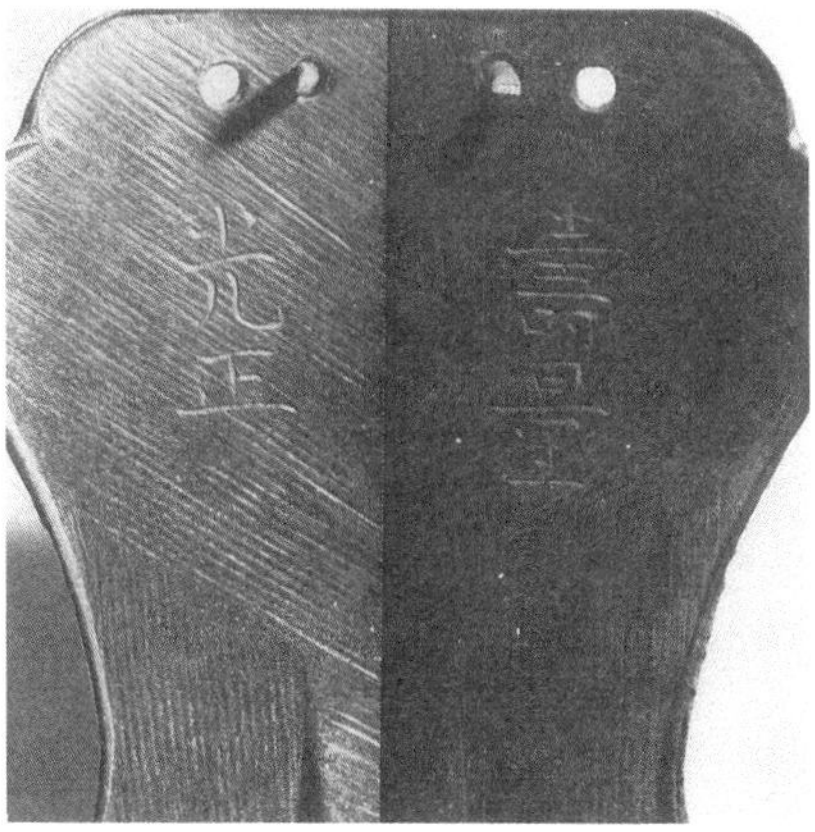

両耳の銘

101　鑓目の面　鉄錆地筋違鑓据文　　**吉井哲夫氏蔵**

銘　加州住宗寿《むねとし》作

両頬に据えた梅樹の彫技が巧みであり、この面を華麗なものに作り上げている。風流をも解する武人の心意気を伝えようというのであろうか、全面にかけた細かい鑓目に梅樹がよく映えて、一服の景をかもしているようである。折釘で留めた鼻、切耳の造作など隆武の面形をもつ雲海派の個性がよく表現された優れた面である。江戸時代中期の作。

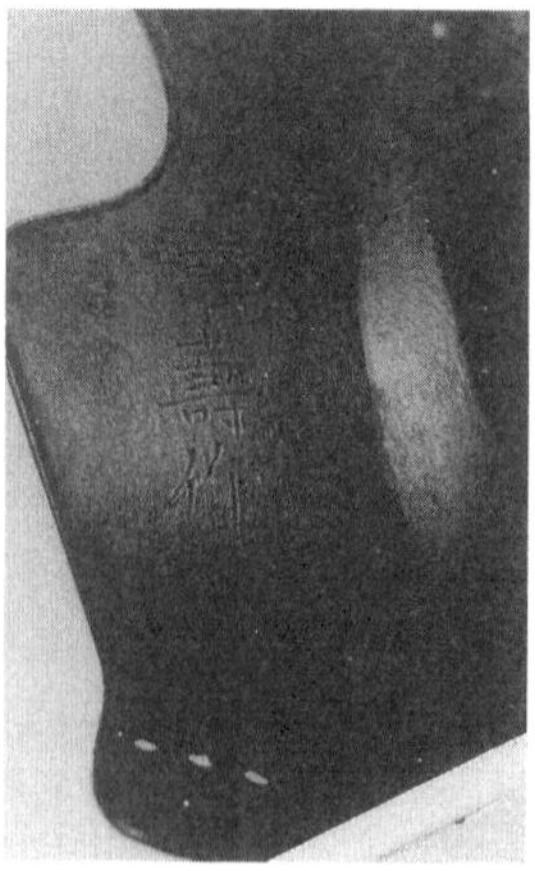

右耳ぎわにある銘

102

鑢目の面　鉄錆地鑢彫　銘中振孚近《さねちか》作

表の全面に細鏨で鑢を筋違状に彫り入れている。精密な業で面部によって鑢の角度を変えた技法に工夫のあとがある。

鼻の形状、鑢目の立て方、面形などから雲海派の作調があり、同派から一家を分けた人であろう。これまでに知られることがなかった甲冑師で、数点の甲冑面の有銘作が確かめられ、いずれによっても優れた技量の持主で

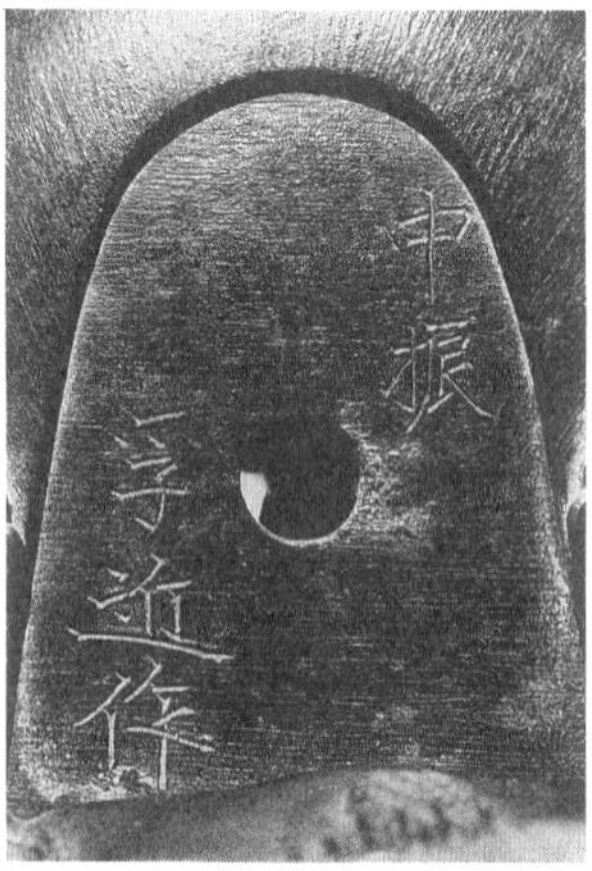

顎下の銘

あることが分かる。垂は鉄本《ほん》伊予札《いよざね》で黒漆塗三段を紺糸素懸威とし、裾板を革包にする。江戸時代中期の人であろう。

103

鑢目の面　鉄錆地筋違鑢据文　藤田　始氏蔵

銘南都之住根《ね》尾《お》正信《まさのぶ》

荒い鑢目が上方に向って走るように流れ、その上に梅樹を大きく据える。顎先から左右の上方に延びる梅樹は陰陽の梅花を咲かせ、明るく華やいだ雰囲気をかもしている。鍛鉄が秀で実と美を兼ねた〝もののふの装〟の一つの典型を表意した面である。

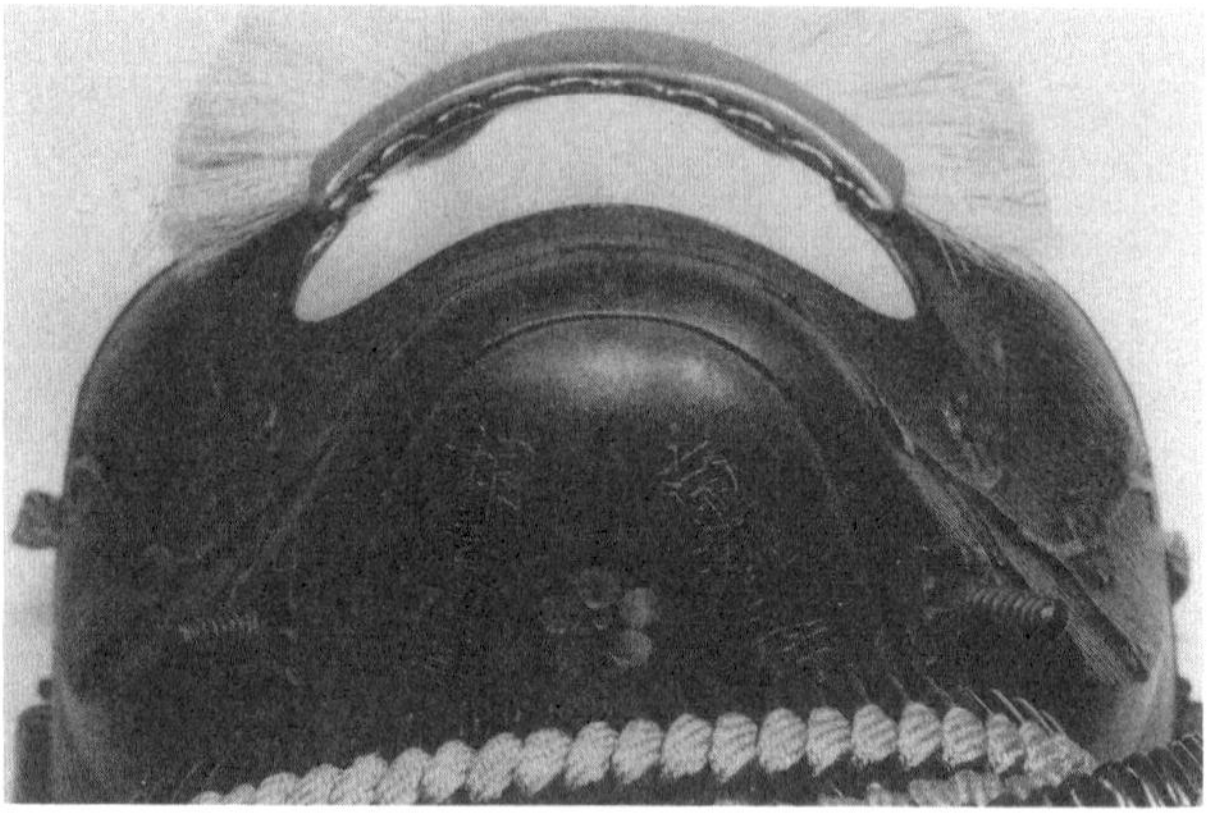

顎下の銘

奈良の甲冑師根尾派のなかで最も著名な正信の作である。正信は同銘が江戸初期から中期にかけて数代継続しているらしく、何通りかの違った銘の作がある。この面は江戸時代初期の製作とみられ、根尾正信の代表的な作である。

104

鑢目の面　鉄錆地筋違鑢据文　J・サポルタ氏蔵

鑢目の地に梅花が咲き誇る精緻な彫技が冴えた作である。前出（No.101）の加州宗寿作の造形と近似して同人作でないとしても、同類の入念作とみて大過なかろう。雲海派の上工の一人に違いない。江戸時代中期の製作である。

105

鑢目の面　鉄錆地筋違鑢据文　J・サポルタ氏蔵

銘明珍紀宗周《むねかね》

荒い鑢目で、鑢と鑢の開きを等間隔に、入念な手法を施した面である。鑢目の方向がさまざまで変化が多い。鼻を変った形の蝶番で留め、耳を仕付けている。顎に一輪の梅花文を据えた風情が心にくい。

明珍宗周は作州津山藩の甲冑師として同銘複数の工人がいる。寛政元年（一七八九）生まれの宗周は明珍本家右馬介宗胤に学び、のち津山明珍宗春の家を継ぎ、弘化二年武州忍村で病没した。文化十四年（一八一七）生まれの宗周は明治二十年ころまで生存し、江戸本所横網町に住して、甲冑の他に鐔も作る。両工とも鍛鉄に秀で、甲冑面の作技が高い。この面は江戸時代末期の作である。

106

鑢目の面　鉄錆地筋違鑢据文　サンフランシスコ・アジア美術館蔵

縦、横、斜の鑢目の向きがめまぐるしいほど変化し、

耳と太刀除にも鐶目を加えている。鼻の大きさは尋常であるが口の開きが小さく、それだけ表面の地が広く、荒い鐶目が強調されることとなる。顎の梅花文が大きく、顎に打たれた据紋の飾りがいくつもあって、賑わいがある頑健な面を形成している。総体が大振りで、顎の鰓を張らせて意志の強烈なさまを表意している。

江戸時代の製作である。

107 毘沙門面《びしゃもんめん》 煉革地黒漆塗 飯田めぐみ氏蔵

毘沙門天に擬した類の少ない相の面である。上唇を強調して上歯をつけ、朱塗にした唇全体と歯が黒漆の地に鮮やかに映えて印象的である。頬の隆起が柔らかく、耳から口の端へかけて皺の波が寄せるように迫る造形は美的感覚の冴えをみせた見所の一つである。

毘沙門天は来迎の練供養などのときに使われた行道面の一つである。仏像の顔をそのまま面の表情に写しかえたところに甲冑面の表現の多様性を物語っていよう。他に行動面や不動面と名づけた面があることは興味深い。

裏は朱漆塗であり、煉革板黒漆塗の三段垂、素懸威である。桃山時代の作。

108 張懸面《はりかけめん》 肉色漆塗
銘 明珍信家作 河野通春写之

表を肉色塗で人肌の感じを出し、裏を朱塗にした烈勢形である。一見して煉革に紛いがちなのが張懸で、煉革より以上に軽量である。張懸の手法は、木型に和紙を重ね張って形どり、乾いてからのち型を抜きとって作るため〝張抜き〟とも〝張形〟ともいう。いまでいう〝張子〟でもあろう。別作りした鼻を折釘で留め、顎の緒便りを丁寧につけて汗流孔をあける。頬から口元へかけての打出しの彫口が深く、痩骨の小柄な老翁をおもわせる。

明珍信家の盛名は江戸時代につとに高く、信家に私淑した作品が作られている。この面もその一例で信家の面形を通春が写したもので、江戸中期から末期にかけての作である。文化文政のころ江戸下谷に河野廉造の名の甲冑師がいて（『大日本甲冑巧銘録』）、この面の作者と同姓のため参考に掲げた。裏面耳ぎわの左右に墨書銘がある。

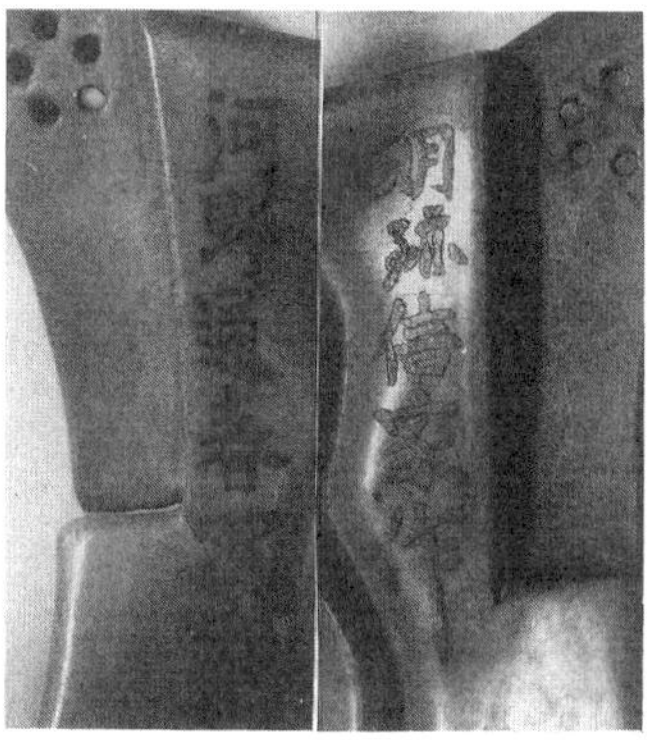

左内側の耳ぎわにある墨書銘

109 張懸面 朱漆塗 太田四郎氏蔵

烈勢形で、顎がしゃくりあげるように突き出た形が目を引く。真鍮の大つぶの植歯を上下に配し、上髭と下髭をはやす。耳の辺の丸い突起は懸緒《かけお》を折釘に留めるさい、滑り止め用に有効であろう。

張懸《はりかけ》の手法は室町末期に日根野弘就が創案したと伝え、桃山時代に盛行している。楮《こうぞ》紙を張り重ねその上に麻布を置き漆塗したもので、軽量なことが重宝視され変り兜に添えて多用されている。兜の場合は内鉢を薄鉄で作り、その上に張懸で具象の形を作るのが通常であり、兜全体を張懸で作るものもある。和紙という素材による工法に自在さがあって自由で奇抜な変り形兜が全国的に盛行したものだ。甲冑面に張懸製が採用されたのは室町末期からのちのことであるが、鉄打出しの技法に長じていたこともあって、さほど張懸技に傾倒することがなく、数多くは作られていない。江戸時代の製作とみられる作例は少なく、桃山時代を遡る作は極めて稀である。

この面は江戸時代の製作である。

110 植毛《しょくもう》の面《めん》 鉄地黒漆塗 A・P・アルマン氏蔵

鼻から頬骨を被う部分を鉄黒漆塗にして一枚板で作り、折釘で留め、他の面は猪の毛を一面に植えつけている。植毛の面は雨露の防ぎに適したものだが、野郎兜《やろうかぶと》などに添うと似つかわしく、威嚇効果が高い面である。変った工法なだけに戦場で人目を引くのに最適だったに違いない。江戸時代の珍しい作品である。

総面
SŌ-MEN

111 総面《そうめん》 鉄錆地 東京国立博物館蔵

共鉄六枚を各鋲打ちして仕付け、要所に唐花菱文を据えている。額と頬の接続は大形の同じ文で左右八個ずつの鋲を打ち、裏面にも同じ造作で同文を据え表裏から強固に接着している。裏面は黒漆塗である。

外縁、目と口の周囲を捻り返して各部を画然とみせ、鼻は切鼻、鼻下に人中をわずかに残している。耳は小さく簡略な作りが古雅である。

鉄味が自然の年代を経て古色が深い。室町時代初期を降ることなく、総面の萌芽の時期を探る上で貴重な位置を示める古面である。

112　総面　鉄錆地　高輪美術館蔵

格調の高い古面で、打出しや皺の所作に誇張性がないところは前出の総面と基を一つにする。両者には同系の作調がある。

唐花菱文を共鉄で鋲打ちし各板を接着する手法は古式で、顎に花文を一条の鎬で繋ぐのは古くからのことと知られる。のちの加賀頰や猿頰の前駆をなす様態である。眉形をほのかにつけて、古作としては心もち細めの眼に表情を加えている。もとは黒漆塗であったが、すでにほとんどが剝落してわずかにその痕跡を残すのみである。

唐花菱文は菱文を美化して花文様にしたといわれ、正倉院御物の飾りにみられる。もともとは大陸から伝えられた文様で、奈良・平安時代以降に流行し、源氏流の武田氏がすでに鎌倉時代に用いていたと考えられている。この面にみる唐花菱文は外縁に細かい刻みを入れて文様化しており、室町時代の早い時期にすでにこうした所法が採られていたことを実証する面である。

113　総面　鉄錆地　西光寺蔵

同じ古面でも前二者とかなり隔たりがある様式で、据文の加飾をのぞき、鋲留めの手法を用いないところなど、すこぶる古制である。面長の作りで、被りが深く前頭部を覆うところは伎楽面の用法に通じて注目できる。

各板は重ね合わさるように接続し、眉は共鉄を置いて形づくるなど、簡素な造りであり、他に類例をみない形式である。

奈良の古寺にあった経蔵の芯柱にとりつけてあったもので、甲冑面が守護神として用いられた稀な実例である。

室町時代の作と鑑じられる。

114　隆武《りゅうぶ》総面《そうめん》　鉄地黒漆塗　飯田智一氏蔵

鼻の部分を蝶番で栓留めにした以外は額から頰にかけて一枚板で構成し、耳を仕付ける。竪緒《かたお》便《だよ》りの裏位置に鋲を打つのは比較的古式の面にみられる。この鋲は竪緒便りがあるときは、次第に不用のものとなっていき、後世にはほとんどみなくなる。掛緒《かけお》をからげるには竪緒便りと顎の緒便りがあれば十分に有効である。

鼻筋が通って、鼻溝が幅広で深く、切鼻に作る。面の表裏ともに黒漆塗で、赤味を帯びた羊羹色を呈し、この種の蠟色《ろいろ》塗を榊原香山がその著『甲冑製作辨』で「蠟色絶品也」と評したものに当たろう。

汗流し孔は小さく、顎の先端の近くと、顎下中央の二カ所にあけ、前者は空気孔をかねる効用がある。垂は鉄盛上本小札で黒漆塗、紺糸毛引威三段であり、二段めを三間に分ける。室町時代の隆武形式の総面である。

115　隆武総面　鉄錆地据文　高津古文化会館蔵

額・鼻・頰と顎の三枚の鉄板から構成し、各板を唐花菱文でかしめ留める。精緻な鉄鍛えで、打出し皺などに誇張性がない。鼻の根元と目尻に丸い真鍮の鋲を据えて加飾とし、眼に鍍金金具を嵌入するのは能面に範をとるもので、神や魔性のある超人間的な面を表意したものである。

眼の周辺に力点が置かれているのであるが、鼻、口の作りが清楚で魅力的である。

116　隆武総面　鉄錆地据文　J・サポルタ氏蔵

切鼻に造った鼻、口の造作が簡素で穏やかさが感じられるのであるが、繭形の眼に鍍金金具を嵌装し、頰の肉を姥頰形に落した表情は幽玄な能面の雰囲気をもつ。

唐花菱文が古くから用いられていたことは前述したところで、蝶番の手法による以前に留め金具として、また据文の飾りの文様として盛んに使われてきた。この手法を江戸時代に復元して古作を写した面があって、打出しなど技巧をこらさないところに特徴がある。この面が好例で優雅な女性的な総面である。江戸時代作。

117　隆武総面　鉄錆地据文　サンフランシスコ・アジア美術館蔵

額に見上皺《みあげじわ》を打たず、太い打眉《うちまゆ》を一本打出しただけの作りが簡素であり、それだけ額の広がりをよくみせている。鼻は左右に張って大きくかまえ、口が小さめで、眼孔が丸い。打出しの手法は力感がこもるが、表情は穏やかな隆武面の個性をよく表出している。

顎に抱沢瀉《だきおもだか》紋を一つ大きく据えて、この家紋の主が注文者でありこの面の所持者であったことを誇っているかのようである。

顎下に作銘らしい切付け銘がある。江戸時代前期の製作であろう。

118　烈勢総面《れっせいそうめん》　鉄錆地　メトロポリタン美術館蔵

銘　明珍信家作

眉が太く、せり出すような烈しい打出しが目につく。この眉は明珍の形をもつが宗介《むねすけ》や宗察《むねあきら》の造作とは一線を区す別人の所作がうかがえる。繭形の目の眼孔がくっきりとあけられて相手を射すくめる威圧感がある。植歯を上下に八本ずつ配するのは明珍派の所作に多くみるもので、牙が上下に嚙み違わないように巧みに尖らせて、鋭い表情を一層高めて効果的である。

延べつけの顎の下にハート形の汗流孔をあけ、その右側に「明珍信家作」と五字銘がある。裏は朱漆塗。

119　烈勢総面　鉄錆地
伝　明珍作
藤原清子氏蔵

頬が隆起して柔らか味があり、打出皺が顎先へ向って流れるように走る。鼻先を丸め突き出た鼻が面の中央にどっかとかまえ、口元に微笑をたたえた表情が豊かである。大きくあけた両眼に相応しく太い打眉が力強く、造形感覚の素晴しい面であり、とくに鉄の鍛えが秀抜である。

金襴地頭裹《かしらづつみ》をつけ、垂は喉輪《のどわ》形、鉄本小札二段を蝙《こう》蝠《もり》づけし、八双座を置き、裾金物を肉彫透しとする。上板の中央に葵紋がある八双鋲を置き、これに鐶をつけ、緋色の総角を結ぶ。

江戸時代の明珍派の上工の作である。

120　烈勢総面　鉄錆地
伝　明珍作
吉井哲夫氏蔵

頬が隆起し、顎を突き上げた打出し技法で力感があふれんばかりに発揮され、網目眉が力強い。三面の鉄板からなり、額と頬を継ぐ蝶番は栓差《せんさ》しに、鼻は折釘で捻留《ねりど》めにする。顎の緒便り金は太く頑丈に仕付け、頬に緒便の鐶を打つ。裏は朱漆塗である。

鉄の鍛えが秀抜であり、打出しの巧みさとあいまって、風格がある面を形成している。

垂は鉄本小札二段を蝙蝠づけし、上板に八双金物《はっそうかなもの》の座を置き、八双鋲に鐶をつけ総角《そうかく》を結んでいる。

明珍派の作で、江戸時代前期を降らない。

121　烈勢総面　鉄錆地
銘　和州住正信作
東京国立博物館蔵

額の三本の見上皺《みあげしわ》と口元に左右一本ずつの打皺《うちしわ》が細く鋭い。打眉を釣り上げた形が独特で、繭形の目尻が釣り上がった形と同調して、恫喝《どうかつ》するような目が面の表情を形成している。目尻を釣り上げ、こころもち寄り目に眼球をあける造りは春田派の総面の特徴である。二枚の鉄板で形どり、上部の板が下部を覆い、折釘で捻留めにする。

額下に「和州住正信作」と六字有銘で、同銘を切る正信作中の古作である。根尾正信より年代が遡り、春田正信（**図版No.122**）と同銘でさらに時代が古く、桃山期を降らないと鑑じられる。上板と下板には年代の開きが少なく、ともに同流同作であろう。

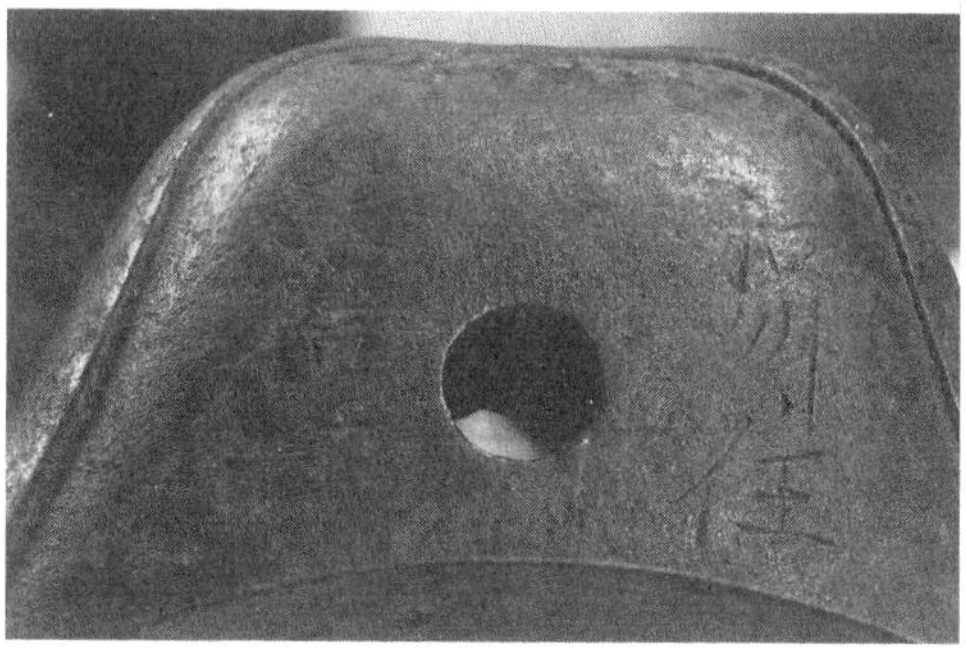

顎下の銘

顎の鰓が張って活力があふれた格調の高い作である。

122　烈勢総面　鉄錆地
銘　南都住春田正信
本庄八幡宮蔵

額と鼻の部分が一枚鉄で、頬から顎へかけての鉄と二分したものを、折釘《おれくぎ》で捻留めして構成する。鼻髭は通常にみるものであるが、眉に植毛を施したのは他に類例が少ない。

桶側胸取《おけがわむねとり》二枚胴具足につく総面で、胴に「宝永六己丑歳」（一七〇九）の年紀があり、「防州岩国住春田次郎三郎正晨作」と有銘である。春田正晨《まさとき》は春田正信の弟子で、この年に正信・正晨の師弟の作が揃具足に構成されたことが知られ、自ずと総面の製作年が判然とする。

垂は共鉄五段で萌葱糸《もえぎいと》を素懸威し、鉄地に銀の蠟流しを施し美観を添えている。

顎下の銘

123　**烈勢総面　鉄地黒漆塗**　　**京都嵐山美術館・新藤源吾氏蔵**

伝　春田作

二枚板で構成し、頬の板に額と鼻の板を覆うようにかぶせて折釘《おれくぎ》で捻留めにするのは春田派の手法である。額と口元の打出し皺や、丸い鼻に鼻孔を大きくあけた作り、目尻を釣り上げた繭形の目に眼球を寄せ目にしたところなど、春田流の標本的な総面の造作をよく示した出来である。

鉄本小札黒漆塗二段の垂がつくが補修され、上板を三間に分け、曲輪をふす。江戸時代前期の製作である。

124　**烈勢総面　鉄錆地**

銘　明珎式部紀宗介

元禄二二辛未暦二月吉日　　**飯田めぐみ氏蔵**

目尻を釣り上げた大きな目に、眉を三角体に打出した表情のある面である。この眉形は明珍家が好んで作った独特のもので信家のころからみられる。宗介《むねすけ》の総面の眉はこの手の他、太い刻みを加えた網目眉との両手があって打出し眉にかなり注力している。口は中央を狭め、口元を引き締めた形が多く、口元の皺とあいまって意志の強さを表意している。上唇を朱漆塗、上歯が十本、下歯が十二本を共鉄で植える。裏は朱漆塗である。

鉄本小札五段垂で表裏を金箔押、緋糸で毛引に威し、裾板は啄木打の畦目と紫糸の菱縫を二段で組む。風留金物は菊花文様を赤銅肉彫透し、周囲を素銅色絵で七子を蒔き、猪の目を加へて縁取りした精緻な彫金で飾る。

宗介作に鉄錆地三十二間四方白星兜鉢が伝えられ、これと同銘で同年紀があることから、もともと一体で製作されたものと思われる。元禄四年は宗介が五十歳に当る。同作中の代表的な面である。

顎下の左右先端にある銘と年紀

125　**烈勢総面　鉄錆地**

銘　明珎式部紀宗察《むねあきら》造之　　**飯田智一氏蔵**

宗察の鉄味はやや赤味を帯びて、鍛えが精密である。三条の見上皺に握りの強い太い眉、鼻先が丸味をもち段皺をつけ、鼻孔のふくらんだ鼻など各部が端正で、同作の持ち前をよく発揮している。頬が隆起して柔らか味があり、頬の打出しは凸皺と凹皺を交ぜて変化がある。額と頬を接続する蝶番は蝶を形どり銓指《せんざ》しで留めた工法が気が利く。無心に宙を舞う胡蝶の姿に武人の心が投影されて映るのかも知れない。顎の緒便りは桜花文の座金に棒状の長い金を打つ。顎先は小さくしゃくれ上がるように切れ味がある。裏は金箔押である。

顎下の銘

鉄切付小札二段を青糸で毛引に威した喉輪形の垂である。表裏ともに黒漆塗にする。

宗察の個性がよく表わされた格調の高い面である。宗察は幼名小三郎、のち左平太、式部と号し、紀氏を姓とする。十三歳のとき伯父明珍宗介に学び、のち養子となる。宗介に実子、右馬介宗正が生まれて宗家を去り、享保十年（一七二五）に宗介が没し、その子宗正が十二歳で家督を相続したので、再び宗家に戻り、宗正を後見し一門を統率する。江戸また広島住。

宗察は正徳五年（一七一五）紀がある作まで明珍の珍の字を「珍」と切り、享保七年（一七二二）紀がある作から「珎」の字画に形どることからみて、この総面の作は享保初年の壮年期の製作である。

宗察は宝暦元年五月六日没、享年六十九歳である。

126　**烈勢総面　鉄錆地**

銘　正徳五乙未年二月吉日

明珍式部紀宗察《むねあきら》造之　於武江

メトロポリタン美術館蔵

宗察の作品で年紀があるのは稀少であり、なかでは正徳・享保の数例をみる。この年代は、三十歳から四十歳台にあたり、このころが盛期であったことが分かる。正徳五年（一七一五）は三十三歳にあたり、眉の造作、頬や顎の打出しなど力感がこもって、気迫があふれた作品となっている。

太い網目眉と、丸くあけた眼孔がよくつり合い、口元を引き締めた相貌が魅力的で、隙がない。

額・頬と顎・鼻の三面からなり、鼻を折釘で捻留めている。

鉄の鍛えが秀抜であり、年紀と長銘を切って宗察が自信作であったことを自ら表意している。裏面は錆地である。

顎下にある銘・年紀・在所

127　烈勢総面　鉄錆地一枚打出

銘　於武江明珍宗察

A・P・アルマン氏蔵

鉄錆地に一枚打出しの造りが入念である。三条の見上皺や眉、鼻の作りなど宗察の得意な技が表出されている。眼球は丸く小さく、心もち鼻寄りにあけるのが常で、三段の鼻の段皺辺に視点を集中してバランスがよい。

鼻先を丸く、顎の先端を鋭く尖らせたところは対照的である。この二つの部分は面の表に突出して、打出しのさい鉄板が特に薄手になるところである。打出しに至難の技が求められたに違いなく、それを克服した宗察の一枚打出しの総面は数点の現存が確認できる。

顎下の銘

128　烈勢総面　鉄錆地一枚打出・垂同作

銘　明珎式部紀宗察於武江造之
享保七壬寅年二月吉祥日

A・P・アルマン氏蔵

一枚打出しで、竪緒便り《かたおだよ》と耳を仕付ける。目と眼球に縁取りを加えて眼光が鋭く、上下に十二本ずつの植歯を施して、目と口に表情が豊かである。段皺をつけた鼻が丸く、鼻孔を大きくふくらませた鼻はてこでも動きそうにない。

鉄鍛えが秀で、共鉄の二段垂が異色なことが特筆できる。裾板に飛龍を打出して高彫で表わし、上板の左右に六ツ星と、飛龍の頭部の一ツ星で七星を示したもののようである。天空を翔ける飛龍の面であり、宗察の会心の一作である。

宗察はこの面を製作した享保七年（一七二二）二月には江戸に在住していたが、浅野家本『明珍家歴系図』（広島市立浅野図書館蔵）によれば、この年七月に江戸を立ち、九月に芸州広島に着任し、浅野家に十五斗十人扶持で抱えられている。この記録によれば享保七年七月二十四日まで江戸に在住している。「二月」とある製作月は前年の享保六年秋彼岸から享保七年春の彼岸までの作品であることを示したものである。

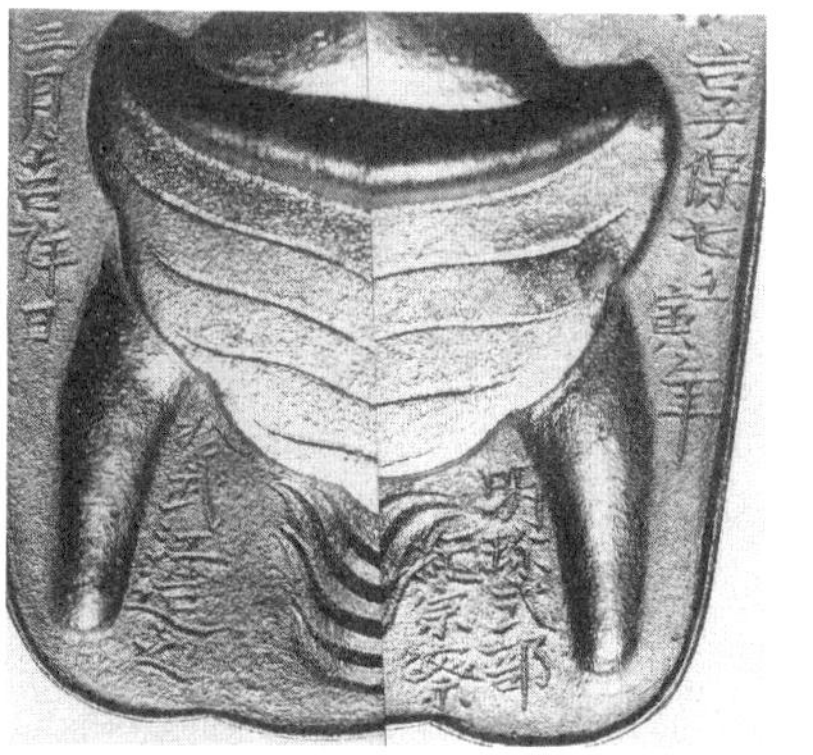

裾板の左右両端にある銘・年紀・在所

129　烈勢総面　鉄錆地

銘　明珎紀宗賢《むねかた》

R・ウエスタン氏蔵

明珍系図によると宗賢《むねかた》は与兵衛といい、東都また奥州津軽に住、二十六代宗政の実父である。

一九八五年三月にニューヨークのクリスティーズ・オークションに出品され、破格の価格で落札され話題を呼んだ面である。欧米人は鉄錆地の兜とともに素鉄の甲冑面をことのほか好んで高く評価し、なかでも総面の有銘作が稀少なことから人気を集めたもので、それに相応しい優れた面である。同門の先輩である宗察の鉄味と対照的にやや木目の荒めな鍛えをみせるが、打出しなどの造作に豪快さがある。顎の尖鉼《せんびょう》が菊座《きくざ》を置き太く短く力強い。竪緒便りが大きく幅広で、丸い環を透すのがこの工の持ち前である。

打出し皺が鼻から頰へ波打って、共鉄の植歯とともに異相を表わしているが、目が穏やかであり、造形の確かさとあいまって接する人を魅了するものがある。

江戸時代中期の製作で、「明珎紀宗賢」と五字銘がある。

130　烈勢総面　鉄錆地　メトロポリタン美術館蔵

銘　明珍紀宗賢

大振りで厳《いか》く、顎を突き上げるように長く打出すのが宗賢《むねかた》の打出しを得意とする業で、顎先にくびれを入れる。前出の同作とほとんど同形で眉・目・鼻・歯形などほとんど変わらず、頰の打出し皺も凹凸が深い。両頰につけた竪緒便が大形で、左右に張り出して前方にきき耳を立てるかのように向く。鉄にやや赤味があるのが宗賢の鉄色である。

津軽明珍を代表する宗賢の個性がよく表わされた豪快な作柄である。裏面は漆塗がなく錆地である。

宗賢は宗介の門、宗察の後輩である。宗賢に年紀がある作をみないが、宗介の活躍期が貞享・元禄から正徳・享保であり、同じく宗察が正徳・享保から延享にかけてであって、およそ同時期の人と推察される。さらに宗政（清次郎）の父である宗賢が元文五年二月に没（光源寺過去帳『江戸明珍家の研究』石田謙司著）した人と同人であったとすれば、宗賢は〝宝永から享保〟が活躍期であったと特定できよう。

顎下の銘

小つぶの出ッ歯が怪異な鬼相を表わし、強くて恐ろしげな反面、どことなく親しみのもてる面白味がある。「明珎紀宗賢」と五字銘がある。

131　烈勢総面　鉄錆地　J・サポルタ氏蔵

銘　宝永七庚寅暦八月吉旦
於武江明珎宗長《むねなが》廿八才作之

目から上部と、鼻から下部の二枚の鉄板からなり、耳の上側で接続した技巧的な面である。打出技が優れ、頰から顎へかけての流れるような皺の線が巧みで、顎の渦巻状の文様が風変りである。

江戸明珍宗長は新平と号したとのみで詳伝が不明であり、作品が稀少である。顎下に切った年紀と行年は資料価値が高い。

宗介は享保十年（一七二五）に八十四歳で没したことが分かっているので、宝永七年（一七一〇）には六十九歳である。この年の宗長二十八歳との差は四十一歳で年齢からだけしては親子関係にあるとみて無理はない。宗介の末子という二十五代宗正より宗長は少なくも三十歳以上の年長であり、宝永七年に宗正はまだ生まれていない。

こうして考えてみると、元禄・宝永・正徳の間は宗介の全盛期であり、二十八歳の宗長が年齢まで切った作品を発表できるには、宗介と親子でないとしても、ごく近親の間柄であったであろうことは想像に難くない。

顎下にある銘・年紀・行年

132　烈勢総面　鉄錆地　A・P・アルマン氏蔵

明珍作

額にみる三条の見上皺《みあげじわ》と太い拳骨眉の作りは明珍家の定法で、眼球を丸く眼尻を上げた目の造りも同様である。前出（№131）の宗長有銘の作と酷似して、細部の技巧をのぞいてはほとんど同作に近い。

この甲冑面が作られた江戸中期のころは、明珍家はまだ全盛期にあって、需要に応じて相当量の甲冑類を製作している。明珍の組織形態はほとんど明らかでないが、奈良甲冑師の例によるまでもなく、分業組織が強固に確立していたに違いない。工房での製作には定型にもとづく定法の作りがあって、その上で個々に技巧化する部分があって個性を加味することになる。打出し技を得手にする人は顎を突出させ、皺を好む人はこれを強調するといった具合である。しかし見上皺の数や打眉、あるいは鼻の作りなどに共通したものを残すのは、基本的なところは変形させせない規法に基づくものである。

この面は宗長作とは即断できないが、宗介門下の明珍作であろうことが推考できよう。江戸時代中期の製作である。

133　**烈勢総面　鉄地黒漆塗**　**中村達夫氏蔵**

明珍作

額板に頰板を重ね、その上に鼻板を乗せた三重の合わせ手法が強靭である。鼻と頰は太い折釘で捻留め、額と頰は釘で栓留めにする。

緒便の環《わ》や尖鉼《せんびょう》などの金具も頑丈で太く、どこまでも実用に徹した作りで、打出しの凹凸が烈しく、白髭を垂らして宿老の風貌がある。裏は朱漆塗である。

垂は煉革本小札に黒漆塗の二段を蝙蝠づけし、紺糸毛引威で、菱縫を緋糸で二段組み。上板に菊花文を真鍮で透彫した八双金物を据えた華麗な飾りである。江戸時代中期の明珍派の作である。

134　**烈勢総面　鉄錆地**　**吉井哲夫氏蔵**

明珍作

凸皺と凹皺を自在に駆使し、とくに顎を長く延ばして面取りし、切れ込みを加えて打出し技を誇示した作りである。

竪《かた》緒《お》便《だよ》りを小造りにしたところが打出し効果を一層高めて、緊張感あふれた面に仕上げている。耳は肉づきがよく、中ほどの外縁を削り込むのが明珍派の一つの形で、表を向いて立ち上がった姿に特徴がある。裏は朱漆塗である。鉄本小札金箔押の二段垂で、紺糸毛引威である。江戸時代中期の明珍派の製作である。

135　**烈勢総面　鉄錆地**　**B・ドウファン氏蔵**

明珍作

額・鼻・頰と顎の三面の鉄板からなり、耳を仕付け、顎下を延べづけにして、詳しくは六面の板を接続するのが総面の構成の常法である。鼻は折釘《おれくぎ》で捻留《ひねりど》め、額と頰は蝶番に詮留めでかしめ、耳は鋲で仕付けるのが通常である。

頰から顎へかけての打出し皺が流れるように長く、突き出た顎先へ連らなった線が美しい。鼻は丸く大きく盛り上がり、折釘を留めた座金は桜花を縦に二分して左右に据えている。

鉄の鍛えが卓抜であり、打出しの造形とともに屈指の面である。垂は鉄本小札黒漆塗で二段垂に紺糸毛引威、菱縫は緋糸二段で大つぶな組みである。上板を三間に作り、菊花文様の八双金物を置き、中央には鐶をつけ緋糸の総角を結んだ豪華な垂である。金襴の頭裹《かしらつつみ》が後頭部まですっぽりと覆うようにつけられている。

江戸時代中期を降らない明珍派の製作である。

136　**烈勢総面　鉄錆地**　**吉井哲夫氏蔵**

銘　加州住久幸

額部と鼻から下側を二分した、上下がほぼ均等の面長の面である。見上皺を五本打つのは明珍家の作としては異例で、その分打眉を細く作って均衡を保つ工夫をしている。

目に銀箔金具を嵌入し、眼球を丸く縁取りした技巧的な工法は、光線の陰影にともない相手を射すくめる効果があって、さぞや輝きがある眼光を演出したに違いない。もののふの仮装に相応しい甲冑面である。

額と頰を接着する蝶番は共鉄で蝶形に作り、躍ぶように戦場を駆ける武人の心情を象徴するのが、自由に飛びまわる蝶の姿にあったのかも知れない。大阪・四天王寺の天王寺舞楽に「胡蝶」の舞がある。聖徳太子を供養す

顎下の銘

る大法要に四人の少年が蝶になりきったように舞い上がる。無心の人が蝶になって宙を舞うのである。

裏は朱漆塗である。鉄本小札三段の垂を付す。江戸時代後期の作である。

137　烈勢総面　鉄錆地　　太田四郎氏蔵

目から上部の額が広く、二条の見上皺は火焔が昇るように細く、打眉は二重に作って太い。額・鼻・頬と顎の三面からなり、それらの接続をすべて鋲留めにする。

小さな鼻の根元に視点が集中し、打皺の起点がここから発する。顎に据えた梅鉢文が小じんまりして愛くるしい。裏は銀箔押である。

江戸時代中期から後期にかけての作であろう。

138　烈勢総面　鉄錆地　銘　和州正信作　　A・P・アルマン氏蔵

頬板の上に額と鼻の板が被うように作った上下二板の鉄部分からなる。耳は仕付ける。

見上皺が二本半で、打眉と目の形状が風変りな舞台姿の役者絵をみるようである。

頬に二条、口元に一条の皺を打ち、顎に山形の肉をつけ、顎の鰓を張らせた面形が独特で、この手の面は折釘を打ち、顎の緒便りはつけない。「和州住正信作」と有銘の総面（**図版No.121**）と同形式で、年代的にはこの面の方がやや若いが同じ系類の作とみて大過なかろう。

江戸時代前期の製作で緊迫感がある面である。

139　烈勢総面　鉄錆地　伝　明珍作　　中村達夫氏蔵

口元に二条、頬に三条、額に四条の打皺をつけ、眉は六重の拳骨眉を打出す。鼻と顎の打出しがほどよく、目・鼻孔・口の開きが小振りで穏やかな容貌をみせる。

外縁の周囲に当て金をして内刻みをつけ、菊座を置いた鋲を等間隔に三十一個を打つ。緒便は竹節状の折釘で細く、顎の緒便金は太く長い。耳は大形で桜花を透す。

趣向をこらしただけに技法が入念である。

鉄本小札黒漆塗二段で、上板を萌葱糸、裾板を紺糸で威し、畦目は啄木組、菱縫を二段組みで緋糸で威す。面表に黒漆がわずかに残り、もとは塗面であったが、いまは錆地の本体に戻って鉄鍛えが細かい。裏は朱漆塗。

江戸時代後期の明珍作と鑑される。

140　烈勢総面　鉄錆地　銘　岩井千蔵源邦英作　天明四甲辰　　小林安左衛門氏蔵

鼻板と共鉄の植歯の部分を頬に鋲打ちして留める。鼻先が立ちあがり、鼻先を垂れ気味に丸く、鼻孔は小さいが鼻袋が横に広がる。岩井千蔵の鼻の作りの特徴で、天明年紀がある二年から五年までの作例数点に共通するのは、上歯をつけていることである。いずれの作も鉄鍛えが精密であり、打出し技に長じ、烈勢《れっせい》形、隆武《りゅうぶ》形とともに上手である。

丸味がある顎の上に梅花文を据えた風情が目を引く。裏は朱漆塗である。

岩井千蔵は邦英といい、幕府の抱具足師として江戸後期に江戸で活躍する。芸州浅野家の抱甲冑師岩井徳次郎の弟と伝え、岩井家中にあって具足師であるとともに、鍛鉄の分野にも作域をもつ異色の存在を示めて光彩を放っている。

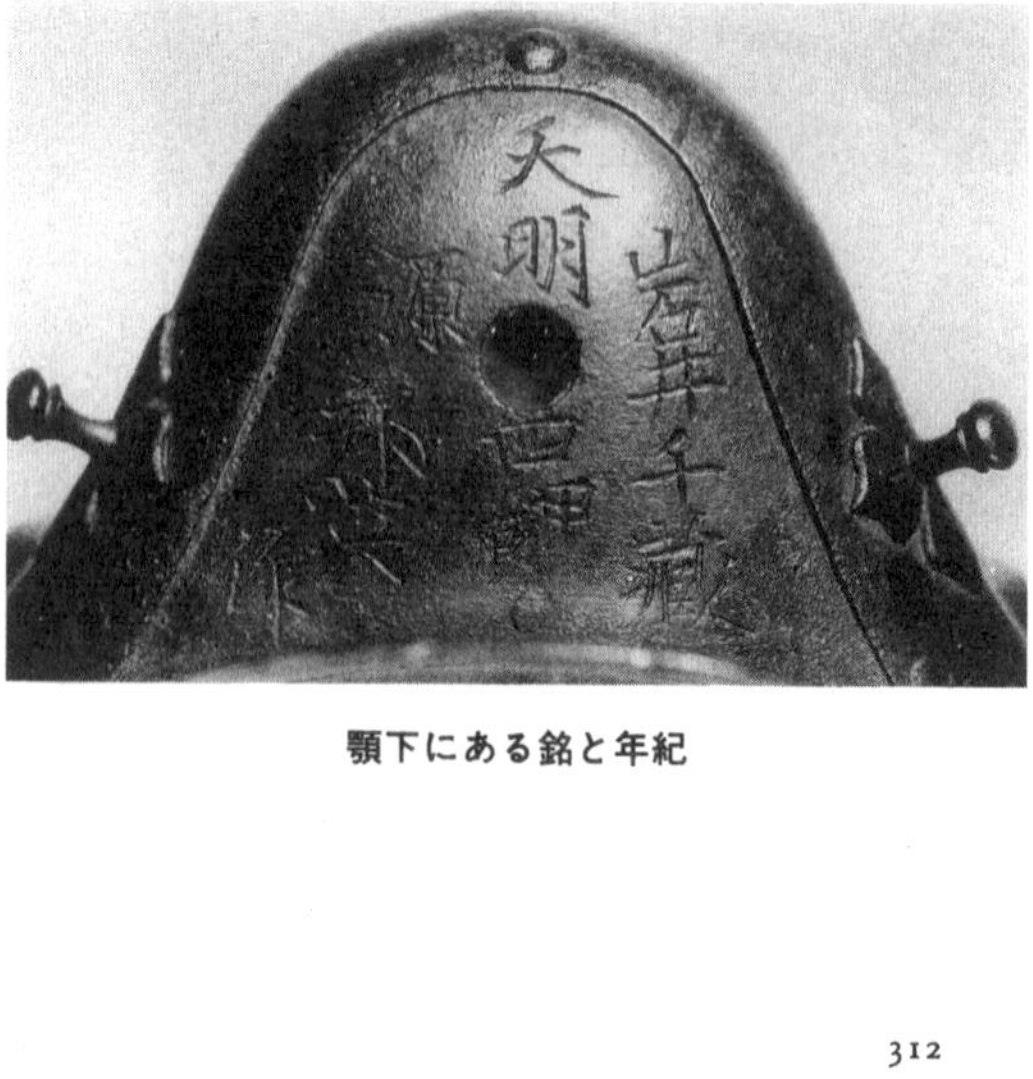

顎下にある銘と年紀

141　烈勢総面　鉄地朱漆塗　　京都嵐山美術館・新藤源吾氏蔵

能面には中間表情をした面があるといい、喜んでいるのでも、悲しんでいるのでもない面相をいうのだそうである。

この面は目が小さく、眉が細造りで女性的な穏やかさがあるかと思えば、頬の打皺の凹凸には烈しさがある。下側だけ小つぶの植歯《うえば》を真鍮に金箔塗として歯並びがよく、口元は笑みをふくむかと思えば、目元は険しい強さが感じられる。能面の中間表情とは別の意図があるのだろう。むしろ見る人の心によって隠やかにも烈しくも映るかのようである。烈勢面でありながらどことなく柔軟さをふくんだ総面である。裏は同色の朱漆塗である。

鉄小札金箔塗で萌葱糸毛引威《けびきおどし》を三段に威下《おどしさ》げる。江戸時代中期から後期の作であろう。

142　烈勢総面　鉄地黒漆塗　太田四郎氏蔵

額・頬・鼻の三部分からなる。眉が太く額が狭い。総じておおらかな造形のなかに打出し技などに厳しさが感じられる。耳が長大な作りである。上髭と下髭に白髪をたくわえ、黒地に白色が対照的に映えて鮮烈である。

毎日新聞社初代社長本山彦一（松陰堂）の旧蔵で、昭和八年に大阪美術倶楽部で売立て後、識者の間に保存されてきた。

いつの頃か黒漆に修補が加えられているが、旧態を活かした江戸時代の優れた製作品である。

143　烈勢総面　鉄錆地　銘　明珍義保　伊波富彦氏蔵

被りが深い作りで、正面から対すると丸顔にみえる。実際にはやや縦長であり、甲冑面の大方が縦長に作ることと例外ではないが、丸顔にみえるのは額や頬の奥が被りを深く作っているためであろう。

鼻板の左方を蝶番栓留めで頬板に仕付け、右方は同じ蝶番でも折釘でかけ外しができるように留めた工法が面白い。左方の蝶番留めを梃にして右方の折釘をかけ外すと、鼻板が〝押しドアー〟のように開く工夫で、面を被ったまま飲食をするのに至便である。額と頬は鋲留めしてからくり、鼻と額との接点を浮かした手法は珍しい。鼻板が額板の部分を覆って重なりあうのが通常で、わずかな間隙でも斬込み、突かれる恐れを最小限にとどめねばならないはずである。そうした恐れのほとんどない太平の時代に考案されたこの作りによって、単調な目の造作にむしろ変化をもたらして独特な表情を形成している。

額や頬の打皺が浅く温顔をたたえ、鼻髭を失っているが、もとは白髪をたくわえた老武者だったに違いない。

明珍義保は室町期（延徳のころ）の人とされるが、銘鑑に該当する有銘で確かな作品をこれまでにみることがない。この甲冑面は作風からみて江戸時代中期を遡らない製作品である。面裏は濃茶塗である。

四段板の共鉄の蝶番垂をつけ、紺糸を素懸で威す。

144　烈勢総面　鉄錆地　明珍作　小林安左衛門氏蔵

鼻と顎の打出しが強く、口元を引いた表情が奥行きの深さを表出している。眼が大きく、口をほどよくあけて植歯をつけず、簡素な作りが古作にのっとった作意をよく示している。

三条の額の皺と打眉の形が明珍派の作調をみせ、額部を頬部の鉄板に左右一本ずつの折釘で捻り留めで仕付けた簡略な所作である。

薄手の鉄でよく打出し技を発揮しており、黒味を帯びた鉄味がすこぶる良好で精密である。江戸時代末期の明珍派の作である。

面裏は素鉄地。垂は煉革本小札に黒漆塗、二段を蝙蝠付け、藍色染めの韋で威し、菱縫を紅革で二段組みとする。

145　翁総面《おきなそうめん》　鉄錆地　A・P・アルマン氏蔵

温顔の老翁の相貌である。三本の見上皺が左右に流れ、打眉に白髭を植えたその下の瞼《まぶた》を強調して蝙蝠形に作り、瞼を高めに打出すことで奥目の老骨をおもわせる。頬は隆起して頬骨をみせ、口元は痩骨の体である。

鉄鍛えがすこぶる秀でた、表情の豊かな面である。碁石頭《ごいしがしら》の伊予札を素懸威二段で蝙蝠づけにした垂《すが》が付く。江戸時代初期から中期にかけての作である。

146　翁総面　鉄地肉色漆塗　吉井哲夫氏蔵

眉骨を高く盛り上げ、眉を金と銀で毛描きし、目は銀箔金具を嵌入する。鼻は丸く大きくどっしりとかまえ、白髭をたくわえた高貴な老翁の相貌である。具象的な耳が特大で福相を備え、対座する人を安定感でおおい包む。上下の植歯は目と同じく銀箔押、人肌の塗色が古色をたたえて落ち着きを秘める。

裏朱漆塗で、頭裏《かしらつつみ》つき。四段鉄板に色々威の垂が付く。桃山時代ごろの製作であろう。

147　翁総面　鉄地黒漆塗　高津古文化会館蔵

目に銀箔金具を嵌入し、眼尻を釣り上げた表情が威嚇的である。額と頬の部分を栓留めにして、指し込んだ釘をはずすと目の下面となる、総面との両用を兼ねた至便な面である。鼻はかけ外しのきかないようカラクリ留めにし、そのために額と鼻から下部の二枚板で構成した合理的な作りである。緒便《おだよ》りの環を付け、顎下の両側に緒便り金を打つ。顎下の汗流し孔は梅花文を透す。裏は朱漆塗である。

江戸時代の製作である。

148　翁総面　鉄錆地　京都嵐山美術館・新藤源吾氏蔵

落ち窪んで大きく見開いた目、その眼尻が垂れた表情が、いかにも老相を表わした面である。眉と鼻の上髭が白髭で飄逸ななかに、鷲鼻の先端を尖らせて高貴さがただよう。対戦する相手はさぞや戦意を喪失するに違いなかろう。

翁は笑いを表現した祝言の神でもある。その笑いは賀福延年の祝福を招き、人の世の苦楽をのみ込み、ほのかな笑みに托して悠久の夢を結ぶ。能面の翁は切顎を利して人生を詠嘆するのであるが、甲冑面はひたすら黙して長髪の奥に戦意を宿す。

甲冑面のなかでもきわだって個性の豊かな総面である。老相にありがちな皺数を強調することなく、簡略な打皺《うちしわ》で格調の高さを示した秀逸な作である。顎下に六星の汗流孔を小透しする。裏は朱漆塗。鉄板黒漆塗の五段垂《すが》を付す。

江戸時代中期ころの作である。

149 白髪総面　煉革地錆塗　飯田智一氏蔵

顔面に打皺をつけ、髭を長く垂らした翁面の一種で尉面なのであるが、ほとんど笑相の気がなく、顔面を白髪で覆うところから白髪面とした。白髪は老翁であることを示すのであるが、すさまじいばかりの緊張感がみなぎって、しかも妖気がただようかのようである。これだけ豊かな白髪をそなえるのは深山の仙人か、年の劫を経た大天狗に違いなかろう。大形の総面である。

煉革錆塗、頬・額・鼻の三面を矧ぎ合わせ、額に二本の太い皺を、頬には三条、口元には一条の皺を打出し、頬に折釘《おれくぎ》を、耳を仕付けて三ツ引紋を縦に配して小透しを入れている。面相を左右するのは口と歯で、唇を朱塗、植歯に銀箔を置いて、その歯形が人間の歯形と同じところに現実味を帯び、歯形だけが写実的でかえって怪異な印象を与える。白髪がこれほどに多くなれば、悪尉の面に名ぞらえたいほどで、老相には穏健な面相に対して怪異な面相との両様があり、この面が後者であることはいうまでもない。小型の鎖垂をつける。異色の甲冑面である。裏は表と同じ錆塗である。江戸時代後期の作であろう。

150 天狗《てんぐ》総面《そうめん》　鉄錆地　中村達夫氏蔵

鼻を打出し、鼻先を尖らせた烏天狗鼻で、額や頬に打出しを強調しないつくりが、沈勇の面相をかもし出している。

歯は真鍮で上下に十本ずつ植歯して鋲留めし、眉は朧銀で据文する。眉根と眉尻をはね上げた眉形が異風であるが、二本の穏やかな額の打皺と眼尻を下げた目の中間にあって、ほどよく均衡を保つのに役立っていよう。

額鉄と頬鉄を、頬鉄と鼻鉄を、いずれも折釘で接続し、鼻鉄の右方を捻留めにして鼻鉄が開閉する仕組みである。裏は朱漆塗。

喉輪の二段垂を蝙蝠づけ、黒漆塗鉄本小札に紺糸威とする。

江戸時代の製作である。

151 天狗総面　鉄地朱漆塗　吉井哲夫氏蔵

表裏ともに同色の朱漆が鮮やかで時代を経た落ち着きが古雅である。鼻と頬をつなぐ縦長の当金が小さなハートを透して鼻の左右に張りつく。

額の作りが興味深く、七星に双鳩模様で八幡宮の〝八〟を表意する。七星などの星宿を崇拝する信仰は中国からもたらされ、飛鳥時代から奈良時代に流行し、七星剣（西天王寺蔵）や七星文の剣（法隆寺蔵）などの刀身に星宿を刻し、また象嵌を施すことで表わされている。正倉院の宝刀には星雲文を象嵌したものが八口あると記録されていて、当時かなり宿星文を用いていたことがうかがえる。八幡宮は古来弓矢の神であり、軍神とされており、この面は七星が宿る軍神を戴いたものである。天狗の神通力にどこか通じて、弓矢八幡なにごともかなうであろう崇高の一念がある。

桃山時代から江戸初期の製作であろう。

152 天狗総面　煉革地濃茶漆塗　伊波富彦氏蔵

面長で、大きな鼻が鋭く突き出た天狗面である。鼻を強調して顔の三分の一を占めるほどで、鋭さのわりにはどことなく愛嬌があり、眼の作りも穏やかである。頬が間のびしそうに平面的なためか、桔梗文を置き、顎には花菱文を据えて変化を与えている。耳も顔に合わせて縦に長く延び、七星を小透ししている。煉革地に濃茶漆塗とする。

江戸時代の製作である。

153 太平楽《たいへいらく》総面《そうめん》　鉄錆地　銘 雲海光尚《うんかいみつなお》造　隅谷正峯氏蔵

鼻の部分のみ折釘で仕付け、他の部分は一枚鉄で打出した作りである。花文の座金に折釘を、顎に尖鋲を打つ。歯は大つぶで上下に六本ずつつける。

大天狗の面相であるが、加賀前田家で太平楽面として伝えられてきた。雅楽に範をとって甲冑面が作られたことを知るのは興味深い。雲海光尚造の銘が好資料で貴重である。

銘
〝雲海光尚造〟

江戸時代前期の製作である。

154 顰《しかみ》総面《そうめん》　鉄錆地

正徳三癸巳歳二月吉辰
銘 明珍紀宗察行年三十一暦作之
於武州神田

メトロポリタン美術館蔵

額に三段に波打たせた見上皺、盛りあがった力強い打眉、そして寄り眼の眼孔など、どれもが鼻の根元の一点に集中して、緊張感があふれんばかりである。

額も頬もすべて顔全体の筋肉をしかめた鬼神の相貌である。鼻孔を張らして鼻先を鋭く尖らせたのは烏天狗の鼻に似るが、牙をつけた歯並びはやはり鬼神というべきか。能面の顰には上髭、下髭が毛描きされているが、この面に髭があってはかえってわずらわしかろう。裏朱漆塗。

正徳三年（一七一三）紀に三十一歳の行年銘がある銘文から宗察の生年が天和三年（一六八三）であると知られ、「武江神田」は「武州江戸神田」の略で、居住地が分かる。また宗察の没年が宝暦元年（一七五一）であると「浅野家文書」により判明しているので、正徳三年に三十一歳であれば六十九歳が享年となる。すこぶる貴重な銘文の作であり、かつ名作の一面である。

155 顰総面　鉄錆地

中村達夫氏蔵

目と眉をつり上げ、頬の打出しが烈しい烈勢の面形であるが、上下の歯に牙を尖らせて鋭く、顰《しかみ》総面とみるのが相応しい。

目頭、眉根が鼻元に集中して、縦長で大振りの面にして締りと整いを備えていよう。鼻が大きく、顎を張り出して逞しく、鼻孔と顎下の汗流孔を大きくあける。

額鉄と頬鉄はからくり留め、鼻鉄は頬鉄に折釘捻留めして頑丈な仕付けである。裏は朱漆塗。鉄本小札黒漆塗の三段垂を蝙蝠づけする。

江戸中期の明珍派上工の作である。

156 持國天《じこくてん》総面《そうめん》　鉄錆地一枚打出

日本唯一甲冑良工
銘 明珍式部紀宗察
於武州江戸造之
延享二乙丑年二月吉辰日

メトロポリタン美術館蔵

顎下にある銘・年紀・行年・在所

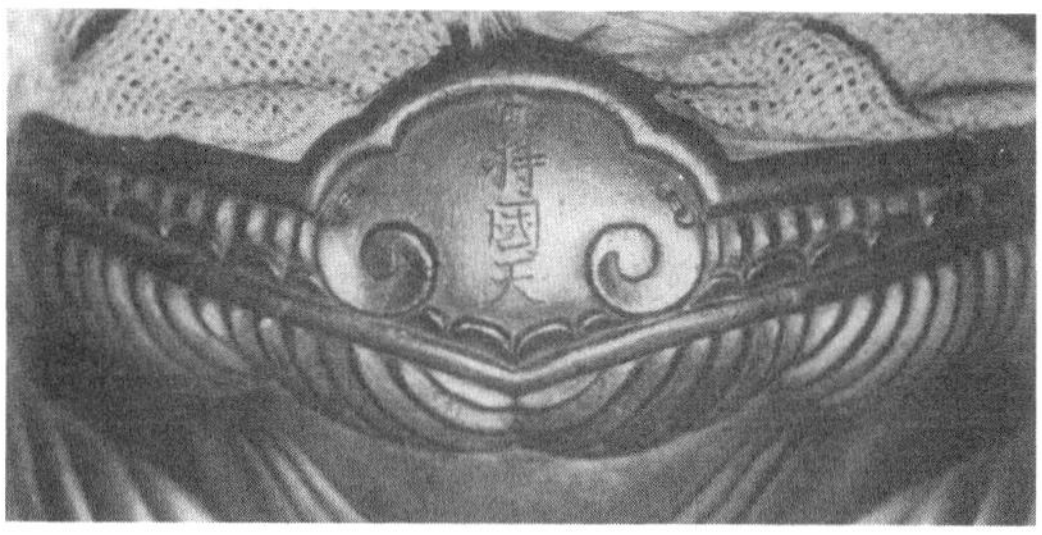

宝冠の神号

顎下の作銘

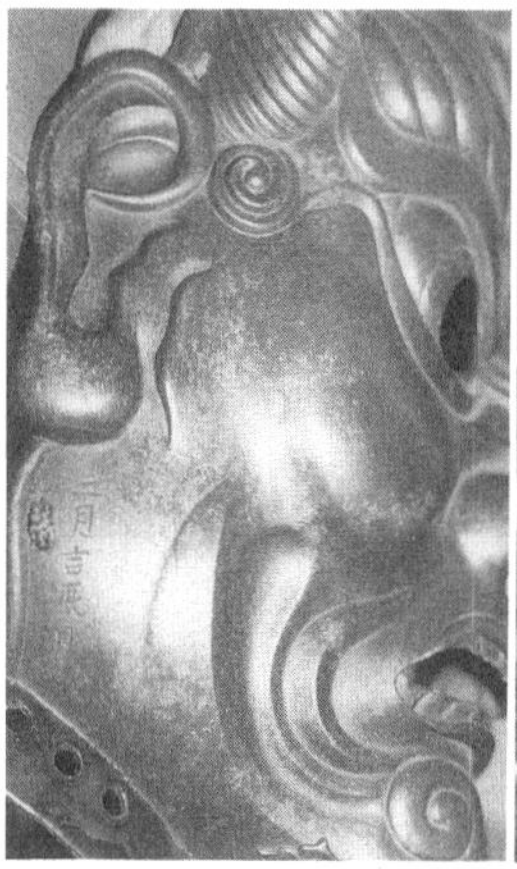

右耳下の年紀

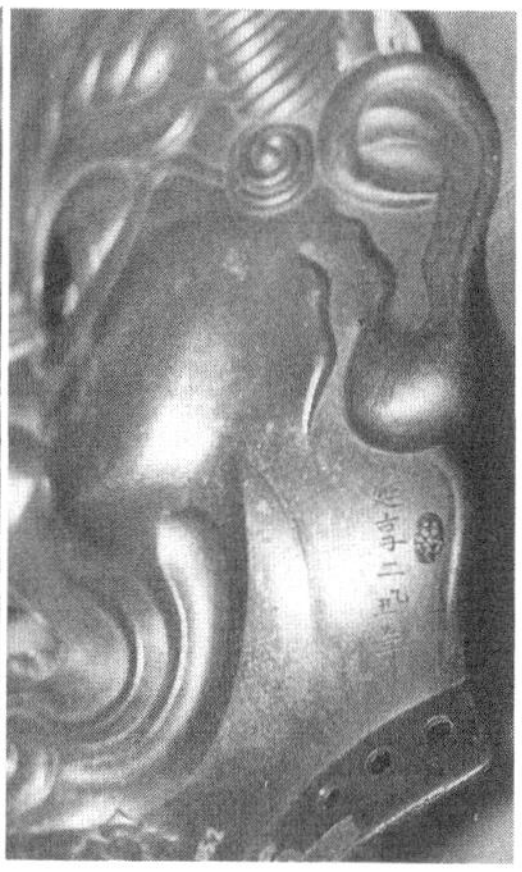

左耳下の年紀

毘沙門天と一対をなし四天王の一つに数えられる持國天を形どった異色の面である。東方の世界を守護する持國天は左手に刀または鉾を持つ神像で、鎧を身にまとう毘沙門天と対照的である。宝冠に「持國天」の三字を刻し、顎下と両耳の下方に長銘と年紀を切っている。延享二年（一七四五）は宗察が六十三歳にあたる。

一枚板を打出した作で、忿怒《ふんぬ》の形相のすさまじさをよく表現して、鉄味が古香である。宗察の晩年作で、同作中の代表的な作品であるばかりか、江戸時代を通じた甲冑面の中での屈指の名作といえよう。

『名甲図鑑』にこの面が収載されながら、久しく行方がわからなかったが、一九八七年八月にメトロポリタン美術館に所蔵されていることが確かめられた。この面を同館は明治の初めころにフランス・パリから入手したと伝えている。

157　笑総面《えみそうめん》　鉄錆地一枚打出　伊波富彦氏蔵

鉄板が薄手に、被りが浅い、縦長の甲冑面である。眼孔、鼻孔、口のあけ方が小造りで、顔全体が皺でうめつくされた穏やかな老翁の容貌である。それだけに打出しの凹凸が少ない。

五本の上歯が残る口が小さく、目や鼻にはあまり動きがないだけ、口で笑いをもたらしているようである。

人の顔から転化して装われる仮面としての本来の表情はほとんどみられず、むしろ人間的な親しみがあって、町中を歩けばどこにでもみうけられそうな顔立ちがそこにはある。被りの浅い作りは能面に擬してのものであろうが、一枚鉄をこれだけ打ちのべるには、あまり深い打出し技は望み難い。

158　姥頬総面《うばほほそうめん》　鉄錆地　中村達夫氏蔵

鼻が小造りで口が小さい女性の面であり、頬が落ちて尖り気味の顎の造形から女性でも老婆をおもわせる。神性をもった老躯の化身した面である。頬にエクボをつけたところは芸の細かさをみせたところ。

眼を大きくあけた古式の手法であるが、薄手の鉄造りなど総じて江戸時代末期を遡るには年代が乏しい。このころに甲冑面の世界にも復古調の潮流があったとみられ、古式の作意を再現する写し物が作られていた作例である。

159　龍神総面《りゅうじんそうめん》　鉄錆地一枚打出　白綾基之氏蔵

薄金で一枚打出しに作り、カッと見開いた丸い眼、奥深く大きく開いた口に共鉄で歯をつけ、舌をみせた風貌に迫真力がある。

鼻髭は奴《やっこ》さん風があり、顎髭はカボチャ型に打出し、鏨を加えて異風な形どりをみせている。眉毛はこれも打出し、細かい毛彫を整然と彫って入念である。耳を作らないのは甲冑面では異形であるが、これが能面〝黒髭〟の特徴の一つであるところにその名が通じる。〝黒髭〟は〝龍神の面〟である。

龍は水中に住み、雨を呼び風を起す魔力をもった動物といわれ、仏教法話の中で活躍する。昇龍、雲龍など龍にちなんだ画題は甲冑金具や刀装具にしばしば採用されて馴染み深い。

裏面は鉄錆地のままで漆を塗らない。江戸時代の製作である。

参考資料一覧

1 民間の古面 後藤淑・萩原秀三郎 昭和五〇年 芳賀書店

2 民間の土俗面 料治熊太 昭和四七年 徳間書店

3 日本仮面史 野間清六 昭和五三年 東洋書院

4 面 野間清六 昭和三一年 大日本雄弁会講談社

5 仮面の美 金子良運 昭和四四年 社会思想社

6 能の美 中村保雄 昭和四四年 河原書店

7 民族の仮面 後藤淑 昭和四四年 木耳社

8 仮面 梅棹忠夫・木村重信 昭和五六年 講談社

9 日本の仮面 森田拾四郎 昭和五七年 東海大学出版社

10 舞楽面 西川杏太郎 昭和四六年 至文堂

11 能狂言 金子良運 昭和五〇年 至文堂

12 伎楽面 東京国立博物館 昭和五九年

13 東京国立博物館図版目録
仮面篇 昭和四五年

14 刀剣随筆 川口陟 昭和二年 南人社

15 A Short History of Japanese Armour
H. R. Robinson 1965年 London

16 The Manufacture of Armour and Helmets in 16th century Japan
By Sakakibara Kōzan
Revised and Edited by H. R. Robinson
1963年(初版)London

17 The Armour Book in Honchō-Gunkikō
By Arai Hakuseki
Revised and Edited By H. R. Robinson
1964年 London

18 IL Buseo Stibbert a Firenze
A cure di H. R. Robinson

19 Japanese Armour in France Private Collections
Galerie Robert Burawoy
1977年

20 Japanese Armour
L. J. Anderson 1968年 London
The Hever Castle Collection of Arms and Armour
1983年 London

21 To-ken Society Great Britain
L. T. Anderson 1983年 London

22 刀剣春秋 第165号
ヨーロッパ便り・アンダーソン氏コレクション
昭和五一年三月

23 刀剣美術 第157号〜第158号
長谷川武 昭和四五年二月〜三月

24 刀剣美術 第164号〜第166号
長谷川武 昭和四五年九月〜一〇月

25 甲冑武具研究 第24号〜第27号
長谷川武 昭和四六年四月〜昭和四七年四月

26 刀剣会 The Japanese To-Ken Society of Great Britain

L. T. Anderson　1983年
27 日本武器概説　末永雅雄　昭和一八年　桑名文星堂
28 甲製録（原本・江戸中期）「文久元歳辛酉十二月高崎津田重蔵明馨（花押）」と奥書がある書写本を、後世に写した書。　明珍家伝書　明珍宗介の原著か　笠間良彦氏蔵
29 秋夜長物語絵巻　（中巻第五段・第七段）　南北朝時代後半・永徳年間の製作といわれている。
30 日本甲冑の新研究　山上八郎　昭和三年　倭文社
31 甲冑製作辨　榊原香山　寛政一三年
32 後三年合戦絵詞（日本絵巻大成15）　小松茂美　昭和五二年　中央公論社
33 川中島合戦図長篠合戦図（戦国合戦絵屏風集成第一巻）　桑田忠親　昭和五五年　中央公論社
34 本朝軍器考標疑　伊勢貞丈　天保一四年
35 本朝軍器考　新井白石　享保七年
36 軍用記　伊勢貞丈　宝暦一一年
37 貞丈雑記（巻四）伊勢貞丈　天保一四年　（宝暦十三年～天明四年の間の雑録）
38 国華「後三年合戦絵巻に現われた武装について」　関保之助述　昭和一四年一月～三月
39 甲冑武具研究　第五九号「戦国時代関東の衆の軍編成・軍装」　永岡利一　昭和五七年
40 埼玉の中世文書　「改定着致之事」　埼玉県立図書館編
41 集古十種　松平定信　寛政一二年
42 鎧　記（五巻）　岩井家伝書　安政五年
43 武器袖鏡　栗原信充　天保一四年
44 鑽工譜略　栗原信充　天保一五年
45 校正古今鍛冶銘早見出　尾関永富　安政三年
46 名甲図鑑（上中下）　明珍宗正
47 〃　（続上）松宮観山　享保一七年
48 〃　（続中）　〃
49 〃　（続下）　〃
50 〃　（附）
51 明珍家面頬　文化一〇年
52 刀剣百科年表　飯田一雄　昭和四六年
53 甲冑武具研究　第66号～第68号　飯田一雄　昭和五九年
54 奈良曝（巻四）　奈良の地誌　貞享四年
55 徳川実紀　慶長十九年十二月九日の条
56 甲冑武具研究　第78号　山岸素夫　昭和六二年
57 日本甲冑図鑑　笹間良彦　昭和三九年　雄山閣
58 甲冑師銘鑑　笹間良彦　昭和五〇年　刀剣春秋新聞社
59 甲冑鑑定必携　笹間良彦　昭和六〇年　雄山閣
60 日本の甲冑　日本甲冑武具研究保存会　昭和三八年　徳間書店
61 近世甲冑師の流派形成に関する一考察（上）

宮崎隆旨　奈良県立美術館紀要
第二号

62　江戸幕府御具足師岩井与左衛門考
宮崎隆旨　奈良県立美術館紀要
創刊号

63　翁草　神沢貞幹
日本随筆全集(『長曽祢虎徹新考』小笠原信夫著より)

64　泰平大日本甲冑巧銘録
四ツ谷岡部精寿軒蔵版
江戸時代後期

65　甲冑武具研究　第57号
長谷川武　昭和五七年

66　江戸明珍家の研究
石田謙司　昭和六一年　ルーツの会

67　甲冑武具研究　第33号「明珍宗察と浅野図書館所蔵本　甲冑名実巻について」
井野博允　昭和四九年

68　因幡の鐔　山根幸恵　昭和五〇年　尚徳会

69　肥前の刀と鐔　福永酔剣　昭和四九年　雄山閣

70　讃岐集古兵器図證
高松藩主松平家旧蔵本、三冊本で初編文化九年、
二編天保一〇年六月、三編文政一二年正月の写本
香川県坂出市・鎌田共済会郷土博物館内・図書館蔵本

71　諸家武器図説　高松藩寺井家旧蔵本　文政一一年　香川県坂出市・鎌田共済会郷土博物館内・図書館蔵本

72　刀剣と歴史　第418・419号「豊原貞生・馬面一派」
永田礼次郎

御協力者芳名

（敬称略・順不同）

浅野誠一
久山　峻（故）
藤本　巌
末永雅雄
太田四郎
吉井哲夫
白綾基之
斎藤直成（故）
斎藤直孝
斎藤鞆緒
笹間良彦
高津嘉之
高津古文化会館
大木嘉六
雨宮睦子

西光寺
芳賀実成
山口廣夫
藤田　始
山岸素夫
森田朝二郎（故）
東京国立博物館
小笠原信夫
京都国立博物館
稲田和彦
奈良県立美術館
宮崎隆旨
本庄八幡宮
高輪美術館
メトロポリタン美術館
小川盛弘

アジア美術館（サンフランシスコ）
覚道良子
嵐山美術館
新藤源吾
矢野修二
隅谷正峯
永岡利一
長谷川　武
金田　景
折笠輝雄
中村達夫
友澤　彰
中宮好郎（故）
中宮敬輔
岡正之佑

高橋歳夫
猿田慎男
池田演次
黒川精吉
斎藤光興
斎藤大助
中島明見
吉田道夫
R・ビュラボア（パリ）
L・J・アンダーソン（ロンドン）
B・L・ダルフィン（パリ）
G・カウフマン（ニューヨーク）
J・サポルタ
R・サボイエ（カナダ）

〔著者紹介〕

飯田一雄（いいだ・かずお）

1934年東京に生まれる。1962年刀剣春秋新聞社を設立。「刀剣春秋」新聞を創刊し、日本刀、刀装具、甲冑武具などの書籍を刊行するとともに、鑑定、評価、評論にたずさわる。著書に『百剣百話—わが愛刀に悔なし』『日本刀・鐔・小道具価格事典』（以上光芸出版）、『越前守助廣大鑑』『刀剣百科年表』（以上刀剣春秋新聞社）、『金工事典』『刀工総覧』『井上真改大鑑』（以上共著・刀剣春秋新聞社）などがある。

甲冑面 もののふの仮装〔普及版〕

2010年11月11日 第1刷発行
2011年 1月11日 第2刷発行

編　者　飯田一雄
発行者　宮下玄覇
発行所　刀剣春秋
〒104-0031 東京都中央区京橋1-8-4 京橋第2ビル3F
TEL 03-5250-0588 FAX 03-5250-0582
URL http://toukenshunju.com
発売元　㈱宮帯出版社
〒602-8488 京都市上京区真倉町739-1
TEL 075-441-7747 FAX 075-431-8877
URL http://www.miyaobi.com
振替口座 00960-7-279886
印刷所　爲国印刷㈱

定価はカバーにあります。
落丁・乱丁本はお取り替え致します。

 ISBN978-4-86366-081-6 C3072

A Valuable Material for Research and Appreciation

"Why are you interested in the *mempō*?" the late Master Susumu Kuyama asked me 25 years ago.

Master Kuyama was always surrounded by *mempō* in his room, some lying beside him and some hanging on the wall. They were replaced by new ones from time to time. It looked as if his favorite objects among helmets, cuirasses, sword mounts and sword-guards *(tsuba)* had been attracted to him by themselves.

It was not until that time that the *mempō,* which, being a part of the fittings of the armor, and had hardly been considered important, started drawing attention as an object suitable to decorate the wall or the shelf of a room. It was nevertheless still considered negligible compared with a helmet bowl made by Nobuiye or a helmet of Akoda form ; you could part with your *mempō* when you had a helmet of Nobuiye. Even a *mempō* which might have been judged excellent was not appreciated as something to be attached to.

But Master Kuyama never considered the *mempō* negligible, and had excellent pieces in his collection. Whenever he found a better piece, he was ready to yield his old one to whoever was interested in the *mempō*.

"Why are you interested in the *mempō*?" "Somehow I like it." I remember having so replied, being still unable to find a convincing answer myself. But I must have persevered with my interest, and Master Kuyama since then helped me deepen my interest and knowledge in the *mempō* in various ways. I would like to express my heartfelt gratitude to him.

The *tsuba* is already recognized as an independent object of art among sword mount fittings and hardly anyone considers it just a mere component. As for armor, however, the term " soroi-gusoku " is still honored, which makes it somehow difficult to appreciate each piece of "ko-gusoku" ; the *mempō sode* or *kote* are not so appreciated in themselves.

In the West, the *mempō* has drawn attention from early on being highly esteemed by its amateurs. Museums related to Japanese art often exhibit their collections of *mempō*. Many of the works of Myochin Muneakira, one of the master artists of the Edo era, were transferred abroad in the Meiji era, so that today his *sō-men* found and verified in the West far outnumber those located in Japan. In the West, a *soroi-gusoku* (a set of armor) and a piece of *sode*(shoulder-guard) are both appreciated equally when they are of excellent quality ; a piece of *sode* or a *mempō* are never treated merely as fittings, as imposed by traditional thinking.

In this book, those which used to be called *mempō* are called *katchū-men,* in contrast to *gigaku-men* and *noh-men*. It is obvious that the *katchū-men* has at the same time an aspect of a guard and that of a mask. It has however never been dealt with in the field of masks as have *noh-men* and *gigaku-men*. This is probably because the usage and techniques involved are different from those of other types of masks ; masks in Japan have generally been used for religious ceremonies, dancings and plays, whereas the *katchū-men* was made as a part of defensive arms, and is made of wrought iron or leather embossed with a face figure. It may also come from the fact that the *katchū-men* has hardly had any relations with the field of masks. It has thus been left almost completely unknown to the world.

It is up to the readers to judge how well the superb applied techniques are conveyed in this book, but hopefully this will give them a chance to deepen their interest in the *katchū-men,* and through it to appreciate

Japanese armor even more. This is the reason why masks which are usually called *men* are particularly called *katchū-men* in this book.

This is not a book planned to be published at a definite date, being an enlarged edition of the articles I wrote, at the recommendation of Mr. Seiichi Asano, in the April and September 1984 issues of the monthly a Journal " Katchu Bugu Kenkyu," based on material I had been collecting until that time. Dr. Masao Suenaga and Dr. Keizo Suzuki gave me valuable advice, and Messrs. Yoshihiko Sasama and Jissho Haga helped me in consulting some material. As for the pictures appearing in this book, Mr. Shirō Ōta, Director of the Osaka Chapter of the Nippon Katchu Bugu Kenkyu Hozon-kai, was kind enough to ask some of his Chapter members to bring along their pieces to be photographed at one of their regular meetings in early January spell out "eight" years ago. I also remember the precious help of Messrs. Yoshiyuki Takatsu, Setsuo Yoshii and Motoyuki Shiraaya. Besides the pictures of the pieces from the collections of the Takatsu Ancient Culture Museum and Arashiyama Museum of Kyoto, those from the National Museum of Kyoto, the National Museum of Tokyo, and the Prefectural Museum of Nara were either newly taken or offered, thanks respectively to Messrs. Kazuhiko Inada, Nobuo Ogasawara and Takashi Miyazaki.

As for the collections overseas, Ms. Yoshiko Kakudo of the Asian Museum of San Francisco kindly sent us pictures of the Museum collection, and Messrs. R. Burawoy, B. L. Dauphin of Paris, France, and L. J. Anderson of London, United Kingdom, were also kind enough to send us pictures of their pieces. With the help of Mr. Morihiro Ogawa of the Metropolitan Museum of New York, we could take pictures of *sō-men* conserved in the Museum. Thanks to each of them, we could present in this book some of the masterpieces among the *katchū-men* dispersed overseas.

Many of the pictures in this book were taken by Mr. Fumiyasu Kaname, and some by Mr. Tadashi Kikuchi, but for the reasons mentioned above, they also include various pictures and even those taken by me with a camera in hand and therefore, the quality of the photographs vary.

I take this opportunity to express my deepest gratitude to those people cited above, as well as to Mr. Iwao Fujimoto, Ms. Kei Kaneda and my superiors and friends who have been helpful in many ways in preparation of this book. The English version of the fext was prepared with the help of Mr. R. Burawoy of Paris, and translated by Ms. Toshiko Shibata. It will still take a long time and various occasions to convey the charm and superb techniques involved in *katchū-men*. Those introduced in this book are among the best from the collections the location of which are known. There must be many more masterpieces left unknown to the world in and outside Japan ; numerous *katchū-men* were taken out of Japan by European amateurs in the Meiji era, and those appearing in this book are but a small part of them.

Trips in search of such buried *katchū-men* in Japan and overseas seem interminable. My trip to discover the charm of *katchū-men* has just begun.

Jun, 1991

Kazuo Iida

List of Plates

Color Plates

1. Ressei-men (half-mask)
   Flesh-color lacquered wrought leather
   Attributed to Iwai Kosaku
   Author's collection
2. Hōrai-sōmen (whole mask)
   Russet iron
   Attributed to Hōrai Narichika
   Tomokazu Iida collection
3. Karura-sōmen (whole mask)
   "Garuda" -mask type mempō
   Red-lacquered iron
   Signed ; Ichiguchi Genba Saku
   Kyoto Arashiyama Museum
4. Karura-sōmen (whole mask)
   "Garuda" -mask type mempō
   Russet iron
   Author's collection
5. Tengu-men (half-mask)
   Red-lacquered iron
   Author's collection
6. Tengu-sōmen (whole mask)
   Yellow-lacquered iron
   Author's collection
7. Tobi-men (half-mask)
   Kite-mask type mempō
   Russet iron
   Author's collection
8. Shishiguchi-sōmen (whole mask)
   Black-lacquered iron, gilded
   Author's collection

Monochrome Plates

Happuri and Hambō (half-mask without nose)

1. Happuri
   Black-lacquered iron
   Author's collection
2. Hambō
   Russet iron
   Hiroo Yamaguchi collection
3. Hambō
   Gilt iron
   A. P. Arman collection
4. Hambō
   Russet iron
   Signed : Takayoshi
   Teruo Origasa collection
5. Hambō
   Russet iron
   Hajime Fujita collection
6. Saru-bō
   Monkey-mask type hambō
   Russet iron
   Signed : Myōchin Ki No Munekane
   A. P. Arman collection
7. Kitsune-bō
   Fox-mask type hambō
   Russet iron
   Author's collection
8. Tanuki-bō
   Racoon dog-mask type hambō
   Russet iron
   Attributed to Takayoshi
   Kōzu Ancient Culture Museum
9. Tsubakuro-bō
   Swallow-mask type hambō
   Russet iron
   Author's collection
10. Tsubakuro-bō
   Kaga style hambō
   Russet iron, "suye-mon"
   Author's collection

Menoshita-men (half-mask)

11. Oiye-bō
   Russet iron
   Made by Iwai
   Motoyuki Shiraaya collection
12. Oiye-bō
   Black-lacguered iron
   Made by Iwai
   Author's collection
13. Ressei-men
   Russet iron
   Attributed to Myōchin
   Tomokazu Iida collection
14. Ressei-men
   Russet iron
   A. P. Arman collection
15. Ressei-men
   Russet iron
   A. P. Arman collection
16. Ressei-men

Russet iron
A. P. Arman collection
17. Ressei-men
Russet iron
Attributed to Haruta
Robert Burawoy collection
18. Ressei-men
Russet iron
Signed: Nobuiye No Kata Ni Yoru Myōchin Munetaka Saku
Ansei 3 (1856) Hinoye Tatsu Toshi 11 Gatsu Kichijitsu
Author's collection
19. Ressei-men
Russet iron
Signed: Myōchin Ki No Munesuke
Hajime Fujita collection
20. Ressei-men
Russet iron
Signed: Mito Ju Yoshiomi
Author's collection
21. Ressei-men
Russet iron
Signed: Yoshiomi
A. P. Arman collection
22. Ressei-men
Russet iron
Signed: Tsuyama Shin Myōchin Muneyasu Saku
M. Albert collection
23. Ressei-men
Black-Lacquered iron
Attributed to Myōchin
Kōzu Ancient Culture Museum
24. Ressei-men
Red-lacquered iron
Attributed to Myōchin
Mitsuru Itō collection
25. Ressei-men
Russet-lacquered iron
Attributed to Saotome
Kyōto Arashiyama Museum
26. Ressei-men
Russet iron
Attributed to Saotome
Eiichi Maruyama collection
27. Ressei-men
Russet iron "guruwa"
Tsuneo Saruta collection
28. Ressei-men
Russet iron
Motoyuki Shiraaya collection
29. Ressei-men
Russet iron
Motoyuki Shiraaya collection
30. Ressei-men
Black-lacquered iron with "guruwa"
Motoyuki Shiraaya collection
31. Ressei-men
Russet iron with "guruwa"
Kōzu Ancient Culture Museum
32. Ressei-men
Russet iron
Signed: Iwai Yasunobu Saku
Iwao Seki collection
33. Ressei-men
Russet iron
Made by Myōchin
Tomokazu Iida collection
34. Ressei-men
Russet iron
Signed: Neo Masanobu Saku
Kichiya Myōga collection
35. Ryūbu-men
Russet iron, "suyemon"
Saiko-ji Temple
36. Ryūbu-men
Russet iron
Attributed to Haruta
Tomoo Saitō collection
37. Ryūbu-men
Russet iron, embossed on single piece
Hiroo Yamaguchi collection
38. Ryūbu-men
Russet iron, embossed on single piece
Attributed to Myōchin Ryōei
Kōzu Ancient Culture Museum
39. Ryūbu-men
Russet iron, embossed on single piece
Attributed to Myōchin Ryōei
Setsuo Yoshii collection
40. Ryūbu-men
Russet iron, embossed on single piece
Hiroo Yamaguchi collection
41. Ryūbu-men
Russet iron, gilded
Private collection, Paris
42. Ryūbu-men
Russet iron
Signed: Yoshimichi

Hajime Fujita collection
43. Ryūbu-men
Russet iron
Signed: Yoshimichi
Seiichi Asano collection
44. Ryūbu-men
Russet iron
Signed: Myōchin Ki No Munesada Korewo Tsukuru
A. P. Arman collection
45. Ryūbu-men
Russet iron
Signed: Kashu Ju Myōchin Munehisa, with Kaō
Author's collection
46. Ryūbu-men
Russet iron
Signed: Myōchin Munehisa
Author's collection
47. Ryūbu-men
Russed iron
Signed: Myōchin Ki No Munenao
Author's collection
48. Ryūbu-men
Russet iron
Signed: Munehide (Myōchin school)
Author's collection
49. Ryūbu-men
Russet ieon
Signed: Suifu Yoshinori Saku
B. L. Dauphin collection
50. Ryūbu-men
Russet iron
Signed: Myohchin Yasukane
Tomoo Saitō collection
51. Ryūbu-men
Russet iron
Attributed to Nakafuri Sanechika
B. L. Dauphin collection
52. Ryūbu-men
Russet iron
Signed: Misunao (Unkai school)
Setsuo Yoshii collection
53. Ryūbu-men
Red-lacquered iron
B. l. Dauphin collection
54. Ryūbu-men
Red-lacquered iron
Akio Matsuda collection
55. Emi-men
Rust-colored wrought leather, embossed on single piece
Author's collection
56. Emi-men
Russet iron
Private collection, Paris
57. Daikoku-men
Black-lacquered wrought Ieather, embossed on single piece
Auhor's collection
58. Hōrai-men
Black-lacquered iron
Signed: Hōrai Saku, Dai 300 Hiki
Author' s collection
59. Okina-men
Russet iron, embossed on single piece
Signed: Myōchin Mune (yasu), Ichimai Ita Saku
Yasuzaemon Kobayashi collection
60. Okina-men
Russet iron
Signed: Myōchin Ki No Munemasa Saku
Author's collection
61. Okina-men
Rust-colored iron
Attributed to Iwai
Author's collection
62. Okina-men
Black-lacquered iron
Attributed to Haruta
Shirō Ōta collection
63. Okina-men
Biack-lacquered ieon
Attributed to Haruta
Author's collection
64. Okina-men
Black-lacquered iron
Author's collection
65. Okina-men
Black-lacquered wrought leather
Setsuo Yoshii collection
66. Okina-men
Flesh-color lacquered wrought leather, embossed on single piece
Shirō Ōta collection
67. Okina-men
Russet iron
Shirō Ōta collection
68. Hakuhatsu-men
Russet iron

Motoyuki Shiraaya collection
69. Shiwa-men
Russet iron
Author's collection
70. Bijo-men
Russet iron
Megumi Iida collection
71. Bijo-men
Russet iron
Kōzu Ancient Museum
72. Karura-men
Russet iron, "suyemon"
Shirō Ōta collection
73. Karura-men
Russet iron, "suyemon"
Author's collection
74. Karura-men
Russet iron
Signed: Munehira, with "kaō"
Setsuo Yoshii collection
75. Karura-men
Russet iron
Signed: Sugimura Nagateru Saku
Asian Art Museum of San Francisco
76. Karura-men
Russet iron
Signed: Nakafuri Sanechika Saku
Kōzu ancient Culture Museum
77. Karura-men
Red-lacquered iron
A. P. Arman collection
78. Karura-men
Red-lacquered iron
Toshitaka Miyake collection
79. Tengu-men
Rust-colored iron
Attributed to Myōchin
Author's collection
80. Tengu-men
Black-lacquered iron
A. P. Arman collection
81. Tengu-men
Russet iron
A. P. Arman collection
82. Tengu-men
Black-lacquered iron
A. P. Arman collection
83. Tengu-men
Red-lacquered iron
Attributed to Zesai Noguchi
Private collection, Paris
84. Tengu-men.
Russet iron, embossed on single piece
Signed: Kuni (Fukushima Kunitaka Saku)
Masanosuke Oka collection
85. Tengu-men
Russet iron, embossed on single piece
Tomokazu Iida collection
86. Tengu-men
Russet iron, "yasuri-bori"
Attributed to Iwai
Jean Saporta collection
87. Tengu-men
Red-lacquered wrought leather
Seiichi Asano collection
88. Kotokuraku-men
Red-lacquered iron
Setsuo Yoshii collection
89. Kotokuraku-men
Black-lacquered iron
Kyōto Arashiyama Museum
90. Etchū-men
Russet iron, "yasuri-bori"
Private collection, Paris
91. Etchū-men
Russet iron, "yasuri-bori"
A. P. Arman collection
92. Etchū-men
Russet iron, "yasuri-bori"
Author's collection
93. Yasurime-men
Russet iron, "sensuki-yasuri-bori"
A. P. Arman collection
94. Yasurime-men
Russet iron, "sujikai-yasuri-bori"
A. P. Arman collection
95. Yasurime-men
Signed: Kanazawa-jūnin, Unkai Mitsunao Saku
Russet iron, "sujikai-yasuri-suyemon"
Robert Burawoy collection
96. Yasurime-men
Signed: Unkai Mitsunao
Russet iron, "sujikai-yasuri-suyemon"
Robert Burawoy collection
97. Yasurime-men
Russet iron, "sujikai-yasuri-bori"
Signed: Unkai Mitsunao Saku
private collection, Paris
98. Yasurime-men

Russet iron, "sujikai-yasuri-suyemon"
Signed: Unkai Toshinao Saku

99. Yasurime-men
Russet iron, "sujikai-yasuri-bori"
Signed: Unkai Toshinao Saku
Author's collection

100. Yasurime-men
Russet iron, "sujikai-yasuri-suyemon"
Signed: Juryō Mitsumasa
Robert Burawoy collection

101. Yasurime-men
Russet iron, "sujikai-yasuri-suyemon"
Signed: Kashu Ju Munetoshi Saku
Setsuo Yoshii collection

102. Yasurime-men
Russet iron, "Yasri-bori"
Signed: Nakafuri Sanechika Saku
Private Collection, Paris

103. Yasurime-men
Russet iron, "sujikai-yasuri-suyemon"
Signed: Nanto No Jū Neo Masanobu
Hajime Fujita collection

104. Yasurime-men
Russet iron, "sujikai-yasuri-suyemon"
Jean Saporta collection

105. Yasurime-men
Russet iron, "sujikai-yasuri-suyemon"
Signed: Myōchin Ki No Munekane
Jean Saporta collection

106. Yasurime-men
Russet iron, "sujikai-yasuri-suyemon"
Asian Art Museum of San Francisco

107. Bishamon-men
Black-lacquered wrought leather
Megumi Iida collection

108. Harikake-men
Black-lacquered
Shirō Ōta collection

109. Harikake-men
Flesh-color lacquer
Signed: Myōchin Nobuiye Saku, Kōno Michiharu Koreo Utsusu
Author's collection

110. Shokumō-men
Black-lacquered iron
A. P. Arman collection

Sō-men (wholemask)

111. Sō-men
Russet iron
Tōkyō National Museum

112. Sō-men
Russet iron
Takanawa Museum

113. Sō-men
Russet iron
Saiko-ji Temple

114. Ryūbu-sōmen
Black-lacquered iron
Tomokazu Iida collection

115. Ryūbu-sōmen
Russet iron, "suyemon "
Kōzu Ancient Culture Museum

116. Ryūbu-sōmen
Russet iron, "suyemon"
Jean Saporta collection

117. Ryūbu-sōmen
Russet iron, "suyemon"
Asian Art Museum of San Francisco

118. Ressei-sōmen
Russet iron
Signed: Myōchin Nobuiye Saku
Metropolitan Museum of Art

119. Ressei-sōmen
Russet iron
Attributed to Myōchin
Kiyoko Fujiwara collection

120. Ressei-sōmen
Russet iron
Attributed to Myōchin
Setsuo Yoshii collection

121. Ressei-sōmen
Russet iron
Signed: Washū Ju Masanobu Saku
Tōkyō National Museum

122. Ressei-sōmen
Russet iron
Signed: Nanto Ju Haruta Masanobu
Honjo Hachimangu Shrine

123. Ressei-sōmen
Black-lacquered iron
Attributed to Haruta
Kyōto Arashiyama Museum

124. Ressei-sōmen
Russet iron
Signed: Nyōchin Shikibu ki No Munesuke/ Genroku 4 (1691) Kanoto Hitsuji Reki 2 Gatsu Kichi jitsu
Megumi Iida colletion

125. Ressei-sōmen

Russet iron
Signed: Myōchin Shikibu Muneakira Koreo Tsukuru
Tomokazu Iida collection

126. Ressei-sōmen
Russet iron
Signed: Shōtoku 5 (1715) Tsuchinoto Hitsuji Toshi 2 Gatsu kichi Jitsu/ Myōchin Shikibu ki No Muneakira Bukō Ni Oite Koreo Tsukuru
Metropololitan Museum of Art

127. Ressei-sōmen
Russet iron embossed on sinle piece
Signed: Bukō Ni oite Myōchin Muneakira
A. P. Arman collection

128. Ressei-sōmen
Russet ieon, embossed on singie piece, "suga-dohsaku-tsuki"
Signed: Myōchin Shikibu Ki No Muneakira Bukō Ni Oite Koreo Tsukuru/ Kyoho 7 (1722) Mizunoye Tora Toshi 2 Gatsu Kissho Bi
A. P. Arman collection

129. Ressei-sōmen
Russet iron
Signed: Myōchin Ki No Munekata
Roger Weston collection

130. Ressei-sōmen
Russet iron
Signed: Myōchin Ki No Munekata
Metropolitan Museum of Art

131. Ressei-sōmen
Russet iron
Signed: Hoyei 7 (1710) Kanoe Tora Reki 8 Gatsu Kittan/ Bukō Ni Oite Myōchin Munenaga 28 Sai Koreo Tsukuru
Jean Saporta collection

132. Ressei-sōmen
Russet iron
Made by Myōchin
A. P. Arman collection

133. Ressei-sōmen
Biack-lacquered iron
Made by Myōchin
Tatsuo Nakamura collection

134. Ressei-sōmen
Russet iron
Made by Myōchin
Setsuo Yoshii collection

135. Ressei-sōmen
Russet iron
Made by Myōchin
B. L. Dauphin collection

136. Ressei-sōmen
Russet iron
Signed: Kashū Ju Hisayuki
Setsuo Yoshii collection

137. Ressei-sōmen
Russet iron
Shirō Ōta collection

138. Ressei-sōmen
Russet iron
Made by Washu Masanobu
A. P. Arman collection

139. Ressei-sōmen
Russet iron
Attributed to Myōchin
Tatsuo Nakamura collection

140. Ressei-sōmen
Russet iron
Signed: Iwai Senzō Minamoto Kunihide Saku/ Tenmei 4 (1784) Kinoye Tatsu
Yasuzayemon Kobayashi collection

141. Ressei-sōmen
Red-lacquered iron
Kyōto Arashiyama Museum

142. Ressei-sōmen
Black-lacquered iron
Shirō ōta collection

143. Ressei-sōmen
Russet iron
Signed Myōchin Yoshiyasu
Tomihiko Inami collection

144. Ressei-sōmen
Russet iron
Yasuzayemon Kobayashi collection

145. Okina-sōmen
Russet iron
A. P. Arman collection

146. Okina-sōmen
Flesh-color lacquered iron
Setsuo Yoshii collection

147. Okina-sōmen
Black-lacquered iron
Kōzu Ancient Culture Museum

148. Okina-sōmen
Russet iron
Kyōto Arashiyama Museum

149. Hakuhatsu-sōmen
Rust-colored wrought leather
Tomokazu Iida collection
150. Tengu-sōmen
Russet iron
Tatsuo Nakamura collection
151. Tengu-sōmen
Red-lacquered iron
Setsuo Yoshii collection
152. Tengu-sōmen
Dark Brown-lacquered wrought leather
Tomihiko Inami collection
153. Taiheiraku-sōmen
Russet iron
Signed: Unkai Mitsunao
Masamine Sumitani collection
154. Shikami-sōmen
Russet iron
Signed: Shōtoku 3 (1713) Mizunoto Mi Toshi 2 Gatsu Kittatsu/ Myōchin Ki No Muneakira Gyōnen 31 Reki Koreo Tsukuru/ Bushū Kanda Ni Oite
Metropolitan Museum of Art
155. Shikami-sōmen
Russet iron
Tatsuo Nakamura collection
156. Jikokuten-sōmen
Russet iron, embossed on single piece
Signed: Nippon Yuiitsu Katchū Ryōkō Myōchin Shikibū Ki No Muneakira/ Bushū Edo Ni Oite koreo Tsukuru/ Enkyō 2 (1745) Kinoto Ushi Toshi 2 Gatsu Kittatsu Bi
Metropolitan Museum of Art
157. Emi-sōmen
Russet iron, embossed on single piece
Tomihiko Inami collection
158. Ubahoho-sōmen
Russet iron
Tatsuo Nakamura collection
159. Ryujin-sōmen
Russet iron embossed on single piece
Motoyuki Shiraaya collection